Oskar Lenz

Timbuktu. Reise durch Marokko, die Sahara und den Sudan.

Erster Band

Oskar Lenz

Timbuktu. Reise durch Marokko, die Sahara und den Sudan.
Erster Band

ISBN/EAN: 9783743312524

Hergestellt in Europa, USA, Kanada, Australien, Japan

Cover: Foto ©Andreas Hilbeck / pixelio.de

Manufactured and distributed by brebook publishing software
(www.brebook.com)

Oskar Lenz

Timbuktu. Reise durch Marokko, die Sahara und den Sudan.

TIMBUKTU.

REISE

DURCH

MAROKKO, DIE SAHARA UND DEN SUDAN

AUSGEFÜHRT IM AUFTRAGE DER

AFRIKANISCHEN GESELLSCHAFT IN DEUTSCHLAND

IN DEN JAHREN 1879 UND 1880

VON

Dr. OSKAR LENZ.

ERSTER BAND.

MIT 29 ABBILDUNGEN UND 1 KARTE.

LEIPZIG:

F. A. BROCKHAUS.

1881.

TIMBUKTU.

ERSTER BAND.

بسم الله الرحمن الرحيم

ناوراوانغاب تعلم مزكاب لاورة داوراباالمعز بالله نويجاب حمع
والجزء باخراب بعقوب تلطيف بسلامتلكم المكابا الظاهرالكبرلاصلحب الكم الخبرالمعد
وعلم بكرن والرحمد بالسراب وبعضهم المسلم بدكب كم اللطلاب يكتول
وعلمه وبكرم والرحمد بالسراب ونصتهم والطلاب وحبته بعلاحفظه
حراسته لياا وناراورة نجبر كدمحال الجلالخلاحز وبيسل لاصتسب
وعلمه وبكرن والرحمد بالسراب ونصتهم والطلاب وحبته بعلاحفظه

(الحمد لله وحده) في ٣٠ ذي الحجة ١٢٩٦

(Uebersetzung.)

Preis sei Gott!

Allen denjenigen unserer Amile und
allen Personen, welche unter unserm, des
von Gott Erleuchteten, Befehlen stehen, deren
dieser Erlass zu Gesichte kommt, befehlen
Wir, den Inhaber desselben, den deutschen
Gelehrten, durch Leute begleiten zu lassen,
geeignet ihn für seine Zwecke nützlich zu
sein; ihm zu helfen und ihn zu schützen,
so lange als er in ihren Distrieten reist,
am Pflanzen zu sammeln, deren er bedarf; ihm mit guten Empfehlungen zu
versehen, ihm während seiner Reise in
ihren Gebieten alle schuldige Rücksicht
zutheil werden zu lassen, stets, Tag und
Nacht, mit Aufmerksamkeit für seine
Sicherheit zu sorgen, ihn nicht durch gefährliche Gegenden zu führen, ihn vor
demselben zu warnen und ihn von denselben zurückzuhalten und möglichst Bewilligung
seiner Reise in ihren Distrieten, ihn zum
Amil des nächsten Stammes geleiten zu
lassen, wohin er sich zu begehen wünscht.

Friede sei mit Euch!

Im 30. Zil-Hedschideh 1296.

DEN MANEN

DES MEISTERS DER WISSENSCHAFTLICHEN AFRIKA-FORSCHUNG

HEINRICH BARTH.

VORWORT.

Im Herbst des Jahres 1879 wurde mir von der „Afrikanischen Gesellschaft in Deutschland" der Antrag gestellt, eine Reise nach Marokko zu unternehmen, um womöglich zu einer nähern Kenntniss des Atlasgebirges beizutragen. Von Anfang an hatte ich aber schon den Gedanken, dem Unternehmen einen grössern Umfang zu geben, und als sich meiner Ansicht nach die Aussichten zu einer Wüstenreise nach Timbuktu ziemlich günstig gestalteten, wurden mir auch von der Gesellschaft in liberalster Weise grössere Mittel zur Verfügung gestellt. Freilich ahnte ich damals noch nicht, dass die Expedition einen so überaus günstigen Erfolg haben würde: nicht nur die Erreichung des so viel erstrebten und so selten erreichten Timbuktu auf neuen Wegen gelang mir, sondern es war mir auch vergönnt, von diesem wichtigen Handelsplatze aus nach Senegambien zu kommen, eine Route, die gleichfalls völlig neu ist. Ich habe hiermit gezeigt, dass man Timbuktu sowol von Norden her wie auch vom Senegal aus erreichen kann, und ich möchte meine Reise nur wieder als einen neuen Beweis dafür hinstellen, dass Einzelreisende mit dem Minimum von Ausrüstung in Afrika in der Regel grössere Erfolge erringen können als vielköpfige, möglichst complicirt und umfangreich ausgerüstete Expeditionen. Natürlich gilt dies nur von wirklichen geographischen Entdeckungsreisen, bei denen das Anlegen von naturwissenschaftlichen Sammlungen und die exacteren linguistischen und ethnographischen Studien erst in zweiter Linie berücksichtigt werden können.

Trotzdem hätte ich nicht so unerwartete Erfolge gehabt, wenn mir nicht von so vielen Seiten die ausgiebigste Unterstützung meines Unternehmens zutheil geworden wäre, und ich kann nicht umhin, den Männern, welchen ich das Gelingen meiner Expedition mit verdanke, an dieser Stelle meinen Dank auszusprechen. In erster Linie sind dies meine Begleiter und Dolmetscher Hadsch Ali Butaleb und Cristobal Benitez sowie der treue marokkanische Diener Kaddur. Von wesentlichem Vortheil für mich war ferner der mir von dem Sultan von Marokko, Muley Hassan, ausgestellte Geleitsbrief. Dass dieser Brief energischer und eindringlicher ausgefallen war, als es sonst Sitte ist, verdanke ich aber vor allem dem kaiserlich deutschen Ministerresidenten in Tanger, Herrn Theodor Weber, der sich infolge seines Gerechtigkeitssinnes bei Volk und Regierung in Marokko des grössten Ansehens erfreut und der mich überhaupt in liebenswürdigster und uneigennützigster Weise mit Rath und That unterstützt hat, ebenso wie der Kanzler der Legation, Herr Tietgen.

Freundliche Unterstützung und Mithülfe wurde mir ferner zutheil von dem englischen Ministerresidenten Sir Drummond Hay, dem österreichisch-ungarischen Consul Dr. Schmidl und den Herren Hässner und Joachimsson, sämmtlich in Tanger, sowie von den deutschen Consuln, Herren Schott in Gibraltar und Brauer in Mogador.

Ich kann nicht umhin, auch der ebenso liebenswürdigen
als ehrenvollen Aufnahme zu gedenken, die ich in den französischen Militärposten am Senegal sowie in der Hauptstadt
Senegambiens, Saint-Louis, fand. In Medina erhielt ich die
ausgiebigste Unterstützung von dem damaligen Festungs-
commandanten, Artillerielieutenant Pol, einem wackern
und gebildeten Offizier, der leider wenige Monate später,
nachdem er sich der Expedition des Obersten Desbordes
angeschlossen hatte, in einem Kampfe mit den Eingeborenen
gefallen ist, und den Aerzten Dr. Roussin und Dr. Colin.
Der Commandant des Kriegsschiffes „Archimède", Mr. de
Barbeyrac-Saint-Maurice, sowie seine Offiziere suchten
mir die Rückreise auf dem Senegal so angenehm wie möglich
zu machen, und in Saint-Louis wurde ich sowol von dem
Gouverneur, General Brière de l'Isle, wie auch von der
Civilbevölkerung aufs glänzendste empfangen und in jeder
Weise ausgezeichnet und unterstützt.

Das Reisewerk selbst zerfällt naturgemäss in zwei Theile.
Der erste Band enthält die Schilderung der Reise durch
das eis- und transatlantische Marokko bis zu dem mehr
oder weniger unabhängigen Staat des Sidi Hescham; daran
schliesst sich eine Darstellung der staatlichen, socialen und
politischen Verhältnisse des marokkanischen Reiches, die
vermuthlich manches Neue bieten wird. Der zweite Band
behandelt die Reise durch die Wüste nach Timbuktu und
von da zum Senegal und enthält am Schlusse die Besprechung einiger Fragen (Wüstenbahnen, ehemalige Bewohn-
barkeit der Sahara u. s. w.), die neuerdings vielfach venti-
lirt werden.

Der erste Band enthält eine Uebersichtskarte, im
zweiten Band sind die detaillirten Itinerare der ganzen

Reise. Was die letzteren betrifft, so konnten dieselben nur nach Aufnahmen mit Bussole und Uhr hergestellt werden. Zu Höhenmessungen benutzte ich Aneroid- und Thermohypsometer. Das Mistrauen der Bevölkerung ging so weit, dass ich häufig die Tagebuchnotizen nur während der Nacht, wenn alles schlief, schreiben konnte, und oft kam es vor, dass ich mich nicht einmal nach dem Namen einer der durchzogenen Ortschaften erkundigen durfte; insbesondere gilt das von der Strecke Timbuktu—Medina, die auch manche Lücke aufweist. In Bezug auf die Abbildungen sei bemerkt, dass dieselben grösstentheils nach Photographien hergestellt wurden, zum kleinern Theil nach eigenen Skizzen, die ich nach meiner Rückkehr in einer zur Publication geeigneten Weise ausführen liess.

Wien, im März 1884.

Dr. Oskar Lenz.

INHALT DES ERSTEN BANDES.

DRITTES KAPITEL.

REISE NACH FÄS.

VIERTES KAPITEL.

FÄS, DIE RESIDENZ DES SULTANS MULEY HASSAN.

FÜNFTES KAPITEL.

MIKNÄSA, ZARHUNGEBIRGE UND RUINEN VON VOLUBILIS.

SECHSTES KAPITEL.

REISE NACH SELÄ UND RABAT.

SIEBENTES KAPITEL.

VON RABAT NACH MARRAKESCH.

ACHTES KAPITEL.

MARRAKESCH EL-HAMRA.

NEUNTES KAPITEL.

REISE ÜBER DEN ATLAS.

DREIZEHNTES KAPITEL.

MAROKKO ALS STAAT. (SCHLUSS.)

Finanzwesen. — Einnahmen. — Privatbesitz. — Geschenke. —
Zehnte. — Geldstrafen. — Zölle. — Thorzoll. — Monopole. — Geistliche Stiftungen. — Judensteuer. — Münze. — Ausgaben. — Staatsschulden. — Militärverhältnisse. — Bochári. — Machazini. — Askar.
— Tobdschiyah. — Bahariyah. — Harkah. — Ackerbau und Viehzucht. — Mineralreichthum. — Industrie. — Baukunst. — Handel und
Schiffahrt. — Selbständigkeit des Reiches. — Volksbildung. S. 386

ABBILDUNGEN IM TEXT.

SEPARATBILDER.

ERSTES KAPITEL.

TANGER.

Schroff und unvermittelt erhebt sich der Felsen Tarik's
— Gebel el Tarik, woraus der Name Gibraltar entstanden
sein soll — an der Grenze zweier Meere und zweier Continente,
und drohend schauen die Hunderte von Geschützen, welche
in seinem Riesenleibe verborgen sind, herab auf die Meerenge gleichen Namens, in der die zahlreichen weissen Segel
friedfertiger Handelsschiffe hell und freundlich in der Sonne
erglänzen. Es ist ein schönes und interessantes Stück Erde,
diese Strasse von Gibraltar, in der die blauen Fluten der
Mittelländischen See sich den hereinströmenden Wogen des
Atlantic vermählen, und reich an historischen Erinnerungen.
Alte phönizische Schiffer und Colonisten nannten diesen
sowie den schrägüberliegenden zweiten Felsen (das heutige
Ceuta) die „Säulen des Melkart", des phönizischen National-

gottes, des Gottes der wohlthätigen Sonne und des Protectors
der Seeleute und Colonisten. Es war eine phönizische Erfindung, Vorgebirge, die als Zielpunkte für die Schiffahrt oder
auch als Grenzpunkte verschiedener Meere dienten, über die
hinaus man sich lange Zeit hindurch nicht wagte, durch
Thürme oder Säulen zu bezeichnen. Danach nannte man dann
die ganze Gegend die „Säulen". Die Griechen liessen ihren
Nationalhelden Herakles, der oft die Stelle des phönizischen
Melkart vertritt, die Landenge zwischen dem Atlantischen
und dem Mittelländischen Meere zerreissen und nannten die
beiden stehen gebliebenen Felsen ihm zu Ehren Ἡρακλέους
στῆλαι, die Säulen des Hercules. Für die so entstandene
Meerenge hatten die Römer später den Namen Fretum Ga-
ditanum, die Enge von Gades (das heutige Cadiz), der Felsen
und die daranliegende Stadt Gibraltar aber hiess Mons
Calpe. Als dann im Jahre 711 unserer Zeitrechnung die
alles erobernden Araber die Meerenge übersetzten, sich hier
niederliessen und von da aus ihre Züge nach Spanien unternahmen, nannte man, wie Ibn Batuta, der grosse arabische
geographische Schriftsteller berichtet, diesen Berg den
„Siegesberg", oder auch nach dem Feldherrn Tarik, Sohn
des Abdallah Zenati, Gebel el Tarik, woraus sich endlich
unser gegenwärtiger Name Gibraltar ableiten lässt. So
trennt nun die Strasse von Gibraltar die Pyrenäenhalbinsel
von Afrika in ähnlicher Weise, wie die Strasse von Bab el
Mandeb die Halbinsel Arabien vom afrikanischen Festlande
scheidet.

Seit dem Jahre 1704 haben die Briten Gibraltar besetzt
und im Laufe der Zeit zu einer fast unüberwindlichen Festung
umgeschaffen; der mehr als 400 Meter steil aus dem Meere
aufsteigende Felsen, der nur durch eine schmale sandige
Landzunge mit dem hispanischen Festlande verbunden ist,
bietet an und für sich keinen günstigen Hafen, wol aber die
ganze tief ausgehöhlte Bucht von Algesiras, die im Osten

durch den Felsen von Gibraltar abgeschlossen wird; hier sammeln sich denn oft Hunderte von Segelschiffen an, die auf einen günstigen Ostwind warten (Levante), um aus dem Mittelmeer hinaus in den weiten Ocean getrieben zu werden. Eine starke Strömung ergiesst sich von letzterm durch die Strasse von Gibraltar in das Mittelmeer und zieht sich längs der nordafrikanischen Küste weit nach Osten; auf diese Weise wird verhindert, dass das Mittelmeer einer ähnlichen Wasserverminderung unterliegt wie der Kaspi-See. Eine solche Wasserabnahme aber würde eintreten, da die Hauptmasse der Mittelländischen See von verhältnissmässig nur wenig Flüssen genährt wird und die Verdunstung auf der fast 50000 Quadratmeilen umfassenden Fläche eine sehr bedeutende ist. Diese Meeresströmung andererseits macht es den nach Westen ziehenden Segelfahrzeugen schwer, weiter zu kommen, und so müssen diese oft wochenlang liegen bleiben, bis ein günstiger Ostwind sich erhebt. Dann aber ist es ein prächtiger Anblick, Hunderte von Schiffen in allen Grössen, mit vollen weissen Segeln, die Strasse passiren zu sehen, um sich weiterhin im Atlantischen Ocean nach allen Richtungen hin zu zerstreuen.

Die Stadt Gibraltar, dicht am Fusse des höhlenreichen Felsens gelegen, bietet als solche wenig Interessantes. Sie hat den Charakter von all den verschiedenen englischen Festungen, wie sie sich an den meisten Meerengen und wichtigsten Passagepunkten finden. Die Civilbevölkerung spricht zwar vorherrschend spanisch, aber das englische Militär herrscht natürlich überall vor. Der Handel soll bei weitem nicht mehr so bedeutend sein wie ehemals; Spanien, dessen Schmerzenskind Gibraltar ist und das sich mit dem auf afrikanischem Ufer gelegenen Ceuta behelfen muss, hat durch Herabsetzung der Zölle den überaus schwunghaften Schmuggel von englischen Waaren nach Spanien ruinirt, worüber sich das „rock-people" oder die „rock-scorpions"

wie die Bewohner halb englischer, halb spanischer Abkunft
vulgär genannt werden, sehr grämen.

Dass englischer Einfluss der herrschende ist, merkt jeder
Fremde an der Reinheit und dem propren Aussehen der
Strassen, Plätze und Gartenanlagen. Beim Wasserthor befinden sich trefflich gehaltene Markthallen, regelrecht und
wohlgeordnet in Quartiere getheilt, mit den gefällig arran-
girten Naturproducten einer wärmern Zone. Im Gegensatz zu dem Schmuz, der Unsauberkeit und dem unerträg-
lichen Geruch von einem überaus mannichfaltigen Gemisch
von halbverwesten und verfaulten Nahrungsmitteln, wie es
sich so häufig auf den Marktplätzen südeuropäischer Städte
findet, herrscht in den englischen Colonien eine musterhafte
Ordnung.

Recht hübsch ist auch die Alameda, die öffentliche Pro-
menade, ein mit Bäumen bepflanzter und mit Ruhebänken
versehener und geebneter Platz etwas ausserhalb der Stadt,
wo fast täglich Militärmusik abgehalten wird und wo sich
gegen Abend die „Gesellschaft" Rendezvous gibt. Wunderbar schön ist der Blick von dem Felsen aus auf das gegenüberliegende afrikanische Festland. Mächtig überragen die
Kalkmassen des Gebel Musa (Mosesberg) oder auch Affenberg genannt, die umliegenden Mittelgebirge; nach Osten
und Süden hin erstrecken sich die Gebirgslandschaften des
östlichen Marokko, und der er-rif genannte Gebirgszug, verrufen wegen der Wildheit seiner Berberbevölkerung, in der
That eins der unzugänglichsten Gebiete Afrikas; nach
Westen zu aber verflachen sich allmählich die Höhen in der
Richtung nach Tanger, wo dann die Küste des afrikanischen
Continents scharf nach Süden umbiegt.

Der Felsen von Gibraltar ist, oder wol besser war
auch in naturhistorischer Richtung merkwürdig, da er der
einzige Punkt in Europa ist, wo sich noch Affen wild finden;
der erwähnte gegenüberliegende Gebel Musa verdankt seinen

Beinamen Affenberg gleichfalls dem Umstande, dass in seinen
Wäldern noch eine kleine Affenart vorkommt, wenn auch
heutzutage nicht mehr sehr häufig. Ebenso sind die zahlreichen und theilweise grossen Höhlen im Felsen von Gibraltar interessant durch Funde ausgestorbener prähistorischer
Thierreste. Viele dieser natürlichen Höhlen im Kalkstein
haben die Engländer zu ihren grossen Galerien, in denen
die gewaltigen Kanonen aufgestellt sind, mitbenutzt. Ein-
stürze in diesen Höhlen sollen übrigens infolge der Er-
schütterung beim Schiessen mit den zahlreichen (gegen 700)
Kanonen recht häufig vorkommen. Was das Vorkommen
dieses Affen betrifft (*Macacus Inuus*, den schon Plinius beschreibt), so liegen wol keine zwingenden Gründe vor, dasselbe auf eine Zeit zurückzuführen, als Europa und Afrika
noch miteinander verbunden waren. Man weiss, dass der
englische Gouverneur Sir William Codrington einmal eine
Anzahl Affen aus Tanger kommen liess und sie in Gibraltar
in Freiheit setzte; es sollen damals nur noch vier Exemplare
auf dem ganzen Felsen gewesen sein, und um das völlige Aus-
sterben zu verhindern, hat man frische Exemplare kommen
lassen. Auf dieselbe Weise sind wol auch die ersten Affen
nach Europa gekommen, wahrscheinlich zuerst durch die
Araber. Die arabischen Geographen und Historiker des
Mittelalters beschreiben sehr ausführlich die hispanische
Halbinsel und ihnen würde ein so merkwürdiges isolirtes
Vorkommen einer bekannten Thierart gewiss nicht entgangen
sein. Sie erwähnen aber der Affen nicht, woraus man wol
schliessen muss, dass im 13. Jahrhundert die Affen noch
nicht in Gibraltar oder bereits wieder ausgestorben waren,
und dass erst später wieder solche von der Nordküste
Afrikas eingeführt worden sind.

Das Klima von Gibraltar ist ein mildes und haben vier-
zehnjährige Beobachtungen ein Mittel von 17,3 gegeben.
Unter Null fällt das Thermometer wol äusserst selten, dagegen

steigt es in den Sommermonaten Juli, August und September bedeutend. Wenn auch das Sommermittel nur 24° ist, so soll doch durch die strahlende Wärme des mächtigen Kalkfelsens oft eine unerträgliche Hitze entstehen. Winde sind häufig, aber auch die Niederschläge sind reichlich und ist das Jahresmittel 757 mm. Jedenfalls muss die gegenüberliegende afrikanische Küste als klimatisch angenehmer und gesünder bezeichnet werden, ja dieselbe gehört zu den in dieser Beziehung bestgelegenen Theilen Afrikas.

Gibraltar als „Einbruchstation" für die das Mittelländische Meer überflutenden englischen Touristen wird während des Winters sehr häufig besucht, und mancher, der die rauhe Jahreszeit in einem milden Klima zubringen will, bleibt hier für einige Zeit, obgleich die Stadt so gut wie nichts bietet, um das Leben zu verschönern und zu erheitern. Es gibt zwar einige englische Clubs, mit tadellos saubern wohlgefüllten Bücherkästen, Lesezimmern und Spielzimmern, in denen sich einige wenige würdige alte Herren manchmal versammeln, aber einem solchen Club haftet die tödlichste Langeweile an. Da der Ort Festung ist, so werden die Stadtthore zeitig geschlossen und der Fremde ist dann auf die übrigens nicht einmal guten Hotels angewiesen. Ein Theater existirt allerdings, es ist aber nur zeitweise eine Truppe von Schauspielern anwesend; das Gebäude dient dann auch zu Schaustellungen aller Art.

Sehr bedeutend ist in Gibraltar der Detailhandel mit importirten Lebensmitteln, Conserven u. s. w. aller Art; es verproviantiren sich nicht nur viele Schiffe daselbst, sondern die Einwohner und die grosse Garnison selbst, die ganz auf die Einfuhr von Nahrungsmitteln angewiesen sind, absorbiren sehr viel; auch als Kohlenstation für Kriegs- und Handelsdampfer ist der Platz wichtig.

Am Nordende der Stadt sieht man noch die von den Arabern erbauten Befestigungsmauern in steilen Zickzack-

linien den Berg hinaufsteigen, sowie einen uralten Thurm, den
Rest eines vor mehr als tausend Jahren erbauten Castells.
Heute sind diese trümmerhaften Fortificationen aus moham-
medanischer Periode werthlos und gehen immer mehr ihrem
Verfall entgegen; denn weiter nach oben zu finden sich die
modernen Befestigungsbauten der Engländer, die auf diesen
Schlüssel des Mittelmeeres im Laufe der Zeit ungeheuere
Summen verwendet haben und noch verwenden. Natürlich
können selbst die weittragendsten englischen Geschütze die
ganze Breite der Strasse nicht beherrschen (dieselbe variirt
zwischen 20 und 37 km), wol aber vermag eine starke Flotte,
mit Gibraltar im Hintergrunde, die Verbindung zwischen
den beiden Meeren für längere Zeit zu unterbrechen, und
daher das Bestreben Englands, den schon so furchtbar stark
befestigten Felsen noch stärker und unbezwinglicher zu
machen. Hierzu trägt übrigens auch die vollständige Isolirung des Platzes bei, und noch haben die Engländer nicht
gestattet, dass Gibraltar durch eine Eisenbahn von Malaga
oder von Cadiz her mit der übrigen Welt verbunden würde;
man kann nach Gibraltar nur mit dem Schiff gelangen,
denn der spanische Weg, welcher von Cadiz nach Algesiras
und von da längs dieser schönen Bai an San-Roque vorüber
und über das „neutrale Terrain“, ein schmaler sandiger
Streifen Landes zwischen den spanischen Zollhäusern und
denen der Engländer, nach Gibraltar führt, ist lang und
beschwerlich. Für eine Unterhaltung der Strasse wird nichts
gethan und die Postkarren sind wahre Marterwerkzeuge.
So gibt es aber sowol von Cadiz und Malaga aus wie auch
von den umliegenden andern Küstenplätzen einen täglichen
Verkehr mit kleinen, unsaubern, aber verhältnissmässig sehr
theuern Küstendampfern.

Auch eine regelmässige Dampferverbindung zwischen
Gibraltar und Tanger an der afrikanischen Küste existirt
und zwar täglich mit Ausnahme Freitags; es sind die drei

kleinen Schiffe „Hercules", „Lion Belge" und „Jakal", alte
abgenutzte Fahrzeuge, von denen das erstgenannte noch
das relativ beste ist. Auch die Dampfer der grossen Mittel-
meerlinien, die von Marseille ausgehen und eine Reihe
spanischer, algerischer und marokkanischer Küstenplätze
anlaufen, berühren sämmtlich Gibraltar, sodass für eine
Ueberfahrt an die afrikanische Küste genügend gesorgt ist.
Es war im November des Jahres 1879, als ich in Gibraltar ankam, um von da aus nach Marokko zu gehen. Die
Fahrt, schräg über die Strasse, dauert unter normalen Verhältnissen höchstens vier Stunden und ist meist eine angenehme und interessante. Auf spiegelglatter See fährt der
Dampfer längs der malerischen südspanischen Küste dem
fremden Erdtheil zu, bei herrlichem Himmel und milder Luft.
Steil steigen die kahlen Berge aus dem Meere empor, oft
nur einen schmalen Streifen längs des Ufers freilassend,
auf dem Oliven und Obstbäume, Getreide und Wein üppig
fortkommen, und freundlich blicken die vereinzelten grell-
weissen Landhäuser aus dem umgebenden Grün hervor.
Die mannichfachen Gestalten an Bord und deren Treiben
erregen stets die Neugierde und das Interesse des Neulings
in jenen Gegenden: der ernste schweigsame Araber, in ein
feines weisses Hayak gehüllt, mit mächtigem weissen Turban
kauert theilnahmlos auf dem Deck und nichts lässt merken,
wie sehr er sich mit dem Gewinn beschäftigt, den er aus
seinen letzten Geschäften mit den Ungläubigen gemacht;
der ewig bewegliche, ewig schachernde marokkanische Jude,
in den decennienalten schmierigen Kaftan gehüllt, ein
kleines schwarzes Käppchen auf dem Hinterhaupt, oder auch
den Kopf in ein grosses Taschentuch gehüllt, nach Art der
Hökerweiber, berechnet gleichfalls, lebhaft gesticulirend, mit
seinen Kameraden, um wieviel er Araber und Christen gemeinsam übervortheilt hat; der Ackerbauer oder Kleinhändler
aus Andalusien, in der schmuzigen, aber kleidsamen Tracht

seines Landes, sieht theilnahmlos zu; dann der mit allem
touristischen Raffinement, mit den wunderbarsten Jagd-
und Angelgeräthen ausgerüstete Amerikaner, der sich durch
möglichst auffällige Kleidung auszuzeichnen sucht; die selten
fehlende bleiche elegische Miss, die so vieles *shocking* findet;
der stets gefällige internationale Commis voyageur — das
alles gewährt dem stillen Beobachter eine Fülle des Genusses.
Ein anderes Bild aber gewährt der kleine schlechte Küstendampfer, wenn heftiger Ostwind (Levante) dem eindringen-
den atlantischen Strome entgegenweht. Dann wird das
alte abgenutzte Schiff, das den Verkehr zwischen Gibraltar
und Tanger vermittelt, herumgeworfen, dass man glaubt,
es müsse jeden Augenblick auseinanderbersten. Auf und
nieder und in Achterbewegung wird es von den kurzen
Wellen gestossen, die sich laut platzend über das Deck er-
giessen und durch die meist schadhaften Kajütenfenster
und die schlecht verschlossene Treppe hinab in die Kajüte
fliessen, wo sie die unregelmässig auf dem Boden herum-
liegenden Effecten der Reisenden gleichmässig durchnässen.
Laut jammernd liegen die hispanischen Juden auf den
Knien und rufen Jehovah an; resignirt ruft der Araber
sein Allah Kebir, er ist ja sicher, dass er, wenn er in den
tosenden Fluten sein Grab finden sollte, bald darauf in
sein Paradies eingehen wird, wo in schönen, quellen-
reichen Gärten Jungfrauen seiner warten, schlank und gross-
äugig, denn das verspricht der Quran dem Gläubigen. Der
europäische Tourist aber liegt meist in jenem unbeschreib-
baren Zustande, in welchem nichts in der Welt sein Interesse erregen kann; alles ist ihm gleichgültig und höchstens
ermannt er sich zu einem Ausruf, der in directem Gegensatz zu den Gebeten seiner Mitpassagiere steht.

Aber das Schiff geht nicht unter; der übermüthige Nep-
tun hat stets ein Einsehen und lässt die sich ihm Ver-
trauenden sicher landen. Allmählich wird die See ruhiger.

das Stampfen des Schiffes, das Stöhnen und Krächzen der
Schiffswände und das Jammern der Seekranken wird stiller,
die Küstenlinien Spaniens verschwinden mehr und mehr,
näher rücken die Gebirge des afrikanischen Rif, immer
prächtiger erheben sich die weissen Kalkmassen des Gebel
Musa aus den umgebenden Hügelreihen hervor, und eine
weite, ruhige Bucht thut sich auf, in deren Hintergrund
die weissen Häuser Tangers terrassenförmig ansteigen.
Selten braucht das Schiff länger als vier Stunden zur Ueberfahrt, und wenn grössere Verspätungen eintreten, dann sind
in der Regel weniger die Naturgewalten daran schuld als
die Herren Kapitäne. Dieselben behalten sich nämlich die
Freiheit vor, unterwegs noch ein kleines Geschäftchen zu
machen. Es kommt gar nicht so selten vor, dass Segel-
schiffe vor der Strasse von Gibraltar liegen und nicht
hereinkommen können, oder umgekehrt andere wegen herrschenden Gegenwindes nicht hinaus können; diese geben
dann durch Signale zu erkennen, dass sie einen Schlepp-
dampfer suchen. Die Kapitäne der zwischen Gibraltar und
Tanger verkehrenden kleinen Dampfer beeilen sich dann,
ohne Rücksicht auf ihre Passagiere, den Unglücklichen zu
Hülfe zu kommen gegen einige hundert Francs Bezahlung.
Die Reisenden aber, die vielleicht gern zu einer bestimmten
Stunde in Tanger oder Gibraltar sein möchten, haben dann
das Vergnügen, umsonst eine Fahrt in den Atlantischen
Ocean zu unternehmen. Mir selbst passirte einmal etwas
Derartiges. Um 12 Uhr mittags sollte der „Hercules" von
Gibraltar abgehen, die Passagiere waren schon an Bord,
als wir durch ein verdächtiges Herumschauen mit dem Fern-
rohr seitens des Kapitäns aufmerksam wurden, dass irgendetwas vorgehe. Und so war es auch, ein Segelschiff signa-
lisirte um einen Schlepper. Sofort setzten sich „Hercules"
und ein anderes kleines Schiff in Bewegung und begannen
einen Wettlauf um den Gewinn. Wir wurden mit einem

ANSICHT VON TANGER

I. S. 29

Boot aus Land geschickt und bekamen die Erlaubniss, am
Ufer zu warten, bis das Schiff hereingebracht worden war!
Nach drei Stunden kam denn auch der brave „Hercules"
zurück und statt um 4 Uhr kamen wir um 7 Uhr nach
Tanger, nachdem wir auf den glühenden Steinen des Hafens
die Zeit so angenehm wie möglich verbracht hatten! Das
sind so goldene Rücksichtslosigkeiten, die sich die englischen
Dampfschiffgesellschaften in Gibraltar erlauben können,
ohne fürchten zu müssen, zur Verantwortung gezogen zu
werden; der Verkehr ist eben kein grosser. Aber wenn
wenigstens die Schiffe besser wären. Der „Hercules" ist
der einzige, dem man sich bei schlechter See allenfalls anvertrauen kann; aber „Jakal" und „Lion Belge" sind schon
äusserst bedenkliche Fahrgelegenheiten. Uebrigens kommt
es jährlich mehreremal vor, dass bei recht schwerem See-
gang die Verbindung Tangers mit Europa tagelang unterbrochen wird; besonders bei Ostwind, wenn dieser die
Fluten des sonst ruhigen Mittelmeeres den aus dem Atlantic hereinströmenden Wogen entgegenwälzt.

Tanger liegt an der westlichen Seite einer schönen,
seichten Bucht, auf felsigem Boden, und zwar sieht man
die stark aufgerichteten eocänen Nummulitenschichten in
steilen Felsen direct vom Hafen aus aufsteigen. Weiter
nach Westen hin erheben sich die Hügel allmählich bis zu
den mit Zwergeichen und zahlreichem Gesträuch bedeckten
Gebel Kebir, gewöhnlich der Monte genannt, dessen Fortsetzung das Vorgebirge Cap Spartel bildet. Auf der gegenüberliegenden Seite der Bai, nach Osten zu, ist das sandige
Ufer flach und eben, aber im Hintergrunde erblickt man
die Berge der Landschaft Andschira mit dem alles über-
ragenden Gebel Musa. Der Anblick der Stadt vom Schiff aus
ist recht freundlich. Im üppigen Grün prangende Gärten,
Weizen- und Gerstenfelder und langgezogene Cactushecken
bedecken die Abhänge. Heerden von Ziegen, Schafen und

Rindern weiden auf den Grasebenen und hier und da erblickt man ein vereinzeltes Dorf mit schmuzigen, zer-
fallenen Lehmhütten. Rechts aber vom Beschauer schliesst
die hochgelegene Citadelle von Tanger, die Qasba, das Bild.
Das Ufer ist flach und sandig, und die Schiffe liegen ein
Stück von demselben entfernt; eine Anzahl grosser Boote
nähert sich demselben, erst das marokkanische Sanitätsboot
mit rother Flagge, dann aber entleeren die übrigen Fahrzeuge einen Haufen jüdischer und arabischer Lastträger,
die einen Kampf um die Gepäckstücke der Reisenden beginnen. Bei Ebbe können diese Boote nicht einmal bis
ans Ufer, sondern die Passagiere müssen sich den kräftigen
Schultern ihrer dunkeln Ruderer anvertrauen, die sie bis
zu einer Art Brücke tragen, auf der man dann ohne weitere
Fährlichkeiten afrikanischen Boden betreten kann.

Es war am 13. November 1879, als ich hier, begrüsst vom
Kanzler des deutschen Vertreters für Marokko, anlangte; noch
wusste ich nicht, dass es der Ausgangspunkt einer grossen,
überaus glücklichen und erfolgreichen Reise werden würde:
war doch der ursprüngliche Plan nur der, innerhalb der
Grenzen Marokkos geologische Untersuchungen vorzunehmen.

Die Bucht von Tanger ist für Schiffe überaus günstig
und jedenfalls viel besser als die offene Rhede von Gibraltar; sie ist zwar den Nord- und Nordostwinden ausgesetzt,
bildet aber trotzdem den besten Hafen von ganz Marokko
und ist jederzeit für Schiffe zugänglich. Ein Felsenriff tritt
bei niedrigem Wasserstande zu Tage, das recht gut zur Anlage von Molen benutzt werden könnte, wodurch ein Binnenhafen entstände, der der Schiffahrt sehr günstig wäre. Aber
für so etwas haben Araber weder Sinn noch Verständniss;
zu dem Zweck müsste der Platz in den Händen einer europäischen Seemacht sich befinden, die hier leicht einen bequemen Zufluchtsort für Schiffe, mit Kohlenstation u. s. w.
einrichten könnte.

Wenige Schritte vom Hafen befindet sich das marokkanische Zollhaus, eine offene Halle, und auf dem Platze davor, der stets mit einer Masse von Waarenballen bedeckt ist, herrscht ein buntes und lautes Leben und Treiben. Eine Menge schreiender und zankender Lastträger aller Confessionen und aller Farben treibt sich dort herum, vom dunkeln kraushaarigen Neger des Sudán angefangen bis zum blonden blauäugigen Rifioten, dem Nachkommen der alten Vandalen; in olympischer Ruhe aber sitzen die arabischen Beamten, in feine Hayaks gehüllt, riesige weisse Turbane auf dem geschorenen Haupte, und dirigiren schweigend das Ganze. Ihnen zur Seite sind einige spanische Zollbeamte gegeben, da Spanien seit dem letzten Kriege das Recht hat, die marokkanischen Zolleinnahmen mitzuverwalten.

Mit dem Gepäck europäischer Reisenden ist man nicht sehr streng und lässt dasselbe meist ohne weiteres passiren, selbst ohne die sonst üblichen Trinkgelder; um mein ziemlich umfangreiches Gepäck uneröffnet einzuführen, genügten ein paar Zeilen des deutschen Ministers; alles, was an die Vertreter europäischer Staaten geschickt wird, ist ohnedies vollkommen zollfrei.

Die Stadt Tanger, von den Arabern Tandscha genannt, ist sehr alten Ursprungs; war doch schon zur Zeit der Römerherrschaft hier ein Ort, der Tingis hiess. Die Stadt gehörte zu dem alten Reiche Mauritanien, das unter Caligula dem römischen Reiche einverleibt und später im Jahre 42 n. Chr. durch Claudius in zwei Provinzen getrennt wurde, Mauritania Caesariensis, mit der altphönizischen Seestadt Jol als Hauptstadt, die später zu Ehren von Augustus Caesarea getauft wurde (jetzt Scherschel bei Algier), und Mauritania Tingitana mit Tingis als Hauptstadt. Gewiss haben schon die Phönizier an diesem günstigen Punkt eine Niederlassung angelegt, wie ja überhaupt zahlreiche phönizische Ort-

schaften, besonders in den atlantischen Küstenebenen Marokkos, dem heutigen el gharb, gewesen sein müssen. Sollen
doch nach Eratosthenes' Angaben durch den maurischen
Stamm der Pharusier gegen 300 phönizische Städte zerstört
worden sein. Uebrigens finden sich dicht bei dem heutigen
Tanger (welche Wortform durch die Portugiesen aufgekommen
sein soll), und zwar auf einem kleinen Plateau im Südwesten der Stadt, der marscha, Gräber, die als phönizische
gedeutet werden.

Was das arabische Wort Tandscha betrifft, so wurde
mir in Beziehung auf die Entstehung desselben folgende
Fabel erzählt: „Als Noah noch in der Arche herumschwamm
und sehnsüchtig nach Land ausblickte, kam eines Tages
eine Schwalbe an Bord geflogen mit etwas Erde im Munde.
Da rief er fröhlich aus: tin dschâ! Land kommt! (tin =
feuchte Erde, Lehm; dschâ, besser idschâ, kommen). Noah
erreichte denn auch bald die Küste und gründete eine
Niederlassung, die dann ihren Namen von diesem denkwür-
digen Ausspruch erhielt." *Relata refero.*

Mit dem Ende der Römerherrschaft ging die Stadt in
die Hände der Gothen über, die sie späterhin an die Araber
verloren. In der ersten Hälfte des 15. Jahrhunderts traten
die Portugiesen in Marokko auf, die auch Tanger zu bekommen trachteten. Im Jahre 1437 belagerten die Portugiesen Tanger, wurden aber nicht nur von den Arabern zu-
rückgeschlagen, sondern mussten auch als Geisel den Prin-
zen Dom Fernando zurücklassen; ebenso verloren sie das
früher in ihrem Besitze befindliche Ceuta. Da die Portugiesen eine Reihe im Frieden festgesetzter Bedingungen
nicht erfüllten, so wurde der gefangene Prinz nach Fäs
(Fez) gebracht; er starb dort im Gefängniss und sein Leich-
nam wurde an den Stadtmauern aufgehängt. (Vgl. das
Stück von Calderon: „El Principe Costante".) Später änderte
sich das Kriegsglück, und im Jahre 1471 eroberten die Por-

tugiesen unter König Emanuel Tanger sowie eine Reihe von
Küsten-städten am Atlantischen Ocean und zwangen die
Araber zur Entrichtung von Tribut. Die Portugiesen be-
hielten Tanger fast zwei Jahrhunderte hindurch, bis es infolge eines heimlichen Vertrages an England überging, indem es Katharina von Braganza als Hochzeitsgeschenk ihrem
Gatten Karl II. von England mitbrachte. Die Engländer
suchten dann den Platz auf alle Weise zu befestigen, aber
bald erhoben sich Schwierigkeiten aller Art, die ihnen die
Schenkung verleideten. Die von England kommenden Einwanderer sowie die Garnison bestand aus herabgekommenen
Pöbel, der in keiner Weise mit Land und Leuten vertraut
war und beständig Fehden mit den Arabern hatte. Man
errichtete einen grossen Molo, um einen guten Binnenhafen
herzustellen, in der Hoffnung, einen ausgiebigen Handel mit
dem Innern des Landes schaffen zu können. Als auch diese
Erwartungen nicht erfüllt wurden und die Unruhen der
Eingeborenen sich immer erneuerten, beschloss man im
Jahre 1684, den Platz nach einem zweiundzwanzigjährigen
Besitz wieder aufzugeben. Wol remonstrirten die Portugiesen
gegen ein solches Beginnen und wollten nicht dulden, dass ein
so werthvoller Hafenplatz in den Händen von barbarischen
Piraten verbliebe, aber es nützte ihnen nichts, die Araber
besetzten die Stadt und haben sie heute noch in ihren Hän-
den. Bei ihrem Abzug hatten die Engländer den schönen
Molo zerstört, von dem man jetzt noch geringe Reste bei
niederm Wasserstand im Hafen von Tanger sieht.

Eine kleine Stunde östlich von Tanger findet man dicht
am Meere Ruinen einer alten Brücke, über einen nicht weit
davon mündenden kleinen Fluss, die aus der Römerzeit
stammen sollen. Man sieht noch etwas Ziegelwerk, und
zwar jene noch jetzt üblichen nur zolldicken flachen Ziegel,
theilweise mit Kalkanwurf bedeckt, worauf ich als einzige
Verzierung einige concentrische Kreise angebracht fand.

Nachdem wir den Fluss etwas weiter oben überschritten
hatten, gelangten wir wieder zu einigen alten Mauerwerken,
die zwischen zwei kleinen sich vereinigenden Flüsschen liegen
und den Namen Tandscha balia, Alt-Tanger, führen. Es
ist aber ziemlich unwahrscheinlich, dass hier eine Stadt gestanden hat. Die alten Colonisten haben stets mit grossem
Geschick und richtigem Blick den passendsten Platz für die
Anlage einer Ortschaft gewählt, und so wird das alte Tingis
eben wol auch da gestanden haben, wo das heutige Tanger
steht, denn das ist der günstigste Punkt in der ganzen Bai.
Die erwähnten Ruinen, die übrigens etwas landeinwärts
liegen, rühren möglicherweise von einer alten befestigten
Hafenanlage her; es ist ja möglich, dass das Meer früher
etwas weiter in das Land hineingereicht hat.

Tanger ist Festung und mit Mauern umgeben, sodass
man nur durch Thore, die abends verschlossen werden, in
die Stadt gelangen kann. Vom Hafenthor geht eine ziemlich steile gepflasterte Hauptstrasse, die sich in der Mitte
der Stadt zu einem kleinen Platz erweitert, mitten durch
Tanger bis zum südlichen, auf den grossen Soko (Marktplatz) führenden Thor; rechts und links davon erstrecken
sich nach allen Richtungen zahlreiche kleine, enge und
krumme Gassen, im höchsten Grade unregelmässig, wie in
den meisten orientalischen Städten. Es existirt in Tanger
eine Strassensäuberung, dank dem energischen Auftreten
einiger Consuln, sodass die Stadt im allgemeinen nicht so
schmuzig ist wie viele andere von Mohammedanern bewohnte Ortschaften. Fremde finden einige Hotels, die ganz
erträglich sind, und ich stieg auch in einem solchen inmitten der Stadt gelegen ab, verblieb aber nur kurze Zeit
darin, um in das Palais des deutschen Ministerresidenten
überzusiedeln, der mir in liebenswürdigster Weise Gastfreundschaft anbot. Die Wohnung des deutschen Vertreters
ist die schönste in ganz Tanger. Dieselbe liegt ausserhalb

DEUTSCHE MINISTERRESIDENZ IN TANGER.

1 8 15.

der Stadt an dem erwähnten Soko und ist mit einem prachtvollen Garten umgeben. Der jetzige Ministerresident, Herr
Th. Weber, war so glücklich, das Haus und den Garten des
frühern schwedischen Consuls zu erwerben; er liess dann
das Haus umbauen und erweitern, sodass dasselbe jetzt einen
prächtigen Wohnsitz des in Tanger sehr beliebten und ge-
achteten deutschen Vertreters bildet. Bemerkenswerth in
dem Palais ist der grosse Salon, in halb syrischem, halb
maurischem Stil ausgeführt; es ist eine dreischiffige Halle,
die Seitengänge durch Säulen und maurische Rundbogen getrennt, Decke und Thüren mit sehr origineller maurischer
Holzmalerei versehen. Besonders reizend aber ist der grosse,
gut gehaltene Garten, reich an südlichen Pflanzen, worunter
mehrere stattliche Exemplare des Drachenblutbaumes erwähnenswerth sind. Von einer kleinen Alameda hinter dem
Hause hat man einen prächtigen Blick über die Stadt und
die Strasse von Gibraltar hinweg nach Tarifa, dessen weisse
Häuser deutlich zu unterscheiden sind.

Fuhrwerke gibt es in Tanger nicht; wer nicht zu Fuss
gehen will, muss reiten, entweder zu Pferd, oder auf Maulthieren und Eseln; die Strassen sind viel zu steil und zu
eng, um eine Communication mit Wagen zu gestatten. Auf
der Hauptstrasse herrscht meist ein sehr reges und buntes
Leben und fortwährend hört man das Geschrei der Wasser-
verkäufer, der Waarenausrufer und das beständige *balak*,
balak (Aufforderung zum Ausweichen) der Eseltreiber.

Die Häuser sind nach orientalischer Manier mit flachen
Dächern versehen, die als Terrasse benutzt werden, meist
einstöckig, äusserlich ohne allen Schmuck, im Innern aber
oft hübsch und reich ausgestattet, denn es gibt zahlreiche
wohlhabende Leute dort, sowol unter den Arabern wie auch
unter den hispanischen Juden. Nach echt orientalischer
Sitte sucht man äusserlich möglichst unscheinbar aufzutreten,
um nicht zu prunken, obgleich die Sicherheit des Eigenthums

in Tanger eine grosse ist; dort wagen es die Machthaber nicht, wie anderwärts in Marokko, den Besitzenden unter irgendeinem leicht zu findenden Vorwande auszuplündern. Während die Hauptstrasse und der Platz innerhalb derselben als der Mittelpunkt des commerciellen Verkehrs anzusehen ist, spielt sich das officielle Leben in der hochgelegenen Qasba, der Citadelle und auf deren Vorplätzen ab. Hier residirt der jeweilige Gouverneur (Amil) von Tanger, hier sind die Richter, Qadi, und hier hält sich das Militär auf, wie auch immer eine Menge der dienstthuenden Machazini (Lehnsoldaten des Sultans, die Polizei- und Gensdarmeriedienst verrichten) sich hier versammelt. Dort sind auch die Gefängnisse und in den Vorhallen wird der beleidigten Justiz Gerechtigkeit gegeben, indem die zu Prügelstrafen Verurtheilten hier ihre Strafe erhalten.

Ausser den Machazini befindet sich auf der Qasba eine kleine Anzahl von dem regulären Militär Marokkos, die Askar, die in grellrothe Uniformen mit grünen Aufschlägen gekleidet sind. Sie werden auf dem Platz vor der Burg einexercirt.

Die Gefängnisse in der Qasba von Tanger sind wie in allen marokkanischen Städten etwas Grauenhaftes, und das Gefängnisswesen bildet im ganzen Justizverfahren dieses Landes, das überhaupt wenige lichte Punkte aufzuweisen hat, den dunkelsten Punkt. In schmuzigen, engen und finstern Löchern werden die Unglücklichen eingesperrt und ohne Nahrung und Pflege gelassen, sodass viele in den Gefängnissen an Krankheit, Schmuz und Nahrungsmangel zu Grunde gehen. Die Gefangenen sind auf die Wohlthaten von aussen und die Unterstützung ihrer Angehörigen sowie den minimalen Verdienst angewiesen, den sie sich durch Korbflechten verschaffen können; von seiten der Verwaltung erhalten sie nichts. Es gehört demnach in Marokko mit zu den üblichen Wohlthätigkeitsacten, Freitags an die Ge-

fangenen Brot zu vertheilen. Wer keine Angehörigen hat
und zu krank ist, um zu arbeiten, ist einfach in Bezug auf
Unterhalt auf diese zufälligen Wohlthaten Fremder angewiesen.

Ausser der Prügelstrafe wird in Marokko noch die Ver-
stümmelung der Gliedmassen bei Diebstahl und schwerern
Verbrechen angewendet, und man sieht genug Leute herumlaufen, denen eine Hand oder ein Fuss abgeschlagen ist oder
die man geblendet hat. Ist die Lage der männlichen Gefangenen eine trostlose, so ist die der weiblichen eine noch
schrecklichere bei der tiefen socialen Stellung, welche die
Frauen in Marokko, und besonders bei den untern Schichten
der Bevölkerung, einnehmen. Die Verstümmelungen der Verbrecher kommen heute allerdings seltener vor, in Tanger
und den Küstenplätzen, wo europäische Consuln sind, vielleicht gar nicht mehr; Todesstrafen finden gewöhnlich nur
bei politischen Verbrechern statt.

Die Qasba in Tanger ist ziemlich hoch gelegen, war ursprünglich stark befestigt und besteht aus einer Anzahl von
Häusern, Höfen, kleinen Gärtchen und Plätzen, sowie einer
Moschee; der Palast des Gouverneurs ist sehenswerth und
in reinem maurischen Stil gebaut. Der Ueberblick von diesem hochgelegenen Punkt über die Stadt und die weitere
Umgebung ist ein überaus schöner.

Marokko ist bekanntlich neben China das für Europäer
am wenigsten zugängliche Land, und mit grossem Geschick
hat es die Regierung daselbst bisher verstanden, die Bewohner von dem Einfluss abendländischer Cultur fern zu halten.
Es äussert sich dieses Bestreben in einer Menge von Ad-
ministrativmassregeln, die äusserst beschränkend auf Handel
und Verkehr wirken. Mit China hat es auch das gemein,
dass die Vertreter der verschiedenen europäischen Staaten
nicht in der Residenz des Herrschers wohnen, sondern in
einer entfernten Küstenstadt. Ein directer Verkehr der Con-

suln mit der Regierung existirt in der Regel nicht, sondern es
residirt in Tanger ein marokkanischer Gesandter, der diesen
Verkehr vermittelt. Natürlich ist dieses Verfahren für den
Geschäftsgang im höchsten Grade hinderlich und für die
dort ansässigen Europäer nachtheilig. Andererseits ist es,
wie jetzt die Verhältnisse in Marokko liegen, kaum möglich,
dass die europäischen Consuln in Fäs, der Residenz des
Sultans, wohnen. Ganz Marokko besitzt nicht eine fahrbare Strasse, und die Reise nach Fäs, die 8—10 Tage in
Anspruch nimmt, hat stets den Charakter einer Expedition,
indem der Reisende Zelte, Trag- und Reitthiere und zahlreiche Dienerschaft mitnehmen muss. Ausserdem wünscht
man im Innern des Landes keine Europäer, und es wäre
sogar nicht einmal genügende Sicherheit für das Leben der
christlichen Gesandten geboten, wenn sie in Fäs in der
Nähe des Sultans wohnen müssten. So harmlos die Marokkaner im gewöhnlichen Verkehr scheinen, so leicht ist es
auch, dieselben zu einem Act religiöser Unduldsamkeit zu
verleiten.

In Marokko sind gegenwärtig acht europäische Staaten
vertreten, von denen einige übrigens eigentlich nichts zu vertreten haben. England, Frankreich, Spanien, Portugal, Italien,
Deutschland, Belgien und Nordamerika haben Gesandte und
Generalconsuln in Tanger sowie Viceconsuln in einigen
Küstenstädten; Oesterreich hat England mit seiner diplomatischen Vertretung beauftragt und hält nebenbei noch
einen Consul in Tanger. Am meisten interessirt in Marokko sind England, Spanien und Frankreich, und die Gesandten dieser drei Mächte suchen sich denn auch immer
an Einfluss auf die internen Angelegenheiten Marokkos zu
überbieten.

England glaubt ein Recht auf Marokko zu haben, da
es schon einmal Tanger besessen, und, wie überall, so auch
hier englisches Kapital im Lande steckt; nach dem spa-

nischen Krieg von 1860 schoss England sofort dem Sultan
eine grössere Summe zur Bestreitung der Kriegskosten vor;
England liefert die meisten Waffen für das marokkanische
Heer und die Festungen, und der jetzige englische Minister,
der im Lande geboren, mit Sprache und Sitten des Volkes
sowie den Verhältnissen des Reiches ungemein vertraut ist,
hat bei Hofe noch immer den grössten Einfluss. Die Politik der Engländer ist überall in mohammedanischen Ländern dieselbe; sie schützen scheinbar die Einheimischen,
um nur nicht andern Nationen Einfluss zu gestatten. So
scheint es sicher, dass in Marokko die Engländer den Sultan und seine Regierung in dem Bestreben der Exclusivität
bestärken, denselben vor Anerbietungen der Europäer warnen, dabei aber selbst unmerklich nach und nach ihren
Einfluss befestigen. Die schroffe Haltung, die Marokko
noch heute gegenüber den Abendländern einnimmt, und
die ganze Unzugänglichkeit des Landes ist wesentlich der
englischen Politik zu danken. England hat natürlich ein
grosses Interesse an Marokko als einem an der Strasse von
Gibraltar gelegenen Lande, und würde es sehr ungern sehen,
wenn die Kanonen von Tanger seinen Schiffen den Weg
nach dem Suezkanal und Indien verlegen würden.

Nächst England ist Spanien am meisten in Marokko
interessirt. Die Nähe des Landes, der Besitz von Ceuta
und die zahlreichen in den marokkanischen Küstenstädten
lebenden Spanier erklären es, dass Spanien gern das Land
besitzen möchte. Die spanische Sprache herrscht in Marokko unter allen andern europäischen Sprachen vor, spanisches Geld circulirt allgemein und wird überall, selbst in
den entlegensten Gebirgsdörfern angenommen, ja Spanien
hat sogar Missionen und Kirchen in dem so streng mohammedanischen Reiche. Der letzte spanische Krieg mit
Marokko ist ja im allgemeinen günstig ausgefallen und es
hätte nicht viel gefehlt, so wären die Spanier im Besitz der

wichtigen und wohlhabenden Stadt Tetuan geblieben. Die
Bewegung, die sich jetzt in Spanien erhebt für eine Besetzung von Marokko, zieht immer weitere Kreise um sich,
und nichts wäre dort populärer als ein Krieg mit Marokko.
Zahlreiche spanische Flüchtlinge leben in Marokko, und
diese können nicht ausgeliefert werden, da ein solcher Vertrag nicht existirt. Vernünftige spanische Staatsmänner
werden sich freilich hüten, einen derartigen Krieg vom
Zaune zu brechen; er würde, ganz abgesehen von allem
andern, ein starkes Heer erfordern und die ganze Bevölkerung Marokkos würde sich erheben; denn beliebt und ge-
achtet sind die dort lebenden Spanier durchaus nicht. Es
sind eben, wie erwähnt, nicht immer die besten Elemente,
die sich da aufhalten. Dann aber würden sowol England
wie Frankreich kaum ruhig zusehen, wenn Spanien ernst-
hafte Anstalten treffen wollte zu einem Occupationskriege
mit Marokko. Die Uneinigkeit und Eifersucht der einzelnen
europäischen Grossmächte ist allein schuld, dass Marokko
bis heute unabhängig geblieben ist und wol auch noch für
einige Zeit bleiben wird.

Was endlich Frankreich anbelangt, so wäre der Besitz
Marokkos für dieses Land von hohem Werth und es würde
dann ein stattliches Colonialreich in den mohammedanischen
Ländern Nordafrikas erhalten. Tunis, Algier und Marokko,
dazu Senegambien, wo sich der französische Einfluss schon
bis Segu erstreckt — das ist etwas zu Verlockendes, als
dass französische Staatsmänner nicht schon längst ihre Blicke
auf das Maghrib el aksa, *the far West*, wie Marokko von
den Arabern genannt wird, geworfen hätten. Die Grenzen
zwischen Algerien und Marokko sind im höchsten Grade
unsicher, und Grenzverletzungen kommen auf beiden Seiten
oft genug vor. Franzosen haben, ebenso wie Engländer,
Offiziere als Instructeure in der marokkanischen Armee
und suchen durch topographische Aufnahmen in den Grenz-

gebieten die Unterlagen für eine eventuelle Expedition zu gewinnen. Französische Kaufleute ebenso wie englische sind in den Küstenstädten etablirt, aber im Verhältniss zu den Spaniern ist deren Zahl gering. Die marokkanische Staatskunst besteht nun darin, die Ansprüche dieser drei Staaten möglichst zu paralysiren, sich mit keinem zu verfeinden und keinem derselben zu viel zu gewähren. Dass sich alle drei einmal vereinigt dem Sultan gegenüberstellen, ist kaum zu fürchten, dazu ist das gegenseitige Mistrauen zu gross, und so hat die marokkanische Regierung einen erträglichen modus vivendi gefunden, wobei sie sich ganz gut steht und nur Vortheile hat. Ueberall zeigt sich, dass die orientalische Politik um vieles schlauer ist als die abendländische; an Rücksichtslosigkeit im gegebenen Falle stehen sich beide gleich, aber was die Kunst des Verzögerns und Hintanhaltens, des Versprechens und Beschwichtigens betrifft, so sind die Mohammedaner noch heute unübertroffen.

Was nun die übrigen in Marokko vertretenen europäischen Mächte betrifft, so sind dieselben von geringem Einfluss auf den Gang der Dinge daselbst, sind auch weniger in Marokko interessirt. Am meisten macht neuerdings noch Italien von sich reden, das, seitdem es ein einiges Königreich geworden, überall gern hervortreten möchte, ohne eigentlich Erfolge zu haben. Italiener gibt es nur sehr wenige in Marokko, und diese sind meist nur in untergeordneten Stellungen. Portugal hat ganz vergessen, dass es einst zahlreiche blühende Städte in Marokko besessen hat, und seit der furchtbaren Schlacht bei Ksor (Qasr el Kebir) im Jahre 1578, in der der mythenumsponnene König Sebastian sein Leben verlor, hat Portugal nie wieder irgendeine Stellung in Marokko bekommen. Mit dieser Schlacht ist überhaupt der ganze christliche Einfluss in diesem Reiche vernichtet und bis heutigentags noch nicht wiedergewonnen worden. Portugiesische Kleinhändler gibt es

übrigens in ziemlicher Menge besonders in den Plätzen am
Atlantischen Ocean. Belgien hat gewohnheitsmässig einen
Ministerresidenten in Tanger, eigentlich ohne Zweck. Was
endlich Deutschland betrifft, so ist gegenwärtig gleichfalls
ein Ministerresident in Marokko angestellt und dort mit
voller Berechtigung. Ist die Anzahl der dort lebenden
deutschen Kaufleute auch nicht so bedeutend wie diejenigen
Frankreichs und Englands, so haben dieselben sich doch
überall, wo sie etablirt sind, eine angesehene Stellung zu verschaffen gewusst, und die Geschäfte derselben nehmen einen
sehr erfreulichen Aufschwung. Es gibt deren in Tanger,
Casablanca, Saffi und Mogador. Es ist gar keine Frage, dass
Marokko, sobald es nur einmal mehr dem abendländischen
Einfluss geöffnet sein wird, ein gutes Absatzgebiet für europäische Artikel geben wird, wie es ja auch reich an verschiedenen Naturproducten ist, deren Ausfuhr zum grössten
Theil verboten ist. Oesterreich hat, wie erwähnt, nur einen
Consul in Tanger; die Beziehungen dieses Reiches zu Marokko sind äusserst geringe und nur wenige Oesterreicher
daselbst wohnhaft.

Die mangelhafte Justizpflege in Marokko, die Willkür
und Rücksichtslosigkeit, mit der die meisten Gouverneure
und überhaupt Beamte ihre Stellung ausnutzen und mis-
brauchen, gab zu einer andern Institution Veranlassung,
die auch ihre Schattenseiten hat. Viele Unterthanen des
Sultans, Araber sowol wie Juden, besonders in den Küstenstädten, haben sich unter die Protection irgendeines Consuls
gestellt und sind damit gewissermassen Unterthanen des
betreffenden Staates geworden. Sie gehen von der Meinung
aus, dass sie auf solche Weise einen sicherern Schutz und
eine bessere Vertretung ihrer Interessen gegenüber den marokkanischen Machthabern finden, als ohne Protégés eines
Consuls zu sein. Es sind dadurch der marokkanischen Regierung schon mannichfache Verlegenheiten bereitet worden,

indem gewissenlose Consuln ihre Protégés, selbst wenn dieselben in offenbarem Unrecht sind, in energischer Weise schützten und stets mit diplomatischen Verwickelungen drohten. Es mag dieses Protectionswesen früher vielfach von einigen Vertretern europäischer Staaten als eine sehr er-

Fig. 1. Scherif von Wasan, Hadsch Abd'es-Salem.

giebige und stets fliessende Geldquelle angesehen und dem entsprechend behandelt worden sein, und so drängt jetzt die Mehrzahl der Consuln auf eine Regulirung, respective Aufhebung dieses ganzen Protectionswesens. Es werden in der That jedem, der es hören will oder nicht hören will, in Tanger eine Menge von Misbräuchen erzählt, die durch

diese Einrichtung eingerissen sein sollen. Wer sich für die
Chronique scandaleuse unter dem diplomatischen Corps und
den mit demselben in Verbindung stehenden Arabern, Juden
und Christen in Tanger interessirt, der findet in einem von
Herrn von Conring herausgegebenen Buche („Marokko".
Berlin 1880) in drastischer Form eine Fülle von Details erzählt, von denen man im Interesse der Vertreter der abendländischen Staaten nur wünschen könnte, dass sie erfunden
wären.

Wie früher erwähnt, hält der Sultan von Marokko einen
Vertreter in Tanger, der den Verkehr zwischen Fäs und den
europäischen Diplomaten vermittelt. Seit einigen Jahren ist
dies Sidi Bargasch, ein wohlwollender alter Herr, der sich
seinerzeit durch einen lebhaften Handel mit Gibraltar ein
bedeutendes Vermögen erworben hat und dadurch in den
Stand gesetzt war, sich eine einflussreiche Stelle zu verschaffen. Er sowie der jeweilige Gouverneur sind die wichtigsten Personen unter der arabischen Bevölkerung Tangers.
Es lebt nun daselbst auch der durch Gerhard Rohlfs allgemein bekannt gewordene Scherif von Wasan, Hadsch Abd'es-
Salem, der allerdings bei einem grossen Theile des niedern
Volkes einen gewissen Einfluss hat. Wenn erzählt wird,
dass dieser Mann gewissermassen die Stellung eines marokkanischen Papstes eingenommen hat, so ist das heutzutage durchaus nicht mehr der Fall. Als Scherif geniesst er
natürlich eo ipso ein gewisses Ansehen, aber dasselbe wird
jetzt kaum viel grösser sein als das der übrigen Schurafa.
Er hat allerdings ausgedehnte Besitzungen, weiss sich auch
neuerdings durch wiederholte Bettelreisen in Algerien Geld
zu verschaffen, hat aber doch von seinem Nimbus viel verloren. Der Regierung ist er vielfach unbequem, und bei
der Bevölkerung hat er durch Annahme einiger europäischer
Gebräuche viel an Heiligkeit verloren. Nicht wenig hat gewiss dazu beigetragen die Ehe mit einer Christin, einer

ehemaligen englischen Gouvernante in Tanger, von der er
mehrere Kinder hat. Trotz aller Versprechungen, die er
seinerzeit beim Schluss dieser Verbindung gab, vernachlässigt er neuerdings diese Frau in jeder Weise, wie das
eben nach den morgenländischen Begriffen über die Ehe
nicht anders zu erwarten war, und ist dieselbe selbst finan-
ziellem Ungemach ausgesetzt. Die ausgedehnte Verwandtschaft dieses Mannes hat diese Ehe nie anerkannt und
sucht natürlich auf alle Weise einen etwaigen Einfluss der
ungläubigen Frau zu hintertreiben. Dieselbe wohnt gegenwärtig allein mit ihren Kindern in einem Häuschen auf der
el marschan genannten kleinen Hochebene im Südwesten der
Stadt, wo sich auch einige Villen von Europäern befinden.

Die Bevölkerung der Stadt Tanger mag ungefähr
20000 Seelen betragen, wovon gewiss ein Drittel hispanische Juden sind. Diese Bevölkerung besteht aber aus
den verschiedensten Elementen: Araber und Berber aus
dem Rifgebirge, Juden und Neger sowie Christen aus den
verschiedensten Theilen, besonders aus dem Süden Europas.
Die Stadt ist dicht bevölkert, da sie sich der Festungs-
mauern wegen nicht ausdehnen kann; besonders die ärmere
Bevölkerung ist in den engen Gassen dicht zusammen-
gedrängt. Hier in Tanger ist kein eigentliches Judenquartier mehr wie in den meisten andern Städten Marokkos,
sondern es wohnt alles durcheinander. Während des Winters
kommen gar nicht so selten europäische Touristen nach
Tanger und bringen oft Monate daselbst zu; auch von
Gibraltar aus kommen häufig Besucher, um von hier aus
Jagdpartien zu unternehmen. Es gibt eine grosse Zahl
armer und krüppelhafter Leute in Tanger, die in Mitleid
herausfordernder Weise in den Strassen herumliegen und
Almosen erbitten; der Muslim ist ja im allgemeinen wohl-
thätig, und so leben Hunderte von Elenden von der öffent-

lichen Wohlthätigkeit. Besonders gross muss das Elend in dem Jahre vor meiner Ankunft in Tanger gewesen sein, als infolge einer schlechten Ernte eine furchtbare Hungersnoth in ganz Marokko herrschte. Allein in Tanger sollen Hunderte von Armen Hungers gestorben sein, obgleich die europäische Colonie doch gewiss vieles zur Milderung der entsetzlichen Noth gethan haben wird.

Die Kleidung der Marokkaner ist nicht unschön; über dem Kaftan oder der Dschellaba, einer Art Burnus mit Kapuze, tragen sie meist einen feinen weissen Hayak, ein sehr grosses Umschlagetuch, das mit grosser Kunst um den Körper geworfen wird, um einen gefälligen Faltenwurf zu erzeugen. Für einen Europäer ist es nicht leicht, sich dieses eigentlich unbequemen Kleidungsstückes zu bedienen. Das Haupt ist meist mit einem rothen tunesischen Tarbusch bedeckt, um welchen ein gewaltiger schneeweisser Turban geschlungen wird. Derselbe besteht aus einem 6—8 m langen Stück sehr feinen Zeuges, welches man mit grosser Geschicklichkeit um den Kopf wickelt. Darüber wird vielfach noch die Kapuze der Dschellaba oder des militärischen Burnus gezogen. In Tanger pflegen viele Araber weisse Strümpfe zu tragen und die allgemein üblichen gelben Lederpantoffeln, die aus im Lande gegerbtem und gefärbtem Leder verfertigt werden; Schuhe oder Stiefeln wird ein conservativer Marokkaner nie tragen. Die ärmere Bevölkerung trägt meist nur Hemd, Hose und darüber ein Dschellaba aus starkem grauen oder braunen Stoff. Die Kleidung der Frauen ist dem Anblick der Europäer entzogen; auf der Strasse sind dieselben vollständig in ein grosses grobes Stück Zeug gehüllt, aus welchem man im besten Falle ein Paar schwarze Augen blitzen sieht. Die Kleidung der arabischen Frauen, wenigstens der bessern Klassen, ist überaus reich, aber geschmacklos; sie sind mit einer Masse plump gearbeiteten Silber- und Korallenschmuckes behängt und tragen einen

oft reich mit Gold- und Silberstickereien durchwirkten fuss-
breiten Gürtel, der über dem aus feinem Tuch bestehenden
Kaftan getragen wird. Die ärmere Bevölkerung, besonders
die Landbewohner sind natürlich viel einfacher gekleidet.

Die hispanischen Juden tragen meistens ein Dschellaba
aus blauem Tuch, darunter eine bis oben geschlossene viel-
knöpfige Weste und kurze Beinkleider aus gleichem Stoff;
weisse Strümpfe nebst europäischen Schuhen und eine kleine
schwarze Kappe am Kopf vollenden den Anzug.

Die Jüdinnen, denen bekanntlich bei der Hochzeit das
Haar abgeschnitten und dafür eine Perrüke aufgesetzt
wird, haben ausserordentlich prunkvolle Festtagskleider,
die mit reicher Goldstickerei versehen sind; es sind dies
Erbstücke, die von einer Generation auf die andere gehen.

Die vorherrschende Beschäftigung der Bevölkerung Tangers
ist der Handel, und zwar ist Tanger kein unbedeutender
Handelsplatz. Nach der überaus günstigen Lage der Stadt
sollten die Handelsverhältnisse noch weit umfangreicher sein,
wenn nicht die marokkanische Regierung in einer unverständ-
lichen Verblendung den Export der verschiedenen werthvollen Naturprodukte auf alle Weise beschränkte. Der Import, mit dem sich die europäischen Kaufleute sowie eine
Anzahl jüdischer Handelsfirmen beschäftigen, ist recht bedeutend und steigt jährlich; die Bedürfnisse der Araber an
den Erzeugnissen des Abendlandes vermehren sich beständig.
Besonders sind es die verschiedensten Tuche und Stoffe,
Kurzwaaren, Kerzen, Zucker und Thee, die in grossen
Mengen nach Tanger geführt werden. Die Hauptstrasse
der Stadt ist zu beiden Seiten vollständig besetzt von den
kleinen Butiken oder Kaufläden der Araber und Juden, die
gleichzeitig als Werkstatt dienen. Es sind kleine, einige
Fuss vom Erdboden erhabene, vier bis fünf Quadratfuss
umfassende Gehäuse, die von aussen durch eine Klappe verschlossen werden können; darin hockt dann den ganzen Tag

der Händler, und zwar derart, dass er ohne aufzustehen in alle Winkel des kleinen Raumes greifen kann, um die Waaren hervorzuholen. Meist sind es Industrieartikel des Inlandes, die hier verkauft werden, an deren Erzeugung sich aber Tanger wenig betheiligt; sie kommen zum grössten Theil aus Tetuan und Fâs. Es sind die verschiedensten Lederarbeiten (Pantoffeln, Gürtel, Kugelbeutel, Riemen, Zaumzeug u. s. w.), ferner Eisenarbeiten, Säbel, Gewehre, dann einheimische Wollstoffe zu Dschellabas, Hayaks, Burnusse u. s. w., ferner die schönen marokkanischen Teppiche, die meist aus Rabat kommen, allerhand plump gearbeitete Schmuck- und Luxusgegenstände, die grossen hübsch gravirten Theebreter aus Messing und vieles andere. Für Touristen, die gern als Andenken verschiedene Industrieerzeugnisse mit in die Heimat nehmen wollen, gibt es zwei reich ausgestattete Bazare, die von Juden gehalten werden. Die Preise sind meist hoch und die Mehrzahl der Artikel stammt aus Paris, wo bekanntlich grosse Fabriken orientalischer Antiquitäten und Kunsterzeugnisse existiren. Wer in Tanger echt marokkanische Arbeiten kaufen will, sollte nie allein oder etwa in Begleitung eines einheimischen Dieners und Dolmetsch in die Geschäfte gehen, sondern die Intervention eines dort ansässigen europäischen Kaufmanns in Anspruch nehmen, die ja immer aufs freundlichste gewährt wird.

Sehr gebräuchlich ist das öffentliche Versteigern von Waaren; besonders autorisirte Agenten laufen in der Strasse auf und ab, laut die verschiedenen Angebote ausrufend, und fordern jedermann zum Höherbieten auf, indem sie in schwülstigen Worten die Güte des Verkaufsobjects preisen.

Für die importirten europäischen Waaren wird ein Zoll von 10 Procent des Werthes erhoben. Die Zolleinnahmen des Sultans sind jetzt, seitdem Spanien Controleure angestellt hat, bedeutend höher als früher, obgleich die Hälfte der-

selben an die spanische Regierung abgeliefert werden muss
als Abbezahlung der Kriegscontribution vom Jahre 1860.
Der Export ist, wie erwähnt, beschränkt. Getreide, Pferde,
Korkeichenrinde sowie eine Menge anderer Producte dürfen
gar nicht ausgeführt werden; Felle, Wolle, Hülsenfrüchte,
Gartenfrüchte u. s. w. können das Land verlassen, der Export von Rindern ist insofern beschränkt, als jeder Vertreter eines europäischen Staates jährlich das Recht bekommt, eine bestimmte Zahl Rinder zu verschiffen. Dieses
Recht übertragen dann die Consuln auf ihre betreffenden
Landsleute, die in Marokko Handel treiben. Dass ein
solches Vorgehen leicht zu Unzukömmlichkeiten führt, wird
jeder einsehen. Die englische Garnison in Gibraltar wird
übrigens fast vollständig von Tanger verproviantirt. Täglich geht eine contractlich festgesetzte Menge von Fleisch
nebst Hühnern, Eiern und Gemüsen aller Art nach Gibraltar, das in Bezug auf Nahrungsmittel vollständig abhängig
ist, da auf dem kleinen Raum natürlich nirgends Viehzucht
oder Ackerbau getrieben werden kann.

Die Postverbindung Tangers mit Europa ist eine regelmässige, wenn nicht allzu heftige Stürme eine Communication
mit der spanischen Küste ganz unmöglich machen. Es gibt
in der Stadt zwei Postbureaux, das eine im Hause des englischen Ministers, von wo aus die Sendungen direct nach
Gibraltar gehen und von da entweder durch Spanien oder
mit den Dampfern über England. Ein anderes Bureau ist
in der spanischen Legation; die Briefe gehen erst nach
Ceuta und von da über Algesiras nach Cadiz. Die Briefe
werden in Tanger natürlich nicht ausgetragen, sondern man
geht selbst oder schickt auf das Postbureau. Am sichersten
für reisende Europäer ist es stets, die Briefe an das betreffende Consulat adressiren zu lassen, oder an ein grösseres
Handelshaus, deren Diener in den Postbureaux bekannt
sind. Auch haben die Spanier eine Postverbindung zwischen

Ceuta über Tanger nach den verschiedenen Küstenplätzen
am Atlantischen Ocean, bis nach Mogador hinab, hergestellt,
und zwar werden die Briefe durch Boten, die gewöhnlich
einen Soldaten als Schutz bei sich haben, von einer Stadt
zur andern getragen. Ausser den von Gibraltar kommenden
Dampfern, welche Briefe mitbringen, kommt fast täglich
eine Falucho, ein winziges Segelboot, von Tarifa her mit
der Post in Tanger an. Es ist erstaunlich, wie diese braven
Postboten oft bei dem schrecklichsten Wetter die Fahrt
über die Strasse von Gibraltar mit diesen kleinen Nuss-
schalen wagen.

Die Menge der Europäer, besonders von Spaniern hat
es mit sich gebracht, dass die Marokkaner den Bau einer
katholischen Kirche erlauben mussten, die von Franciscaner-
mönchen unterhalten wird. Die südeuropäischen katholischen
Mächte zahlen jährlich einen Beitrag zu dieser Kirche. Es
gibt ausser dieser nur noch in Tetuan eine christliche
Kirche, sonst nirgends in Marokko. Für Protestanten ist
beim englischen Consul, der von Zeit zu Zeit einen angli-
kanischen Geistlichen aus Gibraltar kommen lässt, Gelegenheit geboten, eine Predigt zu hören. Dass die Franciscaner
weder bei den Arabern noch bei den hispanischen Juden
Erfolge mit ihren Bekehrungsversuchen haben, braucht wol
kaum erwähnt zu werden; letztere sowol wie die Anhänger
Mohammed's zeichnen sich ja durch ganz hervorragend
orthodoxe Anschauungen und religiöse Unduldsamkeit aus.

Neben der katholischen Kirche befindet sich in Tanger
ein Hospital, wozu das Gebäude von der Regierung geschenkt wurde. Gegründet von dem Gelde, welches Frankreich im Jahre 1844 nach dem Kriege mit Marokko erhielt,
tragen jetzt auch die übrigen in Tanger vertretenen Nationen
zur Unterhaltung dieser überaus wohlthätigen Anstalt bei.
Ein spanischer Arzt steht dem Hospital vor; ich habe aber
vielfach in Tanger den Wunsch äussern hören, dass ein

THURM EINER MOSCHEE IN TANGER.   I. S. 33.

tüchtiger, gebildeter Mediciner sich dort niederlassen möge; ich bin überzeugt, ein deutscher Arzt, der etwas Sprachkenntnisse hat, würde sich bald das Vertrauen der Bewohner Tangers erwerben.

Tanger besitzt sechs Moscheen, mit Minarets, oder richtiger mit hohen viereckigen Thürmen, an denen theilweise recht hübsche durchbrochene Stuckarbeit sowie eine schöne Fliesenbedeckung zu finden ist. Die Construction kleiner zierlicher Ziegel zur Bekleidung der Zimmerwände sowie des Fussbodens ist in Marokko noch heute eine hervorragende Industrie. Den Europäern ist es in ganz Marokko, auch in Tanger aufs strengste untersagt, in eine mohammedanische Moschee zu gehen; es wird schon ungern gesehen, wenn ein neugieriger Fremder sich davor hinstellt und dieselbe betrachtet. Selbst in Tanger, wo fast die Hälfte der Bewohner Nichtmohammedaner sind, ist es gefährlich, in eine Moschee zu gehen; das Gelindeste ist, dass sich der betreffende Neugierige den heftigsten Insulten seitens der leicht erregbaren Volksmenge aussetzt. Um eben derartige Unannehmlichkeiten, die meistens aus Unkenntniss der Volksgebräuche hervorgehen, zu vermeiden, haben es die Behörden gern, wenn sich der europäische Reisende als Begleiter und Escorte einen der früher erwähnten Machazini nimmt, der ihn vor einer Taktlosigkeit warnen kann. Uebrigens soll sich keine der Moscheen in Tanger im Innern durch besondere architektonische Schönheit auszeichnen; es sind Gebäude, wie sie überall in Marokko gebräuchlich sind. Der innere Hof ist mit schönen Fliesen gepflastert; ein wassergebender Brunnen befindet sich in der Regel dabei, um die vor dem Gebet vorgeschriebenen Waschungen auszuführen. Frauen sieht man selten in die Moscheen gehen, obgleich es ihnen direct nicht verboten ist. Jüdische und arabische Schulen gibt es mehrere in Tanger, und der ganze Mittelstand unter der Bevölkerung kann lesen und schreiben.

Vor dem Südthore Tangers ist eine kleine Ebene, auf
welcher die Wochenmärkte abgehalten werden und wo die
aus dem Innern kommenden Karavanen ihre Waaren ab-
setzen. Es sind Hunderte von Kamelen, Pferden, Maulthieren und Eseln daselbst anzutreffen; die Treiber schlagen
hier ihre einfachen Zelte auf, und fast immer herrscht ein
reges Leben und Treiben. An den Tagen, wo Soko abgehalten wird, ist der Platz ganz bedeckt mit den verschie-

Fig. 2.   Lastkamel.

densten Naturproducten und Industrieerzeugnissen und eine
lärmende Volksmasse treibt sich den ganzen Tag daselbst
herum. Gaukler und Musikanten, Schlangenbändiger und
Tänzer, Märchenerzähler und andere Spassmacher haben
immer ein grosses und aufmerksames Publikum, das mit
einigen fast werthlosen Kupfermünzen (Flûs) diesen Genuss
bezahlt. Vorherrschend sind die Weiber aus den umliegenden Ortschaften, die ihre Bodenproducte zum Verkauf bringen, allerhand Feld- und Gartenfrüchte, Eier, Hühner, Butter,
Fleisch u. s. w.; auch Brennmaterial, und zwar dünne Reisig-
bünde und Holzkohlen, kurz alles, was in einer Stadt be-

nöthigt wird, findet sich hier. Von dem Soko aus steigt
man aufwärts auf ein kleines Plateau, wo einige Europäer,
darunter der österreichische Consul, ihre Villen haben;
auch ein Hotel hat man neuerdings dort errichtet, dessen
Lage entschieden besser ist als diejenige der Stadthotels.
Nicht weit davon ist ein alter arabischer Friedhof sowie
das Grab eines Heiligen, wodurch die Stadterweiterung nach
dieser Seite hin gehindert wird. Unter den dort befindlichen Villen ist besonders diejenige eines Amerikaners bemerkenswerth; dieselbe ist im Innern maurisch eingerichtet
und enthält zahlreiche und werthvolle Industriegegenstände
der Marokkaner aus alter und neuer Zeit. Leider ist der
Weg vom Soko hinauf zu dieser Villeggiatur äusserst mangelhaft und bei Regenzeit geradezu grundlos.

Ein zweiter kleiner Markt befindet sich in der Stadt
selbst, gleich beim südlichen Thore, wo die Bewohner
Tangers täglich das zur Nahrung Nöthige kaufen können.
Man bekommt dort ausser allen Arten Gemüse stets frisches
Fleisch und Seefische.

Tanger ist in Bezug auf Trinkwasser nicht besonders
gut versehen, und während des Sommers sind die Bewohner
meistens auf das in Cisternen und Brunnen gesammelte
Wasser angewiesen. In der Nähe des erwähnten Heiligen-
grabes entspringt eine Quelle, die während des Winters
reichlich fliesst, in der heissen Jahreszeit aber gewöhnlich
völlig versiegt. Von dem westlich der Stadt gelegenen
Hügel, dem Gebel el Kebir, gewöhnlich nur der Monte genannt, entspringt ein Flüsschen, der Judenfluss, der, im
Winter oft sehr wasserreich und reissend, ein tiefes Bett
ausgegraben hat, das freilich im Sommer auch fast ganz
ausgetrocknet ist. Hier auf diesem Monte sowie auch auf
dem Plateau, das sich von der Qasba (Citadelle) aus westlich erstreckt, haben viele der in Tanger lebenden Europäer ihre Sommerwohnung. Es ist ein reizender Punkt

und ganz mit üppigen Gärten bedeckt. Der Judenfluss
trennt diesen Monte von der Stadt; neben einer modernen
steinernen Brücke, die aber häufig von den reissenden Gewässern beschädigt wird, sieht man noch die Ruinen einer
alten Brücke, die aus der Zeit der Portugiesenherrschaft
stammen soll. Trotz des im Sommer häufigen Verkehrs
zwischen der Stadt und dem Monte lässt doch der Weg
vieles zu wünschen übrig, insbesondere ist die Stelle, wo
der Judenfluss zu überschreiten ist, fast immer mehr oder
weniger schwierig zu passiren. Die marokkanische Regierung
thut natürlich für Wege überhaupt nichts, es müssen also
die Europäer selbst sorgen. Nun ist es aber ein ziemlich
kostspieliges Unternehmen, da die Terrainschwierigkeiten
gross sind. Einmal schwillt, wie erwähnt, der Fluss im
Winter stark an und beschädigt die Bauten, andererseits
erfolgen von einem kleinen, aus sandigen und thonigen
Tertiärschichten bestehenden Hügel häufig Erdrutschungen.
Man müsste die Strasse weiter nach Süden hin verlegen;
jenseit des Flusses, beim Aufstieg auf den Monte, führen
dann schmale, aber wohlgepflasterte Wege zwischen reizenden Gärten hinauf in die verschiedenen Villen.

Das Klima von Tanger ist in jeder Beziehung ein gesundes und für Leute, die brustkrank sind oder an Asthma-
beschwerden leiden und den Winter in einem südlichen
Klima zubringen wollen, nur zu empfehlen; man kann in
Tanger sehr bequem, billig und angenehm wohnen. Das
gesellschaftliche Leben in der europäischen Colonie ist sehr
entwickelt und Jagden, Pickenicks, Concerte, Bälle und
Unterhaltungen aller Art finden häufig statt, meistens bei
den verschiedenen Ministern, bei denen jeder anständige
Fremde leicht Zutritt bekommt. Der gewöhnliche Spazier-
gang der Europäer ist das sandige Ufer des Meeres, und
täglich gegen Abend sieht man die Herren und Damen Tangers zu Fuss und Pferd daselbst sich herumtummeln.

Die Jagd ist in der nächsten Umgebung Tangers allerdings auf ein Minimum reducirt, und man muss schon stundenweit gehen, um ein paar Rebhühner zu schiessen. Weiter entfernt von der Stadt befindet sich ein grosses Jagdrevier, welches sich der englische Minister vorbehalten hat und wo besonders viel Wildschweine sich finden. Mehreremal im Jahre arrangirt derselbe grosse Eberjagden, und zwar wird meistens zu Pferde gejagt mit der Lanze, wie es bei den englischen Offizieren in Indien gebräuchlich ist. Der englische Minister ist sehr liberal mit den Einladungen zu diesen interessanten Jagden, und die Theilnehmer daran, Herren und Damen, bleiben gewöhnlich drei bis vier Tage auswärts und campiren unter Zelten. Es gehört übrigens eine grosse Sicherheit und ein gutes Pferd zu diesen Lanzenjagden, bei denen oft genug kleinere Unglücksfälle vorkommen. Die Mehrzahl der Theilnehmer begnügt sich denn auch in der Regel mit blossem Zuschauen und überlässt das Stechen der Eber geübtern Sportsmen.

Das Verhältniss der Europäer zu der arabischen Bevölkerung Tangers ist ein vollkommen gutes und Reibereien kommen selten vor. Es ist demnach auch der Aufenthalt in dieser Stadt ein relativ sicherer; einmal beträgt die Zahl der Christen und Juden fast soviel als die der Araber, dann gestattet die dichte Lage am Meere für den Fall von Unruhen ein schnelles Entkommen auf den nahegelegenen spanischen Boden. Die arabische Bevölkerung ist bereits völlig abhängig von den christlichen Bewohnern, denen sie Verdienst und Arbeit verdankt. Uebrigens sind Mohammedaner doch stets unberechenbar, und im Falle die Existenz des Landes oder die Interessen des Islam bedroht erscheinen sollten, würden die jetzt so ruhigen und friedlichen Marokkaner gleichfalls brutal und grausam vorgehen. Wenn in einem Lande wie Aegypten, das nun seit vielen Jahrzehnten ganz unter abendländischem Einfluss steht und infolge dessen blühender, reicher und höher entwickelt geworden ist als alle andern mohammedanischen Staaten Nordafrikas, Ereignisse vor sich gehen können wie die Christenhetze im Juni 1882, so ist es natürlich noch viel wahrscheinlicher, dass im gegebenen Falle auch unter den Marokkanern, deren Beziehungen zu Europäern doch im allgemeinen viel geringere sind, gleichfalls religiöser und politischer Fanatismus gemischt in brutaler Form zum Ausbruch kommen kann.

Einige Monate vor meiner Ankunft in Tanger war daselbst ein Mann gestorben, der eine Zeit lang viel von sich reden gemacht hatte. Im Sommer 1878 erschien derselbe unter dem Namen Abdallah ben Ali und gab sich für einen Prätendenten des marokkanischen Thrones aus. Er trat ziemlich grossartig auf; ausser seiner Frau hatte er einen Secretär und Adjutanten nebst zahlreicher Dienerschaft bei sich; der Adjutant war ein ehemaliger österreichischer Offizier. Die marokkanische Regierung liess ihn eine Zeit lang gewähren, da man ihn nicht sehr ernst nahm. Als er aber seine Ansprüche als Sultan von Marokko immer unverschämter betrieb und selbst einige Europäer in Tanger dupirt, ja sogar vom König von Spanien eine ziemlich bedeutende Summe Geldes erschwindelt hatte, liess man ihn in Tanger ins Gefängniss werfen. Auch hier noch erhielt er Unterstützung von aussen, und besonders soll es die früher erwähnte englische Frau des Scherifs von Wasan gewesen sein, die an seinen Stern glaubte und ihn im Gefängniss mit Speise und Trank labte. Mit welcher Unverfrorenheit er sein Wesen trieb, geht auch daraus hervor, dass er bei einer englischen Waffenfabrik 5000 Stück Gewehre im Namen der marokkanischen Regierung bestellte und auf diese Bestellung hin einen bedeutenden Geldvorschuss von dieser englischen Firma verlangte — und auch erhielt! Als die Frau dieses Prätendenten, eine Engländerin, merkte, dass sein Stern im Ab-

nehmen begriffen sei, flüchtete sie in Begleitung des Secretärs
und der noch vorhandenen Mittel nach England; den Adjutanten liess man zurück, und ich traf ihn in Tanger in
völlig mittellosem Zustande.

Von Abdallah ben Ali hat man unterdess erfahren, dass
er ein ehemaliger französischer Unteroffizier war, der Fer-
dinand Napoleon Joly hiess und schon wiederholt in Brüssel
und Paris wegen Schwindeleien bestraft worden war. Man
verlangte von ihm nichts weiter, als dass er sich schriftlich
bekenne, Franzose zu sein und Joly zu heissen, dann wolle
man ihn laufen lassen; er aber weigerte sich und hielt seine
Ansprüche auf den marokkanischen Thron aufrecht. Man
liess ihn infolge dessen im Gefängniss. Dort erkrankte er
sehr bald infolge des Schmuzes und der verpesteten Luft
in diesen Räumen sowie der schlechten, ungenügenden Nahrung und starb nach wenigen Monaten, womit diese Affaire,
welche eine Reihe komischer Seiten hatte, besonders durch
die Dupirung einiger Europäer, ihr Ende erreichte; die
Marokkaner selbst haben die Angelegenheit nie ernsthaft
genommen.

Unter den verschiedenen Landsleuten, denen ich in Marokko begegnet bin, muss ich besonders den unglücklichen
Maler Ladein aus Mödling bei Wien erwähnen. Derselbe
hatte die Umgebungen von Tanger, Tetuan, El Arisch, Rabat u. s. w. jagend und malend nach allen Richtungen
durchstreift und eine ganze Reihe sehr hübscher Farben-
skizzen zusammengebracht. Er hatte dann die Absicht, ins
Innere von Marokko zu gehen, nach Fâs und Marrakesch
und womöglich auch in den Hohen Atlas. Leider unterliess
er häufig bei seinen Ausflügen die für diese Länder so
nöthige Vorsicht und kam deswegen sogar mit den Europäern
in Conflict. Der österreichische Consul in Tanger hatte
ihn wiederholt gewarnt, ganz allein in unzugängliche und
notorisch gefährliche Gegenden zu gehen, und konnte schliess-

lich nichts anderes thun, als sich einen Revers unterschreiben
zu lassen, wonach der Consul durchaus keine Garantie für
die Sicherheit Ladein's übernehmen könne. Im Vertrauen
auf sein gutes Gewehr und seine ungewöhnliche Körper-
kraft fuhr Ladein fort, ganz allein derartige Ausflüge auszuführen. Trotzdem glaubte ich nicht, ihn zum letzten mal
gesehen zu haben, als ich am 22. December 1879 Tanger
verliess, um zunächst nach der Residenz des Sultans, Fâs,
zu reisen. Als ich dann nach anderthalbjähriger Abwesenheit
nach Tanger zurückkehrte, erfuhr ich das traurige Ende
des österreichischen Künstlers. Er hatte sich auch nach Fâs
gewandt, war von da nach Marrakesch gegangen und hat
von hier aus offenbar Touren in die nördlichen Abhänge
des Atlasgebirges unternommen. Auf dem Wege nach
Amsmiz, in der Nähe des Flusses Nfys, fand man ihn eines
Tages ermordet! Was die wahre Veranlassung zu dieser
Unthat gewesen ist, wird wol schwerlich bekannt werden.
Raubmord ist es offenbar nicht gewesen. Vielleicht hatte
er, unkundig gewisser Gebräuche der Mohammedaner, Streit
mit den Eingeborenen, vielleicht lockte ihn sein künstlerischer
Drang an einen Ort (Zauya), der den Ungläubigen unzugänglich ist, um seine Skizzensammlung zu bereichern; bekanntlich aber haben die Mohammedaner nicht nur absolut
keinen Sinn für Gemälde, es ist sogar im Quran streng
verboten, menschliche Figuren darzustellen. Kurz, der unglückliche Ladein ist offenbar wieder ein neues Opfer jener
starren, unnatürlichen Religionsform geworden, die den
Namen Islam führt.

Als Beweis, wie weit deutscher Wandertrieb einzelne
Leute führt, mag folgender Fall dienen. In einem Hotel
in Tanger fand ich als Kellner einen Deutschen, der eine
merkwürdige Reise zurückgelegt hatte. Ursprünglich bai-
rischer Postbeamter, hatte er aus irgendeinem Grunde,
vielleicht wegen einer Militäraffaire, sein Vaterland ver-

lassen, war in Amerika gewesen, hatte sich dann für die Ueberfahrt zur Rückkehr in die Alte Welt als Kellner auf einen Dampfer verdingt, war nach Algier verschlagen worden und hatte Dienst in der Fremdenlegion genommen. Von da war er desertirt nach Süden zu in die Wüste und hatte die Reise über die Oasen Figig und Tafilalet zurückgelegt. Weiter hatte er den Atlas überschritten, war nach Fäs gekommen und von da nach Tanger, und das alles ohne Geld und mit nur mangelhafter Kenntniss der arabischen Sprache! Die erwähnte Tour nach Tafilalet gehört heute noch zu einem der schwierigsten Unternehmen und ist bisher nur Gerhard Rohlfs gelungen; leider war der erwähnte deutsche Kellner nicht in der Lage, Auskunft zu geben über die geographischen Verhältnisse der durchzogenen Gebiete.

Ueberhaupt findet man in den Küstenplätzen des Orients und Nordafrikas eine Menge von Abenteurern aller Nationalitäten, die eine wahre Plage für die Consuln sind, und selbst Tanger wird jetzt von diesen internationalen Handwerksburschen heimgesucht. Es ist, als ob dieselben eine Vereinigung unter sich hätten und immer nur einzelne probeweise ausschickten, um zu recognosciren, wo sich diejenigen Consuln finden, von denen man am leichtesten Geschenke und Unterstützungen herauslocken kann.

Ausflug nach Cap Spartel und zu den Herculeshöhlen. — Einer der beliebtesten Ausflüge der Bewohner Tangers in die Umgebung dieser Stadt ist die Tour nach dem einige Stunden westlich gelegenen Cap Spartel, und es dürfte kaum einen Europäer geben, der Tanger besucht und nicht von diesem reizenden Spazierritt mit voller Befriedigung zurückgekehrt wäre. Es war ein wunderschöner Decembermorgen, als ich mit einigen Herren und Damen der europäischen Colonie Tangers die Excursion nach Cap

Spartel unternahm. Wer die Höhlen etwas südlich vom
Leuchtthurm besuchen will, thut gut, den weniger schönen
Weg von Tanger aus über das sogenannte Olivenwäldchen,
in dessen Nähe ein kleines Dorf liegt, nach den Höhlen zu
nehmen; von da aus geht man dann längs des Meeres nach
Cap Spartel. Zum Rückweg nach Tanger benutzt man
aber besser den directen, äusserst interessanten, zum Theil
sogar recht gut unterhaltenen Reitweg, der sich immer auf
den Höhen am Meere entlang hält.

Wir waren acht Personen nebst vier Dienern, theils zu
Pferd, theils zu Maulthier, und brachen früh gegen 8 Uhr
vom Garten des deutschen Ministers aus auf. Zwischen
Hecken von Cactus, Agave und hohem Schilf, welche die
grossen Gärten im Süden und Westen der Stadt abgrenzen,
führt eine gepflasterte Strasse in der Richtung nach dem
Monte, wo Araber und Europäer ihre inmitten üppiger
Gärten liegenden Sommerwohnungen haben. Wir verliessen
aber bald diesen reizenden Weg und schlugen eine mehr
südliche Richtung ein über kahle, entwaldete Hügel, über
Felder und brach liegendes Terrain hinweg, bis wir nach
anderthalbstündigem langsamen Reiten bei dem Olivenwäldchen eine kurze Rast hielten. Der Weg war im allgemeinen
nicht schön: braune Felder und die häufig mit rother Ver-
witterungskruste bedeckten, steil stehenden Schichten von
Flyschgesteinen (cocäne Sandsteine), struppiges Gesträuch
und saftgrünes Palmittogestrüpp, selten ein Hirt mit einigen
weidenden Ziegen und Schafen, gaben der Landschaft einen
monotonen, weniger interessanten Charakter. Nach kurzem
Aufenthalt ging es weiter, und wieder nach anderthalbstündigem Ritt erreichten wir die steil aufsteigenden Felsen
am Strande des Atlantischen Oceans, in welchen sich die
bekannten Höhlen finden.

Durch eine schmale Oeffnung gelangt man in die nur
matt vom Tageslicht beleuchtete Haupthöhle, die ziemlich

GARTENTHOR AM MONTE BEI TANGER.   I   S. 42.

hoch ist und von der in östlicher Richtung eine Anzahl kleinerer Höhlungen und Gänge landeinwärts verlaufen. Das Gestein ist ein hartes Conglomerat, dessen einzelne Bestandtheile erbsen- bis bohnengrosse, meist oval gerollte Quarzkörner bilden, die sehr fest durch Kalkspat miteinander verkittet sind. In den breiten feuchten Klüften hat sich der Calcit tropfsteinartig in grossen Massen angesetzt. An der Westseite der Höhle sind schmale Oeffnungen, durch die das Tageslicht eindringt; von da aus sieht man tief hinab an den Meeresstrand, wo sich die Wogen unter donnerndem Geräusch brechen; das Wasser dringt in eine kesselartige Erweiterung, die durch einen Damm vom Meer getrennt ist, und läuft dann durch unterirdische, nicht sichtbare Oeffnungen wieder ab. Es ist ein grossartiges, wildes Schauspiel, das man inmitten dieser Höhle geniesst; Woge folgt auf Woge, bricht sich donnernd am Gestein, sodass das Wasser hoch aufspritzt, und ununterbrochen hallt die Höhlung wider von dem brausenden Geräusch der Brandung.

Die Höhle selbst war ursprünglich nicht so gross, als sie sich jetzt repräsentirt; sie ist künstlich erweitert worden, da seit undenklicher Zeit hier Mühlsteine gebrochen werden. Die dort arbeitenden Araber hauen mit einem meisselartigen Instrument kleine Mühlsteine von etwas über einen Fuss Durchmesser heraus; sie sind dabei nicht vorsichtig und sorgen nicht für das Stehenlassen von natürlichen Stützen, sodass wiederholt Theile des Gewölbes eingestürzt sind. Auch jetzt zeigt das Deckengewölbe deutliche Risse, sodass man schwer ein Gefühl der Angst los werden kann und unwillkürlich alles Geräusch vermeidet, in der Furcht, durch die geringste Lufterschütterung überhängende und zerklüftete Gesteinsmassen zum Herabstürzen zu bringen. Wenige Jahre vor meinem Besuch dieses pittoresken Punktes sind mehrere arabische Arbeiter durch einen theilweisen Einsturz des Deckengewölbes erschlagen worden.

Die Benutzung dieses rauhen und harten Gesteins zu
Mühlsteinen muss eine uralte sein, denn überall sieht man
in dem Felsen noch die Spuren von früherer Bearbeitung,
Ringe, die mit Meisseln in das Gestein getrieben wurden
und die man dann nicht weiter ausgearbeitet hat, da vielleicht die betreffende Stelle sich als weniger günstiges Material zeigte.

Zu dieser Conglomeratbildung gehört auch ein in der
Nähe auftretender lichtgelber Sandstein, dessen Oberfläche
überall mit einer rostrothen Kruste von Eisenoxydhydrat
bedeckt ist, sowie ein darunterliegender dunkelbrauner,
schwerer, stark eisenhaltiger und fester Quarzsandstein.
Der gesammte Schichtencomplex ist sehr steil aufgerichtet,
sodass derselbe jedenfalls zu der längs der marokkanischen
Küste weitverbreiteten Zone von eocänen Flyschgesteinen gehört, die hier eine eigenthümliche locale Entwickelung zeigen.

Bei sehr niedrigem Wasserstande bemerkt man übrigens,
dass tief unter dem heutigen Niveau der Höhle, etwa in
15 m Tiefe, dieses Quarzconglomerat gleichfalls die Spuren
früherer Bearbeitung zeigt, indem man deutlich die kreis-
förmigen Einschnitte in dem jetzt fast immer mit Wasser
bedeckten Uferfelsen sehen kann. Auch etwas höher hinauf,
wo der Mühlsteinfelsen theilweise mit Sand bedeckt ist,
finden sich solche Ringe, sodass man annehmen muss, dass
hier Veränderungen in dem Verhältniss des Meeresspiegels
zu der Küste stattgefunden haben. Der erste Gedanke
bleibt ja immer der, dass hier am Atlantischen Ocean sich
die marokkanische Küste gesenkt habe; da nun derartige
Senkungen sehr langsam vor sich gehen, so schliesst man,
dass die Benutzung dieses Conglomerats zu technischen
Zwecken schon in grauer Vorzeit stattgefunden habe. Um
an den Stellen, wo sich die erwähnten Ringe im Gestein
zeigen, ungehindert arbeiten zu können, müssen dieselben
natürlich vollständig trocken gelegen sein; jetzt sind die-

selben fast immer mit Wasser bedeckt und man arbeitet
ausschliesslich 15 m höher in der grossen Höhle. Es wäre
jedenfalls interessant, diese Höhlungen genauer zu untersuchen, ob sich daselbst nicht archäologisch wichtige Funde
machen liessen; ein kurzer Besuch, wie ich es nur thun
konnte, genügt zu so etwas natürlich nicht.

Die kleinen Mühlsteine selbst werden nicht nur in Tanger verwendet, sondern die ganze weitere Umgebung wird
damit versorgt, und man sieht dieselben vielfach in den
Häusern der Landbewohner.

Von diesen Höhlen gelangt man in einer kleinen halben
Stunde nach der nordwestlichsten Spitze Afrikas, dem Cap
Spartel. Der Weg führt immer längs des Meeres, bald
durch Dünensand, bald über Sandsteinpartien weg, und zahlreiche kleine Wasserrisse fliessen von den Höhen, die man
zur Rechten hat, in das Meer. Cap Spartel ist ein weit
ins Meer hinausgeschobener Felsen, auf dessen äusserstem
schroff in die Fluten herabstürzenden Riff ein prächtiger
hoher Leuchtthurm errichtet ist. Um denselben ist die
Wohnung des Wächters angebaut und in dem dadurch ent-
standenen Hofraum sprudelt eine starke, gut eingefasste
Quelle hervor, die ein treffliches, frisches, etwas eisenhal-
tiges Wasser liefert. Ausserhalb dieses Gebäudes befinden
sich noch einige niedrige Wohnhäuser für die Gehülfen
des Wächters und die demselben beigegebenen arabischen
Soldaten. Eins dieser Häuser ist speciell zu dem Zweck
gebaut, Schiffbrüchigen Unterkunft zu gewähren. Das Meer
bei Cap Spartel, wo die Einfahrt aus dem Atlantic in das
Mittelmeer beginnt, ist ungemein wild und aufgeregt und
häufig genug müssen Schiffe hinter dem Vorgebirge Schutz
suchen und besseres Wetter abwarten. Wenige Tage vor
unserer Anwesenheit hatte das englische Kriegsschiff „Express", mit Lord Napier, dem damaligen Gouverneur von
Gibraltar, an Bord, hier Unterkunft gesucht; es kam von

Cadiz und hatte zu der Fahrt nach Gibraltar, die man in
der Regel in 8 Stunden zurücklegt, fast volle 24 Stunden
gebraucht. Die Stürme des Atlantischen Oceans brausen hier,
besonders im Winter, mit furchtbarer Gewalt um den isolirt
stehenden Thurm, und die wenigen, von jedem bewohnten
Orte meilenweit entfernten Menschen führen hier ein einsames,
verlassenes, der Menschheit aber überaus nützliches Dasein.
Der Leuchtthurm selber ist ein prachtvolles, äusserst
solides und elegantes Bauwerk, in welchem eine eiserne
Wendeltreppe bis zum obersten Punkt, wo die Lampe aufgestellt ist, führt. Er wurde auf energisches Drängen der
europäischen Mächte von der marokkanischen Regierung errichtet, die einen französischen Ingenieur mit dem Bau be-
traute. An der Unterhaltung desselben und zur Bestreitung
der Kosten für Leuchtmaterial (Oel), Aufsichtspersonal u. s. w.
tragen zehn verschiedene Mächte bei, von denen jede
jährlich 1500 Frs. zahlt. Als Wächter fungirte lange Zeit
ein Mann, der in Marokko eine gewisse Berühmtheit erlangt hat, ein Sachse Namens Wenzel, der nach einem höchst
abenteuerlichen Leben hierher verschlagen worden war.
Die Araber nannten ihn Sidi Binzel, und sein Amt war kein
leichtes, da die ihm beigegebenen zwei Gehülfen, Spanier
von jener Sorte, wie sie in Marokko vielfach zu finden sind
und die meistens des Militärdienstes wegen ihr Vaterland
verlassen haben, durchaus nicht jenen Sinn für Gewissen-
haftigkeit und Ordnung im Dienst haben, wie er zu einem
so verantwortlichen Posten nöthig ist. Die fremden Vertreter in Tanger bilden den Aufsichtsrath über den Leuchtthurm, und einer derselben führt die Kassengeschäfte, worin
eigentlich jährlich abgewechselt werden soll. Aber schon
seit einer Reihe von Jahren ist dieses Amt der deutschen
Botschaft übertragen, deren Kanzler sich der Mühe unter-
zieht, und die andern Herren beeilen sich durchaus nicht,
ihn von diesem Geschäft abzulösen.

Ein Jahr vor meiner Ankunft in Marokko wurde „Sidi Binzel" seines Postens enthoben, und er lebt nun in einer der Küstenstädte am Atlantischen Ocean, wo er in einem Handelshause Beschäftigung fand. Seine langjährige Kenntniss von Land und Leuten und deren Sprache und Sitten lassen ihn wol als eine sehr passende Persönlichkeit im Verkehr mit den Eingeborenen erscheinen. Sein Nachfolger ist ein Deutschböhme Namens Gumpert, von Geschäft ein geschickter Kunsttischler, der auch schon lange in Marokko lebt und in seinen freien Stunden dieses Gewerbe ausübt. Er theilt sich mit zwei Gehülfen in den Dienst, von denen jeder acht Stunden ununterbrochen die Wache hat. Auch er hält den Leuchtthurm und das Gebäude in musterhafter Ordnung, und alles in der kleinen Colonie athmet die peinlichste Sauberkeit, Ordnung und Nettigkeit.

Die Lage des Leuchtthurms ist in landschaftlicher Beziehung von ganz grossartiger Schönheit. Auf einer mehr als 500 Fuss senkrecht aus dem Meere steigenden Klippe an der Grenze zweier Meere gelegen, gewährt er einen unvergleichlich schönen Rundblick, und es ist begreiflich, dass die europäische Colonie in Tanger häufig und gern Ausflüge dahin unternimmt. Jede dieser von mehrern Personen unternommenen Excursionen gestaltet sich zu einem fröhlichen Pickenick; man muss natürlich Speisen und Getränke mitbringen, da die Bewohner dieses exponirten Postens nur das Nothwendigste für sich haben; fast täglich lässt der Wächter Gumpert die erforderlichen Lebensmittel mittels eines Tragthieres von Tanger heraufschaffen. Gern wird jeder wieder die herrliche Aussicht geniessen, die sich hier bietet. Im schönsten Licht einer südlichern Sonne schaut man nach Westen weit hinaus in die Fluten des Atlantischen Oceans, während man klar vor sich die hohe spanische Küste hat, mit der unvergleichlich schönen Strasse

von Gibraltar. Man sieht das Cap Trafalgar, ewig denk-
würdig durch die Seeschlacht am 22. October 1805, in der
Nelson die spanisch-französische Flotte vernichtete. Weiterhin nach rechts erblickt man die weissen Häuser Tarifas,
mit der weit ins Meer hinausgeschobenen Festung, auch
ein historisch wichtiger Punkt. Hier landete im Jahre 711
der in Tanger residirende Musa Tarif ben Malek, aufgefordert dazu von dem spanischen Grafen Julian, um denselben gegen König Roderich zu schützen; aber die wilden
Araber fanden das Land viel zu schön, um es wieder zu
verlassen, und sie eroberten nach und nach ganz Spanien;
zu Ehren des arabischen Fürsten aber wurde die dort gegründete Stadt Tarifa genannt. Lässt man das Auge weiter
schweifen nach Osten zu, so haftet es endlich an dem gewaltigen Felsen von Gibraltar, der die malerische Bucht
von Algesiras abschliesst. Al gesira el chodra (die grüne
Insel) nannten die Horden von Tarik ben Zyad jene Gegend,
ein Name, den die Stadt noch heute trägt. Nach rückwärts
zu aber schaut man von diesem herrlichen Aussichtspunkt
weit in das Land hinein, über grüne Thäler und flache
Hügel bis an die Berge des innern Marokko. Wahrlich,
die an Naturschönheiten so reiche Mittelländische See wird
wenig Punkte haben, die sich mit Cap Spartel und seinem
Leuchtthurm messen lassen.

Als wir nun die herrliche Aussicht nach allen Seiten genossen hatten, erhöhte noch ein gemeinsames äusserst ani-
mirtes Pickenick, zu welchem natürlich auch der brave
Wächter jenes gesegneten Erdenwinkels beigezogen wurde,
den Genuss dieses vom herrlichsten Wetter begünstigten
Tages. Und als dann Meister Gumpert einer alten Zieh-
harmonica vaterländische Volkslieder entlockte, und die
Fröhlichkeit der aus den verschiedensten Nationen zusammengesetzten Gesellschaft immer lauter wurde, sahen die ernsten
arabischen Diener und Machazini bedenklich in dieses Trei-

LEUCHTTHURM AM CAP SPARTEL.

I. S. 14.

ben und konnten es gar nicht mit ihren mohammedanischen
Gesetzen von Anstand und Sitte in Einklang bringen, dass
die rumi (Römer, d. i. Christen) ihrer guten Laune einen so
lauten und lebhaften Ausdruck gaben.

Als Rückweg nach Tanger benutzten wir den kürzern
und schönern Weg, der durch die Gärten am Monte führt.
Ein mühsam dem Gestein abgerungener, gut gehaltener
Pfad, der schon von Sidi Binzel angelegt worden ist, führt
rasch abwärts, zur Linken das von Schiffen belebte Meer,
zur Rechten die mit einer reichlichen Vegetation bedeckten
Berge. Bald erreichten wir ein schönes ebenes Plateau,
reich übersäet mit Terebinthengebüschen, Palmittogestrüpp
und andern Pflanzen einer wärmern Zone, mit Heerden von
Schafen, Ziegen und Rindern, und unwillkürlich nahmen die
Thiere einen schärfern Galop an, ja einzelne aus der Gesellschaft improvisirten wol auch ein kleines Wettrennen auf
dieser hübschen Ebene. Von hier aus geht es wieder abwärts und man kommt in jenes mehrfach erwähnte Gebiet
von Gärten und Villen, durch welches schmale gepflasterte
Strassen ziemlich steil hinabführen bis zur Schlucht beim
Judenflusse. Granaten- und Orangenbäume sind übrigens
häufig, Magnolien und Feigen gleichfalls und dazwischen
sieht man die blaugrünen Blätter der jetzt in Europa so
massenhaft verbreiteten Eukalypten, die man ihres schnellen
Wachsthums wegen zur Trockenlegung feuchter Gegenden
anpflanzt. Die lebendigen Hecken aber bestehen aus einem
dichten Gebüsch von Oelbaum, Buchsbaum, Lorber, Aloë,
Cactus, Weissdorn u. a. m., die alle so üppig und dicht
wachsen, dass man oft mühsam mit dem Pferd durch diese
engen Gassen kommen kann. Spät abends langte dann die
Gesellschaft bei ihrem Ausgangspunkt, dem Garten der
deutschen Legation an und ging hier auseinander, in jeder
Weise von dem genussreichen Ausflug befriedigt. Glücklich
aber diejenigen, die in stiller Zurückgezogenheit in jenem

gesegneten Theile Nordafrikas ihr Leben verbringen können,
die nicht das Bedürfniss haben, sich an den in Europa
herrschenden Zeit- und Streitfragen activ zu betheiligen.
Jedenfalls habe ich meinem Aufenthalte in Tanger ein überaus freundliches Andenken bewahrt, was freilich gewiss nicht
zum mindesten dem liebenswürdigen Entgegenkommen deutscher Landsleute zu verdanken ist, die mich bei meinem
spätern schwierigen Unternehmen so wesentlich unterstützt
haben. Von Cap Spartel und seinem weit in das Meer
hinausleuchtenden Thurme aber kann ich nur sagen: *ille
terrarum mihi praeter omnes angulus ridet!*

ZWEITES KAPITEL.

TETUAN UND DIE LANDSCHAFT ANDSCHIRA.

Vorbereitungen. — Marsch zum Fundáq. — Ankunft in Tetuan. — Geschichte der Stadt. — Inneres derselben. — Mellah. — Fluss. — Europäer. — Industrie. — Besuche. — Arabische Hochzeit. — Kitán. — Kohlenvorkommen. — Petrefactenlager. — Arabische Justiz. — Kabyle Beni Mada'an. — Cap Martin. — Export. — Hammelfest. — Höhlen. — Jüdische Hochzeit. — Schcschawan. — Abreise von Tetuan. — Tour nach Ceuta. — Neutrale Zone. — Kaid Muhamed Kandja. — Abreise von Andschira. — Rückkehr nach Tanger. — Gaukler aus Wad Sus. — Fahrt nach Gibraltar. — Hadsch Ali Butaleb. — Cristobal Benitez. — Vorbereitungen für die Reise in das Innere.

In der Zeit vom 18. November bis 4. December 1879 unternahm ich eine Reise von Tanger nach Tetuan und in die Gebirgslandschaft Andschira. Es war dies gewissermassen eine Vorbereitungstour in das Innere von Marokko, auf der ich die Art und Weise des Reisens in diesem Lande kennen lernen wollte. Ich kann nur jedem rathen, der ausersehen ist, in einem ihm fremden Lande eine ausgedehntere Reise zu unternehmen, sich vorher durch eine oder einige kleinere Touren mit den Verhältnissen vertraut zu machen; es werden ihm dadurch später viel Geld- und Zeitverlust sowie viel Aerger und Enttäuschungen aller Art erspart. Die achtzehntägige Tour nach Tetuan ergab aber auch eine ganze Zahl interessanter geographischer und naturhistorischer

4*

Beobachtungen; die Karten von diesem Gebiet, das dicht
vor den Thoren Europas liegt, sind im höchsten Grade
mangelhaft und falsch, sodass man gar nicht weit zu gehen
braucht, um für die Erkenntniss der Erdoberfläche neue
Daten zu sammeln.

Seitens des Gouverneurs (Amil) von Tanger war mir ein
Machazini (Lehnssoldat) zur Verfügung gestellt, Namens
Muhamed Kalei; derselbe erhielt pro Tag $3^1/_2$ Pesetas
(Francs), sowie Nahrung für sich und sein Pferd. Als Diener
und Koch engagirte ich einen in der deutschen Legation
vielfach beschäftigten Juden, Jakob Azogue, der zwar in
Bezug auf Gehalt etwas anspruchsvoll war (er erhielt dasselbe wie der Soldat, was für einen Diener entschieden viel
zu hoch bezahlt ist), im übrigen aber ein ruhiger, sehr
brauchbarer Bursche ist, der für europäische Reisende, die
sich innerhalb des ungefährlichen Theils von Marokko bewegen, sehr zu empfehlen ist. Ich hatte drei Pferde und
ein Maulthier gemiethet; für mein Pferd und das Maulthier,
welches neben dem Gepäck auch noch den Diener tragen
musste, zahlte ich pro Tag 7 Pesetas, also verhältnissmässig wenig, für die zwei andern Pferde aber täglich
$2^1/_2$ Duros (10 Mark). Ein Zelt für mich erhielt ich in
der deutschen Legation geliehen, ein zweites für die Leute
miethete ich zum Preise von 6 spanischen Realen täglich.
(19 Realen = 5 Francs). Das Gepäck bestand aus Feldbetten,
die ich gleichfalls der Freundlichkeit des deutschen Ministers verdankte, Küchengeschirr, verschiedenen Provisionen,
Instrumenten, Kleidern u. s. w. Empfehlungsbriefe hatte
ich reichlich, vom deutschen Vertreter erhielt ich Schreiben
an den Kaid des Districts Andschira und an den Kaid von
Tetuan, ebenso an den spanischen Consul in Tetuan; der
österreichische Consul Dr. Schmidl, der früher in Tetuan
gewohnt hat, gab mir Briefe mit an einen seiner arabischen
Handelsfreunde daselbst, Hamid Salas, sowie an den öster-

reichischen Consularagenten Ben Abdeltif, einen jüdischen
Kaufmann.

Im Garten des deutschen Ministers wurde am 18. November früh alles gepackt, aber es wurde doch 10 Uhr,
bis wir fortkamen. Nach Ueberwindung mancher kleinen
Schwierigkeiten, z. B. des Durchgehens eines bereits bepackten Tragthieres, welches zum grossen Gaudium der Jugend
sämmtliches Gepäck abwarf und weithin umherstreute,
brachen wir auf mit dem Plan, heute noch bis zum Fundáq
zu gehen, einem einzeln stehenden von der Regierung erbauten
Hause zur Aufnahme von Karavanen, das ungefähr in der
Mitte zwischen Tanger und Tetuan liegt. Es dient dieser
Punkt gewöhnlich als Lagerplatz für diejenigen, welche nicht
den Weg in Einem Tage zurücklegen wollen, was an sich
eine anstrengende zwölfstündige Tour ist.

Die allgemeine Richtung, die wir einschlugen, war eine
südöstliche, der Weg führte aber häufig in Zickzacklinien,
wie es eben die hügelige Beschaffenheit des Terrains mit
sich bringt. Zuerst ging es eine kurze Strecke längs der
Meeresküste, dann durch hohe Sanddünen, von wo wir in
das Gebiet eines lichtgrauen Kalkmergels gelangten, der
niedrige, flache Hügel bildet; das Streichen der ziemlich
steil stehenden Schichten war NW—SO, und gehören diese
Bildungen gleichfalls zu den schon mehrfach erwähnten
eocänen Flyschgesteinen. Hier entsprangen zahlreiche kleine
Quellen und flossen dem Meere zu. Die Gegend ist völlig
entwaldet und nur Palmitto- und Ginstergestrüpp geben
etwas Grün; stellenweise wurde geackert, aber im Verhältniss zur Grösse des zum Anbau tauglichen Terrains
scheint nur wenig bebaut zu werden. Es trachtet eben
jeder nur gerade so viel anzubauen, als er für sich und die
Seinigen nöthig hat; was darüber ist, wird ihm doch in der
Regel von den Beamten des Sultans weggenommen.

Wir ritten ununterbrochen bis 5 Uhr abends; je weiter

wir in südöstlicher Richtung kamen, um so höher und steiler
wurden die Berge, die Wege schlechter und einmal stürzte
sogar mein Pferd und ich verstauchte mir etwas die linke
Hand. Gegen 3 Uhr nachmittags kamen wir in ein höheres,
aus eisenschüssigem Sandstein bestehendes Gebirge, dessen
Streichungsrichtung die umgekehrte war wie früher, nämlich NO—SW, und diese Richtung blieb in allen Höhen-
zügen bis Tetuan dieselbe. Auch die Schichten dieses
petrefactenleeren Sandsteins standen fast senkrecht. Die
Gegend war hier viel schöner; reichlicher Graswuchs und
zahlreiche Sträucher mit kleinen, dunkelgrünen Blättern,
die den Schafen und Ziegen zur Nahrung dienen, dazwischen vereinzelte Korkeichen, einige wilde Oliven u. a. m.
machten einen wohlthuenden Eindruck gegenüber der öden
Küstengegend. Unser Lagerplatz befand sich inmitten eines
grossen Complexes von Weidegründen, und wir begegneten
zahlreichen Schaf- und Ziegenheerden. Bald waren die
Zelte aufgeschlagen und wir ruhten an den hellauflodernden
Feuern; es war ziemlich kalt und ein scharfer Ostwind
wehte vom Mittelmeer herüber; dafür hatten wir aber auch
einen wunderschönen klaren Sternenhimmel und konnten
hoffen, dass das Wetter andauernd schön bleibe; in Tanger
hatten wir die letzten Tage viel Regen gehabt.

Bald war die einfache Mahlzeit bereitet, die Hirten
brachten uns frische Milch zum Verkauf, und nach dem
Thee legte sich alles schlafen; eine tiefe Ruhe bedeckte die
Gegend, und nur hin und wieder hörte man das Aufbellen
eines der Schäferhunde. Die Treiber hatten ihren Thieren
die Vorderfüsse gefesselt und legten sich in deren Nähe,
einfach in ihre Dschellaba gehüllt, am Boden nieder.

Ortschaften hatten wir nicht passirt, wohl aber gab es
deren etwas abseits vom Wege, und zwar die Dörfer Chrib
und Eswabha, die beide noch von der im District Tanger
vorherrschenden Kabyle Fâhs bewohnt waren, und ferner

die von der Familie der Wadras bewohnten kleinen Dörfer
Schwuamha, Taïfi und Elbunin. Die Namen der Flüsse und
Bäche, die wir passirten, sind: Wad Suani, Wad Emrorah,
Wad Sined und Wad Dfel.

Als wir am 19. zeitig des Morgens aufstanden, hatten
wir nur 9° C., und das schien empfindlich kalt; wir brachen
aber schnell die Zelte ab, bepackten die Tragthiere und
ritten weiter. Um 9 Uhr wurde es schon viel milder und
schliesslich sogar recht heiss. Der Weg führte vom Lagerplatz steil aufwärts zu dem Fundâq, das an einer weithin
sichtbaren Stelle am Abhang eines Berges errichtet ist. Es
ist ein grosser, von vier Mauern umgebener Hof mit Stallungen für die Thiere und kleinen schmuzigen Löchern für
die Reisenden. Die letztern können nicht genug gewarnt
werden vor dem Aufenthalt in marokkanischen Fundâqs,
die von Ungeziefer wimmeln. Ich ging auch nur flüchtig
in dem Hause herum, um es anzusehen; ein einziger Mann,
der dasselbe vom Staat gepachtet hat, befand sich darin;
er bot uns Kaffee an, es sah aber alles so schmuzig aus,
dass wir uns schleunigst entfernten mit Zurücklassung eines
kleinen Trinkgeldes. Man hat übrigens von diesem mehr
als 200 m über dem Seespiegel hoch gelegenen Hause einen
herrlichen Blick in die umgebende Gebirgslandschaft. Zwei
Wege trennen sich hier; der eine führt abwärts nach Tetuan,
der andere geht weiter nach Qasr el Kebir und Fâs, und
wird von den Tetuanern, die in die Hauptstadt des Landes
reisen wollen, benutzt.

Der Weg vom Fundâq abwärts war sehr schlecht, steil
und mit Gesteinstrümmern bedeckt, sodass die Thiere geführt werden mussten. Die Berge ringsum bestehen noch
aus demselben eisenschüssigen Sandstein, bald aber kommen
dolomitische Gesteine, Rauchwacke sowie Kalke. Die Schutt-
bildungen an den Gehängen und in den Thälern sind sehr
bedeutend, denn in wasserreichen Jahren entstehen zahlreiche

Giessbäche. Wir kamen, wieder aufwärts steigend, in die
Landschaft Wadras; die Berge ringsumher mit zackigen
pittoresken Formen steigen bis zu 600 m Höhe an. Wir
überschritten einen Pass in einer Höhe von 280 m, bei einer
Lufttemperatur von 22° C. im Schatten. Von hier führte
der Weg wieder abwärts, über kleinere Hügel hinweg, an
den Gehängen höherer Berge hin, meist derart, dass die
Pferde geführt werden mussten. Endlich gegen Mittag
hatten wir das Bergland hinter uns, und eine fruchtbare,
weite Ebene breitete sich aus, die im Hintergrunde wiederum von hohen Bergen begrenzt war, vor welchen sich
ein langer, flacher Hügelzug ausdehnte. Zwischen diesem
und den Bergen sollte Tetuan liegen. Aber es dauerte
noch zwei Stunden, ehe wir die der Mittagssonne ausgesetzte
Ebene durchschritten und den Hügelzug umgangen hatten.
Dann führte der Weg über eine schöne Brücke, darauf
wieder links in eine fruchtbare gutbebaute Ebene und bei
einer Wendung des Weges erblickten wir plötzlich Tetuan,
mit seinen weissen Häusern, der Qasba, den langen zackigen
Stadtmauern und den viereckigen Thürmen der Moscheen.
Noch aber hatten wir gut 1½ Stunden zu reiten, ehe wir
die Thore der Stadt erreichten; kurz vor denselben passirten wir einen kleinen Bach, wo wir halten mussten, um
die ermatteten Thiere zu tränken, und auch uns that ein
frischer Trunk fliessenden Wassers wohl. Unter Anführung
unsers Machazini, der freundlich von der Thorwache begrüsst wurde, zogen wir dann durch das finstere Thor in
die engen Gassen des Städtchens ein.

　　Wie erwähnt, führt die Landschaft vom Fundâq bis
Tetuan den Namen Wadras, wie auch die Bewohner, deren
kleine Dörfer aber nicht sichtbar waren, da sie tief in den
Seitenthälern versteckt liegen. Der Name des Flusses in
der Nähe des letzten Nachtquartiers war Wad Amrah; dann
passirten wir den Wad Agras und Wad Charub, und end-

lich bei der Brücke den Wad Merra, der sich mit Wad
Busfeka, an welchem Tetuan liegt, vereinigt.

Ich zog es vor, die Gastfreundschaft des mir empfohlenen
Arabers Hamid Salas anzunehmen, der mir ein hübsches
leer stehendes Haus anbot, statt in dem sogenannten Hotel
del Universo — ein jämmerliches jüdisches Wirthshaus — ab-
zusteigen. Die Häuser sind alle gleichförmig gebaut, meist
ebenerdig, die Zimmer münden in den offenen gepflasterten
Hof und über den Wohnräumen ist das flache Dach, welches
als Terrasse dient, die in der Regel nur von den Frauen
benutzt werden soll. Die untere Hälfe der Wände ist in
geschmackvoller Weise mit hübschen Fliesen belegt, der
steinerne Fussboden mit Matten und Teppichen bedeckt.
Die Diener mit den Pferden wurden in einem Fundàq untergebracht, und ich blieb mit dem Soldaten und Jakob allein
im Hause, das wir uns nun herrichteten. Zwei grosse
Zimmer schienen uns die besten; eins behielt ich für mich,
das andere diente als Küche und Schlafgemach für die beiden Leute. Hamid Salas, ein gutmüthiger Araber, schien
sehr erfreut und geehrt, mich bei sich zu haben, und zeigte
das auf jede Weise.

Tetuan ist eine uralte Stadt, und schon zur Römerzeit
soll hier ein Ort mit Namen Thagat gestanden haben.
Später besetzten die Araber auch diese Gegend und besitzen die Stadt heute noch, trotz der vielen Versuche der
Spanier, dieselbe in Besitz zu bekommen. Sie ist im Laufe
der Zeit vielmals zerstört worden. Im Jahre 1310 wurde
sie von einem Sultan aus dem Geschlecht der Meriniden,
Namens Abu Thabet Amer, neu aufgebaut, aber schon im
Jahre 1400 wurde Tetuan von den Spaniern von Grund aus
zerstört, da es ein sehr bequemer Zufluchtsort für die damals so gefürchteten Piraten war. Später wieder aufgebaut, ging die Seeräuberei wieder von hier aus, und der
Marquis de Santa-Cruz zerstörte den Ort aufs neue im

Jahre 1564. Die Araber bauten den Ort dann wieder auf;
die letzte Beschiessung desselben fand im Jahre 1860 gleichfalls durch die Spanier statt. Die Spuren dieser Belagerung
sind noch heute sichtbar, und der ganze nach dem Fluss
zu gelegene Theil ist mehr oder weniger Ruine. Die Stadt
ist infolge dessen auch stark entvölkert und hat eine Menge
leerstehender Häuser; fast jeder wohlhabende Araber besitzt mehrere Häuser, die er abwechselnd bewohnt. Der
jetzige Name Tetuan wird von den Arabern auf eigenthümliche Weise erklärt. Es soll vor langer langer Zeit, als die
Gegend öfters von wilden berberischen Bewohnern des Rifgebirges bedroht wurde, die Sitte geherrscht haben, dass
beständig ein Wächter auf einem hohen Minaret gestanden
und bei herannahender Gefahr gerufen habe: Tet-Tagüen.
Tet-Tagüen (öffnet die Augen, öffnet die Augen), und danach sei der Ort später Tetuan oder, wie er auch häufig
geschrieben wird, Tetawan (Tztawan) genannt worden.

Die Stadt ist Festung, mit starken und hohen Mauern
umgeben, die natürlich, wie sich gezeigt hat, europäischen
Geschützen nicht widerstehen können, und wird von einer
höher gelegenen Qasba (Citadelle) überragt, in welcher der
Gouverneur wohnt, in der überhaupt der Sitz der Behörden
sich befindet. Sie mag gegen 20000 Einwohner haben,
vielleicht etwas mehr, wovon aber mindestens ein Viertel
hispanische Juden sind.

Die zahlreichen unregelmässig verlaufenden Strassen
sind ausserordentlich eng, finster und schmuzig; man merkt,
dass hier die europäische Controle fehlt. Vieles deutet aber
auf frühere Grösse und Reichthum des Ortes. Manche
Häuser sind im Innern sehr schön und die nach dem Fluss
zu gelegenen haben üppige, aber jetzt vernachlässigte Gärten. Es wohnen daselbst einige sehr reiche Araberfamilien,
die in den letzten Jahren mit ungeheuern Kosten wunderbar
schöne Häuser haben errichten lassen. Jeder, der Tetuan

besucht, sollte die innere Einrichtung der Häuser von Briza sowie die der Familien Arrhasini und Chtif ansehen. Sie sind im reinsten maurischen Stil erbaut und aufs reichste mit prachtvollen Malereien und Stuccaturen ausgestattet. Moscheen mit hohen viereckigen Thürmen sowie Heiligengräber gibt es zahlreiche, die Bevölkerung gilt im allgemeinen als sehr fanatisch. In der Mitte der Stadt befindet sich ein riesiger quadratischer Platz mit der christlichen Kirche und dicht dabei das spanische Consulat; auch ein europäischer Arzt, der eine kleine Apotheke hält, lebt dort. Die europäische Bevölkerung besteht aus Spaniern niederer Sorte, Handwerkern, kleinen Krämern, besonders auch Korkschneidern, da die Wälder in der Umgebung reich an Korkeichen sind; die Korke werden übrigens auf die Schiffe geschmuggelt, da die marokkanische Regierung den Export nicht gestattet.

Die Juden wohnen nicht wie in Tanger mit der übrigen Bevölkerung zusammen, sondern in einem besondern Stadttheil, der Mellah, die abends durch Thore geschlossen wird (anderwärts Ghetto genannt). Sind die arabischen Stadttheile schon unsauber, so ist die Mellah geradezu schrecklich. In den überaus engen Strassen wohnen die Tausende von Juden eng zusammengepfercht in den kleinen Häusern in geradezu sanitätswidriger Weise.

Die Lage der Stadt ist ausserordentlich schön. Der Fluss Busfeka (oder Wad el Jelu) hat sich zwischen fast 1000 m hohen Bergen ein Bett gewühlt und mündet, nach Osten fliessend, beim Cap Martin ins Meer. An der Nordseite des Gebirges erhebt sich dann die Stadt terrassenförmig ansteigend und man hat von den Dächern der Häuser aus einen herrlichen Blick über das gartenreiche Flussthal hinweg auf die vielzackigen Berglandschaften des südlichen Marokko. Leider führt der Fluss wenig Wasser und ist seine Mündung vollständig versandet. Es ist dies eine Eigenthümlichkeit vieler der dort ins Meer laufenden Bäche und Flüsse; wenige hundert Schritt vor dem Strand verläuft plötzlich das Wasser im Sande und eine breite Sandbank hat sich zwischen Meer und Fluss gebildet. Wäre Tetuan im Besitz einer europäischen Macht, so würde es wol das erste sein, dass man den Busfeka sowol an der Mündung wie auch in seinem Unterlauf ausbaggerte, um mit Schiffen direct bis an die Thore der Stadt fahren zu können; die Entfernung beträgt ungefähr eine Stunde und die Kosten würden nicht bedeutend sein. Als die Spanier 1860 Tetuan belagerten, haben dieselben von Cap Martin aus eine Strasse bis kurz vor die Stadt gebaut, um die zur Beschiessung nöthigen Kanonen dahin schaffen zu können. Nachdem die Spanier infolge des Friedens die Stadt wieder an Marokko abgeben mussten, ist auch die Strasse wieder verfallen und in der Regenzeit ist der Weg zum Cap Martin ausserordentlich sumpfig. Es gibt aber in ganz Marokko nicht eine einzige fahrbare Strasse; der Araber hat dafür absolut keinen Sinn und kommt mit seinen Pferden, Maulthieren und Eseln überall durch.

Die europäische Colonie in Tetuan ist klein; einen eigentlichen Vertreter hat nur Spanien, die andern Staaten haben einige sogenannte Consularagenten dort, wozu gewöhnlich wohlhabende jüdische Kaufleute verwendet werden. Spanien hat eben das meiste Interesse an diesem wichtigen Ort, wichtig wegen seiner günstigen Lage und seiner hochentwickelten Industrie. Die letztere ist sehr umfangreich, und ganz Marokko wird mit gewissen Artikeln von Tetuan versehen. Lederarbeiten, besonders Pantoffeln, Gürtel, Taschen u. s. w., alles sehr bunt, werden in grossen Massen fabricirt; sehr bekannt sind die langen, schön verzierten Gewehre, welche man hier fertigt, und die mit zum Theil sehr geschmackvoll eingelegtem Silber verziert sind. Berühmt sind ferner die Gold- und Seidenstickereien sowie die Holz-

malereien von Tetuan; man findet in dem umfangreichen,
aus lauter kleinen Butiken bestehenden Bazar herrliche
alte Stoffe mit prächtiger gestickter Arbeit. Alte Waffen,
Säbel, Dolche u. s. w. gibt es gleichfalls viel, überhaupt
kann der Liebhaber von Antiquitäten und orientalischen
Arbeiten hier in Tetuan sehr viel Geld los werden. Die
Töpferei und die Fabrikation von schönen bunten Fliesen
zur Belegung von Fussböden und Bekleidung von Wänden
ist gleichfalls berühmt. Tetuan ist eine der werthvollsten
Städte für Marokko und es ist begreiflich, wenn der Sultan
alles anwendet, um diesen für ihn sehr einträglichen Ort
zu behalten.

Am Tage nach meiner Ankunft gab ich die officiellen
Empfehlungsschreiben ab und wurde natürlich von den ara-
bischen Würdenträgern mit aller Freundlichkeit empfangen,
ohne dass dieselben aber sich zu einer Unterstützung etwaiger
Reiseunternehmungen von Tetuan aus verpflichteten. Wo
ich hinkam, musste ich die drei unvermeidlichen kleinen
Schälchen Thee nehmen, eine Sitte, die den Neuling in
Marokko zur Verzweiflung bringen kann. Es gehört zur
Regel, dass derjenige, der Besuch erhält, den Gast mit
Thee und eigenthümlichem Backwerk tractirt; der Thee
wird in Gegenwart der Gäste vom Hauswirth selbst bereitet.
Der Diener bringt auf einer grossen, hübsch verzierten
Platte aus glänzendem Messing die kleine Theekanne, eine
Anzahl kleiner Tassen, die Büchsen mit Thee, Zucker und
Minze, sowie einen grossen Kupferkessel voll heissen Wassers.
Der grüne chinesische Thee (der schwarze ist in Marokko
unbekannt) wird zugleich mit einigen riesigen Stücken
Zucker in die Theekanne gegeben, dann etwas von der
krauseminzartigen Pflanze hinzugefügt, die den eigentlichen
Theegeschmack verdrängt, und nun werden die Schalen mit
dem heissen Getränk vollgefüllt und mit grossem Behagen

hinabgeschlürft. Es ist Sitte, dass man drei solcher kleinen
Schälchen nimmt. Der Europäer muss sich erst sehr an
diesen süssen und stark aromatischen Theegenuss gewöhnen,
den er täglich mehreremal zu überstehen hat.

Der spanische Consul, dem ich einen Besuch gemacht
hatte, forderte mich auf, am Abend einem arabischen Hoch-
zeitsfeste beizuwohnen, wozu er geladen war. Ich war natürlich sofort bereit, und abends um 8 Uhr begaben wir
uns — der Consul mit Frau und Schwägerin, der Vicecon-
sul, ein englischer Consularagent und ausser mir noch ein
sich zufällig hier aufhaltender Deutscher — in das Haus
des Festgebers. Dasselbe war bereits ganz angefüllt mit
Gästen, die einer aus sechs Künstlern bestehenden Musik-
bande lauschten. Die marokkanische Musik, die stets mit
Gesang verbunden ist, hat jedenfalls etwas Originelles; schön
kann man das monotone Geräusch und die krächzenden,
gepressten Töne kaum nennen. Die Leute hatten drei grosse
guitarrenartige Instrumente, die mit Holzstäben geschlagen
wurden, zwei kleine Geigen, die gestrichen wurden, und eine
mit Glöckchen versehene Trommel mit nur einem Fell, das
man mit den Fingern behandelt. Die Künstler spielten und
sangen mit einer furchtbaren, fast beängstigenden Ausdauer
ununterbrochen fort, während die zahlreiche Gesellschaft
grosse Massen grünen Thee und süsses Backwerk, das mit
Rosenöl und andern aromatischen Stoffen versetzt war, ver-
tilgte. Die Unterhaltung der Araber, die sich offenbar
amusirten, war still und ernst; nicht das laute Schreien,
Zanken, Lachen, Singen, Toasten, wie es bei ähnlichen Festlichkeiten der Europäer vorzukommen pflegt. Es fehlen
eben hier alle geistigen Getränke, und die Marokkaner sind
in Bezug auf Enthaltung von Spirituosen jeder Art sehr
strenge Gläubige. Von Zeit zu Zeit gingen Diener in den
schön ausgestatteten Zimmern herum mit Weihrauchgefässen,
um die Luft zu reinigen; auch liessen die Araber den

Dampf in die weiten Aermel ihrer Kleider ziehen. Ebenso wurden die Gäste mit wohlriechendem Wasser besprengt; den anwesenden Europäern wurde es in die Taschentücher gesprengt, den Arabern auf die Kleider, den Kopf, selbst in den Hals geträpfelt; für Wohlgerüche haben bekanntlich die Orientalen eine grosse Vorliebe.

Die Gesellschaft bestand, mit Ausschluss der beiden europäischen Damen, nur aus Männern, da die mohammedanischen Frauen von jeder Festlichkeit, bei welcher Männer sind, ausgeschlossen werden; auf den Galerien aber und durch kleine Fenster schauten neugierige Frauen- und Mädchengesichter sehnsüchtig herab in den dicht mit Männern angefüllten Saal. Ihre besondere Neugier erregten natürlich die anwesenden Europäer, da die marokkanischen Frauen dieselben nie zu Gesicht bekommen und stets in ihre Zimmer gewiesen werden, wenn ein Ungläubiger das Haus eines Arabers betritt. Auf den Strassen aber gehen die Weiber dicht vermummt einher, sodass kaum ein Auge sichtbar ist.

Gegen 10 Uhr hörte plötzlich die Musik auf und vier in braune Dschellabas gekleidete Männer betraten den Saal. Diese begannen nun eine Musik, wie ich sie noch nie gehört hatte! Zwei der Leute bliesen auf einem langen, flötenartigen Instrument, und zwar brachten sie nur lange, hohe und schrille Töne hervor, die einem durch Mark und Bein gingen; die beiden andern begleiteten diese Flöten mit mächtigen, in langen Intervallen folgenden Paukenschlägen. Es dauerte fast eine halbe Stunde, und für uns Europäer war diese infernalische Musik in dem engen gefüllten Raum kaum zum Aushalten; alles athmete auf, als diese vier Männer wieder verschwanden und das Sextett seine harmlosere Thätigkeit begann. Gegen $\frac{1}{2}$12 Uhr kam das Abendessen. Wir wurden in ein kleines Zimmer geführt, wo wir uns auf den niedrigen Divans so gut wie möglich niederliessen; ein niedriger runder Tisch wurde aufgestellt und

darauf kamen drei riesige Schüsseln mit Fleisch und eine
ähnliche Schüssel mit Süssigkeiten; Messer, Gabel und Ser-
viette nicht, wohl aber zu den sehr fett zubereiteten Speisen
ein Krug Wasser! Es langte nun jeder mit den Fingern
von dem Rind- und Hammelfleisch sowie den gebratenen
Hühnern zu, und unter fortwährenden Nöthigungen des erfreuten Gastgebers wurde lustig drauflos gegessen. Die
Schüssel mit den Süssigkeiten enthielt ein Gemenge von
Mehl und Honig in Oel gebraten und mit Zimmt bestreut!
Schliesslich reichte ein Diener eine Schüssel und Seife
herum, und goss jedem etwas warmes Wasser über die
Hände; uns zu Ehren kam sogar ein altes Handtuch zum
Vorschein, das schon mehrere derartige Soupers erlebt hatte;
die Araber verschmähten derartige Gegenstände und trock-
neten die Hände an den Kleidern.

Etwas versöhnt wurden wir wieder, als guter schwarzer
Kaffee herumgereicht wurde; der Hauswirth setzte sich zu
uns, und einer seiner Diener, ein Eunuch, musste uns vor-
tanzen und vorsingen; sein Gesang war ein Gequietsche in
Fisteltönen, das schrecklich anzuhören war, den anwesenden
Spaniern aber gefiel dies sehr gut und sie erklärten den
Mann für einen grossen Künstler.

Gegen 1 Uhr wurden wir weggeschickt, denn nun kam
die Zeit für die Frauen. Die Damen des Consuls blieben
noch, um die Ankunft der Braut abzuwarten, wir Männer
aber mussten nolens volens fort. Die, nach unsern Begriffen
wenigstens, beiden Hauptpersonen bei einer Hochzeitsfeier:
Braut und Bräutigam, fehlten bei diesem arabischen Feste:
letzterer muss die ganze Zeit über bis spät abends in einer
Moschee beten, erstere bleibt bis nach Mitternacht bei
ihren Aeltern und wird dann in einem kleinen eigenthümlichen Kasten in das Haus des Bräutigams, resp. dessen
Vaters gebracht, wo dann nach Weggang der Festgäste der
junge Ehemann seine Frau kennen lernt.

Am nächsten Tage unternahm ich in Begleitung des spanischen Consuls und einiger unvermeidlichen Machazini einen Ausflug nach dem auf den Höhen südlich von Tetuan gelegenen Kitán oder Kitzán, einem der schönsten Aussichtspunkte der Umgebung. Der Weg führte zuerst von der Stadt aus hinab an den Fluss; nach Durchreitung desselben durchschritten wir eine äusserst fruchtbare, mit zahlreichen Orangengärten bedeckte, reich bewässerte Ebene, die sich bis an den Fuss der Berge erstreckt. Dann wurde der Weg steiler und oft führte nur ein fussbreiter Streifen zwischen dem Fels und dem rasch fliessenden Bache aufwärts. In der Nähe einer kleinen Moschee rasteten wir und genossen nun die herrlichste Aussicht auf das so romantisch gelegene Tetuan und die pittoresken Kalk- und Dolomitberge im Hintergrunde.

Am folgenden Tage besuchte ich die Berge im Nordosten der Stadt, wo, wie mir ein Spanier mitgetheilt hatte, Steinkohlen vorkommen sollen. Der Weg führte vom Nordthore aus an dem jüdischen Friedhof vorbei; die Gräber sind sämmtlich mit 4—5 Fuss langen Platten von Kalkstein bedeckt, die weiss angetüncht und mit primitiven Verschnörkelungen, ähnlich wie Schriftzeichen, versehen waren. In der Nähe sind zahlreiche Steinbrüche, aus denen die Grabsteine gebrochen werden. Wir stiegen höher und gelangten in eine Schlucht, wo ein Haufen Steine lag; damit wollte der mich begleitende Spanier eine Grube zugeschüttet haben, in welcher er Kohlen gefunden habe. In der That lagen unter dem Schutt kleine Kohlenstückchen, die aber — ich war etwas mistrauisch — auch dahin geschafft sein konnten. Bei weiterm Suchen fand sich anstehend ein schmuzig gelber, grober Sandstein mit zahlreichen verkohlten, undeutlichen Pflanzenresten sowie dünnen Streifen von stark glänzender guter Kohle. Das deutet nun allerdings darauf hin, dass hier möglicherweise ein Kohlenlager existirt, und zwar ist es keine junge tertiäre Braunkohle. sondern einer ältern Formation angehörig. wenn auch nicht der eigentlichen Carbonformation. Die kohlenführende Sandsteinschicht scheint unter dem weissen dolomitischen Kalk und auch unter dem rothen Sandstein zu liegen. Um sich zu informiren, müsste eine Tiefbohrung stattfinden, die zeigen würde, ob hier ein wirkliches Kohlenlager existirt oder ob es nur einzelne Putzen und dünne Streifen sind. Ein Kohlenlager so dicht bei Tetuan und nur eine Stunde vom Meere entfernt wäre für Marokko von ganz unberechenbarem Werth. Die marokkanische Regierung ist aber so schwerfällig, und Industrieunternehmungen, besonders wenn sie mit Bergbau zusammenhängen, so abgeneigt. dass vorläufig Europäer nur schwer die Erlaubniss zu Probearbeiten bekommen würden.

In den flachen Vorhügeln zwischen Tetuan und den eben besprochenen Gebirgen befindet sich eine aus Sanden, Thonen und Mergeln bestehende Ablagerung. die ausserordentlich reich an der mittlern Tertiärformation angehörigen Petrefacten ist. Der Thon wird benutzt und vor dem Stadtthore befinden sich in kleinen Aushöhlungen in den Hügeln die Töpfereien. Hier war es, wo ein Jahr vor meiner Ankunft in Tetuan ein Spanier getödtet worden war. Es herrschte damals eine Epidemie. und der europäische Sanitätsrath hatte bestimmt. dass ein Gesundheitscordon gezogen werde. sodass niemand in die Stadt durfte, ohne vorher untersucht worden zu sein. Eines Tages kam nun zu einem der vor der Stadt stationirten Sanitätsbeamten ein Trupp Araber. unter denen ein Scherif war. Der Beamte verweigerte ihnen den Eintritt in die Stadt, wenn nicht erst eine besondere Erlaubniss des Consuls herbeigebracht werden könnte. Der Scherif soll nun zu seinen Begleitern gesagt haben. sie seien schlechte Mohammedaner, wenn sie nicht einmal durchsetzen könnten, dass ein Scherif

unbehelligt in eine arabische Stadt eintreten könne. Darauf
legte einer der Araber auf den spanischen Sanitätsbeamten
an und schoss denselben nieder, worauf natürlich die ganze
Gesellschaft entfloh. Auf energische Reclamationen des
spanischen Consuls wurde nach längerer Zeit ein Mann
in Tanger aufgegriffen, den man des Mordes beschuldigte
und der vor einigen Monaten auf dem Marktplatz in Tetuan
in grausamster Weise getödtet wurde. Er wurde an einen
Pfahl an der Mauer in der Nähe des spanischen Consulats
gebunden und auf ihn alle halbe Stunden ein schlecht ge-
zielter Schuss abgefeuert, um ihn nur zu verwunden, und
als der Bejammernswerthe nach mehrern Stunden noch
nicht todt war, verlangte der spanische Consul, dass man
ihn endlich von seinen Qualen erlösen solle, worauf er todt-
geschlagen wurde. Er hat übrigens bis ans Ende seine
Unschuld betheuert, und die meisten Araber waren auch
davon überzeugt; da aber der wirkliche Schuldige unter
dem Schutze des Scherifs nie gefunden worden wäre, so
musste eben der erste beste, gegen den vielleicht eine Kleinigkeit vorlag, als Sühnopfer dienen!

Es war mein Plan, von Tetuan aus in südlicher Richtung in das ganz unbekannte Gebirgsland, welches die
Grenze zwischen Algier und Marokko bildet, zu gehen, und
zwar zunächst nach dem Ort Scheschawán in der Landschaft gleichen Namens. Ich hatte kaum diesen Wunsch
geäussert, als sich auch alles einmüthig dagegen erhob:
mein Soldat erklärte, er wäre für Tetuan und allenfalls das
nördlich davon liegende Andschira engagirt; der Chalif
(Stellvertreter des Amil, d. i. Gouverneurs) erklärte, er
könne mich nicht dahin reisen lassen, die dortige Bevölkerung sei in vollem Aufruhr gegen den Sultan und würde
einen dahin kommenden Christen unfehlbar tödten; der spanische Consul meinte gleichfalls, er hätte eine Art Ver-

antwortung für mich und könne mir entschieden nur ab-
rathen, ohne Erlaubniss des Chalifen zu gehen. Letzterer
erklärte endlich auf mein wiederholtes Drängen, er würde
einen Brief an Sidi Muhamed Bargasch, den marokkanischen
Minister in Tanger, senden und anfragen; gäbe derselbe die
Erlaubniss, so könnte ich gehen, und er, der Chalif, würde
mir dann auch Soldaten als Escorte mitgeben.

Fig. 3. Rimet aus der Umgebung von Tetuan.

Um nun nicht nutzlos in Tetuan zu sitzen, unternahm
ich verschiedene Ausflüge in die Umgebung.   Am 24. November morgens brach ich in Begleitung eines Spaniers,
der aber schon seit seiner frühesten Jugend in Tetuan
lebt, Namens Cristobal Benitez, auf, um zunächst in die süd-

östlich gelegenen Berge zum Stamm der Beni Mada'an zu
gehen. Diese Leute sind sehr verrufen und man erzählte
mir in Tetuan, ich könne nur unter sehr starker Escorte
dahin gehen. Ich fand friedliche, harmlose Bauern, die froh
sind, wenn man ihnen nichts thut. Sie wohnen in kleinen,
30—50 Hütten umfassenden Dörfern, die meistens auf
Hügeln liegen, von denen man einen prächtigen Blick auf
die Tetuan umgebenden Berge hat. Die viereckigen Hütten
sind nicht schön und bestehen aus gestampfter Erde mit
Rohr und Flechtwerk; eine Menge von halbwilden Hunden
bellt wüthend dem Ankömmling entgegen, wenn man in
ein Dorf tritt. Der ganze Stamm bewohnt folgende acht
Dörfer: Zazurut, Darbuisef, Darabala, Ud'har, Zalmadi, Bu-
dara, Kanikra und Elma'asem. Letzterer Name kommt
öfters vor bei Orten, die nicht weit vom Meere liegen und
deren Bewohner sich mit der Fabrikation von Seesalz be-
fassen. Im ganzen sind es 12—1500 Seelen. Der Stamm
der Beni Mada'an bewohnt den Nordabhang des südlich
von Tetuan liegenden Gebirges und zwar dessen östlichsten,
bis zum Meere reichenden Theil. Die Dörfer gehen nicht
über die aus rothem Sandstein bestehenden Vorberge hinauf;
in dem höhern Gebiete des Kalksteins befindet sich keins;
sie liegen demnach gegen 100 m über dem Meere. Von
Elma'asem aus ritten wir nun längs des Meeresstrandes
nach Cap Martin, wo der Busfeka, der hier Wad el Jelu
genannt wird, mündet, oder richtiger sich im Sande verläuft. An diesem Cap Martin befindet sich ein einzeln
stehender mit acht Kanonen armirter Thurm, in welchem ein
einziger Soldat Wache hält; wenige Minuten weiter landeinwärts liegt das marokkanische Zollhaus.

Von Cap Martin aus ritten wir in dem Thal des Busfeka aufwärts nach Tetuan zurück, theilweise den früher
erwähnten, von den Spaniern angelegten Weg benutzend.
Das beste Bild von der topographischen Lage Tetuans be-

kommt man, wenn man diesen Weg zurücklegt. Zwischen dem Cap Negro und Cap Marari erstreckt sich nach Westen hin das weite Thal des Busfeka. der an verschiedenen Stellen verschiedene Namen führt. Bei Tetuan wird dieses Thal verengt durch einen sich von Nord nach Süd vorschiebenden Querriegel von rothem Sandstein, sodass für den Fluss südlich von den Mauern von Tetuan nur ein schmaler Platz bleibt, um sich zwischen der Stadt und den gegenüberliegenden Bergen durchzuzwängen. Auf diesem Querriegel liegt nun, etwas von Süd nach Nord ansteigend. Tetuan, sodass der höchste Punkt des Ortes, die Qasba, in ungefähr 90 m Seehöhe schon im Gebiet des Kalksteins liegt, während der Untergrund der Stadt dem rothen Sandstein angehört. Der hohe Ruf, dessen sich die Lage von Tetuan erfreut, ist vollständig gerechtfertigt.

Bei Hochwasser passiren kleine Schiffe die Sandbarre und fahren ein Stück flussaufwärts, um Producte, deren Ausfuhr gestattet ist. aufzunehmen. Besonders lebhaft ist der Export von Orangen, die in trefflicher Qualität in den ausgedehnten Gärten im fruchtbaren, freilich öfters Ueberschwemmungen ausgesetzten Thale des Busfeka gedeihen. Diese Früchte gehen von hier aus in kleinen Küstenfahrzeugen grösstentheils nach algerianischen Küstenplätzen, besonders Oran; trotz des Zollhauses werden auch von hier aus durch die in Tetuan lebenden spanischen Korkschneider grosse Massen Korke auf Schiffe geschmuggelt und dann nach Frankreich verfrachtet.

Am 25. November wurde das sogenannte Hammelfest, das unserm Weihnachten entspricht, gefeiert. Es ist hierbei Gesetz, dass jeder Mohammedaner einen Hammel schlachtet. sodass um diese Zeit ein lebhafter Viehhandel in Marokko getrieben wird. In den Familien pflegt man sich auch gegenseitig zu beschenken, wie bei uns zum Christfest. In jeder Stadt findet unter Theilnahme der Bevölkerung, der

Soldaten, Beamten und Geistlichen die Ceremonie des Hammelschlachtens statt. Hier in Tetuan begaben sich der Kaid und die übrigen Beamten und Schurafa früh morgens in eine kleine ausserhalb der Stadt liegende Moschee, dicht bei einem mohammedanischen Friedhof. Dort wurden zahlreiche Gebete gesprochen und wurde daselbst ein Hammel geschlachtet. Kanonenschläge verkündeten das Ereigniss. Der Aberglaube hierbei besteht nun darin, dass, wenn der Hammel, der auf eine besondere Art abgestochen wird, noch lebend bis zur Stadt gebracht werden kann, dies als ein günstiges Zeichen für das neue Jahr gilt; umgekehrt, ist das Thier schon verendet, so bedeutet dies Unglück. Sowie der Hammel gestochen ist, wird er auf ein Maulthier gelegt, zwei Reiter treiben dasselbe, und so wird im tollsten Lauf nach der Stadt geritten, um das Thier womöglich noch lebend bis zum Haus des Gouverneurs zu bringen. Die Strecke von der Moschee bis zum Stadtthor ist von Scharen von Menschen dicht besetzt, Männern und Weibern; ein besonderer Festtag aber ist es für die männliche Jugend. Festlich gekleidet tummelt sich dieselbe schon seit frühester Stunde auf Pferden, Maulthieren und Eseln herum, und wenn dann der Kanonenschuss gelöst ist und die drei Reiter erscheinen, jagen dieselben unter lautem fröhlichen Geschrei hinter denselben her.

Die diesmalige Feier des Festes war nicht so grossartig, da nur sehr wenig Militär anwesend war; die meisten Soldaten mit dem Gouverneur befanden sich in den südlichen Bergdistricten, wo wieder einmal die Bewohner gegen den Sultan revoltirten.

Den Nachmittag benutzte ich wieder zu Ausflügen in die Umgebung von Tetuan. Wir besuchten eine Höhle im Norden der Stadt, in dem Gebiete des rothen Sandsteins; dieselbe muss ziemlich weit in den Berg hineinreichen. Wir hatten Lichter mitgenommen und krochen ein Zeit lang darin

herum, aber es herrschte eine unerträgliche Temperatur
darin, und da wir ausser einigen Nadeln von Stachel-
schweinen nichts fanden, verliessen wir die Höhle bald
wieder. Wir sammelten dann in den nicht weit entfernten
Thon- und Mergelablagerungen Petrefacten, besichtigten
einen Steinbruch, in welchem der rothe Sandstein in schönen
steilstehenden Platten entwickelt war, und kamen dann an
einen alten maurischen Thurm, Kal-lalim genannt, von wo
aus man einen hübschen Ausblick bis zum Meere hat.
Durch schöne Gärten mit Orangen- und Feigenbäumen,
wilden Oliven, Johannisbrotsträuchern und einem andern,
mir unbekannten Strauche, der eine gelbe Frucht hat, aus
der man eine Art Branntwein herstellt, kehrten wir dann
nach Tetuan zurück. Hier traf ich mit einem Araber zusammen, einem Scherif aus Scheschawan, und ich benutzte
natürlich die Gelegenheit, um mit demselben über meine Reise
dahin zu sprechen. Er meinte, es sei in den umliegenden
Bergen ein Aufstand, aber es sei doch ein Verkehr der Markt-
leute zwischen Tetuan und Scheschawan und ich könne also
ganz gut dahin kommen; auch wolle er mich selbst begleiten.

Am Abend desselben Tages wohnte ich zwei jüdischen
Hochzeiten bei; die Feierlichkeiten waren bei beiden dieselben, nur war die eine Familie eine sehr reiche, die andere
eine ärmere. Die Braut wird im Hause ihrer Aeltern, auf
einem Bett sitzend, von ihren Verwandten geschmückt und
zwar im Beisein einer grossen Menge Geladener. Sobald
sie aus dem hohen, mit Gardinen versehenen Bett heraus-
getragen worden ist, darf sie die Augen nicht mehr aufschlagen, sondern muss dieselben beständig geschlossen halten. Einige alte Weiber beginnen nun den Kopfschmuck
anzulegen, die Perrüke und eine Menge hoher, schmaler,
aus feiner goldener und silberner Filigranarbeit bestehender
Cylinder; sobald ein Stück gehörig an seinem Platz angelegt
ist, beginnen die Weiber ein eigenthümliches Gekreisch,

Während der ganzen Zeit schlagen die Schwestern und Freundinnen der Braut die Tamburins und singen dazu, sodass in den meist sehr engen und vollgepfropften Räumen bedeutender Lärm entsteht. Darauf wird die Braut bemalt; die an und für sich schon schwarzen Augenbrauen werden noch schwärzer gefärbt und auf die beiden Wangen werden zwei grosse rothe Flecke gemalt, was abscheulich aussieht und das schönste Gesicht auf unangenehme Weise entstellt. Der übrige Theil des Gesichts wird weiss gepudert, und so sitzt nun das unglückliche Wesen stundenlang steif da wie eine Wachspuppe und darf sich nicht rühren, nicht einmal die Augen öffnen. Die Gewänder der Braut und der Brautjungfern sind mit prachtvollen Goldstickereien versehen, auch der Haarschmuck ist reich und originell. Ist nun diese stundenlang dauernde öffentliche Ausschmückung vollendet, so wird die Braut von einigen Männern auf einem Stuhl aus dem Haus ihrer Aeltern hinaus und über die Strasse hinweg in dasjenige ihres Bräutigams getragen, unter starker Betheiligung der laut lärmenden, kleine Wachskerzen tragenden männlichen und weiblichen Jugend. Die eigentliche Uebergabe der Braut an ihren zukünftigen Mann findet erst am nächsten Morgen statt, aber das junge Paar soll erst noch manche Hindernisse zu bestehen haben. Man sagte, dass bei streng orthodoxen Juden der folgende Gebrauch sei. Der Mann darf an dem der erwähnten Feierlichkeit folgenden Morgen eine ganz kurze Zeit mit seiner Frau allein sein, dann wird ihm die junge Frau weggenommen, in ein Bad geführt und in das Haus ihrer Aeltern zurückgebracht. Erst nach vierzehn Tagen kommt der junge Ehemann in den rechtmässigen Besitz seiner Frau. Es ist merkwürdig, welches Raffinement die Menschen anwenden, um sich gegenseitig das Leben zu erschweren, und wie Mode und Sitte die natürlichen und normalen Verhältnisse im Leben beeinflussen und zu einer Caricatur machen.

Während der folgenden Tage trat ungünstiges Wetter
ein, auch hatte ich allerhand Verdriesslichkeiten. Ein
kleines Unwohlsein fesselte mich ans Zimmer; der Scherif
von Scheschawan kam und erklärte, er könne nicht mit-
gehen; offenbar hatte es ihm der Chalif verboten. Als dann
endlich am 28. November die Briefe aus Tanger ankamen,
wurde ich vollends enttäuscht. Es fand am Morgen dieses
Tages eine Art Conferenz über den Fall „Scheschawan"
beim spanischen Consul statt, wozu auch der Chalif geladen
war. Letzterer meldete mir, dass Sidi Muhamed Bargasch
die Verhältnisse gegenwärtig nicht geeignet finde, um einen
Europäer dahin zu lassen; der Aufstand sei im Wachsen
und die Gefahr eine grosse. Infolge dessen durfte der
Chalif von Tetuan mich nicht nach Scheschawan gehen
lassen.

Briefe des deutschen und englischen (als Vertreter Oester-
reichs) Ministers waren in derselben Tonart abgefasst; es
sei gefährlich, ich solle mein Leben nicht in Gefahr setzen,
sie seien bis zu einem gewissen Grade verantwortlich u. s. w.!
So viel hatte ich nun bereits gelernt, dass ich auf die bisherige Weise in Marokko nicht reisen konnte, und dass die
officiellen Empfehlungen wol für die Person des Reisenden,
nicht aber für die Sache von Vortheil sind. Ich musste
also einen andern Plan machen. Ich beschloss, durch die
nördlich von Tetuan gelegene Berglandschaft Andschira
nach Ceuta zu gehen und von da zurück nach Tanger.
Zunächst aber musste ich besseres Wetter abwarten; es
regnete und stürmte in einem fort, sodass ich kaum das
Haus verlassen konnte. Die Strassen und Plätze von Tetuan
waren ein Kothmeer und zu Fuss kaum zu passiren.

Am 30. November fand in der katholischen Kirche ein
Gottesdienst statt zur Feier der Hochzeit des Königs von
Spanien mit der österreichischen Prinzessin Maria Christina;
nachmittags wollten die Spanier ein Stiergefecht auf dem

grossen Marktplatze improvisiren, aber das abscheuliche
Wetter verhinderte es. Die Spanier haben die Vorliebe
für dieses barbarische Vergnügen auch mit nach Afrika
gebracht, und in Ermangelung von berühmten Matadoren
begnügte man sich damit, einen Stier auf dem Marktplatz
herumzuhetzen und ihn endlich todtzustechen.

Am 1. December endlich wurde das Wetter etwas besser
und ich konnte aufbrechen. Befriedigt war ich natürlich
von meinem tetuaner Aufenthalte nicht ganz, da mir die
Tour nach Scheschawan nicht geglückt war; auch hat mir
das schlechte Wetter in den letzten Tagen viel verdorben.

Am 1. December 1879 verliess ich Tetuan, nachdem ich
die Schar der zudringlichen Diener, die mir alle Gefälligkeiten erwiesen haben wollten, durch Trinkgelder befriedigt
hatte. Mein freundlicher Gastwirth Hamid Salas wollte
durchaus keine Bezahlung nehmen, da er mir aber während
der ganzen Dauer meiner Anwesenheit auch das Futter für
die Pferde geliefert hatte, so nahm er wenigstens dafür
Geld an, betonte aber ganz ausdrücklich, dass dieses Geld
ausschliesslich für gelieferte Gerste wäre; er wollte sich auf
keinen Fall nachsagen lassen, für das überlassene Haus Bezahlung angenommen zu haben. Er sowie ein junger
deutscher Kaufmann begleiteten uns noch eine Stunde weit.

Der erste Theil der Reise betraf die Strecke von Tetuan
nach Cap Negro und von da längs des Meeres nach Ceuta.
Der Weg führte zunächst in nordöstlicher Richtung durch
die Ebene des Busfekathales. Die Oberfläche desselben bestand aus einer Humusschicht, unter welcher ein rothgelber
Lehm liegt, der als Basis eine Schotterlage hat. Zahllose
mehrere Meter tiefe, durch Giessbäche während der Regenzeit hervorgebrachte Einschnitte in der mit viel Palmitto
bewachsenen Oberfläche zeigten diese Verhältnisse deutlich.
Dann näherten wir uns einem niedrigen Hügelzug, der, in
ostwestlicher Richtung streichend, bis dicht aus Meer reicht

und aus Thonschiefer zusammengesetzt ist. Am Südgehänge
dieser kleinen Hügelreihe liegt das Dorf Kallalin, von Arabern
der Kabyle Haussa bewohnt; ein in der Nähe befindlicher
alter arabischer Wachtthurm führt denselben Namen. Ehe
wir die Ausläufer dieser Berge passirten, überschritten wir
den kleinen Wad el Lil, der sehr wenig Wasser führte.
Derselbe fliesst nicht direct ins Meer, sondern löst sich in
eine Reihe kleiner Arme auf, die sich im Sande verlaufen.
Der Weg war stellenweise recht gut, denn in dem Thonschiefer sind zahlreiche Quarzitgänge, die herauswittern und
zu einem Grus zerfallen. Auf der Höhe dieser Hügelkette
hatten wir einen schönen Ausblick: zur Rechten und vor
uns das tiefblaue Mittelmeer mit den beiden Säulen des
Hercules, die Felsenfestungen Ceuta und Gibraltar, und in
weiter Ferne die spanische Küste bis hinauf nach Malaga;
nach links zu aber erhoben sich die weissen Zacken des
Kalksteingebirges, welches die Landschaft Andschira zu-
sammensetzt. Wir ritten den Nordabhang des Berges hinab,
dann ein Stück längs des Meeres und lagerten gegen 12 Uhr
jenseit des Lilflusses. Gegenüber unserm Lagerplatz erhob sich ein Berg, der die stark gefalteten Gesteinsschichten
trefflich zeigte; es war ein weisser glimmerhaltiger Sandstein, der an der Oberfläche mit Eisenoxydhydrat bedeckt
war; dieses Gestein blieb für längere Zeit auf dem Wege
das herrschende. Es war ein Glück für uns, dass der Fluss
wenig Wasser führte und einen Dünendamm zwischen sich
und dem Meere hatte, den wir wie eine Brücke passiren
konnten; bei Hochwasser muss man einen weiten mehr als
dreistündigen Umweg flussaufwärts machen, um denselben
zu passiren. Die Landschaften führen den Namen nach
dem Fluss, also diejenige des Wad el Lil und weiterhin die
Landschaft Asmir.

Der Weg von Rio Asmir nach Ceuta führt im allgemeinen
von Süd nach Nord, also parallel dem Meere, aber nicht

immer dicht an demselben; im Gegentheil mussten zahlreiche Ausläufer des Gebirges überschritten werden, meist auf
steilen, steinigen Pfaden. Die Felsen, die 20—30 m steil
aus dem Meere emporragen, bestehen vorherrschend aus
Thonglimmerschiefer, der ostwestlich streicht und sehr steil
nach Norden einfällt. In der Ferne erblickt man die
zackigen Kalkfelsen der Sierra Bullones oder des Gebel
Zatût.

Abends gegen 7 Uhr langten wir auf dem neutralen
Boden an, einem schmalen Streifen Landes zwischen Ceuta
und dem marokkanischen Terrain, und schlugen hier die
Zelte auf, da es bequemer und angenehmer war, im Freien
zu campiren als in einer kleinen Funda in der spanischen
Stadt. Vor uns auf den Höhen standen spanische Soldaten
in zerlumpten Uniformen und barfuss als Grenzwache, und
hinter uns, am rechten Ufer des lieblichen Wiesenthales,
befand sich eine elende Hütte mit einigen marokkanischen
Grenzwächtern.

Da wir ermüdet waren, auch am nächsten Morgen sehr
zeitig aufbrechen wollten, so unterliess ich es, in die Stadt
Ceuta zu gehen, die noch eine Stunde entfernt war; ich
schickte nur einige Diener hinein, um Lebensmittel für uns
und Futter für die Pferde zu kaufen. Unser Lagerplatz
war auch so schön, dass es ein wahrer Genuss war, sich
nach dem anstrengenden Ritt ins Gras zu legen.

Wir hatten auf dem ganzen heutigen Marsch nur einige
wenige Dörfer gesehen, die Gegend ist spärlich bewohnt und
selbst Hirten begegneten wir nur vereinzelt. Längs der
Küste ist das Terrain auch nicht besonders fruchtbar; erst
wenn man sich Ceuta nähert und die dichtbewaldeten
Berge des nördlichen Andschira bis nahe ans Meer treten,
wird die Gegend schöner und reicher.

Das Verhältniss der marokkanischen und spanischen
Grenzwächter schien ein völlig friedliches zu sein; um aber

doch Grenzstreitigkeiten zu vermeiden. hat man einen schmalen Streifen Landes als neutrale Zone erklärt.

Am 2. December früh brachen wir zeitig auf und wandten uns südwestlich in die Berglandschaft; es galt, den Amil (Gouverneur) des Districts Andschira zu besuchen, und wir hofften dessen befestigte Qasba bis Abend zu erreichen. Das Wetter war noch sehr schön und der Weg in das waldige Gebirge schien sehr angenehm zu sein. Wir gingen den kleinen Wad Sidi Ibrahim aufwärts; der Weg führte dann am rechten Gehänge hin und bestand aus steilen, steinigen Pfaden, während uns gegenüber am linken Ufer die schöne Strasse der Spanier entgegenglänzte. An beiden Seiten befanden sich zahlreiche Wachthäuser und ehemals befestigte Thürme und Castelle der Spanier und Marokkaner, die theilweise Spuren eines hohen Alters zeigten. Die Vorberge der Sierra Bullones, die wir passirten, haben keine bedeutenden Höhen. Wachthaus Nr. I ist 95 m hoch gelegen, Nr. II 190 m, Nr. III 212 m und Nr. IV 234 m.

Wir überschritten dann einen 310 m hohen Pass, von wo sich ein prächtiger Blick auf Meer und Gebirge öffnete; dicht vor uns erhob sich die mächtige Masse des Gebel Musa, an dessen Südgehänge sich die hübsch gelegene und gutes Wasser führende Ain (Quelle) Simala befindet. Von hier nahmen wir eine schärfer südwestliche Richtung und rasteten gegen Mittag auf einer 420 m hohen Passhöhe, von wo ein schöner Weg zu einer kleinen Hochebene hinabführte.

Nachdem wir eine Stunde ausgeruht und die Pferde gefüttert hatten, brachen wir wieder auf, aber das bisher herrschende schöne Wetter änderte sich plötzlich; ein starker Wind kam von Südost und mächtige Wolken thürmten sich auf.

Der Weg führte nun beständig bergauf, über eine Zone von violettem Sandstein; die Seehöhe betrug hier 442 m;

dann kamen wir in ein Gebiet, das vorherrschend aus kalkigem Thonschiefer besteht, dessen Schichten NO—SW streichen und steil nach Nordwesten einfallen. Hier hatten wir den höchsten Punkt (553 m) erreicht und stiegen von nun an bergabwärts.

Von diesem Passe führte ein unbeschreiblich schlechter Pfad hinunter in das Thal; häufig stürzten die schwer beladenen Packpferde, da der ganze Abhang mit grossen Kalksteinblöcken bedeckt war, die vielfach den Karrenfeldern der Alpen ähnliche Auswitterungen zeigten. Unten angelangt ging es in südwestlicher Richtung weiter, vorbei am Soko Tlaza Andschira (Dienstagsmarkt) und um 4 Uhr erreichten wir endlich das Dorf Juaib. Der Platz, wo der Wochenmarkt abgehalten wird, ist nicht bewohnt, es finden sich nur Gerüste zu Verkaufsläden daselbst und jeden Dienstag kommen hier die Leute aus der Umgebung zusammen, um zu kaufen und zu verkaufen. Das ganze Marktwesen ist in Marokko sehr geordnet und man findet zahllose solcher Plätze, auf welchen an einem seit alter Zeit bestimmten Tage Wochenmarkt abgehalten wird.

Unsere Pferde waren stark mitgenommen, es fing an zu regnen, wir hatten keinen Führer, der uns den kürzesten Weg zum Kaid Muhamed Kandja hätte zeigen können, und unter diesen Umständen wäre es besser gewesen, hier im Dorfe die Nacht zuzubringen. Aber die Bewohner machten keinen freundlichen Eindruck und mein Machazini bekam schon Angst. Er drängte auf sofortige Weiterreise und hatte einen Mann ausfindig gemacht, der behauptete, den kürzesten Weg zur Qasba zu kennen.

Man sagte uns, der Weg dahin sei nur ein kurzer, aber wir brauchten doch noch $2\frac{1}{2}$ Stunden, bis wir die Qasba erreichten. Der Weg war abscheulich, der Führer war schlecht orientirt und erst abends spät kamen wir unter strömendem Regen daselbst an.

Die ganze Ortschaft besteht aus acht grossen festungsähnlichen Häusern, die, weit auseinanderliegend, im Grunde des Thales sowie an den Gehängen des Berges zerstreut sind. Der ganze Ort ist schwer zugänglich und leicht zu vertheidigen. Die Bewohner des Districts, zum grössten Theil Berber, haben die Gewohnheit, sich an möglichst schwer zu erreichenden Stellen des Gebirges anzusiedeln, um vor den Soldaten des Sultans gesichert zu sein. Die Landschaft Andschira aber ist jetzt vollständig unter der Botmässigkeit desselben und die Bewohner dulden den Amil unter sich, der, wie überall üblich, eine ziemlich grosse Zahl von Machazini zu seiner Verfügung hat. Der District erstreckt sich von Ceuta bis in die Nähe von Cap Malabata (im Osten der Bai von Tanger) im Norden; von da geht die Westgrenze in südöstlicher Richtung bis zu den auf manchen Karten angeführten Montes de Boman, und die Südgrenze reicht bis etwas nördlich von Cap Negro. Der District ist fast ausschliesslich Gebirgsland und zwar erreichen viele der Gipfel mehr als 1000 m Seehöhe; er enthält 74 Dörfer, meistens kleine Niederlassungen von höchstens einigen Dutzend Häusern; die Bewohner treiben vorherrschend Viehzucht; wo sich dem rauhen Terrain etwas Boden für Ackerbau abgewinnen lässt, wird Gerste angebaut. Gerste bildet in ganz Marokko die einzige Nahrung für die Pferde, und Gerstenmehl in Form von Brot oder Kuskussu dient als Nahrung für einen grossen Theil der Bewohner. Im allgemeinen ist hier die Bevölkerung, wie überhaupt in ganz Marokko die Landbewohner, sehr arm; die schlechte Administration des Landes trägt an dieser Verarmung eine grosse Schuld, da die Landleute es nicht der Mühe werth finden, dem an und für sich fruchtbaren Boden mehr zu entlocken, als eben zu ihrem Unterhalt hinreicht.

Der Kaid Muhamed Kandja selbst war ein nicht unsympathischer Mann, der sehr erstaunt war, bei solchem

Wetter einen Europäer in diesem abgelegenen Erdenwinkel erscheinen zu sehen, uns aber sehr freundlich aufnahm. Ich selbst musste in seinem Hause wohnen, während mein Begleiter Benitez und der Machazini in einem benachbarten Hause Nachtquartier angewiesen erhielten. Nachdem wir ein wenig ausgeruht hatten, wurde der unvermeidliche Thee aufgetragen, wozu mein Dolmetsch sowie auch der Soldat gezogen wurden; letzterer fühlte sich dadurch ganz ausserordentlich geehrt und küsste dem Gouverneur in grosser Demuth Hand und Kleid. Der Kaid erkundigte sich dann nach den Beweggründen meiner Reise und konnte es schwer begreifen, dass mich blosse Neugier, das Land und die Leute kennen zu lernen, hierher gebracht habe. Dann aber musste ich ihm die neuesten politischen Verhältnisse in Europa erzählen; besonders interessirte er sich für Bismarck und den Deutsch-Französischen Krieg. Der Name dieses gewaltigen Staatsmannes ist bis in die entferntesten Gegenden Marokkos gedrungen und fast überall musste ich von demselben erzählen. Nach dem Thee kam ein reichliches Abendessen, bestehend aus dem unvermeidlichen Kuskussu mit Hammelfleisch, gebratenen Hühnern und zum Schluss wieder Kuskussu, aber trocken, mit Zucker und Zimmt und Rosinen. Dazu wurde nur Wasser getrunken, und der Anstand verbot es, dass ich aus meinem Gepäck eine Flasche Wein holen liess; die Marokkaner selbst geniessen nie geistige Getränke. Die Abendmahlzeit findet hier immer sehr spät statt, oft erst nach 10 Uhr, weil man gern wartet, ob nicht etwa durchreisende Gäste kommen, und um dann nicht genöthigt zu sein, zweimal kochen zu müssen.

Kaid Muhamed Kandja gilt übrigens als ein wohlwollender und verhältnissmässig humaner Gouverneur, der das Auspressungssystem nicht gar zu scharf anwendet; er verbringt in der Regel einen grossen Theil des Jahres in Tanger, wo er einige Häuser besitzt.

Am nächsten Morgen war zwar noch schlechtes Wetter,
aber wir mussten aufbrechen; denn wenn es in diesen Bergen einmal zu regnen anfängt, so hält das sehr lange an,
und wir konnten unmöglich dort warten, bis besseres Wetter
eintrat. Nachdem wir noch ein reichliches Frühstück eingenommen und durch ein Concert überrascht worden waren,
und zwar durch eine der schrecklichen Musikbanden, wie
ich sie schon einmal bei der früher erwähnten arabischen
Hochzeitsfeierlichkeit gehört hatte, nahmen wir Abschied.
Es begann nun aufs neue ein Marsch durch sumpfige Thäler, über wasserreiche Plateaus und steile Gebirgszüge hinweg, meist unter strömendem Regen und bei schneidend
kaltem Winde, sodass Beobachtungen irgendwelcher Art fast
unmöglich wurden. Die allgemeine Richtung, die wir ein-
geschlagen hatten, um wieder nach Tanger zu kommen, war
eine nordwestliche: aber gegen Mittag holte uns ein Bote
des Kaid ein, der uns warnte, heute nicht nach Tanger zu
gehen, da wir die stark angeschwollenen Flüsse nicht überschreiten könnten. Es fliessen von den nördlichen Bergen
der Landschaft Andschira eine Anzahl kleiner Bäche dem
Meere zu, aber bei starkem Regen schwellen dieselben heftig
an und man muss dann oft tagelang liegen bleiben und
warten, bis sich das Wasser verlaufen hat. Wir blieben in
einem kleinen Dorfe, das wir gegen 3 Uhr erreichten, dessen
Bewohner aber im höchsten Grade unfreundlich waren. Sie
fürchteten eben, dass, da wir mit einem Machazini kamen,
ihnen die Muna abgepresst werden würde. Des überaus
heftigen Windes wegen konnten wir die Zelte nicht auf-
spannen und mussten in einem leer stehenden Hause Unterkunft suchen, das von Ungeziefer geradezu wimmelte;
trotz der Ermüdung konnte keiner von uns während der
Nacht ein Auge zuthun. Es war eine elende zerfallene
Lehmhütte, in die von allen Seiten der Wind pfiff und
der Regen floss, und im höchsten Grade mismuthig ver-

brachten wir hier nach einem sehr dürftigen Abendessen
die Nacht.

Am 3. December zeitig des Morgens brachen wir auf,
obgleich es noch regnete; aber es wäre unmöglich gewesen,
in diesem Dorfe noch zu bleiben. Anfangs noch nordwestlich ziehend, führte der Weg bald in rein westlicher Richtung, parallel dem Meere, in der Richtung nach Tanger zu.
Obgleich die Entfernung eine nur kurze ist, brauchten wir
doch fast den ganzen Tag dazu; der Regen liess allerdings
bald nach, aber der Boden war so grundlos, dass die ermüdeten und abstrapazirten Thiere nur langsam vorwärts
kamen. Auch mussten wir öfters Umwege machen, um einen
passenden Uebergangspunkt über die Flüsse zu finden, die
noch immer angeschwollen waren. Und so war ich denn
recht froh, als ich wieder in Tanger war, und vergass
in dem gastfreundlichen Hause des deutschen Ministers
bald die Strapazen der in ihrer zweiten Hälfte doch etwas
verunglückten Tour.

Auch in Tanger muss das Wetter furchtbar gewesen sein,
denn seit drei Tagen war kein Brief und keine Zeitung gekommen, da die Dampfschiffahrt der hohen See wegen unterbrochen war. Am 5. December regnete es noch etwas, und
immer neue Wolken thürmten sich auf, aber die See wurde
doch etwas ruhiger und einige Schiffe konnten auslaufen.
Während der Nacht vom 5. zum 6. December goss es noch
einmal in Strömen, aber damit schien es auch vorüber zu
sein, und am Sonntag den 7. hatten wir einen wunderschönen klaren frischen Morgen. Heute producirten sich
im Garten der deutschen Legation einige Tänzer aus dem
südlich vom Atlasgebirge gelegenen Wad Sus, dunkelgefärbte
Berber, die in ganz Marokko auf den Märkten herumziehen
und das Publikum mit ihren Schaustellungen belustigen.

Die Truppe bestand aus zwei Berbern und einem Neger,
der ein grosses Tamburin schlug; der eine der Berber klim-

6*

perte auf einer Art Guitarre, der andere hatte riesige, fast
fusslange eiserne Castagnetten, die er geschickt zu behan-
deln wusste. Nachdem sie getanzt hatten, producirte sich der
Neger als Taschenspieler und Jongleur. Er nahm Watte in den
Mund und brachte dafür verschieden gefärbte Bänder heraus,
escamotirte einem kleinen Burschen Geld in die Kleider u. s. w.,
kurz die gewöhnlichen auch bei uns üblichen Gauklereien;
endlich machte er noch Balancirkunststücke mit Gewehren,
Säbeln, Theeservicen und ähnlichen Sachen.

Um verschiedene Gegenstände für die Reise ins Innere
einzukaufen, fuhr ich am 10. December nach Gibraltar; die
See war ausserordentlich schlecht und der grösste Theil
der Passagiere wurde tüchtig seekrank; ich blieb einige Tage
in Gibraltar, konnte die Besorgungen unter freundlicher Vermittelung des Bruders vom deutschen Consul bald erledigen,
und kehrte Samstag den 14. December nach Tanger zurück.

Am folgenden Tage unternahmen wir bei herrlichem
Wetter einen Ritt nach Cap Spartel und den sogenannten
Herculeshöhlen; früh morgens hatten wir nur 7° C. Wärme,
aber sowie die Sonne etwas höher stieg, wurde die Temperatur ausserordentlich angenehm.

Durch Vermittelung des deutschen Ministerresidenten
in Tanger machte ich die Bekanntschaft eines Mannes, der
in der Folgezeit von grosser Wichtigkeit für mich wurde.
Sidi Hadsch Ali Butaleb war vor kurzem in Tanger
angekommen. Seine Familie hat Besitzungen in der algerianischen Provinz Oran, er scheint sich aber mit den
französischen Behörden nicht vertragen zu haben und wurde,
wie er sagte, wegen politischer Umtriebe ausgewiesen.
Es wurde ihm freigestellt, nach Tunis oder Marokko zu
gehen, und er zog das letztere vor. Seine Familie ist etwas
verwandt mit dem bekannten in Damascus lebenden Emir
Abd-el-Kader. Der deutsche Ministerresident Weber in
Tanger, der mehr als 20 Jahre in Beirut gelebt hatte und

mit diesem berühmten Araberscheich gut bekannt war,
hat den erwähnten Hadsch Ali öfters bei jenem getroffen.
Letzterer hat auch im Gefolge des Emirs wiederholt Reisen
nach Frankreich unternommen, sodass er mit europäischen
Verhältnissen ziemlich vertraut war; auch will derselbe
einst eine grosse Reise durch Syrien, Persien und Indien
bis Japan gemacht haben! Nun mag dem sein, wie ihm
wolle, wir verhandelten im Hause des deutschen Ministers
über eine Reise nach Timbuktu (wo Hadsch Ali auch
schon einmal gewesen sein will). War zwar ursprünglich
die mir von der Deutschen Afrikanischen Gesellschaft gestellte Aufgabe nur die, innerhalb Marokkos, im besten Falle
im Hohen Atlas Studien zu machen, so hatte ich mir doch
von Anfang an vorgenommen, etwas Grösseres auszuführen.
Ehe ich nach Tanger kam, hatte ich in Paris bei Herrn
Duveyrier einen bekannten Juden kennen gelernt, Mardochai
ben Serur, der sich längere Zeit in Timbuktu und Arauan
aufgehalten hatte. Seine Familie ist ansässig in dem kleinen
selbständigen Sultanat des Sidi Hescham, zwischen Atlasgebirge und Wad Draa gelegen, und zwar in der Stadt Akka.
Mardochai war von einem ehemaligen französischen Consul
in Mogador, Beaumier, abgerichtet worden zu primitiven
Compassaufnahmen und zum Sammeln von Naturalien; insbesondere hat sich dann Mardochai verdient gemacht um
Anlegung eines grossen Herbariums von südmarokkanischen
Pflanzen, die er nach Paris geschenkt hat. Er hat wiederholt sich ein Vermögen gemacht und hat es wiederholt verloren, indem seine Karavanen ausgeplündert wurden. Er
kommt nun öfters nach Paris, um daselbst Unterstützungen
zu verlangen, obgleich ich überzeugt bin, dass er dieselben
nicht so dringend bedarf, als er vorgibt; die wenigen in jenen
Gegenden ansässigen und geduldeten Judenfamilien sind
alle wohlhabend, wie man mir dort sagte; ich habe späterhin einige seiner Verwandten getroffen.

Dieser Mann hatte mir nun, als ich ihn in Paris sprach,
eine Route angegeben, um durch Marokko und das Wad
Draa nach Tafilelet zu gelangen; ich habe später, theilweise
wenigstens, den von ihm bezeichneten Weg genommen
und gefunden, dass seine Angaben nicht immer correct
waren und dass die von ihm gelieferten Itinerare mit grosser
Vorsicht aufzunehmen sind. Jedenfalls hat aber diese Ver-
handlung mit dem Manne dazu beigetragen, mich mit der
Idee zu befreunden, durch die Sahara zu gehen. Er gab
mir noch einen Empfehlungsbrief an seinen Bruder Nezzim
Serur mit, den ich aber, da ich in Akka selbst nicht war,
nicht kennen gelernt habe. Bei der dortigen socialen
Stellung der Juden hätte mir der Brief auch kaum etwas
genützt.

Ich hatte also bereits in Tanger den Plan zur Reise
nach Timbuktu vollständig fertig; ich wollte erst die beiden
Hauptstädte von Marokko, Fäs und Marrakesch, besuchen,
dann den Atlas übersteigen und von hier aus einen Punkt
erreichen, wo sich die nach Timbuktu ziehenden Karavanen
sammeln. Ich legte diesen Plan dem erwähnten Hadsch
Ali Butaleb vor, und er erklärte denselben für ausführbar,
wenn ich mich gewissen von ihm vorgeschriebenen Anordnungen fügen wollte. Es betraf dies in erster Linie das
Verhalten den strengen Mohammedanern gegenüber, deren
Sitten und Gebräuche ich doch nicht genügend kannte.
Wir setzten also in Gegenwart des deutschen Ministers fest,
dass Hadsch Ali als Dolmetsch und Reisebegleiter mit mir
geht, dass ich mich, wo es nothwendig ist, seinen Anordnungen füge, und dass, wenn wir Timbuktu erreichen und
zurückkehren, er 4000 Frs. Entschädigung bekommt, natürlich nebst allem, was während der Reise nöthig ist. Erreichen wir Timbuktu nicht und sind genöthigt, vorher um-
zukehren, so erhält Hadsch Ali nichts. Letzterer war mit
allem einverstanden und sehr froh, diese Reise unternehmen

zu können, da man ihn ohne alle Mittel aus Algier ausgewiesen hatte.

Um aber nicht vollständig von einer Person allein ab-
zuhängen, engagirte ich auch den früher erwähnten Spanier
Cristobal Benitez aus Tetuan, der fertig Arabisch spricht
und schreibt und grosse Lust zu dieser Reise hatte. Er ist,
wie viele der in Tetuan lebenden Spanier, Korkschneider
von Geschäft, steht aber an Bildung und Intelligenz weit
über seinen dortigen Landsleuten. Seine Aeltern sind schon
seit langer Zeit aus Spanien ausgewandert und er ist als
ganz kleines Kind nach Marokko gekommen. Er hat mich
schon auf der kleinen Vorexpedition in die Umgebung von
Tetuan begleitet und ich habe dabei gefunden, dass er für
meine Bestrebungen Sinn und Verständniss hat. Ich be-
traute ihn mit der Aufsicht über die Diener, die Reit- und
Tragthiere, das Gepäck, Besorgung der Zelte u. s. w. Er
erhält nach unserer Rückkehr pro Tag einen spanischen Duro
ausgezahlt, und natürlich alles, was während der Reise
nöthig ist. Der jüdische Diener Jakob wurde auch wieder
engagirt, wenigstens für die Reise durch Marokko; späterhin wird er nicht mehr brauchbar sein. Bis Fäs, der Residenz des Sultans und unserm nächsten Ziel, nahm ich wieder
denselben Machazini, Muhamed Kalei.

Ich miethete sieben Stück Pferde, die sämmtlich, ausser
dem meinigen, mit Gepäck beladen wurden und ausserdem
noch je einen meiner Leute tragen mussten; derselbe Jude,
von dem ich schon das erste mal die Thiere gemiethet
hatte, ging wieder mit nebst zwei Treibern. Ich zahlte für
die Reise nach Fäs 12 Duros für jedes Pferd; es ist ziemlich viel, und wer länger in Marokko reisen will, thut gut,
Pferde und Maulthiere zu kaufen. Nur gab es gerade während meines Aufenthalts in Tanger nicht viel hierzu taug-
liche Thiere zu kaufen; bessere Reitpferde waren genug
vorhanden, aber diese wären zu theuer gekommen. Wer sehr

viel Gepäck hat, thut besser, Kamele zu miethen, nur geht es mit diesen Thieren natürlich viel langsamer. Eine Menge anderer Vorbereitungen waren noch nöthig. Ich hatte zwei neue Zelte machen lassen nach dem Muster des mir vom deutschen Minister geliehenen, die, aus dreifachem Stoff bestehend, sich sehr bewährt haben und leicht und bequem aufzuschlagen und zu transportiren waren. Mehrere Feldbetten, Feldsessel und einen zerlegbaren Tisch sowie allerhand Küchengeräthschaften erhielt ich aus der deutschen Legation geliehen, wo ein ziemlicher Vorrath solcher Sachen sich befand, der noch von der zwei Jahre früher stattgehabten Ministerreise zum Sultan herrührte. Für Nahrung brauchten wir nicht zu sorgen, da wir überall die Muna zu erwarten hatten; nur Wein und etwas Cognac musste mitgenommen werden. Ferner Medicamente, sowol zu unserm Gebrauch als auch für die Eingeborenen, die jeden dort scheinbar zum Vergnügen Reisenden für einen Arzt halten. Vor allem nöthig ist Chinin, ferner ein oder mehrere Stopf- und Abführmittel, Brechpulver, Dower'sche Pulver, die zur Beruhigung dienen. Für die Araber hatte ich einen Sack voll Bittersalz, da ich mich hüten werde, ihnen das theuere Chinin zu geben oder irgendein Mittel, das bei falscher Anwendung schädliche Folgen haben kann. Genügende Mengen Schreib- und Zeichenpapier, Tinte (besser in Pulverform) und allerhand Schreib- und Zeichenutensilien, ferner die verschiedenen Instrumente wurden so verpackt, dass alles möglichst schnell zu haben war. Bei grössern Reisen, wozu viel Gepäck nöthig ist, werden häufig die nöthigsten Gegenstände so gut und sicher verpackt, dass man sie im gegebenen Fall nicht findet oder erst nach langem Suchen und Oeffnen zahlreicher Colli; das stört dann die gute Laune, die eine der ersten Bedingungen zum Reisen ist; Leute, die alles zu tragisch und ernst nehmen, bereiten sich selbst eine Menge Unannehmlichkeiten und Schwierig-

keiten, die andere nicht kennen. Solange ich innerhalb
Marokkos reiste, behielt ich meinen europäischen Namen
und meine Kleidung bei; erst später änderte ich beides.
Als Geld nimmt man am besten spanisches und französisches
Silber sowie auch Goldstücke mit.

Trotz der freundlichen Einladung, die Weihnachtsfeier-
tage noch im Hause des deutschen Ministers zuzubringen,
beschloss ich doch, sobald alles in Bereitschaft war, aufzubrechen, und setzte Montag den 22. December 1879 als Tag
der Abreise in das Innere fest.

Fig. 4. Frau aus der Umgebung von Tetuan.

DRITTES KAPITEL.

REISE NACH FÅS.

Ein scharfer, schneidiger Ostwind wehte am Morgen des 22. December 1879, dem Tage unserer Abreise in das Innere von Marokko. Es wurde ziemlich spät, bis wir fortkamen, denn wie immer bei solchen Gelegenheiten fehlt bald dies, bald jenes, und es dauert einige Zeit, bis alles an seine richtige und passende Stelle gebracht ist. Die Pferde und Maulthiere kamen ziemlich spät, es war noch allerhand am Sattel- und Zaumzeug zu flicken gewesen, und dann dauerte es wieder lange, bis alle Thiere gleichmässig bepackt waren. Die Gepäckstücke mussten so arrangirt werden, dass die Last auf beide Seiten des Thieres gleichmässig vertheilt ist, und über das Ganze wurden Teppiche und Polster gelegt, um dem Reiter einen bequemen Sitz zu schaffen. Mein Pferd hatte einen jener hohen, grellrothen

gepolsterten Sättel, wie sie in Marokko üblich sind; dazu
die dort gebräuchlichen breiten, kurz geschnallten Steigbügel.
Mein Dolmetsch Hadsch Ali war eine Stunde früher weg-
geritten und stiess unterwegs auf uns; es war unnöthig,
dass alle Welt in Tanger erfuhr, dass dieser Mann mit mir
reist. Wie gewöhnlich bei solchen Gelegenheiten, sammelt
sich immer eine Menge Volks an, besonders Bettler, und ich
musste noch eine Partie Flus, marokkanisches Kupfergeld,
vertheilen, wofür ich dann die zahlreichen Segenssprüche
für mein Unternehmen erhielt. Gegen 10 Uhr war endlich
alles bereit; noch ein kurzer herzlicher Abschied von den
mir so lieb gewordenen Herren und Damen der deutschen
Legation, vom österreichischen Consul und dem unglücklichen Maler Ladein, der auch gekommen war, um mir eine
glückliche Reise zu wünschen, und den ich nicht wiedersehen
sollte. Derselbe gab mir noch einen jungen hübschen Hund
mit, der uns auch durch ganz Marokko begleitet hat; als
weiter im Süden die Temperaturverhältnisse andere wurden,
musste ich den Hund zurückschicken und schenkte ihn
einem meiner Diener, der zurückging und das Thier in
einem von ihm gepachteten Orangengarten als Wachthund
benutzen wollte. Der Kanzler der deutschen Botschaft,
Herr Tietgen, sowie ein deutscher Kaufmann in Tanger,
Herr Hässner, liessen es sich nicht nehmen, mich ein gutes
Stück zu begleiten; gegen Mittag hielten wir eine kurze
Rast, um noch gemeinsam ein letztes fröhliches Frühstück
einzunehmen, dann verliessen mich auch diese Herren und
ich war nun allein!

Unsere erste Tagereise war eine sehr kurze, wir wollten
an der Ain-Dalia (Rebenquelle) genannten Localität die
Nachtquartiere aufschlagen und erreichten diesen Platz bereits nach 3 Uhr. Die Richtung, die wir einschlugen, war
eine rein südliche. Unmittelbar hinter Tanger wird die
Gegend sehr monoton; nirgends Wald, nur fette, dunkel-

braune Ackerfelder, stellenweise das glänzend grüne Palmittogestrüpp, dessen Blätter bekanntlich unter dem Namen
Indiafaser zu allerhand Flechtarbeit, Matten, Stricken u. s. w.
verwendet werden.

Ein flacher Hügel erhebt sich aus dem breiten fruchtbaren Thale des Wad Mughaga, auf dessen linken erhöhten
Ufern das Dörfchen Ain-Dalia liegt. Die Hügel ringsum
bestehen aus Sandstein, der vielfach durch Eisenoxydhydrat
roth gefärbt erscheint und von dem eine Menge grosser
Blöcke zerstreut umherliegen. Der Fluss ist unbedeutend
und schlängelt sich in verschiedenen kleinen Armen langsam dem Meere zu. Die Bewohner des Dorfes gehören noch
der Kabyle Fahs an, die von Tanger aus ziemlich weit nach
Süden reicht. Wir schlugen die Zelte an dem Abhange des
Hügels auf, wo wir etwas gegen den noch immer äusserst
heftig wehenden Ostwind geschützt waren; kurz nach unserer Ankunft erschienen zwei Verwandte des Scherifs von
Wasan mit grossem Gefolge und blieben in dem Dorfe über
Nacht. Vor acht Tagen haben übrigens die Mohammedaner
Neujahr gehabt; sie sind jetzt im 1297. Jahr der Hedschra,
im Monat Moharram.

Ganz ohne Unglück verlief der heutige Tag doch nicht,
und meine Leute waren noch nicht ganz vertraut mit den
Tragthieren und der Bepackung derselben; so stürzte mein
Diener Jakob mit einem bepackten Pferd, und es war ein
Wunder, dass das Thier keinen Schaden genommen hat,
und mein Pferd, das an Kamele nicht gewöhnt war, scheute
vor einigen entgegenkommenden Kamelen derart, dass es
plötzlich einen mächtigen Seitensprung machte, es riss der
Sattelgurt und ich fiel sammt dem Sattel zu Boden. Zum
Glück geschah auch hier nichts Ernstliches, obgleich ich
von dem ausschlagenden Thiere leicht hätte getroffen werden können.

Ain-Dalia ist die gewöhnliche erste Haltestelle für die

nach Fâs reisenden Karavanen, obgleich der Ort nur einige
Stunden von Tanger entfernt ist; aber man reist dort nicht
sehr schnell, und für vornehme Personen ist es sogar Regel,
möglichst langsam zu reisen. So dauern die Gesandtschaftsreisen nach Fâs in der Regel 12—14 Tage, während man
diese Strecke recht gut in der Hälfte Zeit zurücklegen kann.
Trotz des furchtbaren Sturmes während der Nacht hatten
wir dieselbe doch in unsern trefflichen Zelten recht gut zugebracht. Als wir am Morgen des 23. December aufstanden,
wehte noch immer eine ziemlich starke Levante und wir
hatten nur 10° C. Das Bepacken der Thiere nahm wieder
so viel Zeit in Anspruch, dass wir erst um 8 Uhr fortkamen.
Wir überschritten das breite Thal des Wad Mughaga, passirten einen niedrigen Hügelzug und kamen an einen kleinen
Fluss, dessen Wasser etwas salzig ist. Darauf ging es in
südwestlicher Richtung weiter über die westlichsten Ausläufer des Gebel Habib; vom höchsten Punkt des Weges
hatten wir im Westen noch einmal den Anblick des Meeres
und der kleinen Stadt Arscila. Die Felsen bestehen aus
stark eisenschüssigem Sandstein und einem schönen Conglomerat, das zu einem Grus zerfällt, der ein gutes Strassen-
material liefert; auch das Wasser der dem Sandstein entspringenden Quellen ist etwas eisenhaltig. Die Schichten
des Gesteins, welches dasselbe ist, wie ich es schon auf dem
Wege nach Tetuan sah, gehen also vom Gebel Habib
über Tetuan hinaus bis zur Küste des Mittelmeeres. Von
hier aus ging es bergab in das Thal des Wad Haschäf,
worauf wir auf eine sich weit nach Süden erstreckende,
schöne fruchtbare Hochebene kamen. In der völlig unbewohnten Gegend stiessen wir plötzlich auf ein arabisches
„Kaffeehaus“. Zwei Männer hatten sich an einen Platz
postirt, in dessen Nähe fast alle nach Fâs ziehenden oder
von dort kommenden Reisenden vorüber müssen; im Schutze
eines Felsens hatten sie ein Feuer angezündet und kochten

hier einen starken schwarzen Kaffee. Ich konute mir diesen ganz unerwarteten Genuss eines erquickenden Kaffees
nicht versagen, und auch meine Leute nahmen daran theil.
Es sollen solche „fliegende Kaffeehäuser" vielfach an belebten Karavanenstrassen in Marokko sich etabliren, und jeden-

Fig. 5.　Marokkanische Frauen (Landbevölkerung).

falls ist das Vergnügen ein sehr billiges, da man für eine
der allerdings kleinen Schalen nur einige wenige der fast
werthlosen marokkanischen Kupfermünzen zahlt.

Die schöne waldfreie Hochebene, welche sich trefflich

zu Ackerbau und Viehzucht eignet, besteht aus weissem,
sandigem Kalkstein und Mergel, der von einer Schicht tiefgelben eisenschüssigen Sandes bedeckt wird, worauf die
Ackerkrume ruht. Der Kalkmergel enthält zahlreiche fossile
Muscheln, besonders Ostreen und Pecten, und bildet jedenfalls die südliche Fortsetzung der von mir bei Tetuan beobachteten Tertiärbildungen.

Wir ritten bis 3 Uhr nachmittags ununterbrochen fort,
in vorherrschend südlicher Richtung, und hielten beim Dorfe
Had el Gharbia (Sonntagsmarkt von Gharbia) an, welches noch
etwas nördlich von dem auf den Karten angegebenen Orte
el Uted liegt; der Scheich des Dorfes hiess Tsami ben Suina.
Die Bewohner gehören nicht mehr zur Kabyle Fahs, die
nicht über die Nordgehänge des Gebel Habib hinausgeht,
sie stehen aber noch unter dem Amil von Tanger. Die
Mehrzahl der Dörfer besteht aus kleinen, roh gebauten
Stein- und Lehmhäusern, aber es finden sich auch schon
Zeltdörfer. Letztere bestehen aus einem grossen Kreise von
Zelten, die aus einem groben braunen Stoff von Kamelwolle
verfertigt werden; die Heerden werden gewöhnlich abends
in die Mitte des Dorfes getrieben. Die Bewohner sind Nomaden, die ausschliesslich Viehzucht treiben und ihre Wohn-
sitze ändern, während die in Häusern lebenden Araber neben
der Viehzucht auch den Ackerbau betreiben. Ein unglaub-
licher Schmuz herrscht meist in diesen kleinen Ortschaften,
nach deren dürftigem und armseligem Aussehen man auf
eine sehr arme Bevölkerung schliessen müsste. Es ist dies
aber nicht immer der Fall; diese einfachen Nomaden sind
von grosser Bedürfnisslosigkeit und ihr ganzer Reichthum
sind die Heerden. Dazu kommt das bei allen orientalischen
Völkern hervortretende Bestreben, ihre wirklichen Verhältnisse durch den äussern Schein einer grossen Armuth zu
verdecken; solange diese Völker existiren, solange bestand
auch ein scharfes Auspressungssystem des Volkes seitens

der Machthaber; haben doch zahlreiche europäische Juden diese alte orientalische Sitte noch nicht abgelegt.

Wir hatten bisher jeden Abend die officielle Muna erhalten durch den betreffenden Ortsvorsteher; es ist ganz unmöglich, derselben zu entgehen. Es ist gewiss für jeden Europäer peinlich zu sehen, wie die an und für sich arme Bevölkerung gezwungen wird, dem durchreisenden Fremdling, für den sie absolut kein Interesse, in vielen Fällen Hass und Groll hat, ausser der allerdings billigen Nahrung auch noch theuere ausländische Artikel zu liefern, wie Thee, Zucker und Kerzen, die die armen Leute erst zu hohen Preisen von den Europäern kaufen müssen. Aber es ist nun einmal Gebrauch; will sich der Fremde durch ein Geldgeschenk entschädigen, so gelangt dies stets in falsche Hände. Die den Rumi begleitenden Machazini benutzen diese Gelegenheit gleichfalls gern, um sich ein Extrageschenk zu erpressen, ein Schaf, ein paar Hühner, einen Topf Butter oder was immer, sodass im allgemeinen die Landbewohner durchaus kein freundliches Gesicht machen, wenn sie einen Europäer mit seinem grossen Gefolge ankommen sehen.

Wenige Tage vor meiner Ankunft in Had el Gharbia sind aus den umgebenden Dörfern 40 Männer gefangen nach Tanger geführt worden; vermuthlich haben sie sich gegen die Erpressungen des Amils und seiner Unterbeamten aufgelehnt. Uebrigens hörten wir schon gestern beim Passiren des Gebel Habib aus den tiefer im Gebirge liegenden Ortschaften lebhaftes Gewehrfeuer; wahrscheinlich lagen Soldaten des Sultans wieder im Kriege mit einigen aufständischen Berberortschaften.

Im allgemeinen war die schöne fruchtbare Ebene wenig bebaut und nur in der Nähe der Dörfer sah man Felder von Gerste, Weizen oder Bohnen; sonst war der grösste Theil des Terrains mit Weidegras, Palmitto, Disteln, Meerzwiebeln

GRUPPE VON ALTEN CACTUSSTRÄUCHERN.

und verschiedenem Unkraut bedeckt. Die Unsicherheit des
Besitzes lässt die Leute nur so viel bauen, als unumgänglich
nöthig ist. Der grösste Theil des Bodens gehört überhaupt
dem Sultan, der seine Machazini damit belehnt.
Am nächsten Morgen hatten wir angenehmes Wetter.
Der Wind hatte sich gelegt und ein schwacher Regen war
während der Nacht gefallen; wir hatten früh um 7 Uhr
schon 13° C., im Laufe des Tages stieg die Temperatur auf
21° C. im Schatten und gegen Abend zeigte das Thermometer noch immer 18° C. Der heutige Weg führte in südlicher, manchmal schwach südwestlicher Richtung weiter,
nicht sehr weit vom Meere entfernt, zur linken Hand das
Gebirge, bald über Hochebenen mit dem tiefgelben Sand,
bald durch weite, fruchtbare, mehr oder weniger sumpfige
Flussthäler. Anfangs noch im Gebiete der Kabyle el Gharbia,
kamen wir bald in einige Dörfer der kleinen Kabyle Ulad
el Musa und dann zu dem el Chlod genannten Stamm, der
vom Flusse M'ghazan bis hinauf nach Ksâr (Qasr el Kebir)
reicht. Unterwegs erblickten wir in der Ferne Ruinen von
Mauern und Thürmen, von denen die Leute sagten, sie seien
römischen Ursprungs. Da aber alles Fremde in Marokko
als Rumi bezeichnet wird, so können es ebenso gut Reste
aus der Zeit der Portugiesenherrschaft sein.
Heute hatten wir den Christabend und wir feierten denselben so gut es ging; aber auch die Araber haben jetzt
ein Fest, das Aschra, welches drei Tage dauert. Es bedeutet eigentlich den Zehnten, weil um diese Zeit dem Sultan
der zehnte Theil des Erträgnisses vom Boden und von den
Heerden gegeben wurde; hier in Marokko soll eigentlich
jeder Reiche an diesem Tage den zehnten Theil seines Ver-
mögens den Armen geben. Trotz der Frömmigkeit der
Marokkaner dürften doch nur die wenigsten dieser Quran-
vorschrift nachkommen. Dagegen werden die andern Vor-
schriften strenger gehalten, wie das Enthalten von allen

Lustbarkeiten; auch dürfen während dieser Tage keine Hochzeiten stattfinden.

Wir hatten unsere Zelte einige Meilen südlich von dem grossen Tletsa-Soko (Dienstagsmarkt) von Raisannah aufgeschlagen, von wo wir nur noch eine Stunde bis zu dem Fluss M'ghazan hatten. Als wir am 25. December des Morgens weiter wollten, hatten wir Schwierigkeiten mit der unfreundlichen Bevölkerung eines benachbarten Dorfes. Eins unserer Pferde war untauglich geworden, und die Leute wollten uns kein anderes geben, obgleich ich eine entsprechende Bezahlung bot. Das Mistrauen derselben ist eben sehr gross und sie fürchteten, dass man ihnen das Thier nicht wieder zurückgeben wird. Wir aber befanden uns in grosser Verlegenheit. Durch den Regen in den letzten Nächten waren die Zelte und andere Gegenstände durchnässt und schwerer geworden, sodass die andern Tragthiere allein nur sehr schwer auf dem durchweichten Lehmboden hätten fortkommen können. In diesem Falle war es nun gut, einen Machazini bei sich zu haben. Derselbe nahm irgendeinen Dorfbewohner her, band ihm die Hände zusammen, liess ihn niederknien und drohte, ihn so lange als Gefangenen zu behalten, bis ein Pferd herbeigebracht würde. Das half denn auch, und bald konnten wir weiter reisen. Es hatte die Nacht stark geregnet und früh gegen 10 Uhr fing es wieder an; die Wege, wenn man überhaupt diesen Ausdruck gebrauchen darf, waren infolge dessen grundlos. Noch vor Mittag erreichten wir die weite lehmige Ebene am Wad M'ghazan. Wir überschritten denselben ungefähr eine Meile oberhalb seiner Mündung in den Wad el Kús. Die Ufer sind steil und hoch, und wenn das Bett voll Wasser ist, müssen die Karavanen oft wochenlang liegen bleiben und warten, bis sich das Wasser etwas verlaufen hat. Die Trägheit und Bequemlichkeit des Volkes lässt sie nicht dazu kommen, eine Brücke zu bauen oder wenigstens eine Ueberfuhr herzustellen; es ist immer mit

grossen Umständen verbunden, die schwer beladenen Pack-
thiere das steile Ufer hinabzuführen und durch die schmuzig-
gelben Fluten des Flusses zu treiben.

Nach Ueberschreitung des Flusses M'ghazan ritten wir
in südöstlicher Richtung weiter, bis wir gegen 5 Uhr nach
der alten Stadt Ksor oder Qasr el Kebir kamen, auch
häufig in europäischen Werken Lxor geschrieben. Passirt
hatten wir die Kara'ta genannte Landschaft mit einigen
Dörfern, die Gruppe der Ulad Hadad, Ulad Sidi Boksiba,
und dann den Fluss Wad er Rur, der in den M'ghazan
mündet.

Wir waren noch einige Stunden von dieser Stadt entfernt, als uns ein Bote des Chalifen (Stellvertreters des Amil),
Sel Arbi Kardi, entgegenkam, sich über unsern Zug orientirte
und dann zurückritt, um unsere Ankunft zu melden. Kurz
vor der Stadt kam uns der Chalif entgegengeritten mit
einem stattlichen Gefolge von Honorationen der Stadt und
Machazinis, begrüsste mich und ritt dann, sich mir zur
Linken haltend, mit uns der Stadt zu. Die Machazini begannen ihre Phantasieritte, schossen Gewehre ab, alles
Zeichen der Hochachtung gegenüber dem Rumi.

Wir schlugen die Zelte auf einer Wiese vor der Stadt
auf, und bald kamen eine Menge Leute aus derselben, um
uns zu sehen. Auch der Chalif blieb bei uns, um Neuigkeiten aus Europa zu hören; für Mittheilungen über die
politischen Verhältnisse Europas fand ich immer ein dankbares Publikum. Wir hatten uns kaum in den Zelten eingerichtet, als eine stattliche Muna erschien; ein grosses
Schaf, ein grosser Krug Butter, Thee, Zucker und Kerzen,
sowie eine Masse Gerste und Stroh für die Thiere. Mein
Dolmetsch traf einen alten Freund, den Scheich eines Dorfes in der Oasengruppe Tafilalet, der auch auf der Reise
nach Fâs begriffen war; auch mein spanischer Begleiter
fand einen Landsmann, der sich in Ksor niedergelassen

hatte; es gibt nur einige wenige Europäer in dieser Stadt.
Unterwegs hatte sich uns ein junger Araber angeschlossen,
der aus Tetuan kam, wo sein Vater Verwaltungsbeamter
ist; er hatte ziemlich viel Geld bei sich, war im Begriff,
dasselbe nach Fâs zu bringen, und es war ihm lieb, in einer
grössern Gesellschaft reisen zu können.

Da wir durch den Regen der letzten Tage etwas in Unordnung gerathen waren und das Gepäck grösstentheils durchnässt war, da ferner unser Jude, von dem ich die Pferde gemiethet hatte, für sein erkranktes Pferd ein neues ausfindig machen
musste, so beschlossen wir, den folgenden Tag hier zu rasten.
Das am Tage vorher gemiethete Thier wurde zurückgeschickt
und der Besitzer, der selbst mitgekommen, war offenbar
erfreut, wieder zurückkehren zu können; er hatte gefürchtet,
man würde ihm sein Thier gewaltsam bis Fâs führen. Die
arme Landbevölkerung ist an solche Gewaltacte und Vor-
spiegelungen aller Art seitens der Beamten so gewöhnt,
dass sie gegen jeden im höchsten Grade mistrauisch ist.
Auf dem grossen Platze vor der Stadt lagen übrigens noch
mehrere grössere Karavanen, zum Theil aus Kamelen bestehend, sodass ein lebhaftes Treiben daselbst herrschte.
Alle europäischen Waaren werden auf diese Weise nach Fâs
geführt. Die Kamele werden dabei mit drei bis vier Centner
schweren Lasten beladen, infolge dessen gehen sie denn auch
sehr langsam und nur wenige Stunden des Tages. Für den
Verfrachter der Waaren kommen Kamele natürlich viel billiger
als Pferde oder Maulthiere, und da der Werth der Zeit bei
den Marokkanern, wie bei den Orientalen überhaupt, unbekannt ist, so ist es den Leuten ganz gleichgültig, ob die
Karavane zwischen Tanger und Fâs zehn Tage braucht
oder zwanzig. Schon der Bau einer fahrbaren Strasse wäre
von grossem Vortheil für den ganzen Handelsverkehr, aber
man ist äusserst conservativ und hängt fest an den alten
Gewohnheiten. Es gibt überhaupt im ganzen marokkanischen

Reiche keine wirkliche Strasse, es sind nur Saumpfade, die im Laufe der Zeit sich gebildet haben.

Von der Ferne macht Qasr el Kebir, wie überhaupt alle Städte des Orients, einen recht freundlichen Eindruck, und die zwischen dichten Laubmassen von Feigen- und Olivenbäumen versteckten Mauern und Häuser, überragt von einzelnen schlanken Palmen und den Thürmen der Moscheen, winken dem ermüdeten Reisenden einladend entgegen. Aber im Innern! — Die Stadt liegt ziemlich tief und wird von einem kleinen Bach durchströmt, dessen schlammdickes schmuziges Wasser mephitische Ausdünstungen hervorbringt, da aller Unrath der Stadt darin angehäuft wird. Tritt einmal eine vollständige Verstopfung des Wasserlaufes ein, dann werden diese Schlamm- und Kothmassen aussen um die Stadt gehäuft, wo dann durch das Austrocknen wiederum eine pestilenzartige Atmosphäre erzeugt wird. Solche Unrathmassen bilden ganze Hügel rund um die Stadt und sie müssen schon jahrhundertelang so liegen. Im allgemeinen ist Marokko ein ausnehmend gesundes Land, und ich habe kaum einen Ort gefunden, von dem man sagen könnte, er sei der Gesundheit schädlich. Die Stadt Ksor aber ist es in hohem Grade und die Mehrzahl der Bewohner leidet an Fiebern. Die Strassen, so eng, dass sich kaum zwei Menschen ausweichen können, und damit ja nicht etwas Luft und Licht eindringen kann, auch noch grösstentheils mit Matten überdeckt, sind bei Regenwetter mit fusshohem Schlamm und Schmuz bedeckt, bei trockenem Wetter aber muss ein entsetzlicher Staub daselbst sein. Die Häuser, fast alle baufällig und mit schmuzigem Kalkanwurf überzogen, sind klein und niedrig, die Bevölkerung armselig, schmuzig, faul und fieberkrank, kurz es ist ein trauriges Zeugniss von dem Niedergange einer früher ausgedehnten und wohlhabenden Handelsstadt, deren Lage in der Mitte zwischen Fâs und der Nordküste des Reiches dieselbe zu

einem Handelscentrum wie geschaffen erscheinen lässt. In
den Strassen lungerte eine Masse ärmlichen Volks herum,
arbeitscheue Araber der untern Klassen in dürftiger Kleidung, schmuzige Schacherjuden, deren Weiber und Töchter
frech an den Thoren der elenden Hütten standen und laut
lachend ihre Bemerkungen über die Fremden machten,
während die verhüllten Frauen der Mohammedaner neugierig aus kleinen fensterartigen Oeffnungen oder von den
Dächern der Häuser herabschauten. Ich besuchte zunächst
den Bazar, ein Haufen kleiner Butiken, in denen allerhand
einheimische und ausländische Waaren verkauft werden,
vorherrschend von Juden, die hier stark vertreten sind und
denen es hier gut zu gehen scheint, wie in Tanger, da sie
nicht in eine Mellah eingesperrt werden, wie in den meisten
Städten des Innern, sondern zwischen den Arabern wohnen,
und auch nicht barfuss zu gehen brauchen, wie in Fäs und
Marrakesch. Da Festtag war, so amusirte sich die ganze
Jugend der Stadt unter lautem Lärm an einem Ringelspiel,
von der Art wie die russischen Schaukeln.

Die Stadt hat gegenwärtig höchstens 20000 Einwohner,
muss früher aber bedeutend grösser gewesen sein, wie man
aus alten Stadtmauern erkennen kann. In der Nacht vom
25. zum 26. December hatten wir wieder heftigen Regen,
aber früh heiterte es sich auf und es wurde nachher sogar
recht warm, sodass unsere Zelte gehörig austrockneten.
Ich machte heute dem Chalif einen Besuch, bei dem wir
eine Menge Scheichs aus der Umgebung vorfanden; es ent-
wickelten sich wieder lebhafte politische und religiöse Gespräche, wobei mein Dolmetsch, wie immer, das grosse Wort
führte; der unvermeidliche Thee wurde dabei in grossen
Mengen genossen. Später erhielt ich den Besuch eines hier
zufällig anwesenden französischen Kaufmanns aus Tanger,
der zum Zweck des Vieheinkaufs in der Gegend herumreist.

Auffallend ist die grosse Zahl der Moscheen in der doch

verhältnissmässig kleinen Stadt; es gibt deren wenigstens
zwölf. Nachmittags unternahm ich einen Gang in die Umgebung,
um die alten Mauerreste und Fortificationen zu besichtigen,
die von den Eingeborenen auch als „römischen" Ursprungs
bezeichnet werden. Im Osten der Stadt stehen diese Mauerreste, und etwas ausserhalb noch ein kleines Fort, auch
nur als Ruine, aber der Plan des Ganzen ist noch deutlich
sichtbar. Das Fort hatte mächtige, sehr hohe Mauern, in
deren obern Theilen Fensteröffnungen sich befinden, während in der untern Partie eine Anzahl regelmässiger kleiner
Löcher angebracht sind, die als Schiessscharten dienten. Das
Material der Mauern ist ein festgekittetes Conglomerat, wie
es zu Molobauten häufig verwendet wird, Thor- und Fenster-
bogen bestehen aus denselben flachen Ziegeln, wie sie heute
noch in Marokko hergestellt werden. Im Innern befindet
sich ein tiefer, noch gut erhaltener Brunnen. Der Fussboden in den Höfen und Räumen klingt in vielen Stellen
hohl, und stellenweise sieht man ovale aus Ziegeln bestehende
Erhöhungen, die offenbar den Eingang bildeten in die darunter befindlichen Cisternen oder unterirdischen Gänge.
Solche Reste finden sich in bedeutender Entfernung rund
um die Stadt herum; die nach Osten zu gelegenen sind,
wie erwähnt, am besten erhalten; die Stadt muss demnach
ehemals einen bedeutenden Umfang gehabt haben. Was
das Alter dieser Bauwerke betrifft, so dürften dieselben aus
der Periode stammen, als die Portugiesen noch Einfluss in
Marokko hatten. Ob sie von Portugiesen errichtet sind
oder von den Arabern, welche sich gegen die Eroberungen
jener schützen wollten, lässt sich bei einem flüchtigen Besuch dieser Objecte schwer entscheiden. Es wäre der Mühe
werth, einmal eine historisch-archäologische Expedition nach
Marokko zu schicken, man würde vielleicht dabei auf manchen
interessanten Fund stossen. Die Araber selbst haben für

derartige Untersuchungen absolut kein Verständniss; ihr
Interesse würde nur erregt werden, wenn man Schätze zu
erwarten hätte.

Als wir zu unsern Zelten zurückkamen, war eine ganze
Anzahl Leute aus der Stadt gekommen, die am Fieber litten
und Medicin verlangten. Es blieb mir auch nichts übrig,
als etwas Chinin zu vertheilen, obgleich ich mit dieser wichtigen Substanz sehr vorsichtig und sparsam umgehen musste.
Wie des Abends vorher, so schickte auch heute der Chalif
vier Soldaten als Wache für die Nacht, die sich rund um
unser Lager postirten und bis zum nächsten Morgen blieben.
Der Ortsvorstand übernimmt eine gewisse Verantwortung
gegenüber dem Reisenden und muss denselben vor Dieb-
stählen schützen.

Die grosse Ebene im Norden von Ksor bis zum Wad
M'ghazan ist von grossem historischen Interesse. Fand doch
hier die furchtbare Schlacht statt zwischen Arabern und
Portugiesen, in der vor nun mehr als 300 Jahren der hel-
denmüthige, aber eigensinnige König Sebastian sein Leben
verlor. Es war diese Schlacht von grosser Entscheidung
für das zukünftige Schicksal Marokkos, denn mit ihr war
der Einfluss des Christenthums in diesem Lande gebrochen,
und noch heute ist Marokko derjenige der nordafrikanischen
mohammedanischen Staaten, der es am besten verstanden
hat, sich dem Einfluss abendländischer Cultur zu entziehen.
Bei der in ihren Consequenzen so grossen Wichtigkeit dieser Schlacht und da deren Verlauf im allgemeinen wenig
bekannt sein dürfte, mag hier eine kurze Schilderung des
Vorgangs Platz finden, und zwar nach der Darstellung, wie
sie in dem Buche von Rdo. P. Fr. Manuel Pablo Castellanos:
„Descripcion histórica de Marruecos" (Santiago 1878), gegeben und wie sie auch in der früher erwähnten Schrift
von Conring: „Marokko" (Berlin 1880), zu finden ist.

Portugal war von der hohen und mächtigen Stellung,

die es zu Ende des 15. und zu Anfang des 16. Jahrhunderts
innehatte, schnell herabgesunken, infolge der klerikalen Politik des Königs Johannes III., unter welchem die Inquisition
und Judenverfolgungen sowie der Einfluss der Jesuiten
ihren Höhepunkt erreichten. Durch die beständigen Unruhen im Innern verlor das Land auch nach aussen zu an
Ansehen und die portugiesischen Besitzungen an der atlantischen Küste Marokkos wurden vielfach von den Arabern
bedrängt. Der Nachfolger und Neffe Johannes' III., Sebastian, von den Jesuiten fanatisch fromm erzogen, suchte
die Befriedigung seines Ehrgeizes in einem Feldzug gegen
die Ungläubigen. und als im Jahre 1574 der wegen seiner
Grausamkeit aus Marokko vertriebene Sultan Muhamed-el-
Abd („der Schwarze") nach Portugal kam und bei dem jungen
König Unterstützung gegen seinen Onkel Abd-el-Malek
suchte, wurde er mit offenen Armen aufgenommen. Sebastian beschloss trotz der Abmahnungen von allen Seiten,
einen grossen Kriegszug gegen Marokko auszuführen, und
träumte wahrscheinlich schon von einem grossen christlichen
Staate jenseit der Meerenge von Gibraltar, und der flüch-
tige Sultan unterliess es natürlich nicht, ihm alles Mögliche
zuzusichern. Da Portugal allein nicht genug Soldaten auf-
treiben konnte, so wandte sich König Sebastian um Unterstützung an die übrigen christlichen Mächte und an den
Papst; in der That gelang es ihm auch, von verschiedenen
Seiten Hülfstruppen zu bekommen. Der Papst Gregor XIII.
sandte 600 Italiener unter Befehl des Engländers Thomas
Sterling; Wilhelm von Nassau, Prinz von Oranien, schickte
3000 deutsche Söldlinge unter einem Grafen Thalberg;
Spanien gab 1000 Mann unter dem Befehl von Alfonso de
Aguilar und Portugal selbst stellte 12—13000 Mann.
1500 Pferde und 12 Kanonen. Ausserdem brachte man
eine nicht unbedeutende Zahl von Fahrzeugen zusammen
von den verschiedensten Grössen. Mit dieser kleinen Armee,

von der nur ein Theil gut ausgebildete Soldaten waren.
wollte Sebastian den Krieg gegen die Ungläubigen beginnen.
allerdings in der Hoffnung, dass ein grosses Heer von Marokkanern, Anhängern des vertriebenen Sultans, zu ihm
stossen würde. Als König Sebastian am 7. Juli 1578 in Tanger landete,
konnte ihm Muhamed-el-Abd nur 800 Armbrustschützen
und 400 Reiter zuführen, hoffte allerdings noch eine grössere
Zahl von Anhängern um sich zu sammeln, zu welchem
Zweck er von Tanger längs der atlantischen Küste südwärts
marschirte. Die Flotte segelte gleichfalls nach der Küstenstadt Arseila, während Sebastian den Landweg von Tanger
über El Areich (Larache) dahin einschlug. Als sich die
combinirten Truppen Sebastian's und Muhamed's in Arseila
vereinigt hatten, begann man am 2. August den Vormarsch
gegen das gewaltige Heer des Sultans Abd-el-Malek (des
Mameluken, wie sein Beiname war). Von vielen Seiten,
selbst von seinem Verbündeten wurde Sebastian vor diesem
Schritt gewarnt, aber vergeblich. An demselben Tage
rückte auch des Mameluken gewaltige Heermasse nordwärts,
sodass sich schon am Abend beide Theile gegenüber-
standen, nur getrennt durch den Fluss M'ghazan. Das
arabische Heer soll sehr bedeutend gewesen sein; man berichtet von 40000 Reitern, 8000 Mann Fussvolk und 34 Geschützen, ungeachtet einer grossen Masse irregulären Volkes.
Die Stellung der Portugiesen war überaus günstig, sodass
Abd-el-Malek den Angriff nicht wagte; er rechnete ganz
richtig, dass der Mangel an Lebensmitteln die Portugiesen
veranlassen würde, den Kampf aufzunehmen. Da trat am
folgenden Tage ein Umstand ein, der den Christen von
grossem Vortheil schien; es war Muhamed-el-Abd gelungen,
einige Leute aus der Umgebung seines Gegners zu bestechen,
und diese brachten ihrem Herrn Gift bei, sodass der Mameluk sofort schwer erkrankte. Er fühlte seinen Tod und

wollte doch noch erst das Heer der Ungläubigen vernichten, und so formirte er am Abend des 3. August alles zum Gefecht. Die Portugiesen waren in dem Dilemma, sich zurückzuziehen nach den befestigten Küstenplätzen, oder zu kämpfen; ihre Position konnten sie nicht länger behaupten, da bereits Mangel an Lebensmitteln eingetreten war. In dem versammelten Kriegsrath soll ein junger Kapitän, Don Diego de Carbalho, den schwankenden König Sebastian durch heftige Vorwürfe zur Annahme des Gefechts veranlasst haben.

Die Formirung des portugiesischen Heeres war nach dem erwähnten Bericht derart, dass die Spanier, Italiener und Deutschen die Avantgarde bildeten; im Centrum standen die portugiesischen Kerntruppen, und die Arrièregarde bestand aus den weniger gut ausgebildeten Portugiesen, die durch 300 Bogenschützen und 2 Kanonen gedeckt waren. Die königliche Standarte nebst dem spanischen Gesandten und der Umgebung des Königs befand sich auf dem linken Flügel; auf dem rechten Flügel der Nachhut stand Muhamed-el-Abd, der Schwarze.

Der Anfang des Gefechts war für das Heer Sebastian's sehr günstig; dasselbe passirte den Fluss und trieb die aufgelösten Araberscharen vor sich her. Da soll der todkranke Mameluk das Pferd bestiegen und sein wankendes Heer zum Stehen gebracht haben. Die Portugiesen wurden hart bedrängt von der kolossalen Uebermacht, die Arrièregarde warf die Waffen weg, die Avantgarde ward zurückgetrieben, und selbst die Deutschen konnten dem Angriff nicht länger widerstehen. Hitze und Durst thaten das Ihrige, und die Schlacht schien verloren. Da verbreitete sich das Gerücht, der jugendliche Abd-el-Malek, schon todkrank vor der Schlacht, sei gestorben. Für einen Augenblick schien es, als wären die Marokkaner stutzig und verwirrt geworden; aber nur kurze Zeit dauerte diese Hoffnung. Unaufhaltsam

drängten sich die Massen der Mohammedaner gegen das an
Zahl so geringe portugiesische Heer, und alles stürzte in
unaufhaltsamer Flucht dem Flusse zu. In den hochge-
schwollenen Fluten des M'ghazan fanden dann Tausende
ihren Tod, und wer dem Ertrinken entging, wurde von den
nachsetzenden Arabern und dem Landvolk erschlagen. Als
Sebastian das Schicksal seiner Armee sah, stürzte er sich
sammt seinem Gefolge in das dichteste Gewühl, und alle
fanden den gesuchten Heldentod. Nebst dem Könige fielen
von hervorragenden Personen: der Herzog von Aveiro, die
Chefs der Familien Bourgogne, Foscari, Alonso de Aguilar,
Francisco de Aldana, sowie der Engländer Sterling und der
Deutsche von Thalberg. Auch der geflüchtete Sultan Muhamed-el-Abd, der die Veranlassung zu diesem unseligen
Kriegszuge war, fand seinen Tod. Nach den Berichten fielen
in dieser Schlacht 18000 Araber und 6000 Christen; ein
Theil der letztern wurde gefangen genommen, und nur
60 Mann sollen sich nach Arscila gerettet haben. Die
Leiche Sebastian's wurde gefunden und durch den Bruder
des Mameluken, den Scherif Achmed, in Qasr el Kebir begraben und später dem Gouverneur von Ceuta ausgeliefert.
Erst nach Jahren aber wurde dieselbe nach Portugal gebracht und im Kloster Belem bei Lissabon beigesetzt; dadurch erklärt sich, dass verschiedene Pseudo-Sebastians auftraten und den Thron von Portugal beanspruchen konnten;
im Volke aber erhielten sich noch lange allerhand Sagen
und Mythen über den tapfern, aber tollkühnen und eigen-
sinnigen König.

Nichts deutet heutzutage darauf hin, dass in dieser
lehmigen Ebene eine so verhängnissvolle und folgenschwere
Schlacht geschlagen wurde, und die grosse Masse des Volkes
im heutigen Marokko weiss kaum, dass die Existenz Marokkos dem Siege Abd-el-Malek's bei Qasr el Kebir zu verdanken ist. Kein Stein, kein Erinnerungszeichen deutet

darauf hin, dass hier gegen 30000 Menschen begraben liegen.
Niemand kann sagen, was aus Marokko geworden wäre,
wenn der fromme Sebastian gesiegt und das Land unter
portugiesischen Einfluss gekommen wäre. „Anstatt der Ausgangspunkt der Regeneration Afrikas zu werden, war jene
Schlacht der Anfang der tiefen Nacht, die noch heute jene
Länder in den dunkeln Schatten der Barbarei hüllt." Mit
diesen Worten schliesst der spanische Mönch den Bericht
über die Schlacht bei Qasr el Kebir. Ob aber das zu jener
Zeit unter dem klerikalen Joch schmachtende Portugal geeignet gewesen wäre, selbst im Falle eines Sieges der fanatischen Christenscharen diese Regeneration zu bewirken,
darüber liesse sich wol streiten. So wie Mohammed einst
mit Feuer und Schwert seinen Lehren Eingang verschafft
hat, so würden die Schüler Loyola's mit Scheiterhaufen und
Folterpressen den alleinseligmachenden Glauben in Afrika
verbreitet haben. Religiöser Fanatismus aber bleibt sich
gleich, mag er ausgehen von welcher Religion immer, und
in keinem Falle zeigt der Mensch eine grössere Bestialität,
als wenn es sich um Fragen des Glaubens und des Dogmas
handelt. Das war immer so und ist auch heute noch nicht
anders!

Am 27. December verliessen wir das gastliche Qasr el
Kebir und wandten uns zunächt südwärts in die breite
sumpfige Ebene des Wad el Kûs, bis zu dessen Nordufer
ein breiter gepflasterter Weg führt. Ohne diesen wäre es
einen grossen Theil des Jahres unmöglich, diese Strecke zu
passiren, die Thiere würden im Schlamm stecken bleiben.
Nachdem wir den Fluss durchritten und jenseit desselben
ein etwas höheres Plateau erreicht hatten, rasteten wir an
einer stark eisenhaltigen Quelle, die aus einem harten Sand-
steinconglomerat entspringt. Der Chalif von Ksor kam uns
bis hierher nachgeritten und brachte noch ein Maulthier

mit an Stelle des unterwegs erkrankten Pferdes; der Mann
fürchtete, wir möchten erzürnt weggehen, da es uns gestern
nicht gelungen war, ein Thier zu miethen; ausserdem wollte
er nochmals seinen Dank aussprechen für einige Dosen
Chinin, die ich ihm gegeben hatte.

Das Plateau ist aus einem groben, festen Conglomerat
zusammengesetzt, bestehend aus rothem eisenschüssigen Sandstein, das offenbar das Material zu den alten Mauern und
Fortificationen bei Qasr el Kebir geliefert hat. Von hier
aus schlugen wir eine mehr südöstliche Richtung ein und
kreuzten den östlichsten Ausläufer eines niedrigen Hügel-
zuges, den einige höhere hübsche Spitzen zierten; dieses
Gebirge bestand aus Kalkstein mit zahlreichen und grossen
Feuersteinknollen, und dürfte der Kreideformation angehören.
Dann kamen wir wieder auf das aus Conglomerat bestehende
Plateau und hielten gegen 3 Uhr in einem Duar, das eine
halbe Stunde westlich von den Ruinen von Basra liegt; vorher hatten wir den Oberlauf eines kleinen Flusses passirt,
der bereits zum Stromsystem des Sebu gehört. Das Dorf,
in welchem wir übernachteten, hiess Ain Suar, nach einer
Quelle genannt, an der ehemals ein hübsches Haus stand,
von dem noch die Ruinen vorhanden sind. Auf dem Abstieg von dem erwähnten Hügelzug auf das Plateau bemerkten wir zahlreiche Steinhaufen; unter jedem derselben
soll die Leiche eines von Räubern ermordeten Reisenden
liegen. Die ganze Gegend soll früher sehr unsicher gewesen
sein und auch jetzt noch kommt Strassenraub nicht allzu
selten vor.

Wir hatten heute herrliches Wetter und die Bewohner
des Ortes waren nicht unfreundlich; sie lieferten freiwillig
die Muna und waren zufrieden, als ich den Ueberbringern
einige Pesetas zum Geschenk machte. Die Gegend, die sich
zum Ackerbau wohl eignet, war recht gut bebaut; auch zahlreichen Heerden begegneten wir, sodass die Bevölkerung

nicht gar so arm zu sein schien. Wir haben in den letzten
Tagen auffallend viel Kibitze gesehen, die hier, da sie
nicht verfolgt werden, sehr wenig scheu waren.

Die Ruinen von Basra gelten vielfach als römischen Ursprungs. Sie bestehen aus einer sehr langen, ungefähr von
Nord nach Süd streichenden, sehr solid gebauten Mauer,
die acht Fuss dick ist und ursprünglich sehr hoch gewesen
sein muss; im Laufe der Jahrhunderte ist von der obern
Kante viel abgebröckelt. In Entfernungen von je 100 Fuss
finden sich stets halbkreisförmige Vorsprünge. Die Stadt
oder die Festung war quadratisch angelegt: die Westseite
steht allein fast ganz vollständig, die Nord- und Südseite
fehlen völlig und an der Ostseite sind nur noch einige
Reste vorhanden; dort hat man neuerdings ein Heiligengrab
errichtet und man liess mich nicht an jene Stelle. Es
sollen übrigens in der Umgebung noch eine Menge der-
artiger Ruinen existiren. Die mich begleitenden Dorfbewohner erzählten, sie fänden manchmal Töpfe oder Urnen;
ebenso sollen Steine mit Inschriften gefunden worden sein.
Gegenwärtig ist alles mit so dichtem Gras und allerhand
Unkraut bewachsen, dass man, ausser den Mauern selbst,
nichts sieht. Um hier etwas zu finden, müsste man erst
das Terrain von der dichten Pflanzenbedeckung reinigen
und dann die obere Humusschicht entfernen; dazu gehören
aber einige Wochen Zeit sowie eine specielle Erlaubniss
des Sultans, denn die mistrauischen Bewohner der Gegend
würden wahrscheinlich alles Suchen nach alten Daten verhindern und meinen, die Fremdlinge wollten nach Schätzen
graben. Dass die Römer tief nach Marokko hinein vorge-
drungen sind, ist ja vollständig sicher; ob hier wirklich,
wie es den Anschein hat, alte römische Niederlassungen gewesen, oder ob dieselben einem andern Volke zuzuschreiben
sind, konnte ich natürlich bei dem flüchtigen Besuch nicht
bestimmen. Die Wahrscheinlichkeit für römische Provenienz

ist übrigens grösser als jede andere; Portugiesen oder Spanier waren nicht so tief im Lande, sondern es war deren Herrschaft auf die Küstenstädte und vielleicht die Gegend von Ksor beschränkt.

Am Morgen des 28. December verliessen wir Basra und ritten bei herrlichem Wetter in südöstlicher Richtung weiter. Wir änderten hier die von den Europäern gewöhnlich gewählte Route und schlugen eine kürzere ein. Die Gesandtschaftsreisen ziehen den längern Weg vor und beschreiben einen grossen Bogen nach Südwesten, weil sie dort zahlreiche Ortschaften und besonders auch eine Anzahl Paschas (Amile) unterwegs antreffen, was sowol für die Sicherheit als auch die Bequemlichkeit der Europäer von Vortheil ist. Unser Weg dagegen führte meistens durch öde, menschenleere Gegenden. Zuerst stiessen wir auf einen geweihten Platz, an dem sich das Grabmal eines Heiligen, Sidi Musa Sered, befindet; dasselbe bestand aus einem schönen, hochgelegenen, blendendweissen Häuschen mit Kuppel. Wir passirten das Dorf Scherifi, überschritten den dem Sebusystem angehörigen Wad Nabada und gelangten in den grössern Ort Schemachah, wo sich gleichfalls alte römische Ruinen befinden. Nicht weit davon liegt das Dorf Ain el girar, mit dem Grabmal des unter den Arabern Marokkos berühmten Scheich el Jesia. In der Nähe von Schemachah, an einer frischen Quelle, rasteten wir gegen Mittag; nordöstlich davon erblickten wir das Gebirge el Sur-Sur, das Gerhard Rohlfs im Jahre 1864 bestiegen hat. Von hier aus in südöstlicher Richtung weiter ziehend gelangten wir auf ein Plateau, das aus einem festen Lehm bestand, der dem Löss ausserordentlich glich, und erblickten unter uns eine flache, fruchtbare Niederung mit fünf Duars, deren Bewohner der Kabyle el Chlod angehören. Eigentlich ist die ganze Gegend von der Kabyle el Gharbia bewohnt, die aus Süden hierher eingewandert sind und die Chlod nach

Norden verdrängt haben; die genannten fünf Dörfer der
letztern bilden demnach eine isolirte Colonie unter den
Gharbia.

Das Terrain wurde dann unebener und wir überschritten
eine Anzahl niedriger, der Kreideformation angehöriger
Hügel, und gelangten bald zu dem Had (Sonntagsmarkt)
Tekkurt; auch heute wurde Markt gehalten und es herrschte
noch ein starkes Leben und Treiben auf dem grossen freien
Platz ausserhalb des Ortes. Wir kamen aber schon etwas
spät an, sodass wir nicht einmal Gerste für die Pferde kau-
fen konnten. Wir zogen also weiter, mehr in südlicher
Richtung durch die Landschaft Rdat, überschritten den Fluss
gleichen Namens, der in den Sebu mündet, und hielten end-
lich abends gegen 5 Uhr auf einer grossen fruchtbaren
Ebene beim Dorfe M'ghair, zur Kabyle el Habisi gehörig.
Direct nördlich vor uns hatten wir die nordsüdlich streichende
Gebirgskette el Sur-Sur, an deren Ostabhang das bekannte
Wasan liegt. Die Kabyle el Habisi stammt aus der Landschaft Ujda an der algerianischen Grenze und ist hier ein-
gewandert; sie umfasst eine grosse Zahl von Dörfern.

Die Stadt Wasan ist bekannt als Stammsitz einer grossen
Scheriffamilie, deren jetziger Chef, Hadsch Abd-es-Salem,
bekanntlich mit Gerhard Rohlfs sehr befreundet war und
ihn durch wirksame Empfehlungsbriefe für seine Reisen
im Süden von Marokko kräftig unterstützt hat. Wie schon
früher erwähnt, ist die Position dieses Mannes nicht mehr
dieselbe wie ehemals. Schurafa geniessen in Marokko allerdings ein grosses Ansehen, aber die vornehmsten Schurafa-
familien sind doch die des regierenden Sultans el Filali,
sowie die ehemalige Dynastie der Idriden. Die Nachkommen
der letztern haben in einigen Theilen Marokkos noch grossen
Einfluss und haben viele Anhänger; sie sind der regierenden
Dynastie feindlich gesinnt und suchen sogar zu beweisen,
dass die el Filali überhaupt nicht Schurafa sind.

Nicht weit von unserm Nachtquartier, an den südwestlichen Ausläufern des Sur-Sur-Gebirges, befinden sich Steinsalzlager, die ausgebeutet werden, und ich hatte schon auf
dem Soko in Had Tekkurt grosse Mengen des rohen Stein-
salzes zum Verkauf ausgestellt gesehen. Ich wäre gern
einen Tag hier geblieben, um diesen Punkt zu besuchen,
aber einmal sagte man mir, dass ich dicht bei Fâs gleichfalls Salzlagerstätten finden würde, und dann schien eine
Aenderung im Wetter einzutreten. Es drohte mit Regen,
und dann schwellen die Flüsse an, sodass wir vielleicht
mehrere Tage hätten warten müssen, um den Sebu zu überschreiten. So zog ich es vor, am nächsten Morgen, den
29. December, die Zelte abbrechen zu lassen und weiter zu
ziehen. Nach einer halben Stunde schon erreichten wir ein
grösseres Dorf der Kabyle Habisi, in welchem der Scheich
des ganzen Tribus wohnt; dann kamen wir über eine weite
Lössebene, die durch niedrige Hügelzüge unterbrochen ist;
die Gegend war reizlos und monoton, aber der Boden
fruchtbar und wohlbebaut. Die Ebene erstreckte sich bis
an das Thal des Wad el Wergha, den wir gegen 11 Uhr
erreichten. In den Einrissen des Bodens bemerkte man,
dass der Lehm überall eine mehrere Fuss mächtige Unter-
lage von Schotter hat. Der Fluss Wergha, der in den Sebu
geht, war breit und reissend, hatte aber stellenweise Un-
tiefen, sodass wir ohne erhebliche Schwierigkeiten denselben
durchreiten konnten. Es wird von diesem Fluss, wie auch
vom Sebu, behauptet, dass er einmal im Jahre, und zwar
zur Zeit der grossen Hitze, rothes Wasser führe. Ich weiss
nicht recht, auf was diese Erzählung zurückzuführen ist,
ob auf den rothen Thon, der in den salzführenden Hügeln
vorkommt, oder ob kleine Organismen, die in grossen
Massen zeitweise auftreten, diese Erscheinung hervorrufen.
Wenn auch aussergewöhnliche Erscheinungen von seiten
der Araber immer übertrieben werden und die Berichte

darüber mit grosser Vorsicht aufzunehmen sind, so sind
solche Erzählungen doch selten ganz aus der Luft gegriffen
und irgendetwas ist immer daran.

Nach halbstündiger Rast ging es weiter. Immer dieselbe
Landschaft, waldlose monotone Ebene, mehr oder weniger
gut angebaut und unterbrochen von schwachen Bodenan-
schwellungen. Wir passirten einige Dörfer und eine Quelle,
Ain Ali ben Ghiza, und schlugen nach 4 Uhr unsere Zelte
auf in der Nähe einer Gruppe von Dörfern, die von der
Kabyle Ulad Selema bewohnt waren.

Am 30. December war es früh morgens sehr frisch, wir
hatten nur 6° C. Der Weg führte, wie immer, in südöstlicher Richtung, vorherrschend durch gebirgiges Terrain.
Die Bewohner gehörten dem Stamme der Ulad Aissa an.
Wir liessen den Gebel Muley Busta, einen berühmten Wall-
fahrtsort mit dem Grabe eines Heiligen, sowie den grossen
Marktflecken Tzlata Scheragha zur Linken und passirten
einen kleinen Fluss, Wad el Melha (Salzfluss), der zum
Sebusystem gehört, und dessen fast ganz ausgetrocknetes
Bett mit weissem Salz bedeckt war. Der Fluss entspringt
aus einem Salzgebirge und sein Wasser ist infolge dessen
sehr salzig; während des Sommers trocknet der Bach aus
und lässt das Salz zurück.

Gegen 4 Uhr hielten wir bei einem el mudjimma genannten Complex von Dörfern, dem Stamme Ulad Djemma
angehörig, die bereits zum Gouvernement von Fäs gehören.
Der heutige Marsch war sehr ermüdend, da er beständig
durch eine öde unbewohnte Gegend, in der fast keine Spur
von Grün zu sehen war, führte; nichts als braune Felder,
grösstentheils beackert; aber kein Baum, kein Strauch, nicht
einmal das sonst so häufige Palmittogestrüpp unterbrach die
einförmige braune Färbung der Landschaft.

Einige Stunden südlich von Tzlata Scheragha setzten wir
über den Sebu, einen der bedeutendsten Ströme Marokkos.

Er entspringt in den östlichen Gebirgstheilen Marokkos, läuft
quer durch das ganze Reich und mündet nördlich von Rabat
in den Atlantischen Ocean. Sein Lauf ist reich an Win-
dungen, die Breite und Tiefe ziemlich bedeutend. Der Sebu
(es sebá, der Löwe) wäre gewiss schiffbar und würde eine
treffliche Wasserstrasse von der atlantischen Küste bis in
die Nähe von Fás abgeben. Aber die Indolenz der Marokkaner ist zu gross, um so etwas zu benutzen, man hat überhaupt noch nicht einmal Versuche und Messungen darüber
angestellt. Er fliesst durch die ganze reiche Landschaft
el Gharb, deren Producte, soweit die Ausfuhr überhaupt
gestattet ist, mittels dieser billigen Wasserstrasse leicht zur
Küste geschafft werden könnten. Wir überschritten den Fluss
in seinem Oberlauf, da, wo er durch einige kleine Inseln in
mehrere Arme getheilt ist; die Tiefe war hier nicht mehr
bedeutend und wir konnten das Wasser ohne besondere
Schwierigkeiten durchreiten.

Wie ich schon früher erwähnt habe, führt die Hauptroute nach Fás etwas weiter westlich, und dort ist der Sebu
schon so breit und tief, dass man sich doch entschlossen
hat, grosse Kähne zu construiren, in welchen die Karavanen
über den Fluss geschafft werden.

Nach Ueberschreitung des weiten schlammigen und fruchtbaren Inundationsgebietes kamen wir bei einem kleinen
isolirten Felsen vorüber, der den Reisenden als Merkzeichen
dient und einen besondern Namen führt, Hadschera Sche-
rifa, also nach einer heiligen Frau genannt ist. Nachdem
wir eine Duargruppe passirt hatten, die aus sechs Dörfern
bestand und den Namen Agbed emhor führte, liess ich die
Zelte aufschlagen. Unser heutiger Lagerplatz ist gegen
200 m über dem Meere gelegen.

Am letzten Tage des Jahres 1879 erreichten wir Fás, die
Residenz des Sultans von Marokko. Wir brachen an diesem
Tage früh sehr zeitig auf, da wir einen sehr gebirgigen

Weg zurückzulegen hatten; früh um 5 Uhr kam es uns
schneidend kalt vor, wir hatten nur 4° C. Wir befinden
uns bereits inmitten eines Gebirgslandes, das von Norden
her sanft ansteigt, nach Süden zu aber in die Ebene von
Fäs steil abfällt. Wir passirten einige Dörfer des Scheich
Dajib, dann kam ein sehr gebirgiges Terrain, welches den
Namen Ain Lefrad führt und von Leuten der Kabyle Ulad
Djemma bewohnt wird. Die Berge ringsum bestehen aus
lichtem weichem Kalkmergel, der stellenweise blendend-
weiss ist, und gehören der Kreideformation an. Gegen
10½ Uhr rasteten wir an einer Quelle, Bir el areisch; der
Punkt hatte 350 m Seehöhe. Von hier aus stiegen wir
noch einige Zeit lang bergan und hatten bald die Passhöhe
erreicht (530 m), von wo wir einen weiten Blick hatten in
die grosse Ebene, über einen Theil der ausgedehnten Stadt
und im Hintergrunde die Bergzüge des Hohen Atlas. Meine
Begleiter zeigten mir von hier aus den Passübergang über
den Atlas, um von Fäs nach Tafilalet zu gelangen; die
Spitzen der Berge waren mit Schnee bedeckt.

Je tiefer wir stiegen, um so reichlicher wurde die Vegetation, besonders Anpflanzungen von Olivenbäumen waren
häufig, während die Höhen dieses Kalksteingebirges fast
völlig kahl waren. Die Schluchten waren mit dichtem
Buschwerk bewachsen; wo ein kleiner ebener Fleck war,
hatte man ein Gerstenfeld angelegt, während die Dörfer
meist versteckt abseits vom Wege lagen und nicht sichtbar
waren. Je näher wir der Residenz kamen, um so belebter
wurde die Gegend; Landleute, die Früchte zur Stadt trugen,
oder von dort kamen; Eseltreiber, welche die müden, ab-
geschundenen Thiere mit Schlägen zum Weitergehen trieben
und dieselben dabei auf die grausamste Weise malträtirten;
ein Trupp Machazini, die in irgendeine Landgemeinde geschickt wurden, um Steuern einzutreiben; wohlhabende Bürger von Fäs, die, auf schöngesattelten Maulthieren reitend und

gefolgt von Dienern, ihre ausserhalb gelegenen Olivenwälder besichtigten; arme arabische Landweiber und Negersklaven, mühsam den Berg herankeuchend unter der schweren Last auf ihren Köpfen; ein vornehmer Scheich auf schönem Pferde, gehüllt in den weiten Burnus aus blauem Tuch, mit mächtigem weissen Turban und von einem stattlichen, wohlberittenen und bewaffneten Gefolge umgeben; eine Karavane von jüdischen Händlern mit vollbeladenen Maulthieren, Pferden und Eseln, und viele andere Anzeichen, dass wir uns einer grossen Stadt näherten, und dass hier ein Centrum für Handel und Gewerbe ist. Gegen 3 Uhr nachmittags hatten wir die letzten Hügel hinter uns und ritten zwischen Olivengärten und Feldern hindurch nach dem grossen freien Platz, der die alte Residenz im Norden und Westen umgibt. Es ist eine ausgedehnte Ebene, nur wenige hundert Fuss über dem Meere gelegen, und besteht aus einem groben, festgekitteten Conglomerat. Da ich nicht erwartete, heute noch ein Haus zu erhalten, so schlugen wir in der Nähe des Westthores die Zelte auf und richteten uns ein, hier zu übernachten. Bald waren wir von Neugierigen umringt, die uns ausfragten und Neuigkeiten wissen wollten; ambulante Kaffeesieder mit ihrem kleinen Kochapparat kamen herbei und erquickten uns mit starkem schwarzen Kaffee, und bald lagen wir alle behaglich in den Zelten auf den Teppichen und ruhten von den Strapazen des Marsches aus. Es ist immer ein gewisses Gefühl der Befriedigung, wenn ein Abschnitt des Vorhabens, und wenn auch einer der unbedeutendern, ohne alle Unglücksfälle und Unannehmlichkeiten zurückgelegt ist. Wir hatten 10 Tage zu der Reise von Tanger nach Fäs gebraucht, waren dabei aber sehr langsam gereist und mit grosser Bequemlichkeit; wer es forciren will, kann in sechs Tagen die Strecke zurücklegen. Ernstliche Schwierigkeiten hatte ich mit den Bewohnern unterwegs nie gehabt, obgleich wir nicht immer den üblichen Weg genommen hatten, sondern öfters durch abgelegenere Theile des Landes gereist waren. Ich hatte den Charakter der Marokkaner schon etwas kennen gelernt und wusste mich danach zu richten, sodass ich voll der besten Hoffnungen für meine Unternehmung war und der Zukunft freudig entgegenschaute. Dazu kam ein vortreffliches körperliches Wohlbefinden infolge des beständigen Aufenthalts in freier Luft in einem Lande, das mit Ausnahme einiger wenigen Plätze eins der besten Klimate der Erde hat.

Ich schickte meinen Machazini mit den Empfehlungsbriefen an den Premierminister; dieser war krank, hatte aber das Schreiben gelesen und den Oberrichter der Stadt beauftragt, mir ein Haus anzuweisen. Gegen Abend kam ein Machazini des letztern und forderte mich auf, die Zelte abbrechen zu lassen und in die Stadt zu ziehen; es stände ein Haus zur Verfügung. Mir war es nicht ganz recht, aber meine Dolmetscher drangen darauf, da wir sonst für die Nacht erst hätten Wächter engagiren müssen. Bald war wieder alles aufgeladen und wir zogen durch das grosse Westthor in die Residenz Sr. scherifischen Majestät ein. Neugierig schauten die Thorwächter und die immer dort herumlungernden Araber den Rumi an, und grinsend machten die Negersklaven ihre schlechten Witze und komischen Bemerkungen über den ihnen ungewohnten Anblick.

Hinter diesem Aussenthor folgt eine Reihe kleiner Butiken und offenen Werkstätten, deren Insassen gleichfalls neugierig die fremde Cavalcade anstarrten. Dann überschreitet man ein weites, wüstes Terrain, ungepflastert und uneben, bald felsig, bald sumpfig, mit alten Mauerresten, eingestürzten Häusern, Misthaufen, gefallenem Vieh und schmuzigem, dazwischen herumschleichendem Strassengesindel. Durch ein zweites Thor, welches durch eine mächtige, das eigentliche Fäs umschliessende Mauer führt, gelangt man

in die alte, stark bevölkerte Stadt, in deren engen Gassen
ein dichtes Gewühl von Menschen das Vorwärtskommen erschwert. Der Weg führte stark abwärts, denn Fâs liegt
tief in dem engen Thale des Wad Fâs; dann gelangten wir
in ein Chaos von Bazars, Gassen und Gässchen, oft so eng,
dass wir mit unsern schwerbepackten Tragthieren die Strasse
in ihrer ganzen Breite absperrten und den Verkehr hemm-
ten. Meine Leute aber, die in bester Laune waren, schrien
sich bald heisser mit ihrem monotonen Balak, Balak, womit zur Vorsicht und zum Ausweichen aufgefordert wird.
Endlich gelangten wir in eine Gasse, die so eng war, dass
die auf beiden Seiten bepackten Maulthiere nicht durch-
kommen konnten, sondern ihnen das Gepäck abgenommen
werden musste. Diese Gasse war absolut finster, sodass
man keine Hand vor dem Auge sehen konnte, ungepflastert,
mit Löchern und Buckeln versehen, sodass eins der Thiere
stürzte und allgemeine Verwirrung anrichtete. Endlich ging
es absolut nicht weiter, es war eine Sackgasse; unser Führer schloss eins der elenden Häuser auf, wir kamen in einen
kleinen viereckigen Hof, der noch vor kurzem als Stall ge-
dient hatte und voller Pferdemist war. Eine wackelige
Treppe führte auf einen Corridor, auf welchen einige dunkle
Räume ausmündeten, und in dieser Höhle sollte ich, der
ich mit den besten Empfehlungen des Sultans versehen war,
wohnen! Unsere ursprüngliche Heiterkeit über das Ganze
verwandelte sich sehr bald in hellen Zorn. In Begleitung
Hadsch Ali's begab ich mich direct zum Oberrichter, der
uns das Haus angewiesen hatte, und erklärte ihm, dass ich
ihm für seine Bemühungen danke, aber doch sofort die
Stadt verlassen müsse, um in meinen Zelten ausserhalb der
Thore von Fâs zu wohnen. Der Oberrichter, ein Neger, wie
die Mehrzahl der höhern Staatsbeamten in Marokko, ent-
schuldigte sich, aber in der Schnelligkeit sei kein anderes
Haus zu finden gewesen, und morgen würde er alles zu

meiner Zufriedenheit arrangiren. Von hier gingen wir noch
zum Kaid der Stadt, störten denselben in seiner Andacht,
die er in einer benachbarten Moschee abhielt, und beklagten
uns auch bei ihm bitter über die uns zugefügte Behandlung. Er war auch von dunkler Hautfarbe, aber doch nicht
von reinem Negertypus wie der Kadi; sein Benehmen war
sehr liebenswürdig und sympathisch, aber für diesen Abend
konnte auch er nichts mehr thun, morgen aber solle ich
ein anderes Haus bekommen. Er bat uns noch dringend,
davon abzustehen, die Stadt noch diesen Abend zu verlassen. Unterdess war es schon sehr spät geworden, es
hätte grosse Umstände gemacht, die Thiere noch einmal
zu beladen und in der Nacht durch die engen Gassen und
Gässchen zu ziehen, und so blieb uns nichts übrig, als diese
Nacht in dem alten hässlichen Hause zuzubringen, ohne
ein ordentliches Abendessen, und immer in der Gefahr, dass
uns das ganz baufällige Gebäude über dem Kopf zusammen-
bricht. Ich hätte besser gethan, ausserhalb der Stadt zu
bleiben; den erwähnten Beamten kam ich etwas unverhofft
und sie hatten vielleicht wirklich für den Moment kein
passendes Haus disponibel; andererseits wussten sie noch
nicht recht, was sie aus mir machen sollten, und versuchten,
wie weit sie bei mir gehen könnten. Ohne energischen
Widerspruch hätte man mir gewiss keine andere Wohnung
gegeben. So verbrachten wir den Sylvesterabend des Jahres
1879 in Fäs!

Als wir am nächsten Morgen, dem ersten Tage des neuen
Jahres, erwachten, sahen wir erst deutlicher, in was für ein
jämmerliches Gebäude man uns einquartiert hatte. Sofort ging
ich mit meinem Dolmetsch und dem Machazini wieder zu
den Beamten des Sultans und erklärte, die Stadt augenblick-
lich zu verlassen, wenn ich nicht ein anständiges Quartier
erhielte. Es wurde alles versprochen, aber doch mussten
wir bis Nachmittag 4 Uhr aushalten, ehe wir in die neue

Wohnung übersiedeln konnten. Die Hauptschwierigkeiten
hatte uns der Oberrichter gemacht, der nur Ausflüchte hatte,
während der Kaid, ein gefälliger und liebenswürdiger Mann,
unsere Angelegenheit der nächsten Umgebung des Sultans
meldete, worauf dann der Oberrichter angewiesen wurde,
uns den Schlüssel für ein schöneres Haus auszuliefern.
Dasselbe ist hoch gelegen, nicht inmitten der tiefern und
weniger gesunden innern Stadt, in der Nähe der Sultan-
paläste. Es ist nicht besonders elegant, aber gross und
luftig, mit weiten Räumen und einem schönen, gepflasterten
Hof, in dessen Mitte ein Springbrunnen sich befindet. Freilich war das Haus ohne alles Meublement, aber wir führten Teppiche, Polster, Feldsessel u. s. w. genug mit uns,
und bis zum Abend waren wir vollständig eingerichtet. Die
Muna erhielten wir natürlich hier nicht, da sich Gelegenheit bietet, auf den Marktplätzen und in den Butiken alle
erdenklichen Lebensmittel zu billigen Preisen zu kaufen;
ich muss aber einen Koch engagiren, denn meine Leute
sind nicht im Stande, ein ordentliches Essen herzustellen.
Von seiten des Kaids wurden uns zwei Machazini zugesichert,
von denen einer beständig das Haus bewachen soll, der
andere aber mich auf meinen Ausgängen zu begleiten hat.
Im allgemeinen kann ich nicht sagen, dass ich von seiten
der officiellen Persönlichkeiten eine freundliche Aufnahme
fand; es dauerte einige Tage, bis die mir zugesicherten
Machazini kamen, und ich musste wiederholt darum schreiben; in echt orientalischer Weise verschleppte man die Angelegenheit, indem man immer Ausflüchte fand. Der Premierminister war krank oder stellte sich wenigstens so, und ich
habe ihn nicht sprechen können, infolge dessen erhielt ich
auch nicht eine Audienz beim Sultan, woran mir übrigens
weniger lag. Man wusste eigentlich nicht recht, was ich
wollte, und wie man sich mir gegenüber verhalten sollte.
Das Haus, in welchem wir jetzt untergebracht waren, zeigte

einen Uebelstand, an den wir vorher kaum gedacht hatten,
es war entsetzlich kalt. Wir waren mitten im Winter, und
unsere Wohnung war derartig gelegen, dass wir den ganzen
Tag die Sonne nicht zu Gesicht bekamen; früh morgens
hatten wir gewöhnlich nur 5—6° C., und im Laufe des Tages
stieg das Thermometer bis auf 8—10° C.; das ist aber dort
eine sehr niedrige Temperatur, die in den grossen nie
durchwärmten Zimmern, bei dem Mangel an Oefen und der
üblichen leichten Kleidung ausserordentlich unbehaglich ist.
Die Folge davon war, dass wir sämmtlich schon in den
ersten Tagen unsers Aufenthalts in Fäs tüchtig verschnupft
waren.

Dazu kam, dass man meinen Begleiter und Dolmetsch,
Hadsch Ali, der sich überall seiner Verwandtschaft mit dem
Emir Abd-el-Kader brüstete, sehr mistrauisch ansah. Abd-
el-Kader und sein Anhang waren mit der marokkanischen
Regierung nicht immer in bester Freundschaft gewesen, und
man fürchtete von meinem Begleiter, dass er sich in Intriguen irgendwelcher Art einlassen möchte. Ebenso war
bekannt geworden, dass er von der französischen Regierung
aus Algerien ausgewiesen sei, und man fürchtete, dass ihn
möglicherweise die Franzosen von Marokko reclamiren könnten; nichts aber fürchtet man hierzulande mehr als irgendeine Complication mit einer europäischen Macht. In der
That erschien auch eines Tages ein wohlhabender arabischer
Kaufmann, Sidi Omar, bei uns, der als spanischer Consularagent functionirt, und warnte meinen Dolmetsch. Er habe
gehört, die marokkanische Regierung sei entschlossen,
Hadsch Ali gefangen zu nehmen, nach Tanger zurückzu-
bringen und ihn dann den algerianischen Behörden auszuliefern. Es wäre mir dies sehr unangenehm gewesen, und
mein Dolmetsch selbst war sehr ängstlich; ich beruhigte
ihn damit, dass er jetzt in meinen Diensten stünde, von mir
bezahlt und in Gegenwart des deutschen Vertreters in Tanger

engagirt worden sei, und deshalb unmöglich ohne weiteres
abgefasst werden könne. Jedenfalls trug das alles nicht
dazu bei, mir bei den Behörden Ansehen zu verschaffen,
und man fand meine Anwesenheit in Fäs offenbar unbequem.

Hadsch Ali hat hier viele Freunde und Verwandte und
wir erhielten häufig Besuch. Da wir nun dem Landesge-
brauch huldigen und jedem Besucher Kaffee oder Thee vor-
setzen mussten, so war es nöthig, den ganzen Tag über
warmes Wasser im Kessel zu haben, um es schnell siedend
zu machen. Ich hatte zur Besorgung der ganzen Küchen-
angelegenheit ein jüdisches Ehepaar engagirt, dem ich ein
Zimmer im Hause einräumte, in welchem sie wohnten; er
besorgte die Einkäufe, sie das Zubereiten der Speisen, die
gar nicht schlecht waren.

Möglichst häufig ging ich aus, um aus dem kalten Hause
herauszukommen; der Unterschied der Temperatur war wirklich auffallend, und während wir in unsern Wohnräumen
vor Kälte zitterten, hatten wir im Freien eine äusserst be-
hagliche Temperatur von 18—20° C. Hadsch Ali hatte
einen jungen Neffen in Fäs, der fast täglich unser Gast
war und allein mit seiner Mutter lebte. Der Vater war
lange auf Geschäftsreisen abwesend und sie hatten nur Einen
Diener. Dieser war gleichzeitig Pächter eines nicht weit
von unserm Hause gelegenen Gartens, in dem viele Orangen-,
Feigen- und andere Bäume wuchsen. In diesen Garten
zogen wir uns dann zurück, wenn es im Hause nicht mehr
zum Aushalten war, oder wenn wir zu müde waren, in den
Bazaren und engen Gassen herumzulaufen. Letzteres war
zwar sehr interessant, aber auch peinlich wegen der Volksmenge, die immer um uns herum war. Stets begleiteten
mich meine beiden Machazini, um mich vor Zudringlich-
keiten und Insulten zu schützen. Von hier lebenden Europäern habe ich nur zwei gesehen, einen englischen Offizier,

der als Instructeur in der Artillerie angestellt war, und einen spanischen Arzt; wenigstens gab sich dieser alte eisgraue, aber geckenhaft in Sammt gekleidete und mit alten, oft gewaschenen Glacéhandschuhen versehene Mann dafür aus. Er war eine von den abenteuerlichen Existenzen, die sich oft genug in mohammedanischen Ländern finden; ich traf ihn eines Tages bei dem früher erwähnten arabischen Kaufmann, der als spanischer Consularagent gilt. Das Benehmen dieses frechen Polterers, der durch Schreien und Drohen erzwingen wollte, dass ihm der Sultan ein Haus geben und wozu ihm Sidi Omar behülflich sein sollte, stach merkwürdig ab von der ruhigen Würde des überaus feinen, in jeder Beziehung taktvollen Arabers, der ein vornehmes, durch ein etwas leidendes Aussehen noch gehobenes Benehmen zur Schau trug.

Am Tage nach meiner Ankunft kam noch ein Europäer nach Fäs, ein Verwandter des Dragomans bei der französischen Botschaft in Tanger; derselbe soll unterwegs stark bestohlen worden sein und brachte durch seine Ersatzansprüche die Regierungskreise gleichfalls in Verlegenheit. Das dürfte zu meiner Zeit die gesammte europäische Colonie in Fäs gewesen sein.

Im allgemeinen sieht man es sehr ungern, wenn Christen in die Hauptstadt kommen; man kann dieselben natürlich nicht vertreiben, sucht ihnen aber den Aufenthalt so ungemüthlich wie möglich zu machen. Es ist dies übrigens seitens der marokkanischen Regierung ein sehr schlaues Verfahren, denn es werden dadurch viel leichter die zahlreichen unvermeidlichen Conflicte vermieden, wie sie in andern mohammedanischen Ländern vorkommen und die ja immer zum Nachtheil der Eingeborenen enden müssen.

VIERTES KAPITEL.

FÅS, DIE RESIDENZ DES SULTANS MULEY HASSAN.

Lage der Stadt. — Der Fluss. — Wasserleitung. — Klima. — Name und Gründung. — Befestigungen. — Thore. — Eintheilung der Stadt. — Bevölkerung. — Kleidung. — Häuser. — Frauen. — Judenquartier. — Stellung der Juden. — Verbrennung eines Juden. — Handel und Industrie. — Moscheen und Schulen. — Inschrift. — Maurische Fayence. — Fundāq und Bazare. — Einkäufe. — Bastion. — Frühstück. — Si Sliman. — Ausflug in die Salzminen. — Einkauf der Pferde. — Der Wochenmarkt. — Der Besuch der Gräber. — Abreise.

Fâs liegt auf einer Hochebene zwischen den nördlichen Ausläufern des Atlasgebirges und einem weniger hohen, vorherrschend aus Kreidemergeln bestehenden Gebirgszug, der, parallel den Rifgebirgen streichend, die weite, fruchtbare, el Gharb genannte Ebene im Osten begrenzt. Die Höhe dieses aus Conglomerat zusammengesetzten Plateaus beträgt etwas mehr als 200 m über dem Meere. Dasselbe wird durch eine Anzahl mehr oder weniger tiefer Flussthäler durchzogen; eins derselben, das sich besonders tief eingewühlt hat, ist der Wad el Fâs, der nur wenige Meilen südwestlich der Stadt entspringt, auf einer kleinen Bodenschwellung, genannt Ras el ma (Kopf des Wassers), von wo eine ganze Zahl kleiner Gewässer nördlich, nordöstlich und östlich zum Sebu abfliessen. In dem tiefen wenig breiten Einschnitt liegt die Altstadt von Fâs, deren Häuser rechts und links an beiden Gehängen des Flussthales terrassen-

förmig ansteigen. Es müsste demnach der Wad el Fäs
mitten durch die Stadt fliessen. Das ist aber nicht der
Fall, im Gegentheil sieht man in der ganzen Stadt nirgends
etwas von diesem Wasserlauf. Derselbe wird nämlich noch
vor dem Eintritt in die Stadt in verschiedene Kanäle getheilt, die sich wiederum in Tausende von feinen Wasser-
adern durch die Häuser ziehen. Alle Häuser und Gärten
sind mit dieser natürlichen Wasserleitung versehen. Es
gibt wol wenige Städte, die eine so wohlorganisirte Wasserversorgung haben wie Fäs, aber leider wissen die Bewohner
dieselbe durchaus nicht zu schätzen und zu verwerthen;
denn die Stadt ist im allgemeinen schmuzig. Sehr treffend
sagt Ludwig Pietsch, der die deutsche Gesandtschaft im
Jahre 1878 nach Fäs begleitete, indem er den Aufenthalt
in dem schönen inmitten von Gärten gelegenen Hause schildert, das der Sultan den Deutschen während ihres Besuches
in Fäs zur Verfügung stellte: „Was ihm einen so wesentlichen Reiz und Vorzug gibt, die Fülle lebendigen Wassers,
bildet zugleich den der ganzen Stadt Fäs selbst, den sie
vor so vielen andern Hauptstädten der Welt, mit Ausnahme
von Rom (und gegenwärtig Wien) voraus hat. Wie in der
ewigen Siebenhügelstadt, rinnt und rauscht auch hier überall das belebende Element in verschwenderischer Fülle.
Aber diese herrliche Gabe ist einer Bevölkerung geschenkt,
die sie sehr wenig nach ihrem vollen Werth zu würdigen
weiss, die sie viel mehr zu verderben, zu vergiften und um
ihre wohlthätigen Wirkungen zu bringen, als im rechten
Sinne zu benutzen versteht. Die Stadt der üppigsten Wasserfülle ist unter allen mir bekannten Städten auch die des
fürchterlichsten Schmuzes, der verabscheuungswürdigsten
Luft, Erde und Wasser verpestenden Unreinlichkeit. Die
Natur hat sie mit Segnungen überschüttet: ein glückliches
Klima, ein freigebiger Boden, unvergleichliche landschaftliche Schönheit, an welcher jene Wasserfülle einen sehr

wesentlichen Antheil hat. Aber die Bewohner sorgen dafür,
dass diese Geschenke so gut wie fruchtlos bleiben."

Nachdem das Wasser alle Häuser und Gärten durch-
laufen, vereinigen sich die zahllosen Rinnsale im Osten der
Stadt wieder zu einem Flusse, der nicht weit davon in den
Sebu, den Hauptstrom Marokkos, mündet. Es wird wenige
Beispiele geben, wo ein ganzer Fluss in dieser Weise als
Wasserleitung und Wasserversorgung für eine fast 100000 Ein-
wohner zählende Stadt benutzt wird.

Der Ort zerfällt in zwei durch eine tiefe Einschnürung
getrennte Theile: Fäs-el-Djedid, Neu-Fäs, welches hoch
auf dem Plateau gelegen ist und in welchem die ausgedehnten Baulichkeiten des Sultans sich befinden, und das tiefer
gelegene Fäs-el-bali, die Altstadt. Das Klima von Fäs ist,
wie überhaupt in dem bei weitem grössten Theile von
Marokko, ein gesundes, keine zu grossen Extreme auf-
weisendes. Wenn in der überaus dicht bevölkerten Altstadt
Krankheiten vorkommen, so liegt das an der Nachlässigkeit
der Bevölkerung und dem dichten Beisammenwohnen derselben. Es gedeihen die Getreidearten der nördlichen Zone
ebenso gut wie die Mandeln, Orangen, Granaten, Feigen
und Datteln des Südens, und es ist erstaunlich, wie bei der
primitiven Art und Weise der Bearbeitung so reiche Ernten
gewonnen werden. Die höher gelegenen Theile von Fäs
sind reich an schönen, üppigen Gärten und ausserhalb der
Stadt finden sich zahlreiche ausgedehnte Oliven- und Orangen-
haine. Der Araber hat einen gewissen Sinn für Gartenanlagen, aber meistens sind dieselben vernachlässigt, wie
überhaupt alles in Marokko. Ueberall sieht man die Spuren des Verfalls, und die gegenwärtige Generation wäre
wol unfähig, ein so sinnreiches Kanalisationssystem zu bauen,
wie es Fäs seit uralter Zeit besitzt. Wenn irgendein Volk,
so sind es die Araber, die von einer grossen, ruhmvollen
Vergangenheit zehren; nicht im Stande, etwas Neues zu

erfinden, und zu verblendet, um die Culturfortschritte des
Abendlandes zu acceptiren, wissen sie nicht einmal die
Ueberbleibsel einer relativ hohen Entwickelungsperiode zu
conserviren.

Seinen Höhepunkt erreichte Fäs während des Mittelalters,
als es ein Centralpunkt des geistigen Lebens war und
Gelehrtenschulen und Bibliotheken sich dort fanden; damals
mag es auch gegen 400000 Einwohner gehabt haben. Die
Stadt soll schon im Jahre 808 gegründet worden sein durch
Edris ben Edris, den Sohn eines Abkömmlings des Propheten,
Muley Edris, der aus seiner Heimat vertrieben worden war.
Fäs bedeutet „Beil“, und der arabische geographische
Schriftsteller Ibn Batuta erzählt, man habe bei den ersten
Fundirungsarbeiten in einer Höhlung ein Beil gefunden und
danach die neue Stadt genannt. Die Araber haben es stets
verstanden, ihre Städte da anzulegen, wo sowol in commer-
zieller wie strategischer Beziehung die Verhältnisse die
günstigsten waren. Von Fäs führen drei gute Strassen an
wichtige Punkte: eine an das Mittelmeer, eine an den Atlantischen Ocean und eine dritte über bequeme Passhöhen
des Atlasgebirges hinab in die reichbevölkerte Oasengruppe
Tafilalet; aber auch nach Osten zu, nach der algerianischen
Grenze gibt es einen Verkehr durch das gebirgige Terrain.
Nimmt man dazu die geschickte Benutzung des Flusses und
die für frühere Zeiten enorm starke künstliche Befestigung
des Ortes, so begreift man, dass diese Stadt, in deren
Mauern gelehrte und kriegstüchtige Sultane ihre Residenz
aufschlugen, bald zu einem mächtigen Mittelpunkt für die
maghrebinische Welt werden musste.

Fäs ist von einer doppelten sehr hohen Mauer umgeben;
die mit Zinnen versehene Aussenmauer ist mehr als 30 Fuss
hoch, die innere etwas weniger; in gewissen Zwischenräumen
sind festere thurmartige Vorsprünge. Sowol im Norden
wie im Süden der Stadt befindet sich je eine aus festen

Mauersteinen errichtete Bastion, die ehemals mit Kanonen
armirt waren. Die Mauern der Stadt, wie auch die Häuser,
sind entweder aus flachen, gebrannten Ziegeln gebaut oder
aus einem Gemenge von Kalk, Kies und Lehm, das, stark
und lange gestampft, eine sehr feste Masse bildet. Alle
diese Befestigungen sind natürlich völlig unzulänglich, wenn
es sich um einen Krieg mit einer europäischen Macht handelt; auch zeigen sie überall Sprünge und Risse und Zeichen
des Verfalls und man hält es nicht der Mühe werth, dieselben zu repariren.

Die mächtigen Thore, welche von verschiedenen Seiten
in die Stadt führen, werden des Nachts geschlossen und
bewacht. Es gibt in Fâs sieben Thore; einem jungen arabischen Studenten, einem Neffen meines Begleiters Hadsch
Ali, verdanke ich die Namen derselben:

1) Bab-el-Fetuh[1], von wo man nach Taza, Ujda und
Tlemsen geht.

2) Bab-Sidi-Fadschidah, von wo man nach Lehyayin
und Ulad-el-Hadsch sowie zu den Bergkabylen geht.

3) Bab-el-Habis[2], von wo man nach Ksâr und Tanger geht.

4) Bab-el-Mahruk[3], von wo man nach Miknas geht.

5) Bab-bu-Dschelud, von wo man nach Maula Jacub
und Zahrun geht.

6) Bab-el-Hadid[4], von wo man zu den ⎫
Berbern geht. ⎪
                                        ⎬ Atlasgebirge.
7) Bab-el-Dschedid[5], von wo man ⎪
nach Safr und Samra geht. ⎭

Die Stadt Fâs besteht aus drei grossen Quartieren, von
denen jedes in sechs Districte zerfällt; jeder District hat
einen Vorsteher, der die Verwaltung desselben zu besorgen

---

[1] Thor des ersten Sieges. (?) [2] Thor des Gefängnisses. [3] Verbranntes
Thor. [4] Thor des Eisens. [5] Neuthor.

hat. Derselbe besitzt die Schlüssel zu den dem Sultan gehörigen Gebäuden seines Bezirkes und hat vor allem auch
die Aufsicht über die Wasservertheilung in die Häuser und
Gärten, die er je nach Bedürfniss und dem jeweiligen
Wasserstand sperren und öffnen kann. Die grossen Quartiere
heissen: El-Andaluss, el-Kamtyin und el-Nâdnyin
(die Feinde); ersteres ist, wie der Name sagt, von den aus
Spanien vertriebenen Arabern gegründet und bevölkert
worden.

Die 18 Districte und deren Vorsteher (im Jahre 1880)
sind folgende [1]:

1) el-mokalkilin (die Stotterer). Vorsteher el Hadsch Muhammed Bennis.

2) Ras-el-Dschenenat (Kopf der
Gärten) el-Meskudi.

3) Laavun el-Sidi-Muha-
med-el-Bagdadi.

4) Eschzam . Ben Hedua.

5) Leknass Faddul-el-Bur.

6) el-Adu . . . . el-Assad.

7) { Darb-el-Scheich (Weg des
Scheich)
Darb-el-Mischmisch (Weg
der Aprikosen) } Omar Makluf.

8) el-Keddan . . . . . Smud.

9) Leblid und Darb-el-Tauil . Ben Kiran.

10) Fundaq-el-yahud (Juden) . el Zizi.

11 El-Sajat (Goldschmiede-
kunst) und Eskir Hadsch Muhamed

---

[1] Auf dem mir von meinem arabischen Studenten gelieferten Verzeichniss der Districte steht als Ueberschrift: „Namen der Quartiere,
welche sich finden in der Stadt unsers Herrn Maulana Edris"; und
als Unterschrift stand: „Gott weiss es, Gott weiss es, Gott weiss es."

9*

12) Ain-el-Chail(Pferdebrunnen)
und Darbel-Remman (Weg
der Granatbäume) . . Vorsteher Ahmed Diban.
13) el-Charbilyin (Schuhmacher) Muhamed Betar.
14) Guernis . . . . el-Lábi.
15) Essnaket ben Safi und Darb-
el-ma (Wasserweg) Abder-
rahman
16) El Qasba (die Citadelle)
zwischen Fäs-el-Dschedid   Omar-el-Hauass.
(Neu-Fäs) und
17) Fäs-el-bali (Altfäs) beim
Báb Buschlud

Ferner der Suk-el-Khamis (Donnerstagsmarkt, verwaltet
von Hadsch-el-ghaliel-Ärfauï.

Die Vorsteher der Bezirke sind direct dem Kaid von Fäs
verantwortlich: auch ist es ihre Aufgabe, die Steuern in
dem betreffenden Bezirk einzunehmen und an die Regierung abzuführen. Vermuthlich haben dieselben auch ein
Verzeichniss der in ihrem Bezirk ansässigen Bewohner
und daraus liesse sich dann annähernd die Zahl der Einwohner der Stadt bestimmen. Wenn ein solches Verzeichniss
existirt, so dürfte es aber nur die Namen der selbständigen
Familienväter enthalten, ohne die Zahl der Weiber, Kinder
und Sklaven mit aufzuführen.

Die Zahl der dort ansässigen mohammedanischen Bevölkerung dürfte doch gegen 100000 betragen. Der Kern
der Bevölkerung, was wir den Mittelstand nennen, also die
Kaufleute und Handwerker, besteht aus Mauren, ein Gemisch
der Araber, besonders der aus Spanien vertriebenen, mit den
ursprünglichen berberischen Bewohnern des Landes. Sie
zeichnen sich durch eine weisse Hautfarbe und schöne vornehme Gesichtszüge aus, sind sehr geschickte Handelsleute,
ruhig und würdevoll in ihrem Benehmen und bilden den

friedliebenden, steuerzahlenden Bürger. Die untern Volksschichten, die Arbeiter, Lastträger, Kleinhändler sind zum
grossen Theil freigelassene Negersklaven, auch Mischlinge
zwischen Negern und Arabern, und die höchsten Kreise, die
Beamten bis zum Sultan hinauf, sind gleichfalls vorherrschend Leute von dunkler Hautfarbe. Einzelne Gouverneure
sind direct Neger, die durch eine Laune des Sultans zu
dieser Stellung gekommen und infolge dessen vollständig
abhängige Creaturen sind.

Es muss jedem Europäer, der nach Marokko kommt,
auffallen, welch ruhige distinguirte Würde die Mauren in
ihrem Benehmen zur Schau tragen. Die überaus schönen
charaktervollen Köpfe, bekleidet mit dem mächtigen schneeweissen Turban, haben entschieden etwas Sympathisches.
Die Kleidung ist eine sehr gefällige; über dem aus rothem
oder braunem Tuch gefertigten Kaftan wissen sie mit ausserordentlicher Geschicklichkeit den feinen Hayak zu drapiren,
ein grosses Stück einer Toga ähnlichen, leichten und feinen
Zeuges, ungebleichtes Gewebe, das über den ganzen Körper,
selbst den Kopf geworfen wird; es ist etwas unbequem zum
Tragen, da es die freie und schnelle Bewegung hindert,
aber der Maure hält jede hastige, schnelle Bewegung für
unschicklich und unschön, und bewegt sich stets mit einer
ruhigen Grandezza. Auf Reisen trägt man in der Regel
dieses feine Kleidungsstück nicht, sondern den aus feinem
blauen Tuch bestehenden weiten Mantel, Burnus, der mit
einer Kapuze versehen ist. Die bis an die Knöchel reichenden Beinkleider sind gleichfalls von Tuch; Strümpfe tragen
die Mauren (ausser in Tanger und einigen andern Küstenstädten) nicht, sondern nur gelbe Pantoffeln. Die ärmere
Bevölkerung ist natürlich viel einfacher bekleidet; sie
begnügt sich mit Hemd und Hosen von Leinwand und
darüber eine Dschellaba aus ungebleichter Baumwolle
oder aus einem dunklern, gestreiften und festern Stoff;

dazu ein einfacher weisser Turban. Die Mauren haben
die Sitte, den Kopf völlig glatt zu rasiren, der Bart wird
lang getragen, aber der Schnurrbart gestutzt. Freitags
wird gewöhnlich gebadet und die Procedur des Haar-
scherens am Körper vorgenommen. Es ist merkwürdig,
dass Leute, deren Kleidung bei der Vorliebe für weiss
immer so sauber und anständig aussieht, keinen Sinn haben
für die Reinhaltung der Stadt; dass es ihnen gleichgültig
ist, ob dicht neben ihrem schön eingerichteten Hause ein
Misthaufen mit verwesenden Thierleichen liegt, den sie täglich sehen und riechen müssen. Alle Sorgfalt concentrirt
sich auf das Innere des Hauses; dort sucht sich jeder so
schön einzurichten, als es seine Mittel erlauben, was aber
ausserhalb desselben ist, kümmert ihn nicht. Die Be-
deckung des Fussbodens und eines Theiles der Wände mit
kleinen schachbretartig geordneten Fliesen gibt dem Hause
an und für sich etwas Sauberes; die schönen Teppiche, die
reichgestickten Polster und die bunten Sammtstreifen mit
eingestickten Goldverzierungen, die an den Wänden angebracht werden, geben den Wohnzimmern ein sehr elegantes
Aussehen. Insbesondere werden die Frauengemächer in den
Häusern der wohlhabenden Araber mit grossem Luxus ausgestattet.

In keinem mohammedanischen Staate sind die Frauen
so vollständig vom Verkehr mit der Aussenwelt abgeschlossen wie in Marokko. Sobald sie das Haus verlassen und die
Strasse betreten haben, gleichen sie eher einer schwerfällig
dahinwandelnden gesichtslosen Puppe als einem menschlichen Wesen. Das Gesicht wird mit einem weissen Tuch
umwickelt, sodass nur die Augen frei sind; der ganze Körper aber wird in ein grosses, betttuchartiges Stück Zeug gehüllt, sodass man von einem solchen Wesen nur ein Auge
und die rothen Pantoffeln erblickt, alles andere ist dicht
bedeckt. Nur die ärmere Landbevölkerung sowie die Neger-

PATIO EINES HAUSES IN FÂS.

S. 131

sklavinnen sind weniger eingenommen. Selten beobachtet
man, dass ein Mann mit einer Frau auf der Strasse spricht,
es gilt das nicht für passend; der Europäer, der nach Marokko kommt, muss sich hüten, die ihm in den Strassen
begegnenden Frauen anzusehen, er thut im Gegentheil gut,
sich abzuwenden oder denselben aus dem Wege zu gehen.
Im Anfang hatte ich die begreifliche Neugier, etwas von
dem so verschleierten Gesicht zu sehen, wurde aber bald
von einigen arabischen Freunden auf das Unschickliche
meines Benehmens aufmerksam gemacht. Es entspricht dies
ganz der untergeordneten Stellung der Frauen; so wie sie
im Hause nicht gleichzeitig mit ihrem Mann essen dürfen,
sondern mit den Kindern und Dienstboten für sich speisen,
so hält es auch der Mann für unwürdig, mit einer Frau
auf öffentlicher Strasse zu verkehren.

Im allgemeinen sind die Frauen der Städtebewohner von
Marokko nicht besonders schön. Ich verdanke es nur dem
Umstande, Sidi Hadsch Ali als Dolmetsch und Begleiter
mit mir genommen zu haben, dass ich öfters marokkanische
Frauen in ihrem reichen, aber schwerfälligen Hauscostüm
gesehen habe. Ich habe mit demselben nicht nur viele Besuche in Fäs und andern Orten bei Mauren gemacht, sondern die Frauen kamen selbst in unser Haus, um sich von
Hadsch Ali, der es verstanden hatte, sich als Scherif einen
gewissen Nimbus zu verschaffen, Amulete schreiben zu
lassen; auch musste ich vielfach als Arzt fungiren. Ich
fand die Mehrzahl der Frauen klein und sehr corpulent
infolge ihres faulen Lebens; bei grosser Jugend ist eine gewisse Schönheit, besonders der dunkeln glänzenden Augen,
nicht zu leugnen, aber diese orientalische Schönheit hat
für Nordländer etwas Fremdes, Unverständliches; sie vermag wol für den Moment anzuziehen, aber nicht zu fesseln.
Sobald die sehr jung verheiratheten Frauen ein oder ein
paar Kinder haben, verblühen sie schnell und müssen jüngern

Platz machen. Die Kleidung der marokkanischen Frauen der bessern Klasse ist ziemlich reich: sie tragen als Oberkleid einen Kaftan von Tuch mit sehr weiten Aermeln, der, vorn theilweise offen, das reichgestickte Hemd durchblicken lässt; Beinkleider von Tuch und an den Füssen kleine rothe, oft reich mit Gold und Silberdraht gestickte Pantoffeln. Um die Hüfte wird ein fussbreiter gleichfalls gestickter Gürtel getragen; diese Gürtel, oft sehr alt und von reicher Arbeit, repräsentiren manchmal einen hohen Werth. Es ist dies derjenige Theil der Toilette, auf den die Frauen den grössten Werth legen, und mit nichts kann ein Mann einer Frau eine grössere Freude machen als mit einem gold- und silberdurchwirkten seidenen Gürtel. Das schwarze Haar, in kurze Zöpfe geflochten, wird meistens von einem seidenen Tuche bedeckt. Schmuck und zwar vorherrschend originell, aber grob gearbeiteter Silber- oder Korallenschmuck wird viel getragen und überall angebracht: um den Hals, am Handgelenk, am Kaftan, in den Ohren, den Haaren. Färbung des Gesichts, der Augenbrauen, Lippen, Zähne, ferner der Fingernägel, Bemalung des Armes und Fusses u. s. w. ist allgemein; die marokkanischen Frauen haben ein ausserordentlich complicirtes System von Toilettegeheimnissen.

Die Frauen sind ausserordentlich ungebildet, selten kann eine derselben lesen oder schreiben; auch betheiligen sie sich im allgemeinen wenig an den religiösen Uebungen. Da die marokkanischen Handelsleute häufig lange und grosse Reisen unternehmen, so kommt es, dass die meisten derselben in verschiedenen Städten einen Haushalt mit Frau und Kindern haben. Die lange Abwesenheit des Mannes trägt dann natürlich nicht dazu bei, dass die gelangweilten Frauen die eheliche Treue besonders hoch achten; häufig genug gerathen sie sogar in Noth, wenn der auf Reisen befindliche Ehemann nicht zu rechter Zeit die zugesicherte monatliche Unterstützung schickt, sodass dann viele der-

selben auf andern Erwerb angewiesen sind. In Fäs ernähren sich übrigens viele derartige Frauen durch Sticken in
Seide, Gold und Silber.

Traurig ist meistens das Los der alten Weiber: die mohammedanische Ehe lässt sich sehr leicht trennen und es
kommt sehr häufig vor, dass Männer ältere Frauen mit einer

Fig. 6. Junge marokkanische Jüdin.

minimalen Abfertigungssumme einfach fortschicken oder
ihnen im besten Falle eine äusserst geringe Subvention geben,
sodass sie sich kaum erhalten können. In den bessern
Kreisen kommt das wol nicht oft vor; dort lebt einfach die
depossedirte Frau im Hause ruhig weiter und verträgt sich
meist ganz gut mit ihren Nachfolgerinnen; ja es geschieht

gar nicht so selten, dass eine Frau, welche merkt, dass ihre
Zeit um ist, selbst für ihren Mann ein passendes junges
Mädchen aussucht und ihm zur Ehe empfiehlt. Die Ehen
werden in der Regel vor dem Qadi, dem Richter des betreffenden Ortes, geschlossen.

Hübsch sind meistens die Kinder, aber auch sie bekommt
man, wenigstens aus den bessern Kreisen, nicht häufig zu
sehen; wer bei einigen Arabern eingeführt ist, dem werden
wol auch die Kinder von den Dienstboten oder Sklavinnen
vorgeführt, die Frauen aber bekommt man in der Regel
nicht zu sehen. Ich hatte in Fâs vielfach Bekanntschaften
von Arabern gemacht, zum Theil ganz vorurtheilsfreie Leute,
in deren Hause ich ein- und ausging. Aber so oft ich beim
Hausthor anpochte, musste ich einige Zeit warten, bis man
die weiblichen Bewohner des Hauses in ein entferntes
Zimmer gewiesen hatte. Bei den Leuten des Mittelstandes,
den wohlhabenden Kaufleuten, wurde ich gewöhnlich in die
Prachtzimmer geführt, wo sich die Frauen aufzuhalten
pflegen, dort also, was man gewöhnlich Harem nennt, aber
die Frauen selbst wurden vorher herausgetrieben.

Unter den Frauen in Fâs und auch in Marrakesch fand
ich eine Unsitte verbreitet, die ich nicht erwartet hätte,
nämlich das Trinken von geistigen Getränken. Die Juden
fabriciren einen Anisette-Branntwein, der fast ausschliesslich
von den maurischen Frauen gekauft wird. Während die
Männer in dieser Hinsicht vollständig Puritaner sind, trinken
die Frauen in grossen Quantitäten den Branntwein. Die
Frauen, die in unser Haus kamen, um Hadsch Ali zu besuchen, verlangten gewöhnlich von mir ein Glas Wein oder
Cognac, und ich war erstaunt zu sehen, wie viel dieselben
vertragen können. Der absolute Mangel einer den Geist
anregenden Beschäftigung, selbst nur einer Unterhaltung,
lässt die Unglücklichen in ihrer Langeweile auf dieses Ge-
nussmittel verfallen. Süssigkeiten lieben sie natürlich auch

sehr, und die Marokkaner verstehen derartige Sachen in grosser Mannichfaltigkeit darzustellen.

Für ihre Kinder haben die Weiber eine grosse Zärtlichkeit, wenigstens solange erstere klein sind; als Säugling pflegen sie dieselben, in ihr weites Umschlagetuch gehüllt, auf dem Rücken zu tragen. Sehr verbreitet ist die Sitte, die Kinder lange Zeit zu säugen, und man sieht vier- und fünfjährige Buben und Mädchen sich in dieser Weise ernähren. Sind die Knaben erwachsen, so emancipiren sie sich sehr schnell von der mütterlichen Zucht und gewöhnen sich bald ein für den Fremden peinliches und beleidigendes Benehmen gegenüber Frauen, selbst der eigenen Mutter, an. Die Knaben werden eben von Jugend auf dazu erzogen, sich für etwas Besseres zu halten als die Mädchen. Die Verachtung der Frau ist derjenige Grundcharakter der Mohammedaner, der es unmöglich macht, dass diese Leute sich in unsere Culturanschauungen finden können. Der Quran erlaubt bekanntlich vier Frauen; mehr zu halten ist aber nicht verboten. Indess ist das Ganze eine Geldfrage, und es gibt viele Leute, die sich mit einer Frau begnügen müssen.

Fäs hat eine grosse Mellah, d. h. ein Judenquartier, das, an die Stadtmauer angrenzend, von den übrigen Theilen der Stadt durch Thore absperrbar ist. Es gibt wol kein Land der Erde, wo die Juden so der allgemeinen Verachtung preisgegeben sind wie in Marokko. Das auserwählte Volk Jehovah's hat hier das Elend der Heimatlosigkeit in seiner ganzen Bitterkeit zu ertragen. In ihr enges, schmuziges, übervölkertes Quartier eingepfercht, führen sie trotz aller Bedrückungen ein glückliches, geordnetes Familienleben, das überaus vortheilhaft absticht gegenüber der Vielweiberwirthschaft der Mohammedaner. Der grösste Theil des Handels in Marokko liegt in ihren Händen, besonders der Export und Import, und ein grosser Theil der Jhudi ist wohlhabend. Ausgesaugt von den Grossen, den Macht-

habern, verachtet von dem gewöhnlichen Volk, führen die
Juden einen permanenten Kampf ums Dasein. Wol ist ihre
persönliche Sicherheit genügend garantirt; schon aus dem
Grunde, weil sie den Mohammedanern eine unversiegbare
Quelle bilden, aus der die stets geldbedürftigen Gouverneure
nach Belieben schöpfen können, müssen sie sich doch eine
Menge der grössten Demüthigungen gefallen lassen. Sie
erscheinen ausserhalb der Mellah stets in dürftigster,
schmuziger Kleidung, um nicht den Schein des Reichthums
zu zeigen und dadurch die Habsucht zu erwecken; scheu
und gebückt schleichen die Juden längs der Häuser hin,
ängstlich die Strassen vermeidend, in denen sich eine Moschee
befindet. Ausserhalb ihres Quartiers dürfen dieselben,
Männer wie Weiber, nur barfuss erscheinen, und es macht
einen merkwürdigen Eindruck, alte, echt biblische Gestalten
mit schönem Kopf, oder Frauen, deren Männer ein Vermögen von Hunderttausenden haben, die Pantoffeln unter
der Dschellaba verborgen, sich ängstlich durch die maurischen Bazare drängen zu sehen. Und doch sind die Jhudi
für die Araber unentbehrlich und ohne sie würde der ganze
Handel und Wandel stagniren; aber auch die Juden würden
ungern, trotz aller Demüthigungen und täglich sich wieder-
holenden Insulten, ein Land verlassen, in welchem ihr un-
begrenzter Schachertrieb und eine angeborene Gewinnsucht
nach jeder Richtung hin befriedigt wird.

Ganz im Gegensatz zu dem scheuen ängstlichen Auftreten in den Strassen von Fäs steht ihr Benehmen in der
Mellah. Dort haben sie ein Selbstbewusstsein, wie es eben
der reichliche Besitz von Geld und Gut mit sich bringt;
hier kleiden sie sich in schöne Gewänder und besonders
die Frauen haben ausserordentlich werthvolle, reich mit
Gold gestickte Kleider, alte Erbstücke, die seit Jahrhunderten in derselben Familie sich befinden, sowie Massen
von plump gearbeitetem Gold- und Silberschmuck. Hier in

diesen engen, übelriechenden Gassen, in denen man über
die Schmuzhaufen stolpert, wo nie ein freundlicher Sonnen-
strahl die Unrathhaufen beleuchtet, sind Massen von Gütern
aufgespeichert und den ganzen Tag herrscht ein lautes
Schachern und Handeln. „Man findet hier zu jeder Zeit
gewiss Gestank und Thätigkeit", diese Worte des Mephisto-
pheles passen wol nirgends besser als auf eine jüdische Mellah
einer marokkanischen Stadt. Und inmitten dieser verpesteten Luft befinden sie sich wohl, geniessen ein vollkommenes
Familienglück und vermehren sich wie der Sand am Meere.
Welche Menge von Kindern in der Mellah von Fäs sich
herumtummelt! Und welche Fülle von Schönheit unter dem
Schmuz und der Vernachlässigung! Wenn am Freitag Abend
eine allgemeine Reinigung stattgefunden hat, sieht man die
prächtig gekleideten Frauen und Mädchen vor den Thüren
sitzen, während die Männer im Versammlungshaus zu ihrem
Jehovah beten. Neugierig und freundlich schauen sie mit
den grossen dunkeln, feucht verklärten Augen den nordischen
Fremdling an; verständnissinnig sagen sie sich einander zu,
dass der Rumi aus einem Lande komme, wo die Juden nicht
barfuss zu gehen brauchen, wo sie im Gegentheil die
schönsten Paläste, die theuersten Pferde und Wagen besitzen und wo sie mit einem in Marokko unbekannten In-
stitut, der Presse, die ganze öffentliche Meinung dirigiren.
Die jüdischen Frauen haben das Gesicht nicht verschleiert
wie die Maurinnen; das Haupt ist aber auch mit einem
seidenen Tuch bedeckt, um die Perrüke zu verhüllen, die
sie von ihrer Verheirathung an tragen müssen. Ein Unterschied zwischen arm und reich existirt natürlich bei marokkanischen Juden ebenfalls wie überall, aber der Gemein-
sinn und die allgemeine Wohlthätigkeit ist gross und nie
wird man einen Juden völlig zu Grunde gehen lassen; die
gedrückte Stellung, in der sie leben, macht das Band der
Gemeinsamkeit fester, und bei der Genügsamkeit und den

geringen Bedürfnissen derselben findet jeder sein Auskommen. Neben ihrem regelmässigen Handel treiben die marokkanischen Juden auch sehr umfangreiche Wuchergeschäfte, und das trägt eben dazu bei, den Hass der ärmern arabischen Bevölkerung zu vergrössern. Die letztere lebt sehr dürftig, und wenn sie in der Noth zum Jhudi geht, so benutzt derselbe die traurige Lage meist in der unverantwortlichsten Weise. Auch Pfandleihanstalten sind häufig und werden dieselben besonders von arabischen Frauen frequentirt, die ihren Schmuck versetzen.

Bezeichnend für die Stellung der Juden in Marokko ist wol eine Affaire, die sich während meiner Anwesenheit in Fäs zutrug. Am 16. Januar 1880 früh morgens kamen eine Anzahl maurischer Freunde zu mir, um das Allerneueste zu melden: in Fäs sei den Abend vorher ein Jude lebendig verbrannt worden. Der Vorgang wurde mir in folgender Weise geschildert. In der Mellah hätte an diesem Tage ein Jude irgendeine Affaire mit einem maurischen Weibe gehabt, einen Streit, oder eine Liebesaffaire, kurz irgendetwas, was sich nach dortigen Ansichten ein Jude gegenüber einer Gläubigen nicht erlauben darf. Diese Frau habe sich darüber bei einem ihrer Verwandten, der, wenn ich mich nicht irre, sogar einer Scheriffamilie angehört haben soll, beklagt, und dieser setzte den Juden zur Rede; es kam zu einem heftigen Streit und letzterer erschoss den Mohammedaner. Darüber natürlich allgemeine Aufregung. Der Jude wurde sofort gefesselt und gefangen gesetzt; ein Verwandter von ihm soll sich in allzu lebhafter Weise für ihn bei den Behörden verwendet und auf die Protection irgendeines europäischen Staates, ich glaube Frankreichs berufen haben; aber auch er wurde verhaftet. Die Nachricht von der Ermordung eines Mohammedaners im Judenquartier verbreitete sich blitzschnell in der Stadt, und die Aufregung der Bevölkerung war eine sehr grosse, sodass

die Angelegenheit noch denselben Abend dem Sultan unter-
breitet wurde. Es wurde mir nun eine jener orientalischen
Spitzfindigkeiten erzählt, die man immer bereit hat, wenn
es darauf ankommt, hochstehende Personen von dem Ver-
dacht irgendeiner Brutalität zu befreien. Der Sultan soll
nämlich gesagt haben, als ihm die Angelegenheit gemeldet
wurde: „Der Jude sollte verbrannt werden." Die Umgebung
des Regenten aber verkündete der aufgeregten Volksmenge,
der Sultan habe gesagt: „Der Jude soll verbrannt werden."
Thatsache ist nun, dass noch in derselben Nacht einer der
beiden gefangenen Juden einem schauerlichen Auto de Fé
zum Opfer fiel und verbrannt wurde. Man erzählte mir,
wie die Betheiligung des Volkes, natürlich in erster Linie
der untern Schichten, eine ganz ausserordentliche gewesen
sei und wie die ärmsten Leute ihre letzten paar Stücke
Flûs (Kupfergeld) hergegeben haben, um etwas Holz oder
Oel zu kaufen und so das Ihrige zur Verbrennung eines
verhassten Juden beizutragen! Es gibt für den strengen
Gläubigen Marokkos nichts Verächtlicheres als das Wort
Jhudi, eine Verachtung, die in allen Kreisen der Bevölkerung
hervortritt, sodass sich der ärmste Lastträger oder Negersklave für unendlich höher stehend hält als einen Israeliten.
Was aus dem andern Juden geworden ist, weiss ich nicht,
jedenfalls war aber wieder einmal Veranlassung gegeben,
den Geldbeutel einiger jüdischen Familien erheblich zu erleichtern, und gewiss haben die die Angelegenheit führenden
Beamten, vom untersten Machazini angefangen bis zum
allmächtigen Minister, die Gelegenheit benutzt, sich tüchtig
bezahlen zu lassen.

Die Machazini besonders, eine Art Lehnssoldaten, die
Gensdarmerie- und Polizeidienste zu verrichten haben, ver-
stehen es meisterhaft, die Juden, wenn auch nur mit kleinen
Beträgen, auszunutzen; der Jude sucht sich stets mit diesen
Leuten so gut wie möglich zu stellen, und nirgends zeigt

es sich deutlicher, dass *des petits cadeaux entretiennent l'amitié!*

Die Alliance israélite hat sich zwar auch der marokkanischen Juden besonders angenommen; aber die Wirkung zeigt sich nur in den Küstenstädten des Reiches, wo eine Reihe von Beschränkungen und demüthigenden Einrichtungen im Laufe der Zeit aufgehoben und abgeschafft worden ist. In den Städten und Ortschaften des Innern von Marokko wird wol noch längere Zeit die politische und sociale Stellung der Juden dieselbe bleiben wie bisher.

Fäs ist die wichtigste Handels- und Industriestadt des Reiches, und die Massen von fremden Waaren und einheimischen Industrieerzeugnissen, die hier jährlich umgesetzt werden, repräsentiren ein sehr bedeutendes Kapital. Freilich sind es auch hier die hispanischen Juden, die die bedeutendern Geschäfte machen, besonders auch den Import der europäischen Artikel in ihren Händen haben, während die Araber den Kleinhandel besorgen, oder auch den Karavanenverkehr mit dem Süden bis nach Timbuktu hinab vermitteln. Besonders lebhaft ist der Verkehr zwischen Fäs und der jenseit des Atlasgebirges liegenden Oasengruppe Tafilalet, dem Stammsitz der jetzt in Marokko herrschenden Dynastie der Filali. Es führt von Fäs aus eine bequeme, vielbenutzte Route in jene dichtbevölkerte Landschaft, von wo jährlich grosse Mengen Datteln exportirt werden, die sich ihrer Güte wegen eines besondern Rufes erfreuen. Auch die Entwickelung gewisser Industriezweige ist in Fäs eine nicht unbedeutende, und man findet hier in Webereien und Stickereien, Arbeiten in Steingut, Leder, Metall, Stroh und den verschiedensten Stoffen noch sehr viel Originelles. Säbelklingen und Dolche sind mit einer kunstvollen Ciselirung versehen, die Gewehre und Pistolen werden mit geschmackvollen Silberbeschlägen verziert, die Lederarbeiten, besonders das Reitzeug, Sättel u. s. w.

zeigen originelle Formen und bunte Farben. Eine sehr eigenthümliche und schöne Arbeit sind die grossen Theebreter aus glänzend polirtem Messing mit eingeritzten Arabesken, Sinnsprüchen und andern Verzierungen, worunter besonders das sogenannte Siegel Salomonis häufig angewendet wird. Bei den Steingutarbeiten herrschen blaue Farben vor; die gewöhnlichen Gefässe, Wasserkrüge u. s. w., aus porösem lichtgelbem Thon, sind von einer ausserordentlich zierlichen und eleganten Form. Der Schmuck für Frauen, vorherrschend Silber, aber auch Gold und besonders Korallen, ist originell, aber plump.

Unter den Bauwerken von Fäs sind die Moscheen sowie die Bazare und Fundáqs hervorzuheben. Nach den Mittheilungen des früher erwähnten maurischen Studenten besitzt Fäs 130 Moscheen, von denen 10 verlassen sind, während in den übrigen gelehrt wird. Es sind also hiermit gleichzeitig Schulen und nicht blos Bethäuser gemeint. Der Unterricht beschränkt sich in den meisten dieser kirchlichen Schulen auf Lesen und Schreiben und Auswendiglernen von Quransprüchen; an einigen wenigen höhern Anstalten werden noch andere Wissenschaften getrieben, Jurisprudenz, Geschichte, Astrologie, Medicin, Alchymie, Poesie; alle diese Fächer stehen aber auf einer Stufe, wie sie bei uns das Mittelalter hatte. Von der Entwickelung und dem Zustand unserer modernen Wissenschaft haben die Araber absolut keine Idee. Berühmt ist besonders die grosse Moschee in Fäs mit ihren zahlreichen Säulen; sie soll so viel Säulen haben, als es Tage im Jahre gibt. Das Betreten der Moscheen durch einen Ungläubigen ist in Marokko auf das strengste verboten. Selbst in Tanger, wo doch fast die Hälfte der Bewohner Nichtmohammedaner sind, darf es niemand riskiren, einen solchen geheiligten Ort zu betreten, viel weniger natürlich in den Städten des Innern, wo die Bevölkerung noch viel strenger ist. Ich wurde, ehe ich

nach Marokko reiste, darauf aufmerksam gemacht, dass in
einer Moschee in Fäs eine Inschrift sich befände, die für
das Alter der Stadt von Bedeutung sei. Durch meinen
jungen Freund in Fäs erhielt ich denn auch eine Copie dieser Inschrift, welche sich auf einer eingemauerten silbernen
Tafel in der grossen Moschee befindet. Die Uebersetzung
des mir von diesem jungen Studenten gebrachten Zettels
lautet:

1) Ehre sei dem einzigen Gott! Es gibt nur Einen Gott
   und Mohammed ist sein Prophet.

2) Ehre unserm moslemimischen Volk, welches von der
   allmächtigen Vorsehung einen unbegrenzten Wohn-
   raum erhalten hat.

3) Wenn Gott will, so vertreibt er von euch Bewohnern
   des Hauses die bösen Geister und wird euch reinigen.
   Dieses ganze Gebäude [1] am Tage Donnerstag des
   Jahres 306, am ersten des Monats Rabi des Propheten.

4) Ehre sei dem einzigen Gott. Nichts ist ewig als
   sein Reich.

Danach wäre also diese Moschee im Jahre 928 gegründet.

Diese vier Zeilen sollen auf der Tafel stehen; ausserdem
soll aber noch an jeder Seite derselben ein Vers stehen.
Leider hat mir der junge Edris diese vier Randzeilen nicht
gebracht.

Es ist sehr zu bedauern, dass die Marokkaner so mistrauisch sind, wenn man sich über verschiedene Details ihres
Landes oder ihrer Religion erkundigen will. Ich bin überzeugt, der junge Student hatte Mühe, die offenbar nicht
leicht erreichbare Tafel mit der Inschrift zu besichtigen
und die Verse abzuschreiben. Er hat das, wie er mir sagte,
gethan, als er allein in der Moschee war; wahrscheinlich hat

---

[1] Nämlich die Moschee; zu ergänzen ist „wurde gebaut".

er dann nicht wieder Gelegenheit gehabt, die noch fehlenden vier Zeilen, die schwieriger zu lesen waren, zu copiren.

Vergeblich war es, dass ich nach Resten alter maurischer Fayencen suchte, jener eigenthümlichen metallisch glänzenden Gefässe und Schüsseln, wie sie als werthvolle Seltenheiten in den Museen aufbewahrt werden. Das Wenige, was die aus Spanien vertriebenen Araber mit nach Marokko gebracht haben, ist von den verschiedenen Gesandtschaften europäischer Staaten, die Marokko seit Beginn dieses Jahrhunderts in rascher Aufeinanderfolge zu sehen Gelegenheit hatte, entführt worden; und wenn sich von dieser schönen, alten und originellen Arbeit noch etwas finden sollte, so könnte es nur in Andalusien sein. Freilich findet der Tourist bei den Antiquitätenhändlern in Granada Mengen „alter maurischer Fayence", die aber in Paris und London ihre Heimat haben.

Die Handwerker und Fabrikanten sind in Fäs in Quartiere getheilt. In einem solchen Quartier befinden sich ein oder mehrere grosse Fundâqs, d. i. grosse ärarische Gebäude mit Magazinen, Werkstätten, Ställen, Wohnungen u. s. w. der betreffenden Zunft sowie auch die Bazare, enge Gassen mit zahllosen kleinen Butiken. Es gibt demnach Quartiere und Fundâqs der Lederarbeiter, der Tischler, der Goldschmiede, der Waffenfabrikanten u. s. w. Der Hauptbazar befindet sich inmitten der Stadt, ein grosses Gebäude, in verschiedene Höfe getheilt mit zahllosen kleinen Läden. Hier herrscht immer ein lebhaftes Treiben; da jeder Kaufmann seinen bestimmten Platz hat, so wird hier alles verhandelt, und der Bazar vertritt die Kaffeehäuser in andern Städten, wo man sich Rendezvous gibt. Uebrigens sind in jedem Bazar in Fäs einige „fliegende Kaffeehäuser", d. h. Leute mit einem kleinen transportabeln Herd, auf welchem sie einen starken schwarzen Kaffee bereiten und in sehr kleinen Tassen verkaufen. Ich habe oft genug in dem Laden

10*

eines befreundeten Arabers stundenlang gesessen und bei
einer Tasse Mokka dem Leben und Treiben im Bazar zu-
geschaut.

Der Aufenthalt in Fäs wurde mir in dem kalten Hause
etwas verleidet, und so oft es möglich war, verliess ich
dasselbe, um in der Stadt oder deren Umgebung herum-
zugehen. Das wurde aber dadurch sehr lästig, dass immer
ein Soldat mit mir ging, sodass ich mir wie ein Gefangener
vorkam. Ich hatte ein jüdisches Ehepaar engagirt zur Besorgung der Küche, sodass wir zuletzt besser daran waren
als in den ersten Tagen unsers Aufenthalts. Mein Machazini aus Tanger sowie der jüdische Pferdeverleiher von
dort gingen bald wieder zurück, nachdem letzterer noch zu
seiner grossen Befriedigung Rückfrachten erhalten hatte.
Ich konnte Briefe und Sammlungen zurückschicken und
musste dann daran denken, wie ich von Fäs aus weiter
kommen kann. Ich ersuchte beim Premierminister um
Audienz, derselbe war aber krank, und so konnte ich auch
nicht dem Sultan vorgestellt werden, was mich viel weniger
schmerzte als meine Begleiter. Wiederholt sah ich den
Uebungen der Soldaten zu auf dem grossen Platz ausserhalb der Stadt; wer das Einexerciren europäischer Regimenter gewöhnt ist, kann bei diesem Anblick kaum ernst
bleiben. Wie bei uns erregten aber diese Uebungen das
lebhafteste Interesse der weiblichen Bevölkerung aus den
untern Klassen, und eine Menge Frauen hockten halbe Tage
lang im Freien und lugten aus ihren grossen Kopftüchern
auf das grellroth gekleidete Militär. Am 3. Januar kam
ein Kurier von Tanger mit einem Pack Briefe und Zeitungen
für mich, eine hochwillkommene Gabe. In den Bazaren
kaufte ich die verschiedensten Artikel, von denen ich annehmen konnte, dass ich sie späterhin als Geschenke verwerthen kann und die ich hier besser und billiger bekam
als irgendwo anders in Marokko. Besonders waren es

Hayaks (die grossen togaartigen Tücher für Männer), ferner kleine Seidentücher, rothe Kapuzen (sogenannte Fez oder Tarbusch), Räucherholz, Rosenöl in kleinen zugesiegelten Glasfläschchen u. s. w.

Einen sehr hübschen Ueberblick über die Stadt hat man von der südlich gelegenen Bastion, einem ehemals armirten Thurm, einem Lieblingspunkt der Spaziergänger in Fâs, soweit dort überhaupt spazieren gegangen wird. Promenaden und öffentliche Anlagen gibt es in keiner marokkanischen Stadt; der Marokkaner kennt überhaupt das Promeniren nicht. Wenn er nicht zu Hause ist, geht er in die Bazare oder Fundâqs, um sich mit seinen Freunden zu unterhalten. Mitglieder der fanatischen Sekte der Es-Senusi laufen auch hier herum, und man thut gut, diesen mit einer gewissen Ostentation zerlumpt und schmuzig einhergehenden Bettlern aus dem Wege zu gehen. Besuche erhielten wir vielfach und auch wir verkehrten viel in den Häusern der Mauren und haben sehr oft dem Essen beigewohnt. Besonders glänzend war ein Frühstück bei den Verwandten eines grossen Scherifs, der zwar selbst nicht daran theilnahm, dafür aber einen Empfehlungsbrief an einen ziemlich unabhängigen Herrscher eines kleinen Districts im Wad Nun, Sidi Hescham genannt, schickte, dessen Gebiet wir bei unserer Weiterreise durchziehen mussten. Das Frühstück dauerte von früh 8 Uhr bis nachmittags 1½ Uhr! Als Einleitung wurden Unmassen von Thee mit allerhand Backwerk genossen, dann kamen in langen Zwischenpausen alle die in Oel schwimmenden Gerichte, Kuskussu, Hammelfleisch, Hühner u. s. w. Und dazu pures Wasser! Zum Schluss wieder Thee und Früchte. Das Interessanteste dabei war aber ein Musikerquartett, die mit einer geradezu beängstigenden Ausdauer auf ihren Instrumenten herumstrichen und dazu sangen, angeblich Liebeslieder. Die marokkanische Musik ist sehr monoton, und mit vielem Recht haben die

Reisenden dieselbe als abscheulich bezeichnet; ich fand aber
heute doch manchen Ansatz zu einer hübschen Melodie:
vielleicht habe ich mich schon mehr daran gewöhnt als
früher. Dieses glänzende Frühstück mit Musikbegleitung,
welches uns eine wohlhabende und angesehene Familie gab,
hatte den ganzen Stadttheil in Aufregung gebracht. Auf

Fig. 7. Marokkanischer Musiker.

allen Dächern standen die dichtverhüllten Frauen und
lauschten den Tönen. Unser Wirth hatte die Pracht-, d. h.
Frauengemächer zum Speisen benutzt, und infolge dessen
seine Weiber in entferntere Räume verwiesen, von wo sie
sehnsüchtig durch die kleinen Oeffnungen in den Thüren
hervorlugten. Nach dem Essen durften die Kinder kommen,
von einer schwarzen Sklavin geführt. Besonders erinnere

ich mich an ein kleines hübsches Mädchen von 4—5 Jahren,
offenbar das Lieblingskind des Vaters, das anlässlich des
Festes mit Gold- und Silberschmuck überladen war; um den
Hals hatte es ein grosses Collier von rothen Perlen und
der Kopf war buchstäblich bedeckt mit allerhand feinen
goldenen Filigranarbeiten. Am Abend hatten wir dann die
ganze Gesellschaft bei uns und der grüne chinesische Thee
floss in Strömen; ohne den geht eben kein Besuch ab.

Einen interessanten Besuch erhielten wir am 15. Januar.
Es war der Grossscherif von Algier Sidi Sliman. Derselbe
hat bekanntlich einen hervorragenden Antheil genommen
an der Insurrection der Algerianer unter Abd-el-Kader gegen
die Franzosen. Als dann letzterer sich den Franzosen ergab und schliesslich sogar eine Pension annahm, ging
Sidi Sliman mit seinem Anhange nach Marokko, wo ihnen
der Sultan in der Nähe von Marrakesch Land anwies.
Sidi Sliman selbst hält sich in der Regel in der Nähe des
Sultans auf. Es ist ein hoher, schöner, ältlicher Herr, der
gehört hatte, dass ein Verwandter seines frühern Collegen
hier sei. Offenbar wollte er Neuigkeiten aus Algier haben
und fragen, ob es nicht bald Zeit sei, wieder loszuschlagen;
denn er ist ein unversöhnlicher Feind der Franzosen und
hat sich, soviel ich weiss, auch 1881 wieder an den Aufständen an der algerisch-marokkanischen Grenze betheiligt.

Am 9. Januar unternahm ich eine Tour in die nördlich,
oder besser schwach nordwestlich von Fäs gelegenen Steinsalzlager. Obgleich das Ganze nur ein Spazierritt in eine
ganz sichere Gegend ist, so waren die Vorbereitungen dazu
infolge der Schwerfälligkeit der Behörden doch ziemlich
complicirt. Ich hatte schon einige Tage vorher den Wunsch
geäussert, diese Gegend zu besichtigen, und wurde genöthigt,
erst die Erlaubniss des Amil und der andern Beamten ein-
zuholen. Natürlich wurde dieselbe gegeben, aber ich musste
mir gefallen lassen, dass mir zwei Machazini mitgegeben

wurden, die aus jenem Landestheile stammten und die für meine Sicherheit verantwortlich gemacht wurden. Ich sah wieder recht deutlich, dass der Europäer im Innern Marokkos eigentlich nur ein Gefangener ist, der keinen Schritt thun darf ohne das Vorwissen und die Erlaubniss der Behörden. Die marokkanische Regierung geht dabei von dem von ihrem Standpunkt aus übrigens sehr richtigen Grundsatz aus, dass sie sich verpflichtet fühlt, eine gewisse Garantie für den reisenden Fremdling zu übernehmen. Weiss man doch aus Erfahrung, dass, wenn irgendeinem Christen in Marokko etwas geschieht, sofort die Vertreter des betreffenden europäischen Staates grossen Lärm schlagen und dass die Affaire noch im günstigsten Falle mit Geldentschädigungen zu regeln ist. Um aber allen diplomatischen Verwickelungen zu entgehen, wird das Bewachungssystem des Rumi mit äusserster Consequenz durchgeführt, und deshalb sind Unfälle der Reisenden in Marokko verhältnissmässig viel seltener als in andern mohammedanischen Staaten. Diesem streng durchgeführten Absperrungssystem der Marokkaner gegen die Europäer und der mindestens lästigen Ueberwachung der letztern verdankt Marokko mit seine Selbständigkeit. So wurden mir denn zu dem kleinen Ausflug zwei Gensdarmen zugetheilt, ohne dass ich dieselben verlangt hatte, die ich aber ausserdem noch tüchtig bezahlen musste.

Wir ritten, nachdem wir die die Stadt umgebenden Olivengärten hinter uns hatten, durch eine öde hügelige Gegend und erreichten einen kleinen Bach, der aus dem Salzgebirge entspringt und dessen ausgetrocknetes Bett mit einer Kruste weissen Salzes bedeckt war; auch die ganze weitere Umgebung war mit einem weissen Ueberzug bedeckt, sodass sie den Anblick einer Schneelandschaft gewährte. Die umliegenden Berge und Hügel bestehen aus: 1) weissem kalkigen Sandstein; 2) rothem Schieferletten mit Gips

und Steinsalzschnüren; 3) aus Conglomerat und zwar:
a) einem gröbern Conglomerat mit Blöcken von krystalli-
nischen Schiefern, und b) einem feinern, dessen einzelne
Bestandtheile in Thon gebettet waren und das ganz an das
„Haselgebirge" in den österreichischen Steinsalzlagern erinnerte. Wir verfolgten den Salzbach ungefähr eine halbe
Stunde in nordöstlicher Richtung aufwärts und trafen hier
das in ziemlicher Mächtigkeit anstehende Steinsalz, welches
einen Stock in dem rothen Schieferletten bildet. In dem
erwähnten Sandstein finden sich Versteinerungen, Pecten,
Spondylus und andere Bivalven, die darauf hindeuten, dass
dieses Steinsalzlager der mittlern Abtheilung der Tertiärformation angehört. Von mineralischen Ausscheidungen
fanden sich besonders häufig Krystalle von Salz, Gyps, Calcit und Pyrit.

Westlich von diesem Punkt, nur einige Stunden entfernt,
befinden sich warme Schwefelquellen, die einem Heiligen,
Muley Jakub, geweiht sind, wonach überhaupt die ganze
Gegend, auch die Salzregion, genannt wird. Die Quellen
werden vielfach von Kranken besucht und sollen besonders
Krebskrankheiten dort geheilt werden. (?) Da die Umgebung der warmen Quellen aber heilig gehalten wird, so
gestattete man mir nicht, dahin zu gehen; das war denn auch
der Grund, warum man mir die Soldaten aufgedrängt hatte,
die verhindern sollten, dass ich mich an einen Punkt be-
gebe, wo ich als Christ den Insulten der fanatischen Bevölkerung ausgesetzt war.

Nachdem ich alles, was überhaupt zu sehen war, berücksichtigt hatte, rasteten wir gegen Mittag in einem kleinen
Wiesenthal nicht weit von einem Duar, und hatte ich hier
wieder einmal Gelegenheit zu beobachten, wie die arme
Landbevölkerung von den Lehnssoldaten des Sultans ausgebeutet wird. Ich hatte für uns alle von Fäs reichlich
Provision zu einem Frühstück mitgenommen, und meine

beiden Machazini sprachen den Speisen auch tüchtig zu.
Nachdem sie sich gesättigt hatten, erklärten sie, jetzt müsse
die Bevölkerung des benachbarten Ortes noch die „Muna"
bringen; denn es sei nun einmal Gebrauch, dass da, wo
ein mit Empfehlungen des Sultans versehener Reisender
sich aufhalte, die Bewohner auch für ihn sorgen müssten.
Meine beiden Soldaten gingen also ins Dorf, wo sie aber
nur ein paar Frauen und Kinder fanden, da die übrigen Leute
mit Feldarbeit beschäftigt waren. Die Weiber mussten nun
fort und den Ortsvorstand vom Felde holen, und dieser
wurde gezwungen, den Soldaten eine Muna auszufolgen, und
die letztern kamen mit Hühnern, Eiern, Brot, Honig u. s. w.
beladen zu uns zurück, während die Dorfbewohner, welche
neugierig herzuliefen, uns mit nichts weniger als freundlichen
Blicken ansahen. Es nützt dem Europäer auch gar nichts,
wenn er auf die Muna verzichten will; die Machazini pressen
das Volk aus, und ich konnte nur dadurch die Landleute
etwas versöhnen, dass ich einiges Geld für die Armen des
Ortes zurückliess. Meine Soldaten aber freuten sich des
gelungenen Streiches und nahmen die Nahrungsmittel als
gute Beute mit nach Fäs, da ich natürlich darauf verzichtet
hatte. Da nun derartige und gewöhnlich noch viel crassere
Vorfälle sehr häufig sind, so erklärt sich der Hass der Landbevölkerung Marokkos gegen die Machazini des Sultans und
gegen die unter ihrem Schutze reisenden Ungläubigen.

Ich musste endlich daran denken, weiter zu kommen.
Schon wiederholt hatte ich mich umgethan, um Pferde oder
Maulthiere für die Reise nach Marrakesch zu miethen, fand
aber die Preise zu hoch; 20 Duros (100 Frs.) für das
Miethen eines Pferdes schien mir doch zu viel, und so entschloss ich mich, Pferde zu kaufen. Der grosse Wochenmarkt in Fäs ausserhalb der Stadt wird jeden Donnerstag
abgehalten, und am 15. Januar ging ich mit Hadsch Ali
frühzeitig hinaus auf den Pferdehandel. Der Markt war

ausserordentlich belebt und eine Masse Volks aus der
Umgebung anwesend. Kamele, Pferde, Maulthiere, Esel,
Rinder, Schafe und Ziegen waren in grossen Mengen vorhanden; jede Gattung hatte ihren bestimmten Platz, wie
auch auf dem Getreide- und Waarenmarkt die einzelnen
Artikel streng getrennt waren. Auch eine Anzahl männ-
licher und weiblicher Negersklaven sowie Kinder waren zum
Verkauf ausgeboten. Der Handel dauerte sehr lange, und
bis Nachmittag musste ich in glühender Hitze auf dem
trockenen staubigen Terrain aushalten. Ich musste suchen,
möglichst billig zu kaufen, und andererseits auch trachten,
brauchbare Thiere zu bekommen, die die Reise auszuhalten
im Stande sind. Schliesslich erstand ich ein Reitpferd für
Hadsch Ali, ein hübsches kleines Maulthier für mich, und
noch zwei Pferde, ein Maulthier und einen Esel für das
Gepäck. Man kann ein ziemlich gutes Reitpferd für 25 —
30 Duros haben, freilich keine edle Berberrasse, aber immerhin erträglich; gute Maulthiere sind etwas theurer. Auf
dem Pferdemarkt herrschte eine strenge Ordnung. In einem
Zelt sassen zwei Marktcommissare und eine Art Thierarzt.
Ersterer nahm einen kleinen Procentsatz des Kaufschillings
im Namen der Regierung ein, letzterer untersuchte die ver-
kauften Thiere und erklärte erst dann den Verkauf für
gültig, wenn das Thier keine auffallenden Fehler hatte.

Ein maurischer Lederwaarenhändler, der uns oft besuchte
und allerhand Gefälligkeiten erwiesen hatte, übernahm nun
die Herstellung der Zügel, Sättel, Steigbügel u. s. w., und
am folgenden Tage unternahmen wir mit unsern Pferden
einen Spazierritt in die Umgebung. Es war Freitag, also
Festtag, und die Männer hielten sich einen grossen Theil
des Tages in den Moscheen auf; die Frauen aber geniessen
an diesem Tage eine gewisse Freiheit und benutzen dieselbe
zu Spaziergängen auf den ausserhalb der Stadt gelegenen
Friedhof. Als wir an jene Stelle kamen, waren wir er-

staunt. Hunderte von Frauen im Grase lagernd zu sehen,
das Gesicht fast ganz enthüllt, und nur als wir näher kamen,
wurde schnell das grosse Tuch darübergezogen. Auch wir
rasteten in der Nähe, um so mehr, als wir sahen, dass sich
hier fliegende Kaffeehäuser etablirt hatten und dass noch
andere Männer in der Nähe sich aufhielten. Es waren dies
meist jüngere, unverheirathete Leute, die hier Gelegenheit
suchten, Bekanntschaften zu machen, und wir sahen mit
Erstaunen, dass an diesem Tage die strenge Etikette etwas
gemildert war und Männer und Frauen sich recht gut miteinander amusirten. So manche kleine Intrigue mag da
eingefädelt werden, deren Fortsetzung dann später in der
Stadt folgt.

Zurückgekehrt in unser Quartier, liess ich alle Vorbereitungen treffen, um am nächsten Tage Fäs verlassen zu
können.

FÜNFTES KAPITEL.

MIKNÂSA. ZARHUNGEBIRGE UND RUINEN VON VOLUBILIS.

Abreise von Fâs. — Ras-el-ma. — Schluchten. — Brücken. — Anblick
der Stadt. — Hübsches Gartenhaus. — Der Amil. — Miknâsa. —
Mellah. — Industrie und Handel. — Gartencultur. — Fanatismus. —
Gesandtschaftsreisen. — Zaujas. — Essenusi. — Sultanspaläste. — Vor-
rathshäuser. — Schatzkammer. — Herrliches Klima. — Qaşr Faraun
(Volubilis). — Zarhungebirge.

Am 17. Januar 1880 verliess ich die Residenz des Sultans von Marokko und wandte mich westlich, um Miknâsa,
das „marokkanische Versailles", zu besuchen. Obgleich ich
in den letzten Tagen wiederholt bei den Behörden in Fâs
um Zutheilung einiger Machazini für meine Reise ersucht
hatte, waren dieselben doch nicht erschienen, und so reiste
ich, ganz gegen den landesüblichen Brauch, ohne eine solche
Escorte ab. Eine Anzahl maurischer Freunde, mit denen
wir in Fâs viel verkehrt hatten, liessen es sich nicht nehmen, uns einige Stunden weit zu begleiten, ja der junge
Edrisi, der Neffe meines Dolmetsch, sowie Ibn Dschenun benutzten diese Gelegenheit, um in Gesellschaft nach Miknâsa
zu reisen, wo sie irgendein Geschäft zu machen hofften.
Meine jüdischen Diener, die in Fâs die Wirthschaft besorgt
hatten, gerührt durch die gute Bezahlung, und vor allem
von der anständigen Behandlung, die sie in unserm Hause
erhalten hatten, nahmen einen feierlichen Abschied und
wünschten den Segen ihres Gottes für mein Unternehmen.

Wir verliessen die Residenz durch das Bab-el-Mahruk,
das westlichste Thor, durch das wir auch beim Eintritt in

die Stadt gekommen waren. Nach Westen und Südwesten zu dehnt sich die ungeheuere Ebene von Fâs aus, von deren Fruchtbarkeit so viel gemeldet worden ist. Es ist dies aber durchaus nicht der Fall. Dieses Plateau besteht aus einem festgekitteten groben Conglomerat, das an vielen Stellen noch mit Platten eines, geologisch gesprochen, sehr jungen Kalksteins bedeckt ist, der sogar an vielen Stellen aus der dünnen Humusdecke hervorragt. Nach Nordwesten zu führt die breite vielbegangene Strasse, die über Qasr-el-Kebir nach Tanger geht, in schwach südwestlicher Richtung aber führen zahllose von den Tragthieren ausgetretene Pfade in der Richtung nach Miknâs. Auch dieser Weg ist viel besucht und man begegnet vielfach reisenden Händlern, Beamten, Machazinis und Karavanen mit Waaren.

Der Weg führte anfangs im Thal des Wad Fâs, dann erstiegen wir eine mehrere Meter hohe Terrasse, die aus dem erwähnten Kalkstein besteht, der eine eigenthümliche schüsselartige, oder besser concentrisch-schalige Absonderung im grossen zeigt. Diese eigenthümlichen flachen kreisrunden Vertiefungen, oft von mehrern Metern Durchmesser, fanden wir auf der ganzen Strecke bis Miknâs. Die Gegend ist völlig baumlos; Palmittogestrüpp und Disteln bedecken diese viele Quadratmeilen enthaltende Fläche, die zum Anbau von Getreide wenig geeignet ist.

Das Wetter war herrlich. Ein wolkenloser klarer Himmel dehnte sich über die unendliche Ebene aus und liess in der klaren reinen Luft alle Gegenstände auf weite Entfernungen deutlich erkennen. Wir alle hatten das angenehme Gefühl, einem engen düstern Gefängniss entkommen zu sein, und in froher und behaglicher Stimmung ritten wir langsam unserm nächsten Ziele zu. Die Entfernung zwischen Fâs und Miknâs beträgt zwar nur einige vierzig Kilometer, wir zogen es aber doch vor, diese kurze Strecke auf zwei Tagereisen zu vertheilen.

Es war fast 10 Uhr geworden, ehe wir Fäs verlassen
konnten, und bereits um $2^{1}/_{2}$ Uhr hielten wir und schlugen die
Zelte auf. Wir hatten unterwegs einen kleinen, dem Wad-
el-Fäs zugehörigen Fluss, den Wad-el-Adschen, passirt, über
welchen eine guterhaltene steinerne Brücke führt. Unsere
Nachtquartiere befanden sich am Wad-el-Ndscha, der nach
Norden zu direct in den Sebu geht. Auch hier befindet
sich eine sehr schöne Brücke über den Fluss; dicht dabei
steht eine einzelne Dattelpalme, auffallend in dieser absolut
baumlosen Gegend, und hier werden gewöhnlich von den
Reisenden die Zelte aufgeschlagen. Ich habe immer gefunden, dass eine einzelne Palme einen wunderbar schönen
Anblick gewährt, während mir die Palmen da, wo sie in
Menge auftraten, viel weniger gefallen haben. Nur eine
Stunde südlich von unserm Nachtquartier ist eine Ras-
el-ma (Kopf des Wassers) genannte Gegend, eine schwache
Bodenerhebung, das Quellgebiet des Wad-el-Fäs und des
Wad-el-Ndscha sowie einiger kleinern Bäche, die in jene
beiden münden. Der Wad-el-Fäs fliesst von hier aus direct
östlich und geht, nachdem er die Stadt Fäs mit Wasser
versorgt, in den Sebu, während der Wad-el-Ndscha in nördlicher Richtung direct diesem Hauptstrome zufliesst.

In der Nähe unsers Bivuaks befindet sich ein Duar
(Zeltdorf), dessen Bewohner der Kabyle el-Udeia angehören.
Die Leute waren nicht sehr freundlich. Offenbar werden
dieselben von den Beamten des Sultans, die häufig diesen
Weg zurücklegen, zu oft zur Lieferung der Muna herangezogen und ausgeplündert, sodass sie jede fremde Karavane misstrauisch ansehen. Da ich keine Machazini mit mir
hatte, war von einer Lieferung der Muna hier keine Rede;
ich beanspruchte dieselbe natürlich auch nicht, sondern
wollte nur für gutes Geld Gerste für die Pferde. Aber
man behauptete, es gäbe überhaupt nichts im Dorfe,
und ich musste erst stundenlang in der Nachbarschaft

herumschicken, bis sich Stroh und Gerste für die Pferde
fand.

So angenehm warm der Tag gewesen war, so kühl
wurde es während der Nacht; wir froren in unsern Zelten,
und als wir früh morgens gegen 6 Uhr aufstanden, hatten
wir zu unserm Erstaunen 2° Kälte; der Fluss und das
Wasser in den Gefässen war mit einer dünnen Eisschicht
bedeckt und die Felder umher glänzten in frischem weissen
Reif!

Gegen 7½ Uhr brachen wir auf, zitternd vor Kälte;
aber je höher die Sonne stieg, um so milder wurde die
Temperatur, und zwar war der Wechsel so schnell, dass
wir gegen 11 Uhr schon 20° C. im Schatten hatten! Nach
Uebersetzung des Flusses (wir wie alle Araber vermieden
sorgfältig die wohlgebaute Brücke, ritten vielmehr nach
Landessitte durch den Fluss!) gelangten wir wieder auf
das endlose Plateau, dessen Einförmigkeit auf dem heutigen
Marsche durch mehrere sehr tiefe, äusserst pittoreske
Schluchten unterbrochen wurde, in deren Tiefen die Giessbäche rauschend dem Sebu zuströmen. Man wird durch
diese tiefen, plötzlich erscheinenden Einrisse um so mehr
überrascht, als man meint, auf einer unermesslichen Tiefebene zu reisen; aber das Plateau ist mehr als 400 m über
dem Spiegel des Mittelmeeres gelegen, und überrascht steht
der Reisende vor den bis 150 m tiefen, fast senkrecht
hinabfallenden Einschnitten. Sehr gut lassen sich hier die
geologischen Verhältnisse erkennen. Unter den früher
erwähnten schüsselartig abgesonderten Kalkplatten liegen
horizontal Sand und Mergel, deren Versteinerungen auf jung-
tertiäres Alter hinweisen; zwischen beiden stellenweise noch
die weitverbreitete Conglomeratschicht. Darunter aber folgen in steil aufgerichteten Schichten die Sand- und Kalk-
steine, mit quarzitischen Einlagerungen der im nördlichen
Marokko so weit verbreiteten eocänen Nummulitenschichten,

die, von Südwesten nach Nordosten streichend, unter einem
scharfen Winkel nach Norden einfallen.

Eine hübsche Schilderung dieser tiefen reizenden Schluchten gibt der Chronist der deutschen Gesandtschaftsreise,
L. Pietsch; er sagt darüber: „Die Schluchten überraschen
durch ihre echt romantische landschaftliche Schönheit, deren Wirkung man um so stärker empfindet, als sie jedesmal so plötzlich mitten in der Oede der baumlosen monotonen Fläche sich aufthut. Die hohen abwärts rauschenden
und schäumenden Wasserfälle, das üppige Laub der Feigen-
bäume, durch welches Weinstöcke ihre armstarken Reben
winden, das ganze Thal mit dem feinen würzigen Duft der
Traubenblüte durchhauchend, die hohen flüsternden Schilf-
hecken und Oleandergebüsche am Rande des lustigen Ge-
wässers — diese von den steilen Schluchtwänden eingehegte
reizende Verborgenheit in der Tiefe übt einen innig erquickenden Zauber. Und wie angenehm steigert sich noch
der Reiz, wenn man, die Ruhestunden benutzend, in die
kühle klare Flut selbst hinabsteigt und, auf einem Fels-
block liegend, von ihren weissen Armen sich schmeichelnd
umfangen und die oben eingesogene Glut darin kühlen
lässt. Die neugierigen Schildkröten beeinträchtigen dieses
Vergnügen nicht im mindesten. Wie gern sie auch den
Hals lang machen, ihn weit aus der Schale und den Kopf
aus dem Wasser hervorstrecken, um sich den Gast, der in
ihr nasses Bett tauchen will, zu betrachten, so fahren sie
doch im nächsten Moment mit unwiderstehlich komischen
Bewegungen, mit einem ähnlichen Ausdruck höchsten
Schreckens, wie ihn die alten maurischen Weiber beim Anblick eines Europäers zeigen, und mit einer Schwimmge-
lenkigkeit, die man ihrem plumpen Wesen kaum zutrauen
sollte, in die tiefste Tiefe hernieder, sobald man einen
Schritt gegen sie thut."

Mich erinnerten diese tiefen Einschnitte mit den steilen

Böschungen sehr lebhaft an eine ähnliche Erscheinung im Dnjestrthale Ostgaliziens. Auch hier wird das podolische Plateau von mehr als hundert Fuss tiefen engen Schluchten durchschnitten, an deren steilen Rändern die verschiedenen geologischen Bildungen prächtig zu studiren sind und in deren Grunde der Dnjestr raschen Laufes nach Osten fliesst.

Die Richtung, die wir am 18. Januar einschlugen, war eine westliche, mit schwacher Neigung nach Süden. Nach Passirung einiger von Ras-el-ma kommender kleiner Bäche erreichten wir eine Meschra - er - remal genannte Gegend, auffallend durch die Menge feinen Sandes, der hier den Boden bedeckt. Gegen 11½ Uhr kamen wir zur ersten Schlucht, Wad-em-meheduma genannt; eine grosse, aber theilweise verfallene Brücke ist über das Wasser gespannt; jenseit desselben sind die Ruinen einer alten Befestigung und eine einsame Dattelpalme. Hier rasteten wir in dem Schatten der alten Mauerreste; vor uns in nördlicher Richtung erhoben sich die mit dunkeln Olivenwäldern bedeckten Abhänge des heiligen Zarhungebirges.

Gegen 2 Uhr ging es weiter, immer über das Plateau, das nach Norden schwach ansteigt; wir passirten die Schlucht des Judenflusses, kamen dann an einen andern Einschnitt, in dessen Nähe eine früher sehr hübsch eingefasste Quelle sich befindet, Ain tutu, wonach die ganze Gegend genannt ist, und erreichten schliesslich den letzten dieser Einrisse in das Plateau, Wad-el-Uslin, jenseit dessen steilen Ufern die Aussenmauern von Miknäs bereits sichtbar waren.

Der ganze Weg von Fäs nach Miknäs zeigt, dass derselbe früher in gutem Zustande gehalten wurde, als noch die Sultane häufiger in Miknäs Residenz hielten. Zahlreiche Brücken und Reste von Befestigungen beweisen, dass man für die Sicherheit und Bequemlichkeit von hohen Reisenden gesorgt, aber schon seit langer Zeit ist alles in Verfall be-

griffen. Trotzdem die Strecke ziemlich stark von Reisenden besucht wird, so ist doch die Sicherheit auf derselben
nicht sehr gross. Die umwohnenden Kabylen, besonders
nach Süden zu, sind vorherrschend Berber, die häufig genug
die Strasse durch Räubereien unsicher machen. Wenn der
jetzige Sultan nach Marrakesch reist, was gewöhnlich jedes
Jahr einmal geschieht, so braucht er stets starke Truppenmassen als Escorte, und es ist oft genug vorgekommen,
dass diese letztere von berberischen Räuberbanden angegriffen worden ist. Diese Unsicherheit ist wol auch mit
ein Grund, dass dieses ausgedehnte Plateau so wenig bevölkert ist. Wenn auch die Ackerbauer einige Schwierigkeiten wegen des Bodens haben würden, so wäre doch
reichlich Platz für grosse Heerden von Schafen und Ziegen;
aber auf der ganzen Reise ist uns nichts Derartiges vorgekommen.

Jenseit der letzten Schluchten erreichten wir bald die
ungemein ausgedehnten und mit grossen Mauern umgebenen
Oliven- und Getreidegärten, die sich rund um die ganze
Stadt erstrecken. Noch einmal steigen wir in eine Ver-
tiefung des Terrains hinab und stehen dann bald vor den
gewaltigen Thoren der Stadt, die auf einem flachen Hügel
amphitheatralisch ansteigt. Wie bei allen Städten der
Araber, ist auch hier der erste Anblick von aussen ein
gefälliger und grossartiger, hier in Miknâs wird der erste
Eindruck noch erhoben durch die überaus reiche Vegetation
der Gegend, die zahlreichen schönen Gärten, die gutge-
haltenen Felder und Wiesen. Die Natur hat hier in diesem
herrlichen Klima ihre Gaben aufs reichste verschwendet,
leider an Menschen, die all die Herrlichkeit nicht zu schätzen
wissen.

Wir durchzogen einen Theil der grossen in der Richtung von Südost nach Nordwest ausgedehnten Stadt und
hielten gegen 6 Uhr auf einem freien Platz inmitten der-

selben vor einem grossen, prachtvoll verzierten Thor, welches in die Höfe einer Moschee führt. Hadsch Ali machte sofort dem Gouverneur oder Amil (das Wort Pascha ist in Marokko nicht gebräuchlich) einen Besuch und zeigte ihm den mir vom Sultan ausgestellten Brief. Der Amil war sehr höflich und beauftragte sofort seine Machazini, mir ein Haus herzurichten. Nachdem ich aber unterdess schon hatte die Zelte aufschlagen und alles für das Nachtlager herrichten lassen, zog ich es vor, die erste Nacht auf dem Platze zu verbringen und erst morgen in das Haus überzusiedeln. Der Amil war auch damit einverstanden und schickte mir ausser einem reichlichen Abendessen auch vier Mann als Wache für die Nacht.

Am nächsten Morgen wollte ich in das mir zur Verfügung gestellte Haus übersiedeln, fand aber, dass dasselbe zwar sehr schön, aber viel zu weitläufig sei und dass die grossen leeren Gemächer viel zu kalt waren. Ich erinnerte mich nur zu lebhaft an die kalten Tage in Fäs. Infolge meiner Reclamationen überliess mir der Gouverneur ein kleines, zwar theilweise etwas verfallenes, aber reizend inmitten eines üppigen Gartens gelegenes Haus, das ich mit Vergnügen acceptirte, wo wir uns sehr bald wohnlich einrichteten und uns überaus behaglich fühlten. In den untern Räumen wurden die Diener einquartiert und die Küche eingerichtet, während ich mit den Interpreten die Zimmer im obern Stock bezog; von der Veranda, die nach Norden zu lag, hatten wir eine wunderbare Aussicht auf das dicht vor uns liegende Zarhungebirge, von wo die verschiedenen kleinen Ortschaften mit ihren glänzenden schneeweissen Häusern freundlich aus dem tiefdunkeln Grün der ausgedehnten Olivenwaldungen hervorleuchteten.

Gegen Mittag wurde ich nebst den Interpreten Hadsch Ali und Abdullah (Benitez) zum Amil geladen. Derselbe, ein Neger, wie die Mehrzahl der höhern Beamten in Ma-

rokko, war erst seit ganz kurzer Zeit auf diesem Posten
und hatte offenbar noch nie einen Europäer bei sich gesehen. Ein Mann von mittlern Jahren mit ausgeprägtem
Negertypus, sehr dunkler Gesichtsfarbe, wovon der gewaltige schneeweisse Turban grell abstach, und in einen feinen
Hayak gehüllt, war er sehr liebenswürdig in seinem Benehmen und zeigte sich über alles Neue, was er sah und
hörte, sehr erstaunt. Politische Neuigkeiten aus dem Abendlande erregten natürlich auch sein Interesse und wir konnten ihm nicht genug erzählen, sodass wir schliesslich auch
noch die Mahlzeit bei ihm einnahmen. Er empfing uns in
seinem Arbeitszimmer, es war dies ein grosser mit Teppichen belegter Raum, in der Mitte ein viereckiges Wasser-
bassin; in einer Ecke sass der Amil mit seinem Chalifen,
Schreiber oder Stellvertreter, der die officiellen Schriftstücke
empfängt, liest und beantwortet, auch das Siegel des Gouverneurs führt. Der letztere wie überhaupt die Mehrzahl
der höhern Beamten sind des Schreibens und Lesens nicht
kundig, halten diese Künste auch für unnöthig, da ja der
Chalif das alles besorgt. Als wir eintraten, fanden gerade
Verhandlungen mit verschiedenen Scheichs aus der Umgebung
statt; auch während unserer Unterhaltung mit dem Amil
wurden verschiedene Geschäfte besorgt. Ein strammer
Machazini trat ein und führte einen Gefangenen vor, ein
jämmerlich aussehendes, herabgekommenes Subject, das
demüthig an der Thür stehen blieb und sich offenbar sehr
unbehaglich fühlte in dem eleganten Raum und unter der
vornehmen Gesellschaft. Schweigend und stumpfsinnig hörte
er das Urtheil des Gouverneurs an, das dieser auf den
Bericht des Machazini hin abgab; Prügel und Gefängniss
ist bei nichtpolitischen gemeinen Verbrechen die übliche
Strafe.

Die wenigen Tage, die ich für den Aufenthalt in Miknâs
opfern konnte, benutzte ich nun zu Ausflügen in die schöne

Umgebung. zum Besichtigen der Stadt und zu Informationen
der verschiedensten Art.

Was zunächst den Namen dieser alten und in der
mohammedanischen Welt berühmten Stadt betrifft, so ist
Miknás (oder Miknása) die modern-arabische Form für das
bereits im 10. Jahrhundert gegründete Miknásat. Ein
Zweig der Berberkabyle Zenatah, Namens Meknásah, soll
um diese Zeit zuerst hier eine Stadt errichtet haben. Auf
unsern modernen Karten findet sich gewöhnlich die hispa-
nisirte Form Mequinez (oder auch Mekines). Wie alle
marokkanischen Städte besteht auch Miknás aus drei Ab-
theilungen: der Qasbah (Citadelle) mit den Wohngebäuden
für officielle Persönlichkeiten; der Bürgerstadt mit den Bazaren. und der Mellah, dem Judenquartier. Die Stadt, welche
gegenwärtig höchstens 25000 Einwohner zählt, ist mit un-
geheuerer Raumverschwendung gebaut und bedeckt im Vergleich zu der Zahl der Bewohner eine ganz unverhältuiss-
mässig grosse Fläche. Im Gegensatz zu Fás sind hier die
Strassen breit. es gibt viele grosse Plätze. welche Luft und
Licht gewähren. und selbst die Mellah besteht aus einer
breiten. freilich nicht sehr reinlich gehaltenen langen Strasse.
die sich längs der Stadtmauer hinzieht und die derartig
eingerichtet ist. dass nur zwei Thore in dieses Quartier
führen. die des Nachts geschlossen werden. Miknás ist oft
von marokkanischen Sultanen zeitweilig oder auch perma-
nent zur Residenz erhoben worden: daher rühren denn auch
die zahlreichen Reste von grossen Gebäudecomplexen und
verfallenen Gärten. die durch Mauern. die freilich auch,
wie alles in Marokko, im Zerfall begriffen sind, einge-
schlossen wurden. Angefangene. nur halb vollendete Häuser und solche, die langsam aber sicher zusammenstürzen.
sieht man allenthalben.

Wie in allen marokkanischen Städten bilden auch in
Miknás die Juden einen sehr beträchtlichen Theil der Be-

völkerung, aber ihre Lage scheint eine weniger gedrückte zu sein. Zwar dürfen sie auch hier ausserhalb der
Mellah nur barfuss erscheinen, haben ihren eigenthümlichen
Schnitt des Haupthaares und vermeiden gleichfalls, durch
Anlegen besserer Kleidungsstücke den Schein der Wohlhabenheit zu erzeugen, aber der Verkehr zwischen Mohammedanern und Juden ist ein lebhafterer und ungezwunge-
nerer und man hört weniger von Brutalitäten, denen die
letztern ausgesetzt sind. Aber schon der Umstand, dass
sie in einer breiten luftigen Strasse wohnen und nicht wie
in Fäs und andern Orten in die elendesten stinkenden Pest-
höhlen und finstern Schmuzlöcher eingepfercht sind, lässt
ihre Existenz in Miknäs bei weitem erträglicher erscheinen.
Wenn die marokkanischen Juden nur eine Spur von Sinn
für Ordnung und Reinlichkeit hätten, so würde ihre Mellah
einen recht freundlichen Eindruck gewähren. In ihren
Händen ruht der gesammte Kleinhandel und das Kleinge-
werbe. Butike reiht sich an Butike, oft genügt auch eine
aufgespannte Matte, um eine Werkstatt zu etabliren, wo
sie dann den ganzen Tag mit grosser Emsigkeit hocken
und sich selten von ihrer Arbeit stören lassen. Schuhmacher und Schneider, Schmiede, Schreiner, Sattler, Gold-
und Silberarbeiter, Seidensticker u. s. w. sind fast ausschliesslich hispanische Juden.

Bei den jüdischen Gold- und Silberarbeitern findet man
häufig sehr originell gearbeiteten alten Schmuck, der aus
der Blütezeit von Miknäs, als der Hof daselbst residirte
und eine Menge reicher und vornehmer Herren dort wohnten,
herrührt. Da die Juden auch dort Versatzgeschäfte führen,
so ist so manche schöne Waffe und eine Menge Frauenschmuck in deren Hände gekommen und dort geblieben.
Es gelang mir z. B. einen sehr alten der dort üblichen
kleinen krummen Dolche zu erwerben, dessen beide Schei-
denflächen mit Silber belegt sind und überaus feine Ara-

beskenarbeit zeigen. Derartige Prachtstücke verfertigt man heutzutage gar nicht mehr. Ebenso findet man bei diesen Leuten eine Menge Frauenschmuck; die maurischen Frauen kommen sehr oft in die Lage, ihre Kostbarkeiten versetzen zu müssen, wenn die von ihren auf Reisen befindlichen Männern zugesicherte Unterstützung ausbleibt.

Das Leben und Treiben in den maurischen Bazaren ist bei weitem ruhiger als in Fäs; Miknäs ist eigentlich keine Geschäfts- und Handelsstadt, und daher ist der ganze Eindruck dieses Ortes ein etwas öder. In den meisten Butiken werden nur Nahrungsmittel verkauft; von maurischer Industrie ist nur Töpferarbeit und die Herstellung kleiner bunter Fliesen, zum Ausschmücken der Wohnräume, sowie die bekannten bunten Lederarbeiten erwähnenswerth. Dagegen scheint recht bedeutend der Handel mit Früchten, Gemüsen und Oel zu sein. Miknäs ist eine wahre Gartenstadt; nirgends in Marokko habe ich eine solche Gartencultur gesehen wie dort. Verschiedene Arten von Rüben, Carfiol, Bohnen, Erdäpfel, Krautsorten, Tomaten, Granatäpfel, Weintrauben, Feigen, Mandeln, Datteln, Orangen, süsse Limonen und vieles andere gedeiht in vorzüglicher Qualität und in ungeheuern Massen, sodass die Hauptstadt Fäs von hier aus mit Gartenproducten versorgt wird. Die Gärten sind wohlgepflegt und besondere Sorgfalt wird auf das Berieselungssystem verwendet. Die Araber sind oder waren ja Meister in der Anlage und Benutzung von Wasserleitungen, und so wird auch Miknäs mit Hülfe eines grossen, ausserhalb der Stadt angelegten Wasserreservoirs mit fliessendem Wasser versorgt.

Der Hauptreichthum aber der Bewohner besteht in den ausgedehnten Wäldern von Olivenbäumen. Dicht vor den Thoren der Stadt beginnen dieselben und setzen sich nach Norden zu fort bis an das langgestreckte Zarhungebirge. Aber auch dessen Abhänge nach Süden zu bilden einen

einzigen ungeheuern Olivenwald, einen wahren Oelberg: viele
der wohlhabendern Bewohner von Miknâs haben auf diesem
Gebirge Besitzungen mit Olivengärten.

Wein wird verhältnissmässig nur wenig gebaut, obgleich
das Klima trefflich dazu wäre. Da die Marokkaner sehr
streng in der Enthaltung geistiger Getränke sind, so werden
die Trauben nur als Rosinen verwendet: dagegen brauen
die Juden hin und wieder ein eigenthümliches Getränk,
das mit unserm Wein nur sehr geringe Aehnlichkeit hat.

Die Bevölkerung von Miknâs gilt als sehr fanatisch und
der Ort ist lange Zeit unberührt geblieben von ungläubigen
Reisenden. Erst in dem letzten Jahrzehnt ist er mehrfach
besucht worden, seitdem die Gesandtschaftsreisen an den
Hof des Sultans so überhandgenommen haben. Es vergeht
jetzt kaum ein Jahr, in welchem nicht der Vertreter irgendeines europäischen Staates mit grossem Gefolge und gewal-
tigem Pomp von Tanger nach Fâs und von da über Miknâs
auf einem andern Wege wieder zurückzieht. Kostbare,
meist unnütze Geschenke werden dem schwarzen Beherrscher
Marokkos seitens der europäischen Grossmächte dargebracht,
und erstaunt und stolzerfüllt gleichzeitig sieht das marokkanische Volk, wie die Fürsten des civilisirten Europa sich
gegenseitig zu überbieten suchen, um die Gnade Sr. scherifischen Majestät nicht zu verscherzen. Es ist dies ein geradezu unwürdiges Benehmen! Freilich handelt es sich
meistens darum, irgendeinen in commerzieller Richtung
günstigen Vertrag abzuschliessen, aber das ginge viel einfacher und vor allem wirksamer, wenn der betreffende
Staat ein Kanonenboot nach Tanger oder Mogador schickte.
So vermögen die Grossen des Reichs wirklich dem Sultan
und dem gemeinen Volk einzureden, dass Marokko noch
immer eins der mächtigsten Reiche der Welt sei. Wenn
man dabei noch sieht, in welcher Weise die europäischen
Gesandten empfangen werden, wie der schwarze Sultan,

nachdem die letztern im schweren Uniformfrack und ent-
blössten Hauptes stundenlang im Freien der glühenden Sonne
ausgesetzt waren, die Vertreter der Civilisation nie anders
als zu Pferde anhört, und nach einigen nichtssagenden
Worten das Ross wendet und die Fremdlinge stehen lässt,
so kann man wol nicht genug ein solches Benehmen europäischer Grossmächte gegenüber einem Barbaren, der mühsam lesen und schreiben kann, bedauern. Ist man doch
so weit gegangen, den Ausspruch des Sultans oder eines
seiner Sklaven, dass, ebenso wie die europäischen Herrscher
fremde Gesandte auf dem Throne sitzend empfangen, er,
der Sultan, dies zu Pferde sitzend thun könne, denn das
Pferd sei sein Thron — statt einfach für insolent zu erklären, noch höchst geistreich zu finden!

Durch die Gesandtschaftsreisen also hat sich die Be-
völkerung von Miknás etwas an Europäer gewöhnt, obgleich
man immer noch sehr vorsichtig sein und durchaus vermeiden muss, ohne Machazini die Strasse zu betreten. Denn
Miknás und besonders die Ortschaften in dem nahe gelegenen
Zarhungebirge gelten für heilig. Einmal befindet sich am
Westabhange des genannten Gebirges das grösste Heiligthum
der Marokkaner, das Grab ihres bedeutendsten Regenten,
Muley Idris Akbar's, des Grossen, und dann ist Miknás der
Hauptsitz einiger äusserst fanatischen Sekten, besonders
auch des Ordens von Es-Semusi, von welch letzterer Sekte
in Marokko genug Mitglieder herumlaufen. In keiner marokkanischen Stadt sind die Umzüge der verschiedenen
Zaujas an den grossen Festtagen der Mohammedaner, besonders am Geburtstage Mohammed's, so wild und ausge-
lassen wie hier. An solchen Tagen wird die Mellah, das
Judenquartier, verschlossen gehalten, und sollte ein Christ
zufällig in der Stadt sein, so wird man ihn gewiss nicht
aus dem Hause lassen und ihn scharf bewachen. Die wüthende Menge, der niedrigsten Klasse angehörig, besonders

die Negersklaven sowie die Weiber sind wie toll; sie zer-
reissen die ihnen in den Weg kommenden Thiere, Hunde,
Schafe, Ziegen und fressen das Fleisch roh auf; ja es soll
schon vorgekommen sein, dass in Miknás auf diese Weise
Menschen zum Opfer gefallen sind — und das alles zur
Ehre Allah's und des Propheten. Nirgends zeigt sich die
Bestialität des Menschen so wie an diesen mohammedani-
schen Festtagen in Miknás.

Fig. 8. Araber der Sekte Es-Senusi.

Was die oben erwähnte Sekte des Es-Senusi betrifft, so
ist dieselbe über ganz Nordafrika verbreitet und besitzt
Zaujas von Aegypten bis nach Marokko und tief in das
Innere Afrikas hinein. Si-Senusi, der Vater des jetzigen
Oberhaupts der Sekte, Mohammed es-Senusi, begann seine
Thätigkeit in den funfziger Jahren dieses Jahrhunderts.
Als er sah, dass die ägyptische Regierung, unter dem Ein-

fluss der europäischen Vertreter, sein Beginnen misstrauisch
betrachtete, floh er nach Barka und gründete in Gebel-el-
Akdar bei Benghasi die erste Zauja. Aber auch hier fühlte
er sich nicht sicher genug; er zog tief in die Wüste und
gründete in der Oase Dscherbub die Centralzauja, von wo
aus nun eine lebhafte Agitation begann. Er wollte den
etwas degenerirten Islam reformiren und den alten strengen
Quranglauben wiederherstellen. Zu dem Zweck schickte
er seine Anhänger in ganz Nordafrika umher und liess
überall Zaujas errichten. Nach dem bereits 1860 erfolgten
Tode Si-Senusi's übernahm dessen Sohn, das gegenwärtige
Oberhaupt, die Leitung und setzte mit neuen Kräften das
Werk seines Vaters, um den sich nach und nach ein gewaltiger Nimbus verbreitet hatte, fort, sodass der Orden
überall in der mohammedanischen Welt Afrikas den grössten Einfluss besitzt. Die stramme Disciplin, die bedeutenden Geldsummen und die Rücksichtslosigkeit der Mittel zur
Erreichung des vorgeschriebenen Zwecks lassen diesen Es-
Senusi-Orden zu einer der gefährlichsten Brüderschaften werden, in der die europäische Civilisation wol ihren heftigsten Gegner in Nordafrika sehen muss. Während meiner
Reise durch Marokko begegnete ich mehrfach Mitgliedern
dieses Bundes, zerlumpte Gestalten, mit stierem, wildem
Gesichtsausdruck, deren Erscheinen allein genügt, um
Schrecken zu verbreiten. Sie treiben sich bettelnd im Lande
herum, und wehe dem, der ihr Begehren nicht erfüllt. Ich
erinnere mich, wie einmal einer dieser blöd-fanatischen
Strolche mit einer Lanze auf mich zukam und stürmisch
Geld verlangte. Er war mit dem Geschenk nicht zufrieden,
fiel dem Pferde in die Zügel, drohte mir mit seiner Lanze
und konnte nur mühsam von meiner Begleitung beiseite,
geschafft werden. Wer es nun wagen sollte, in begreiflichem
Unmuth über diese Zudringlichkeit, gegen einen solchen
Bettler gewaltsam vorzugehen, thäte sehr übel daran, und

GROSSES THOR IN MEKNÀSA.

I. S. 173.

nicht einmal die Behörden des Landes könnten in einem solchen Falle den Fremdling vor der Wuth des leichterregbaren Volkes retten.

Am Morgen des 20. Januar schickte mir der Gouverneur vier gesattelte Maulthiere und einige Machazini, um mir Gelegenheit zu geben, mich in der nächsten Umgebung der Stadt umzusehen. Meine beiden Dolmetscher und einer der marokkanischen Diener, Ibu Dschelul, begleiteten mich.

Ausserhalb der eigentlichen Stadt beginnt eine Stadt für sich, das geradezu riesige Residenzquartier, wohin man durch einige prachtvolle, von Zinnenthürmen über starken kurzen Säulen flankirte Thore gelangt. Diese architektonischen Wunderbauten mit prachtvollen Majolikafliesen und einer reizend verschlungenen Decoration bezeugen, wie hoch entwickelt hier der Kunstsinn war, und andererseits auch, wie stumpfsinnig und gleichgültig die heutige Bevölkerung ist, indem man diese Prachtbauten verfallen lässt, ja die untern Partien schon weiss überkalkt hat. Es ist schwer, die sogenannte Residenz zu beschreiben. Ein Complex von ungeheuern öden Flächen, durch Mauern voneinander getrennt, über die hier und da die Thürme von Moscheen oder die Dächer von Wohnhäusern hervorragen, in einer Ausdehnung, dass man Stunden braucht, um das Ganze zu umreiten, so stellt sich dieses Quartier auf den ersten Blick dar. Reitet man mehr in demselben herum, so findet man in dieser so trostlosen, scheinbar öden Fläche verfallene Paläste inmitten reizender üppiger Gärten versteckt, grössere Lustgärten, Wildparke mit Straussenzucht, Antilopen u. s. w., grosse Marställe mit prachtvollen Pferden, ganze Dörfer mit den Wohnhäusern der Sklaven, feste Thürme, die als Schatzhäuser dienten. Aquäducte und endlich ein enorm ausgedehntes und äusserst complicirtes System von unterirdischen ausgemauerten Gängen, die als Vorrathsmagazine für die dem Sultan gehörigen Massen von Getreide dienen.

Es ist unmöglich, dass diesem ganzen Complex von
riesigen Plätzen und hohen Mauern mit den grossen hufeisenförmigen Thoren irgendein Plan zu Grunde liege. Es
haben offenbar im Laufe der Jahrhunderte die verschiedenen
Sultane in launenhafter Weise angebaut; der nächstfolgende
Herrscher liess das erste Bauwerk stehen und errichtete ein
neues, das vielleicht nur halb fertig wurde, und so entstand
jenes Residenzquartier, das fast eine Quadratmeile umfasst.
So weit das Auge reicht, heben sich immer wieder die hohen
gelben Mauern vom Horizont ab; stellenweise dienen dieselben
jetzt wenigstens als Gartenmauern für Olivenpflanzungen.
Ganz in weiter Ferne erblickt man mächtige Ruinen; man
erzählt in Miknäs, es seien die Reste einer ganz enormen
Mauer, die ein mächtiger Sultan einst habe bis nach Marrakesch, der ehemaligen Residenz, führen wollen, so hoch und
fest, dass kein Feind dieselbe zerstören, und so breit, dass
bequem und sicher Karavanen zwischen Miknäs und Marrakesch hätten auf derselben verkehren können! An einer
Stelle ist der Boden bedeckt mit prachtvollen Säulen und
Capitälen von Marmor, die der grausame Sultan Muley
Ismael hat aus Italien kommen lassen, um sie zum Bau
eines Palastes zu verwenden. Jetzt liegen sie in dem Lehmboden, mit Schmuz bedeckt, vielfach zerbrochen, und kein
Mensch kümmert sich darum. Nirgends aber tritt uns der
Verfall in so crasser Gestalt entgegen wie auf dieser classi-
schen Trümmerstätte, wo einst übermächtige Sultane eine
kurze Blütezeit der Kunst und Wissenschaft hervorzuzau-
bern wussten, die aber gleichzeitig mit ihnen wieder zu
Grunde ging.

Der gegenwärtige Sultan Muley Hassan residirt nie in
Miknäs, er berührt nur die Stadt auf seinem jährlichen
Zuge von Fäs nach Marrakesch. Aber noch sind die Haupt-
gestüte desselben in Miknäs, in denen die sogenannten edeln
Berberrosse rein gezüchtet werden; in der Regel bekommt

der Gesandte eines europäischen Staats, der dem Sultan
seine Aufwartung macht, ein solches Pferd zum Geschenk.
Die grossen unterirdischen Getreidemagazine scheinen heutzutage auch nicht mehr benutzt zu werden, denn ich fand
die meisten leer und die Decke von oben vielfach eingebrochen; sie müssen eine ganz bedeutende Ausdehnung
haben, denn man reitet lange auf dem höhlklingenden Boden herum. Als im Jahre 1878 die furchtbare Hungersnoth
in Marokko herrschte, wobei viele Tausende von Menschen
effectiv verhungert sind, soll man den Sultan vergebens
angefleht haben, die Magazine zu öffnen und das Getreide
zu vertheilen. Als schliesslich die Noth derart war, dass
er dazu gezwungen wurde, fand sich, dass ein grosser Theil
der Tausende von Centnern fassenden Getreidemengen ver-
fault war!

Der jetzige Sultan scheint auch deshalb nicht besonders
gern nach Miknäs zu gehen, da sich dort, und besonders
in den Ortschaften des nahe gelegenen Zarhungebirges,
noch zahlreiche einflussreiche Personen finden, die heftige
Gegner der Dynastie der Filali sind und als Anhänger der
alten verehrten Herrscher aus dem Hause der Idriden, einer
angesehenen Scheriffamilie, dem jetzigen Sultan sogar das
Recht bestreiten wollen, sich Scherif, d. i. Abkömmling des
Propheten, zu nennen. Gerade aber nur dadurch, dass
Muley Hassan auch als grosser Scherif angesehen wird, der
sogar höher in Achtung steht als der Chalif in Stambul,
vermag derselbe auch die weltliche Macht über das ausgedehnte und aus so vielen Elementen zusammengesetzte
marokkanische Reich zu behaupten.

Vielfach bekannt ist die Sage von dem ungeheuern
Geldschatz, der in Miknäs hinter festen Thüren und Thoren
vergraben liege. Es dürfte kaum einem Reisenden gelingen,
darüber vollständig die Wahrheit zu erfahren. Zunächst
ist Eins wol gewiss, dass im Laufe der Zeit die Sultane

ungeheuere Mengen von Baargeld aufgehäuft haben müssen,
da sie doch stets jährlich Geld eingenommen und ganz
unbedeutende Summen ausgegeben haben. Das ist heute
noch so in Marokko. Der Sultan allein (denn einen Staats-
schatz gibt es nicht) nimmt jährlich gewiss mehrere Millionen ein, wovon nur die Ausgaben für seinen Hofhalt und
eine Anzahl Pensionen für Günstlinge, Verwandte und
theologische Schulen und Stiftungen bestritten werden. Die
Ausgaben für Beamtengehalte sind fast gleich Null, da die
Beamten auf die Aussaugung ihrer Provinzen angewiesen
sind, und die kleine reguläre Macht kostet sehr wenig.
Für das Land aber, für Strassen, Brücken, Spitäler, Gefängnisse u. s. w. wird einfach gar nichts ausgegeben. Die
infolge des Kriegs mit Spanien contrahirte Staatsschuld ist
fast ganz abgetragen durch die Zölle, von denen seit jener
Zeit Spanien die Hälfte für sich behält. Es muss also jedes
Jahr eine gewisse Summe baaren Geldes zu den seit langer
Zeit vorhandenen Schätzen hinzukommen. Diese letztern
nun sollen seit den ältesten Zeiten in Miknâs in Verwahrung
liegen und hat sich um dieselben ein ganzer Mythus gebildet. Hinter dreifachen eisernen Thüren gelange man, nachdem das von hohen und dicken Mauern umgebene Schatzhaus erreicht ist, in einen dunkeln Gang, an dessen Ende
ein Saal sich befinde, von wo aus man durch eine Fallthür
in die unterirdische Schatzkammer gelange. Das Haus
selbst wird von 300 Negersklaven bewacht, die nie lebend
dasselbe verlassen dürfen, ein lebendiges Grab, und nur
einmal im Jahre käme der Sultan oder einer seiner Ge-
treuen, um neues Geld zu dem alten Haufen zu werfen.
Dem Sultan und seinen Günstlingen liegt natürlich daran,
den Schatz mit möglichstem Zauber zu umgeben, und die
Bevölkerung ist sehr empfänglich für etwas Derartiges.
Späterhin soll nun der Schatz an mehrern Orten aufbewahrt
worden sein, sodass jetzt ein Theil in Miknâs, ein anderer

in Fäs, der grösste Theil aber in der südlich des Atlasgebirges gelegenen Oase Tafilalet, dem Stammlande der
Filali, verborgen sei. Es scheint mir das Wahrscheinlichste,
dass das wenn auch nicht so ganz enorme, aber doch
immerhin bedeutende Vermögen des Sultans in Tafilalet in
Sicherheit gebracht ist. Kommen doch immer mehr Europäer nach Marokko, und im Fall einer kriegerischen Ver-
wickelung ist ja eine Besetzung von Fäs und Miknâs nicht
absolut ausgeschlossen. Jeder aber, der Miknâs besucht,
wird zweifellos mit all den Fabeln tractirt, die sich an den
Schatz des Sultans und die 300 eingemauerten Schwarzen
im Laufe der Zeit gebildet haben. Die sogenannte „schwarze
Garde“, ein Theil der regulären Armee des Sultans, die
fast ausschliesslich aus Negern bestand und die sich durch
ihre wilde Tapferkeit und Grausamkeit auszeichnete, hatte
ihren Sitz in Miknâs.

Der Aufenthalt in Miknâs gehört mit zu den angenehm-
sten Erinnerungen an Marokko, und nicht wenig trug dazu
bei die reizende Lage meiner Wohnung inmitten eines
üppigen Gartens von Orangen, Jasmin und Rosen.

Wenn wir an den milden Abenden und Nächten auf der
Terrasse des Hauses lagen, und die klagenden Töne einer
einsamen Nachtigall aus dem blüten- und blumenreichen
Garten heraufklangen, wenn dann maurische Freunde ihre
Erzählungen begannen von der frühern Pracht und Grösse
der Stadt, von grausamen Sultanen, die das Volk bedrückt,
und von mächtigen Herrschern, die der Schrecken der
Christenheit waren, wenn sie auf ihren primitiven Instrumenten in monotonen Weisen, aber feurigen Worten die
Schönheit der Mädchen und Frauen von Miknâsa besangen —
und Miknâsa ist in Marokko berühmt in dieser Richtung —
dann glaubten wir uns in ein Märchen aus „Tausendundeine Nacht“ versetzt. Ich vergass vollständig, dass ich
mich an einem Orte befand, der mit Recht seiner christen-

feindlichen Bevölkerung wegen berüchtigt ist; ich sah nur die Schönheit der Natur, das Originelle der Umgebung, und halb betäubt von den Düften der Jasmin- und Orangenblüten gab ich mich nur dem Genusse des Augenblicks hin, ohne jener fanatischen Bettler von der Sekte der Es-Senusi zu gedenken, deren wildes Geheul manchmal in schauerlichen Tönen von den milden Abendwinden zu uns herübergetragen wurde.

Am 22. Januar 1880 verliessen wir das mir so lieb gewordene Miknâs. Unser Reiseziel war Marrakesch, die grosse ehemalige Sultansresidenz, die südwestlich von hier aus gelegen ist. Der directe Weg aber führt durch sehr unsichere Gebiete; rebellische Berberkabylen bewohnen die Vorberge des Atlas und unternehmen häufig Streifzüge nach Norden, sodass selten jemand diesen geraden Weg einschlägt. Selbst der Sultan wählt die längere Route über Rabat. Wir mussten also in rein westlicher Richtung ziehend erst den Atlantischen Ocean zu erreichen suchen; da ich aber vorher die nicht weit von Miknâs gelegenen römischen Ruinen besuchen wollte, so mussten wir zunächst einen nördlichen Curs einschlagen.

Der Weg führte durch ein hügeliges Vorland, in dessen Thälern kleine Bäche das wohlbebaute Land befruchteten. Dem Südabhange des Giebel Zarhun entspringend vereinigen sich diese kleinen Wasserläufe — Wad Bur, Wad Seschara, Wad Zarhun und Wad Gimgima — mit dem grössern Wad Rdum, der, nordwestlich fliessend, späterhin sich mit dem Sebu, dem Hauptstrome Marokkos, vereinigt. Wir bemerkten unterwegs an einer Stelle eine Masse herumliegender wohlbehauener Quadersteine, die aber nie verwendet worden zu sein scheinen. Allerhand Mythen knüpfen sich an diese Reste, und die Marokkaner sagen von ihnen, der Teufel habe sie dahin gebracht. Vielleicht war hier ein

Arbeitsplatz aus der Zeit, als die Römer hier festen Fuss gefasst hatten.

Wir hielten in einem der Längsthäler in der Nähe eines kleinen Dorfes, von wo aus wir nur noch eine kurze Strecke zu den Qasr-el-Faraun (Burg des Pharao) genannten Ruinenfelde hatten. In höchstens einer halben Stunde Entfernung erblickten wir die pittoresk im Gebirge gelegenen weissen Häuser und Kuppeln von Heiligengräbern der Zauja Muley Idris Akbar, wo dieser bedeutendste Herrscher Marokkos und grosse Heilige begraben liegt. Noch nie hat ein Ungläubiger diesen Ort betreten; selbst Rohlfs, der doch sehr geschickt seine Maske als Moslemim spielte, durfte nicht dahin. Mit Hülfe des mir vom Sultan ausgestellten Briefes wäre es endlich möglich gewesen, auch dieses Städtchen zu besuchen, aber ich wollte nicht absichtlich in brüsker Weise den Fanatismus der Leute provociren und dadurch dem Gouverneur von Miknâsa, der mich so liebenswürdig bewirthet hatte, Verlegenheiten bereiten. Ausserdem gehört politisch das Zarhungebirge mit seinen Ortschaften noch zum Bezirk des Gouverneurs von Fäs, sodass ich allenthalben nur Scherereien gehabt haben würde. Die Landbevölkerung in der Umgebung von Miknâsa gehört zur Kabyle Dschirwan, aber es finden sich unter denselben auch zahlreiche Berber, Scheluh.

Die Ruinen befinden sich auf dem flachen Rücken eines Hügels, der dicht mit Gräsern, Disteln und allerhand Unkraut bewachsen ist, sodass die meisten Reste ganz überwuchert sind. Zuerst gelangt man an eine grosse, gegen 30 Fuss hohe Mauer, woran sich rechtwinkelig ein Stück niedriges Mauerwerk anfügt. In diesem letztern öffnet sich nach Westen zu ein grosser Rundbogen, von dem aber nur ein kleiner Theil erhalten ist. Alles ist aus grossen Quadersteinen zusammengesetzt, die allem Anschein nach ohne Mörtel aneinandergefügt sind.

Weiterhin stösst man auf eine zweite Ruine, die mit den gegen 40 Schritt entfernten Bauresten ein architektonisches Ganzes gebildet haben dürfte. Der Chronist der im Jahre 1878 ausgesendeten deutschen Gesandtschaftsreise, deren Mitglieder auch diesen Punkt besucht haben, berichtet hierüber mit folgenden Worten: „Es ergibt sich deutlich, dass diese beiden zu einem gemeinsamen architektonischen Ganzen gehören. Es wurde mir zweifellos, dass es die Gestalt einer dreischiffigen Basilika gehabt haben muss, deren Längsachse von Süd nach Nord gerichtet war. Das Mittelschiff öffnete sich nach dem Eingang und Ausgang hin mit einem rundbogigen Thor von 15 Schritt Breite. An den innern Wandseiten dieser Thore traten korinthische Halbsäulen heraus. Ein 4 Schritt breiter Wandpfeiler trennte dieses Mittelportal von den ebenfalls je 4 Schritt breiten kleinern Rundbogenthoren des östlichen und westlichen Seitenschiffs. Eine starke Mauer mit kräftig ausladendem Gesims schloss den Bau an der östlichen und westlichen Langseite ab. Im Innern waren die Seitenschiffe von dem Mittelschiff wie es scheint durch Reihen uncannelirter korinthischer Säulen gesondert. Vor dem nördlichen und dem südlichen Ausgange befand sich noch je eine Vorhalle von 7 Schritt Tiefe.

„Was von diesem stattlichen, wenn auch in den Verhältnissen wie in der Ausführung bereits ziemlich plumpen und rohen Bauwerk aus der römischen Decadence aufrecht steht, ist ein Stück der südlichen Vorhallenmauer, das südliche wie das nördliche Bogenportal des westlichen Seitenschiffs, ferner einige Quaderlagen von den Mauerpfeilern der entsprechenden Süd- und Nordportale des östlichen Seitenschiffs und der grossen Mittelthore mit den kurzen Stümpfen und Basen der Halbsäulen. Jene beiden nach oben sitzenden Rundbogen sind durch das allmähliche seitliche Ausweichen der Mauerpfeiler und den Druck der noch darüber-

RUINEN VON VOLUBILIS.

I. S. 192.

liegenden Quadern fast zur Form von Korbhenkelbogen
herabgedrückt. Die langen Aussenwände sind, sei es durch
Erdbeben oder durch die allgemeine Lösung aller Fugen
des ganzen Baues, nach aussen hin zusammengestürzt. Die
Trümmer des westlichen wurden verstreut und vertragen;
die des östlichen liegen meist, Quader für Quader, bis zum
Gebälk noch so beisammen, dass ihr einstiger Zusammenhang nur geknickt, aber kaum stellenweise durch Lücken
unterbrochen erscheint. In dem von Disteln überwucherten
Trümmerfelde zwischen dem Nord- und Südende der Halle
und aussen ringsumher liegen zwischen den oblongen Blöcken
Fragmente von Säulenschäften und korinthische Capitäle,
deren Acanthusblätter aber nur in der allgemeinen Form
aus dem Rohen gemeisselt sind. Unter dem Boden sollen
sich ausgedehnte Keller befinden, und es wird sogar erzählt,
dass man früher dort grosse Gold- und Silberschätze gefunden habe.

Wie erwähnt, nennen die Araber die ihnen unver-
ständlichen Bauwerke „Qasr-el-Faraun" (Burg des Pharao,
ein Name, der übrigens auch in andern arabischen Ländern für Bauwerke von grossen Dimensionen und un-
bekannter Herkunft gegeben wird. Unter Pharao verstehen
die Araber noch immer einen übermächtigen Fürsten, der
so grossartige Bauwerke aufführen lässt, dass Menschen-
hände dazu allein nicht genügen, sondern die Hülfe über-
irdischer Wesen in Anspruch genommen werden muss. Auf
der Arabischen Halbinsel finden wir gleichfalls den Namen
Qasr Faraun. So nämlich bezeichnen die Bewohner des
Wad Musa einige in der Nähe der alten Stadt Petra gelegene Mauerwerke und schreiben deren Ursprung einem
ägyptischen König zu. Petra war die alte Hauptstadt der
Nabatäer im Peträischen Arabien; mit Kazneh-el-Fa-
raun bezeichnen die jetzigen Bewohner einen angeblichen
grossen Schatz, der sich in einer Urne finden soll, welche

den Gipfel der verzierten Façade eines Felsentempels krönt; dieser grosse Schatz soll auch von einem Pharao herrühren; man sieht an der gegen 100 Fuss vom Boden erhabenen Krone Spuren von Flintenkugeln, da die jetzt dort lebenden Araber dieselbe durch Schüsse zu zertrümmern suchten.

Die geringen bisher bekannten Reste in unserm marokkanischen Qasr Faraun lassen nicht erkennen, was dieselben vorstellen; wir wissen nicht, ob es ein Tempel war, oder ein Gerichtsgebäude, oder was immer. Wenn einmal Fachleute den Platz gründlich untersuchen und all die Massen von Unkraut wegschaffen lassen wollten, so würden sich wahrscheinlich Anhaltspunkte finden. Dazu ist aber eine specielle Erlaubniss des Sultans nöthig und auch ein genügender militärischer Schutz, um vor der leicht erregbaren Volksmenge in den benachbarten heiligen Städten gesichert zu sein. Dagegen findet man in der Nähe noch einzelne mit Inschriften versehene Steine, aus denen mit Sicherheit hervorgeht, dass das Ganze zur Zeit des Kaisers Domitian zu dem römischen Municipium Volubilis gehört hat. Dieser Ort ist längst bekannt aus dem Antoninischen Itinerarium, aber man glaubte lange Zeit hindurch, Volubilis habe sich an der Stelle des heutigen Fäs befunden. Jetzt weiss man, dass es zwei kleine Tagereisen davon gelegen war.

Man hat mehrere meist oblonge Steine von verschiedener Grösse mit Inschriften gefunden; freilich sind die meisten Steine zerbrochen und die Inschriften zum grossen Theil verwischt. Den Archäologen sind gewiss schon längst die wenigen Inschriften, die bisher gefunden worden, bekannt; bei einer genauern Untersuchung des Orts wird man übrigens gewiss noch mehr Derartiges finden. Dass auch hier Grabstätten waren, geht wol aus folgender fragmentarischen Notiz hervor, von der ich nicht weiss, ob sie schon bisher bekannt war. Auf einem zerbrochenen Stein fanden sich folgende Worte:

M FABIO LIICI
ROGATO ANXVII
VRBS CRISTVS
PATER
FILIO PIISSIMO POS

Wenn die Bevölkerung Marokkos weniger fanatisch und mistrauisch wäre, liessen sich in diesem Lande gewiss noch manche archäologisch wichtige Beobachtungen machen. Die Römerherrschaft ist tief ins Land hineingegangen; aber es muss auch berücksichtigt werden, dass die Mauren jedes nicht von ihnen errichtete Bauwerk als von den Rumi herrührend bezeichnen. So fand ich mitten im Atlasgebirge alte Mauern, die Qasr-er-Rumi genannt wurden, ja selbst einige hoch auf einem Berge bei Fum-el-Hossan, am Nordrand der Sahara gelegene Ruinen wurden von der Bevölkerung den Römern zugeschrieben. Im nördlichen Marokko wird wol manches Bauwerk, das portugiesischen Ursprungs ist, fälschlich als römisch bezeichnet.

In einem im Jahre 1814 erschienenen Buche von Jackson: „Account of the Empire of Marocco", findet sich übrigens noch folgende merkwürdige Stelle: „Der Vater des Sultans Sliman baute einen prächtigen Palast an den Ufern des Flusses von Tafilalet; die Säulen bestehen aus Marmor und viele von ihnen wurden über den Atlas geschafft, nachdem man sie von dem Ruinenfeld Qasr Faraun bei dem Grabmal des Muley Idris Zerone aufgelesen hatte." Auch erzählen die Araber, dass früher grosse Schätze hier aufgefunden worden sind. Die Schatzgräberei ist in Marokko sehr beliebt und gern beschäftigt sich die Phantasie der Bevölkerung mit fabelhaften Schätzen, die stellenweise verborgen sein sollen. Es liegt diesem Glauben sicherlich die Thatsache zu Grunde, dass es vielfach Sitte gewesen war, die auf irgendeine Weise erworbenen Reichthümer zu verbergen, um dieselben vor der Habgier der allmächtigen Sultane und deren Vertreter zu sichern.

SECHSTES KAPITEL.

REISE NACH SELÀ UND RABAT.

Die Kabyle Eschrarda. — El Gharbia. — Bittgesänge. — Wad Rdum.
— Beni Hessém. — Korkeichenwald el Mamora. — Noth und Unzu-
friedenheit. — Die Scheluh. — Selà. — Ein Mekka-Bettler. — Sand-
barre. — Schlechte Häfen. — Piraten. — Name von Selà. — Rabat.
— Teppichfabrikation. — Handel und Industrie. — Schlechter Hafen.
— Zwei Abenteurer. — Französische Instructoren. — Schöne Um-
gebung von Rabat. — Alte Ruinen. — Der Thurm des Hassan. —
Wochenmärkte in Rabat.

Am Morgen des 23. Januar 1880 verliessen wir die heiligen Stätten am Zarhungebirge. Unsere Freunde aus Fâs
blieben zurück und nahmen einen rührenden Abschied, indem sie den Segen Allah's für unser ferneres Unternehmen
herabflehten. Wir wandten uns nordwestlich und hatten
bereits gegen Mittag die westlichsten Ausläufer des Zarhungebirges hinter uns. Dieselben bestehen aus mächtigen Ab-
lagerungen eines der Tertiärformation angehörigen Sandes,
der stellenweise zu Bänken dichten Sandsteins erhärtet ist.
Wir passirten einige Zeltdörfer (Duars) ohne uns aufzuhalten;
die Bevölkerung war zum grossen Theile abwesend, theils
mit Aeckern beschäftigt, theils bei den Heerden von Schafen,
Ziegen und Rindern. Eine schmale Pforte führt zwischen
den hohen und steilen Sandsteinwänden hinaus in die ungeheuere Ebene, die el Gharb genannte Landschaft, die sich
in westlicher Richtung bis an den Atlantischen Ocean aus-

dehnt und weit nach Süden reicht. Die enge Schlucht,
welche aus dem Gebirge führt, heisst Bab-el-Dschuka.
Nach einer Stunde erreichten wir die Qasbah Sidi Kasem
mit einer Moschee; der Amil des Districts hält sich aber
in der Regel nicht hier auf, sondern eine halbe Stunde
weiter westlich, wo mitten in der Ebene eine Anzahl Duars
errichtet sind. Nicht weit hiervon ist die Niederlassung
Sidi Said und dicht dabei wohnte Kaid Hamid-es-Serara, wo
wir hielten und die Zelte errichteten. Es ist dies ein Zweig
der grossen Kabyle Eschrarda. Die Bevölkerung war nicht
besonders freundlich, da sich erst kurz vorher hier sehr
unangenehme Scenen ereignet hatten, in denen ein Mitglied
der französischen Legation in Tanger eine Rolle spielte.
Demselben soll hier die Summe von 120000 Francs gestohlen
worden sein, und der Amil der Gegend war nun mit der
Hereinbringung des Geldes beschäftigt, sodass die Bevölkerung im höchsten Grade erbittert war. Man behauptete
nämlich, es sei gar nicht wahr, dass dem betreffenden Herrn
diese Summe abhanden gekommen sei; da aber Europäer,
besonders Mitglieder von Gesandtschaften, in Marokko stets
recht erhalten gegenüber den Eingeborenen, so ordnete der
Sultan an, dass die Kabyle diese Summe ersetzen solle.
Der Amil ging nun mit grosser Strenge vor, und die an und
für sich arme Bevölkerung musste durch Verkauf von Thieren und Getreide die Gelder herbeischaffen. Da nun baares
Geld fast ausschliesslich in den Händen der Juden ist, so
mussten, wie immer, auch jetzt diese in Anspruch genommen werden. Natürlich tragen solche Fälle nicht dazu bei,
den Fremdling in Marokko beliebt zu machen, und jeder
Reisende wird mistrauisch angesehen, da man fürchtet, durch
ihn in unangenehme Lagen zu kommen. Die schwache Regierung des Landes aber sucht alle Complicationen mit europäischen Mächten, besonders mit England, Spanien oder
Frankreich, zu vermeiden, und gibt lieber ihren eigenen

Unterthanen unrecht, um nur Ruhe zu haben. Eine halbe
Stunde nördlich von userm Lagerplatz befindet sich ein
Zauja, ein heiliger Ort, wie sie in Marokko ausserordentlich häufig sind; es ist das Grabmal des Sidi Muhamed
ben Hamid. Aeusserlich werden diese Plätze immer gut
gehalten und das kleine mit einer Kuppel versehene Gebäude war glänzend weiss angestrichen, sodass es weithin
sichtbar war.

Die Gegend ist nicht sehr sicher, da die in den nach
Südwesten zu liegenden Bergen lebenden Berber häufig Ein-
fälle in die fruchtbare Ebene machen, um Pferde zu stehlen.
Ackerbau, Pferde- und Viehzucht stehen in dieser Landschaft in höchster Blüte, und el Gharbia versorgt ganz Marokko mit Getreide. Der völlig steinlose Boden ist mit
einer äusserst fruchtbaren Ackerkrume bedeckt und wird
von zahlreichen kleinen Bächen durchzogen, die dem Sebu,
dem Hauptstrom Marokkos, angehören. In der Nähe unsers
Lagerplatzes hatten wir den Wad Rdum, der am Südgehänge
des Zarhungebirges entspringt, erst westlich, dann nördlich
fliesst und nach einer neuerlichen Wendung des Laufes nach
Westen sich wenige Meilen oberhalb der Mündung des Sebu
mit diesem vereinigt. Hier in diesem el Gharb liegt der
Keim der marokkanischen Macht; wenn die Ernte gut aus-
fällt, so befindet sich das Land wohl, die Steuern gehen ein,
die Bevölkerung hat Vorräthe und Geld, und infolge dessen
gehen auch Handel und Gewerbe in die Höhe. Umgekehrt,
wenn in einem Jahre der Regen ausbleibt und infolge dessen
Miserte eintritt, leidet der ganze Staat unter Hungersnoth.
So war es im Jahre 1878 gewesen, und viele Tausende von
Menschen sind damals umgekommen. Wir hatten seit gestern
bedeckten Himmel, und als wir durch die einzelnen Duars
zogen, waren wir erstaunt über die lebhafte Bewegung unter
der Bevölkerung. Frauen und Kinder zogen in langen Pro-
cessionen tanzend und singend umher, die Männer besuchten

die Zaujas oder ihre Gebetplätze, um den Segen des Himmels, nämlich Regen, zu erflehen. Der Erfolg war auch
augenscheinlich. Gegen Abend brach ein heftiges Gewitter
los und die Freude und der Jubel waren allgemein. Die ganze
Nacht dauerten die Tänze und Gesänge. Gewehrsalven krach-
ten zur Feier dieses freudigen Ereignisses und überall sah
man frohe Gesichter. Es ist erstaunlich, wie bei der höchst
primitiven Bearbeitungsmethode der Boden so ausserordentlich ergiebig ist, nur Wasser muss genügend da sein.

Der Tag war ziemlich heiss gewesen, nachmittags gegen
3 Uhr hatten wir 25° C. im Schatten, und infolge der Ab-
kühlung verbrachten wir einen herrlichen Abend in unsern
Zelten. Der Ortsvorsteher schickte eine reichliche Muna
und nicht weniger als acht bewaffnete Männer zur Wache,
die sich in einem grossen Kreis um unser Zeltlager postirten.
Die Unsicherheit der Gegend verlangte diese Vorsicht, und
der Bevölkerung des Duars selbst war nicht recht zu trauen.
Da nun der Vorsteher stets verantwortlich ist für das, was
einem Reisenden, der mit Empfehlungen des Sultans kommt,
geschieht, so schickte derselbe eine ausgiebige Wache, um
allen spätern Verlegenheiten enthoben zu sein.

Diese ackerbauende Landbevölkerung Marokkos ist in
vielfacher Beziehung von den Städtebewohnern, den sogenannten Mauren, die keine reinen Araber mehr sind, verschieden. Die kräftigern Bauern sehen auch mit Verachtung
auf die verweichlichten Bewohner der grossen Städte herab;
sie können sich nicht an das Wohnen in geschlossenen Häusern gewöhnen, sondern ziehen ihre offenen Zelte vor. Dieselben sind niedrig, breit und bestehen aus einem dicken,
dunkelbraunen Stoff, der aus Kamelwolle hergestellt wird.
In den einzelnen Duars finden sich auch keine Juden; nur
in der Qasbah des Amils eines jeden Districts halten sich
einige Familien auf.

Am folgenden Morgen, als wir die Zelte abbrachen, war

noch recht bedeckter Himmel und Regen voraussichtlich zu
erwarten. Wir wandten uns zunächst westwärts und durch-
eilten den etwas angeschwollenen Wad Rdum; es war nicht
so leicht, die schwerbepackten Lastthiere die steilen auf-
geweichten Lehmufer hinab- und auf der andern Seite des
Flusses wieder heraufzubringen. Gegen 11 Uhr hielten wir
in der Ortschaft Sidi Gedar. Charakteristisch für die officielle Gastfreundschaft, der sich der europäische Reisende
nicht entziehen kann, war hier Folgendes. Wir wurden vom
Kaid aufgefordert, in seinem Orte zu bleiben und erst morgen weiter zu ziehen; er wollte uns eine Muna herrichten
lassen, was aber erst gegen Abend möglich war. Da wir
aber gern weiter wollten, so schlug ich das Anerbieten ab;
der Kaid aber, da ihm so die Gelegenheit genommen war,
uns zu bewirthen, gab uns als Zehrpfennig baares Geld
(3 spanische Duros, circa 15 Francs) und wir mussten es
annehmen!

Von hier aus bog sich der Weg nach Westen und betraten wir bald das Gebiet der grossen Kabyle Beni Hessêm,
die sich bis an den Ocean erstreckt. Nach Ueberschreitung
des kleinen Wad-el-Bet erreichten wir in südöstlicher Richtung weiter ziehend schon nach 3 Uhr das Dorf des Kaid
Absalom Benkao, wo wir anfangs nicht mit besonders freundlichen Gesichtern empfangen wurden. Es ist ein sehr grosses Duar, d. h. ein grosses Quadrat, dessen Seiten die Zelte
der Bewohner bilden; in der Mitte befindet sich ein etwas
besseres Zelt mit Hecken umgeben, die Wohnung des Kaid,
daneben ist ein altes Zelt für die Gefangenen, die in Ketten
lagen. Hieran schliesst sich ein von einem tiefen Graben
umzogenes Quarré, das als Lagerplatz für die durchziehenden Karavanen dient. Der Ort liegt an dem Hauptweg
zwischen Fäs und Rabat und wird sehr viel von Reisenden
als Nachtquartier benutzt. Daher sind denn der Kaid und
die Bewohner sehr oft genöthigt, die Muna liefern zu müs-

sen. Mit uns zu gleicher Zeit zog eine stattliche Karavane ein, ein Vetter des Sultans mit einem grossen Gefolge; auch er liess sein Zelt an dem dafür bestimmten Platz aufschlagen. Während seine Sklaven mit dem Herrichten desselben beschäftigt waren, liessen er und sein Chalif die kleinen Gebetteppiche ausbreiten und sie hielten das Abendgebet ab; dann verschwanden sie im Zelt und liessen sich nicht mehr blicken. Einige Frauen, die sich unter der Karavane befanden, suchte man sorgfältig unsern Blicken zu entziehen.

Der tiefe Graben war zu dem Zweck gezogen, damit während der Nacht die Thiere nicht davonlaufen; das ist übrigens ohnehin schon schwer, da man eine lange eiserne Kette über den Boden zu ziehen und mit zwei Bolzen zu befestigen pflegt; die Pferde werden dann mit geschlossenen Vorderfüssen an diese Kette befestigt, während den Kamelen ein Vorderbein am Knie aufgebunden wird.

Trotz des bewölkten Himmels hatte es heute nicht geregnet und die Bevölkerung des Ortes schickte laute Bittgebete zum Himmel; Weiber und Kinder zogen gleichfalls betend und jammernd umher, denn das Gewitter von gestern hatte nur momentan genützt und der Boden war von den 25° Hitze wieder völlig ausgetrocknet. Die Gegenwart eines so hohen Gastes, wie ein Vetter des Sultans, der mit zahlreichen Machazini kam, liess wol den Versuch eines Diebstahls nicht aufkommen, sodass wir hier in völliger Sicherheit waren und schliesslich sogar von dem anfangs mürrischen Kaid die Muna für die Pferde und für uns erhielten.

Während der Nacht hatte es etwas geregnet, sodass wir am 25. Januar einen angenehmen frischen Morgen hatten. Der monotone Weg führte in westsüdwestlicher Richtung immer durch das Gebiet der Beni Hessém, die unter nicht weniger als 16 Amilen stehen; so gross ist dieser Tribus.

Wir passirten eine Anzahl Duars und erhielten immer von einem Ort zum andern einige Machazini zur Escorte, da der Weg als unsicher gilt. Südlich von uns liegt der kolossale Korkeichenwald Mamora, ein schwach hügeliges Terrain, am Nordrande mit Teichen und Sümpfen, der ausschliesslich in den Händen der Scheluh (Berber) ist, die sich noch bis heute fast unabhängig vom Sultan erhalten haben. Fast jedes Jahr schickt derselbe eine kleine Truppenmacht dahin, um Steuern einzutreiben und Gefangene zu machen; dafür rächen sich dann die Scheluh an der ackerbauenden Arbeiterbevölkerung, die sie als Eindringlinge hassen und denen sie das Vieh stehlen, sodass hier fast ein permanenter Kriegszustand existirt.

Schon gegen 2 Uhr hielten wir in einem grossen Duar, da die schwerbepackten und ermüdeten Thiere nicht mehr weiter konnten. Hier hatten wir anfangs allerhand Verdruss. Der Kaid des Ortes, hiess es, halte Siesta, und die unhöflichen und störrischen Diener wollten uns nicht anmelden. Ich wollte Futter für die Thiere kaufen, erhielt aber keins, da man erst das Erscheinen des Kaids abwarten wollte, sodass meine Leute schon sehr zornig auf die Bewohner des Ortes wurden. Wie in allen Duars befand sich das dürftige Wohnhaus nebst einem Zelt des Kaids in der Mitte, während die übrigen Zelte die Aussenseiten bilden, sodass ein grosser weiter Raum entsteht. Man kann nicht genug vor dem Betreten eines solchen Zeltes warnen, da dieselben voll von Ungeziefer sind; ich hätte stets lieber das Nachtlager ausserhalb des Duars aufgeschlagen, aber die Vorsteher liessen so etwas nie zu, der Unsicherheit wegen und weil sie für mich verantwortlich waren.

Als endlich der Kaid erschien, den Brief des Sultans an die Stirn und Lippen geführt und dann gelesen hatte, änderte sich auch unsere Lage. Er liess die vollständige Muna herrichten, besuchte uns auch und erbat sich etwas Medicin.

Einen seiner störrischen Diener, über den wir uns beklagt hatten, liess er durchprügeln.

Die Leute vom Stamme Beni Hessêm galten übrigens lange Zeit für wilde Bursche, die sehr aufrührerisch gegen den Sultan waren und sogar dessen Karavanen wiederholt geplündert haben. Vor vier Jahren haben sie zwei reisende Spanier ermordet, wofür sie dann 10000 Duros Entschädigung haben zahlen müssen. Eine Zeit lang waren sie sogar mit den Scheluh im Bunde gegen den Sultan, sodass dieser endlich ein Radicalmittel anwandte, um sie zu züchtigen. Während es sonst üblich ist, dass eine Kabyle nur einen oder höchstens einige Amile hat, theilte er das grosse Gebiet der Beni Hessêm in 16 Districte, von denen jeder einen eigenen Gouverneur bekam, der direct dem Sultan verantwortlich ist. Wir hatten heute früh auf dem Marsche die Ruinen eines Hauses gesehen, etwas Seltenes in dieser Gegend. Es war dies die ehemalige Qasbah des Amils der Beni Hessêm; das Haus wurde zerstört und die erwähnte Neueintheilung des Tribus vorgenommen, sodass der Sultan die Leute ziemlich in der Gewalt hat. Uebrigens herrschte allgemeine Unzufriedenheit unter der Bevölkerung gegen den Sultan, wozu wol auch noch eine Art Hungersnoth beitrug, die während meines Aufenthalts herrschte. War im Jahre vorher Miserrnte gewesen oder hatte man ihnen alles Getreide weggenommen, kurz, die Mehrzahl der Bewohner lebte von wilden Eicheln, die sie aus dem grossen Korkeichenwald Mamora sammelten, zu Mehl stampften und zu einer Art Brot verarbeiteten; eine elende Nahrung!

Ein Dutzend Machazini, die zum Duar gehörten, führte nachmittags eine grosse Fantasia auf, jene bekannten marokkanischen Reiterkunststückchen mit Pulververschwendung und kriegerischem Geschrei. Die Scheluh hatten vor einigen Tagen ein Pferd gestohlen und es sollte eine Expedition in das betreffende Dorf unternommen werden, um Rache zu üben. Die tapfern Machazini übten sich nur für den bevorstehenden Kampf und zeigten den erstaunten Kindern und Weibern, wie sie den Feind vernichten wollten; die Männer waren weniger von diesem Renommirreiten erbaut und verhielten sich sehr kühl und skeptisch.

Der Platz, auf dem wir lagerten, hiess Tasodi, in der Nähe ist ein kleines Flüsschen, Maschra-er-Remla (Passage des Sandes), und dicht dabei das Grabmal eines Heiligen. Schon vormittags hatten wir einen solchen heiligen Platz passirt. Namens Lalla Jedo, das seltene Beispiel einer heiligen Frau.

Während der Nacht begann ein furchtbarer Regen, sodass es am folgenden Morgen unmöglich war aufzubrechen. Der Lehmboden war völlig durchweicht, die Zeltleinwand so voll Wasser, dass sie das doppelte Gewicht hatte und die Pferde unmöglich im Stande gewesen wären, das Gepäck in dem morastigen Boden fortzubringen. Es blieb uns also nichts übrig, als dem Rath des Kaid zu folgen und noch einen Tag zu bleiben, um die Zelte trocknen zu lassen. Das Aneroid war in der Nacht um 5 Millimeter gefallen, von 760, was für die El Gharb-Ebene das Normale zu sein scheint, auf 755°, sodass wir wol mehr Regen erwarten konnten. Die armselige Bevölkerung war sehr erfreut, hatte sie doch nun Aussicht, ihren Weizen und Gerste gewinnen zu können.

Wir hatten fast den ganzen Tag den Kaid bei uns, der uns allerhand erzählte, besonders auch über die Scheluh klagte. Es ist aber durchaus falsch, die Scheluh nur als Diebe und Räuber zu betrachten. Sie sind innerhalb ihres Bezirks im höchsten Grade anständig, viel mehr als die Araber gastfreundlich gegen Reisende, vorausgesetzt, dass dieselben nicht mit Empfehlungen des Sultans kommen und Machazini mitbringen. Sie wollen nun einmal vom Sultan nichts wissen und plündern officielle Reisende, wenn die-

selben in ihre Hände fallen, regelmässig aus. Da ich nun
mit Briefen des Sultans reiste und Machazinibedeckung
hatte, so musste ich das Berbergebiet vermeiden und einen
grossen Umweg machen, um nach Rabat zu kommen. Der
directe und kürzeste Weg ist selbst dem Sultan verschlossen.
Am 27. Januar verliessen wir dieses Duar. Es hatte
zwar wieder während der Nacht geregnet, aber früh morgens schien doch die Sonne, und nachdem die Zelte etwas
getrocknet waren, ging es weiter. Wir passirten einige
kleine Flüsse, dem Sebusystem angehörig, und kamen, in
nordwestlicher Richtung weiter ziehend, gegen 11 Uhr zu
dem grossen Duar Sidi Ayesch, dessen Kaid Bas-el-Ham uns
sechs wohlbewaffnete Machazini als Escorte gab, da der
Weg unsicher sei. Wir wandten uns südwärts und kamen
in die nördlichen Abhänge der Mamora, jenes grossen von
Scheluh bewohnten Korkeichenwaldes. Das Terrain wurde
unebener, zahlreiche kleine trockene Einschnitte mussten
passirt werden, und meine Soldaten untersuchten die Waldungen nach allen Seiten, um etwaige Strassenräuber zu
verscheuchen. Die Machazini affectirten grossen Muth, ritten im ebenen Terrain Fantasia, verschossen viel Pulver
und verkürzten sich so die Langeweile. Unterwegs begegneten wir einigen Europäern, die von Rabat aus nach Fäs
reisen wollten; es war der amerikanische Consul in Casablanca (Darbeida), einer kleinen, aufstrebenden Küstenstadt,
und der Sohn des amerikanischen Consuls in Tanger; es
war offenbar eine Geschäftsreise, die diese Herren unternahmen.

Gegen 3 Uhr hielten wir in einem Duar am Wad-el-
Fuarad; die ganze Gegend führt den Namen Genitra. Der
Kaid Buasa-ben-Hassan empfing uns sehr freundlich; er
blieb den ganzen Abend bei uns und erzählte eine Menge
Details über marokkanische Justizverwaltung und über das
Verhalten der Juden; wenn nur ein kleiner Theil davon

wahr ist, so begreift man den Hass und die Verachtung der
Mohammedaner gegen diese hispanischen Juden, die es verstanden haben, sich trotz aller Bedrückungen unentbehrlich
zu machen. Auch hier leben die Bewohner in grosser Armuth, von den in der Mamora wohnenden, übrigens wohlhabenden Scheluh haben sie viel zu leiden, und es ist eine
ununterbrochene Fehde zwischen diesen beiden Völkern.

In der Nähe unsers Dorfes, aber schon im Scheluhgebiet,
ist ein kleiner mit Korkeichen bewachsener Hügel, genannt
Kutiel-el-Madan, in welchem Blei-, Kupfer- und Silbererze
sein sollen; sogar ein alter Stollen soll sich dort befinden,
aber jetzt ist alles verfallen; ich konnte leider der Berber
wegen den Punkt nicht besuchen.

Der Regen hatte nachgelassen und am Morgen des 28. Januar war es sehr frisch, wir hatten nur 6° C.; ein überaus
starker Thau hatte während der Nacht die Zelte durchfeuchtet
und sehr schwer gemacht. Wir hatten heute die letzte
Strecke zurückzulegen, um ans Meer zu kommen. Es war
heiss; der Weg führte in einem schwachen Bogen in südwestlicher Richtung am Abhang der Mamorawälder; einmal
mussten wir eine Partie des dichten Waldes durchschneiden,
und meine Leute geriethen in die grösste Furcht und Aufregung, obgleich sich kein Mensch blicken liess. Ich war
mit meinem Interpreten und den von Fäs aus mitgenommenen Dienern allein, die Machazini hatten uns verlassen, angeblich aus Furcht vor den Bewohnern eines vor uns liegenden Duars, mit denen sie einmal Streit gehabt hätten und
die sie jetzt wahrscheinlich angreifen würden. So zogen
wir ziemlich schweigsam und vorsichtig, stets Gewehre und
Revolver in Bereitschaft, durch die Eichenwälder, bis wir
endlich wieder die Ebene erreichten.

Wir kamen in ein Terrain voller Teiche und Sümpfe,
mit einer zahlreichen Vogelwelt, ein gern von Jägern besuchter Ort, die hier an Reihern, Wildenten und andern

Wasser- und Sumpfvögeln eine ergiebige Jagd haben. Es
ist ein Irrthum, wenn auf den Karten die ganze Mamora
als ein grosses Sumpfgebiet bezeichnet wird; die Hauptmasse dieses Gebietes ist hügelig und mit Eichenwäldern
bedeckt, nur am Nord- und Westrande in der Nähe des
Meeres finden sich Teiche.

Gegen 4 Uhr nachmittags zogen wir in der uralten Stadt
Selä, welche von Rabat durch einen Fluss getrennt ist,
ein. Wir schlugen die Zelte auf einer reizenden Wiese
ausserhalb der Stadt auf, von wo wir über die Klippen hinweg einen herrlichen Blick auf das lange ersehnte, immer
schöne Meer hatten. Ich schickte zum Gouverneur der Stadt,
der uns ein Haus anbot, das ich aber erst am folgenden
Tage zu beziehen beschloss. Es war ein so wunderschöner
Abend am Ufer der leichtbewegten See, dass ich mich nicht
entschliessen konnte, denselben hinter der Stadtmauer, eingesperrt und bewacht von mistrauischen Mauren, zuzubringen.

Der Gouverneur schickte übrigens, was in Städten sonst
nicht üblich ist, eine reichliche Muna für Thiere und Menschen, und ausserdem vier Mann Wache, damit wir vor Die-
bereien geschützt seien. In jeder Weise befriedigt genossen
wir den herrlichen Abend, dankbar dem freundlichen Geschick, dass wieder ein Theil, und wenn auch ein noch so
kleiner, von dem Vorhaben ohne Unfall zurückgelegt war.

Am folgenden Morgen siedelten wir in die Stadt über;
der Gouverneur überliess mir ein recht hübsches Häuschen,
in dem wir uns bald wohnlich einrichteten. Der Amil, dem
wir einen Besuch abstatteten, war ein wohlwollender alter
Herr, dem es offenbar Vergnügen machte, einmal einen
Rumi in seiner Stadt zu haben. Selä ist nämlich ein heiliger Ort, in welchem kein Ungläubiger wohnen darf. In der
That pflegen auch alle Fremden in dem gegenüberliegenden
Rabat zu wohnen und sich nur tagsüber in Selä aufzu-

halten. Ich wurde mit Hadsch Ali zu Tisch geladen, wozu
sich auch ein zufällig anwesender Neger einfand, der zu
dem Tempel in Mekka gehört und sich auf einer Bettelreise
in Marokko befand. Derselbe war übrigens ein vornehmer
Mann und wurde hochgeehrt. Er war ein grosser Schrift-
gelehrter und verwickelte sich sofort mit Hadsch Ali in
einen lebhaften Gedankenaustausch über einige Quranstellen;
auch der Amil war des Lesens und Schreibens kundig und
betheiligte sich an dem religiösen Disput. Der heilige Neger
aus Mekka hatte übrigens am Tage vor seiner Ankunft in
Selä Malheur gehabt: er war vom Pferd gestürzt und musste
sich stark beschädigt haben, denn er hinkte gewaltig. Man
sagt, dass diese herumziehenden Frommen ziemlich bedeutende Summen für den stets geldbedürftigen Schatz in Mekka
zusammenbringen, und unser Tischgenosse schien mit dem
Erfolg seiner Mission in Marokko sehr zufrieden. Auch wirken sie insofern für das Heiligthum in Mekka, als sie die
Gläubigen zu Wallfahrten dahin auffordern; zwar ist es weit
vom Maghreb, dem äussersten Westen, aus bis zu der Ge-
burtsstätte des Propheten, aber die modernen Pilger ver-
achten es nicht, sich der Dampfschiffe zu bedienen, um
schneller und bequemer als nach monatelangen Fusswande-
rungen das ersehnte Ziel zu erreichen. Man findet jedoch
in Marokko genug Leute, die den Titel Hadsch führen
und ihre Andacht am Grabe ihres Propheten verrichtet
haben.

Wir gönnten uns einige Tage Ruhe, und ich benutzte die
Zeit zur Besichtigung der beiden Städte Selä und Rabat.
Wie erwähnt, sind beide Orte nur durch einen Fluss, Wad-
el-Buregreg, getrennt, der aus den nahegelegenen Mamora-
hügeln stammt und nach kurzem Lauf ins Meer mündet.
Vor dieser Mündung hat sich eine grosse Sandbank ange-
setzt, sodass das Einlaufen der Schiffe sehr gefährlich ist.
Es soll eine Zeit gegeben haben, zu welcher diese Barre

noch nicht existirte und ein grosser Schiffsverkehr daselbst
bestand. Jetzt kommen im Monat nur zwei-, dreimal Dampfer an, und auch diese haben nicht einmal immer Gelegenheit, Waaren und Passagiere ans Land zu bringen. Die
Schiffe liegen weit draussen auf offener Rhede, und selbst
hier sind dieselben häufig genug gefährdet durch die plötzlich, selbst bei ruhigstem Wetter heranziehenden schweren
atlantischen Wogen — *the big swelling from the west* —
wobei die Schiffe leicht auf das sandige Ufer geschleudert
werden können. Ausserdem ist dieses Ufer sehr starken
Frühnebeln ausgesetzt, die gleichfalls eine grosse Gefahr für
die Schiffe bilden, sodass wir hier eigentlich den denkbar
schlechtesten Ankerplatz haben und es kein Wunder ist,
wenn Rabat-Selä immer mehr und mehr zurückgeht und
die europäischen Kaufleute sich nach andern Orten, besonders nach Dar-el-Beida, wo ein etwas besserer Hafen ist,
ziehen. Ueberhaupt ist die atlantische Küste Marokkos der
Schiffahrt sehr ungünstig, und da die Regierung für Verbesserung von Häfen oder Anlegung solcher gar nichts thut,
so kann der Verkehr nicht recht in die Höhe kommen.

Selä war früher berüchtigt als das grösste Piratennest
Marokkos, und man findet es heutzutage unverständlich,
wie Jahrhunderte hindurch diese Strandräuber der Schrecken
aller seefahrenden Nationen, der Engländer nicht ausgenom-
men, werden konnten.

Die Stadt Selä liegt auf einem niedrigen felsigen Hügel
und ist durch Mauern und Bastionen stark befestigt. Der
Name Selä ist hebräisch und bedeutet „Fels"; er findet sich
sehr oft bei phönizischen Colonien, von deren Lage auf
einer felsigen Höhe. Es müssen hier schon in sehr früher
Zeit Niederlassungen gewesen sein, und in der That wäre
der Ort sehr günstig, wenn man der Versandung der Bu-
regreg-Mündung Einhalt gethan hätte. Schon Plinius erwähnt, dass in dieser Gegend der Hauptsitz der Purpur-

fabriken sei, und noch jetzt werden hier die prächtigsten
farbenglühenden Teppiche gemacht, die in ganz Marokko
verbreitet sind.

Selä gehört nicht mit Rabat zusammen, sondern hat
einen eigenen Amil; dadurch, dass es ein heiliger Ort ist
und man alle Fremden ausschliesst, sodass hier sogar nur
einige wenige Judenfamilien wohnen dürfen, hat der Platz
nie die Bedeutung gehabt wie das gegenüberliegende in-
dustriereiche Rabat. Spanier und Portugiesen haben auf
kurze Zeit die Stadt Selä besessen, und dieser Einfluss ist
sichtbar in der Anlage der Strassen und selbst dem Bau
einzelner Häuser. Im Osten von Selä sieht man noch die
gewaltigen Bogen einer gross angelegten Wasserleitung, die
den „Römern" zugeschrieben wird; jetzt ist alles in Verfall
und nur für die Festungswerke sorgt man, in dem thörich-
ten Glauben, dieselben könnten den Kanonaden feindlicher
Schiffe widerstehen. Ein einziges der modernen Kanonen-
boote kann die ganze Stadt in Schutt und Trümmer legen.
Selä dürfte kaum mehr als 10000 Einwohner haben; Schulen
und Moscheen gibt es mehrere, da hier mehr die „Wissenschaft" getrieben wird als der Handel. Es gibt eine Anzahl hübscher Gärten innerhalb und ausserhalb der Stadtmauern, in denen viele Arten von Gemüse gezogen werden,
womit das volkreichere Rabat versorgt wird; auch die hier
anlegenden Schiffe versehen sich gern mit frischen Provisionen.

In jeder Beziehung bedeutender als Selä ist das am linken Ufer liegende Rabat. Die Lage desselben vom Meere
aus gesehen ist äusserst pittoresk. Auf einem steil aus dem
Meer hervorragenden Kalksteinfelsen erhebt sich die stark
befestigte Qasbah (Citadelle), von wo aus feste und hohe
Mauern um die ganze Stadt herumziehen, sodass auch die
Landseite vollständig geschützt ist. Mächtige Bastionen mit
grossen Kanonen schützen die Stadt vor dem Einlaufen

fremder Kriegsschiffe, und ebenso ist dieselbe gegen die
Ueberfälle der wilden Berberhorden aus den Mamorawäldern
genügend gedeckt. Eine grosse Doppelmauer ist zu dem
Zweck errichtet, deren äusserste einen ungeheuern leeren
Raum einschliesst, der dem oft viele Tausende von Soldaten
zählenden Gefolge des Sultans als Aufenthaltsort dient. Bei
seinen fast jedes Jahr unternommenen Reisen von Fäs nach
Marrakesch bleibt der Sultan gern einige Zeit in Rabat,
und die Bewohner leiden schrecklich unter den Kosten, die
diese Besuche des mehr gefürchteten als geliebten Herrschers
mit sich bringen. Derselbe besitzt zwei grosse Paläste in
Rabat, die im Innern sehr schön ausgestattet sein und
eine Menge Alterthümer und Erzeugnisse der marokkanischen Kunst und Industrie enthalten sollen. Rabat nahm
früher einen ganz hervorragenden Rang im marokkanischen Reiche ein, und selbst heute ist es für die einheimische Industrie einer der wichtigsten Plätze. Vor allem
ist hier erwähnenswerth die grossartige Fabrikation von
prächtigen Teppichen, in sehr originellen Mustern und einer
lebhaften und bunten, aber nicht schreienden Farbenzusammenstellung. Wolle und Farbe wird an Ort und Stelle fabricirt und die Teppiche selbst nicht in Fabriken, sondern
von einzelnen Privaten verfertigt, deren Fertigkeit vom
Vater auf den Sohn übergeht. Auf ältern Teppichen findet
man häufig ganz wunderbare Farbentöne, besonders in den
verschiedenen Abarten des Roth; leider nimmt neuerdings
die Verwendung der billigern Anilinfarben in bedenklicher
Weise überhand. Fast jeder der gegenwärtig hergestellten
Teppiche färbt ab, wenn man mit der feuchten Hand über
gewisse rothe Farben streicht. Die Teppiche gehen von
hier aus nach allen Richtungen des Reiches; nach Europa
werden marokkanische Teppiche selten gebracht, hier beherrschen die Arbeiten des eigentlichen Orients den Markt.
Ausserdem erzeugt man in Rabat Stroh- und Binsenmatten

in geschmackvollen Mustern, allerhand Wollenstoffe zu den
landesüblichen Kleidern, die verschiedensten Lederarbeiten
sowie auch Thonwaaren; die letztern werden aber in Fäs
besser und mannichfaltiger fabricirt. Alle diese Sachen sind
ausschliesslich für das eigene Land bestimmt und nicht zum
Export geeignet, sodass die Stadt für den Weltmarkt ganz
bedeutungslos ist. Es sind zwar eine Anzahl europäischer
Handelshäuser dort, die aber schon des schlechten Hafens
wegen nicht besonders günstig situirt sind. Sie importiren
die dem Araber nöthigen Artikel, die nicht im Lande selbst
erzeugt werden, besonders Thee, Zucker, Kerzen, Tuche und
allerhand Kurzwaaren; der Export ist gering und beschränkt
sich fast nur auf Felle, Wolle, Knochen, Hülsenfrüchte.

Der Briefverkehr mit Europa via Tanger wird einen
Theil des Jahres durch einen Landboten vermittelt, der
natürlich nur selten kommt; während der Wintermonate
kommt es oft genug vor, dass die regelmässig Rabat an-
laufenden englischen und französischen Dampfer nicht im
Stande sind, ein Boot auszusetzen, um die Post ans Land
zu schaffen. Ebenso wenig vermögen die sonst ziemlich see-
tüchtigen arabischen Bootsleute ihre grossen oft zwanzig
Ruder führenden Barkassen über die furchtbare Brandung
zu bringen, sodass der Dampfer unverrichteter Dinge weiter
fährt und etwaige Passagiere an dem Platz absetzt, an welchem er überhaupt nur landen kann.

Rabat hat mindestens 25000 Einwohner, wovon ungefähr ein Sechstel Juden sind; von Europäern dürften gegen
100 daselbst sein, davon der grösste Theil spanische und
portugiesische Kleinhändler. Auch einige Consulate befinden
sich in Rabat; der englische Consul Mr. Frost führt auch
die deutsche Flagge, und ich unterliess es nicht, denselben
zu besuchen. Dieser Besuch hatte zur Folge, dass sich
eines Tages in meinem Hause in Selá zwei Herren melden
liessen, auf deren Visitenkarten die Namen Abdul Kerim

und Nasreddin standen; ebenso stand darauf zu lesen, dass
sie Ritter oder Offiziere des tunesischen Iftikkarordens seien.
Als die Herren erschienen, sah ich sofort, dass ich zwei
Europäer vor mir hatte, dass also Vorsicht in jeder Hinsicht nothwendig sei. Der eine, ein blonder junger Mann
mit Schnurrbart und von echt englischem Typus, sprach
ausser englisch und französisch recht gut arabisch; derselbe
trug die landesübliche Kleidung, von der der glitzernde
Ordensstern seltsam abstach. Er muss vielfach in den mohammedanischen Ländern herumgekommen sein, war auch im
Türkisch-Russischen Krieg in irgendeiner Weise betheiligt,
vielleicht als untergeordneter diplomatischer Agent, und lebte
jetzt in Rabat, von was, wusste niemand. Der andere Herr,
der sich Nasreddin nannte, war auf den ersten Blick als
Franzose zu erkennen, wollte mir aber den Glauben bei-
bringen, er sei Türke, aber schon seit seiner frühesten Kindheit in Frankreich erzogen worden, sei deshalb des Türkischen nicht mächtig u. s. w. Diese beiden Ehrenmänner,
welche mit arabischen Frauen und Dienern sich in Rabat
ein Haus gemiethet hatten, besuchten mich also in Selâ, um
meine Pläne auszuforschen. Der Engländer, der sich später
als ein Ingenieur Namens Grant entpuppte, fiel gleich mit
der Thür ins Haus und sagte, er hätte gehört, dass ich nach
Timbuktu wolle. Er erbot sich mir dann als Begleiter oder
schlug wenigstens gemeinsame Reise vor. Sein Begleiter
Nasreddin habe reichlich Geld. Ich erklärte den Herren
sehr ruhig, dass ich nicht an Timbuktu dächte, sondern
nur in den Atlas wolle, um geologische Studien zu machen.
Nicht überzeugt hiervon verliessen sie mich und suchten
später meinen Begleiter Hadsch Ali zu überreden, mit ihnen
nach Timbuktu zu reisen. Demselben erschien aber doch
das ganze Verhalten dieser Leute etwas zu abenteuerlich,
um sich entschliessen zu können, mich zu verlassen.

Seit einigen Wochen befinden sich in Rabat einige französische Offiziere und ein Militärarzt, deren Bekanntschaft ich bald machte. Dieselben sind als Instructoren für die marokkanische Armee engagirt; vorläufig aber fehlt in Rabat noch das Militär, das zu instruiren ist. Es war kein einziger Askar (reguläre Infanterie) vorhanden; man erwartete aber, dass die Garnison von Ujda, einer Stadt an der algierischen Grenze, hierher verlegt werden soll, und bis der Fall eintrat, konnten sich die Herren Instructoren die Zeit vertreiben so gut es eben ging. Auch einen mir von Tanger her bekannten Herrn traf ich in Rabat, sodass die Rasttage hier rasch und angenehm vergingen. Alles war erstaunt, dass man mich in der fanatischen Stadt Selä wohnen liess; ist ein Umschwung in den Ansichten der Bevölkerung eingetreten, sodass man jetzt gleichgültiger ist als früher, oder war es der allerdings sehr eindringlich gehaltene Geleitsbrief des Sultans, der mich schützte, kurz ich bin viel in den Strassen herumgegangen, oft allein hinüber nach Rabat gefahren, ohne je auch nur im geringsten vom Volk belästigt worden zu sein. Wir hatten uns in dem hübschen Hause sehr bequem eingerichtet, täglich hatten wir Gelegenheit, auf dem Markt frisches Fleisch und Fische, Gemüse, Brot, Butter u. s. w. zu kaufen, sodass mein Diener Ibn Dschelul aus Fäs mit grosser Begeisterung und bestem Erfolge die Functionen eines Kochs übernahm.

Die nächste Umgebung von Rabat, besonders am Meeresstrande, ist sehr malerisch; vor allem sehenswerth sind einige Höhlen, die sich in den steilen Uferfelsen befinden und in denen ähnliche Schauspiele sich wiederholen wie in den Herculeshöhlen am Cap Spartel. Der in Marokko ermordete österreichische Maler Ladein hat sich längere Zeit hier aufgehalten und zahlreiche Skizzen aus der Umgebung von Rabat hergestellt.

Einige Kilometer von der Stadt entfernt finden sich die Ruinen einer uralten Stadt, deren genauere wissenschaft-

liche Durchsuchung wol sehr wünschenswerth wäre. Es ist
dies für einen Ungläubigen sehr schwer, da hier zahlreiche alte heilige Begräbnisstätten sich befinden, von Sultanen und berühmten Männern; einige Inschriften, die noch
vorhanden sein sollen, sind gewiss von grossem historischen
Werth. Jetzt lässt man alles verfallen; kaum aber dürfte
die Regierung die Erlaubniss dazu geben, dass Fremde an
diesem heiligen Ort die Erde umwühlen.

Rabat besitzt in einem grossen viereckigen Moschee-
thurm eins der schönsten Denkmale altmaurischer Baukunst.
Es ist der sogenannte Thurm des Hassan, der vollständig
der berühmten Giralda von Sevilla sowie der Kutubia in
Marrakesch gleicht. Leider ist der rabater Thurm viel
weniger gut erhalten als die beiden genannten, denen er in
der Form und Ausschmückung gleicht. Die Araber erzählen,
dass alle drei Thürme ungefähr in derselben Periode von
einem und demselben Baumeister entworfen und mit Hülfe von
Christensklaven erbaut sein sollen. Die wenige Sorgfalt, die
man in Marokko derartigen Resten widmet, ja der absolute
Mangel an Verständniss für etwas Derartiges lassen befürch-
ten, dass auch dieses architektonische Meisterstück bald in
Schutt verfällt wie die Mauern der in der Nähe gestande-
nen alten Paläste und Moscheen, um so mehr, da sich der
Verkehr mit den Europäern immer mehr verringert, die nur
solche Handelsplätze aufsuchen, wo für ihre Schiffe ein ge-
eigneter Ankerplatz sich findet.

Sehr stark besucht und äusserst lebhaft sind die Wochenmärkte in Rabat, welche auf einem grossen freien Platz
ausserhalb der Stadtthore zwischen den früher erwähnten
mächtigen Aussenmauern abgehalten werden. Man findet
da alle möglichen Gegenstände zum Verkauf ausgestellt:
Pferde, Maulthiere und Kamele, Rinder, Schafe und Ziegen,
alle möglichen Feld- und Gartenproducte sowie überhaupt
die verschiedensten Nahrungsmittel, ferner Kleider und Stoffe,

Waffen, Schmuck u. s. w., und endlich auch Sklaven. Trotz aller möglichen Consulate in Rabat verkauft man hier noch männliche und weibliche Sklaven öffentlich! Es sind ausschliesslich Neger und Negerinnen, die meist aus dem Sudân stammen. Indess darf man bei dem Wort Sklave nicht an jene mehr oder weniger übertriebenen Berichte über amerikanische Verhältnisse denken; in Marokko sind es Hausdiener, die gut gehalten und behandelt werden und nicht selten eine sehr einflussreiche Stelle im Hause einnehmen. Allerdings hat der Besitzer das Recht, diese Diener und Dienerinnen zu veräussern, wenn er es für angezeigt findet, und beauftragt damit in der Regel irgendeinen Händler. Der Neugierde wegen erkundigte ich mich nach dem Preis einer Negerin mit einem schon mehrjährigen Kinde; man verlangte einige sechzig Duros. Allerdings macht es einen peinlichen Eindruck, diese Geschöpfe auf dem Markt sitzen zu sehen und zu warten, bis ein Käufer sich ihrer annimmt. Man muss aber bei diesen Leuten nicht dieselben Gefühle von Menschenwürde und Freiheitsgefühl voraussetzen, wie es sich bei uns entwickelt hat. Die Lage der weissen Sklaven in dem hochcivilisirten Europa ist jedenfalls eine viel schlimmere und traurigere als diejenige der schwarzen in den mohammedanischen Ländern.

Ein sehr bewegtes Treiben entsteht auf diesen Märkten in Marokko dadurch, dass die meisten Gegenstände versteigert werden. Besonders hierfür bestimmte und unter Controle stehende Leute schleppen unter grossem Geschrei irgendeinen Artikel, eine Dschellaba, einen Teppich, ein Gewehr oder was immer durch die Menge und fordern das Publikum zum Bieten auf. Nach jedem höhern Gebot geht der Ausrufer zum Eigenthümer zurück, um den Preis zu melden, und wenn dieser hoch genug erscheint, wird zugeschlagen. Noch lebhafter geht es an den für Pferde und Maulthiere bestimmten Verkaufsplätzen her. Besondere Be-

reiter führen allerhand Kunststücke mit den zum Verkauf
ausgestellten Thieren aus und preisen in den schwülstigsten
Reden die Vorzüge eines Pferdes, indem sie es unter heftiger Anwendung der grossen eisernen Stachelsporen im tollsten Carrière herumjagen, um Käufer anzulocken. Marktcommissare ordnen auch hier wie in Fäs den Verkauf und

Fig. 9. Marokkanische Tänzerin.

nehmen einen bestimmten Procentsatz des Kaufschillings für
die Regierung in Empfang. Von Ort zu Ort herumziehende
Gaukler, Tänzer, Sänger und Schlangenbändiger geben
öffentliche Vorstellungen und finden ein zahlreiches Publikum; dazwischen huschen die hispanischen Juden umher,
allerhand kleinen Kram zum Verkauf anbietend, arabische

Frauen vom Lande rufen die Vorübergehenden an und bieten ein paar magere Hühnchen oder einige Eier zum Verkauf, und der Cafetier ist beschäftigt, die zahlreiche Kundschaft zu bedienen. Diese Kaffeeverkäufer sind eine Specialität Marokkos. Mit ihren kleinen Oefen wandern sie in der ganzen Gegend umher, und wo irgendeine Anzahl Leute beisammen ist, präpariren sie den schwarzen, starken und gezuckerten Kaffee und offeriren ihn in kleinen zierlichen Tassen.

Im allgemeinen geht es unter den Arabern bei solchen Ansammlungen von Volksmassen ruhig zu. Streitereien sind nicht sehr häufig und, wenn sie vorkommen, nicht ernsthaft und gefährlich. Das liegt eben darin, dass die Marokkaner keinerlei geistige Getränke geniessen und absolut keinen Hang zur Trunksucht haben; wohl aber lieben sie eine Pfeife Kif (Haschisch), und besonders unter der ärmern Bevölkerung ist das Laster des Haufrauchens sehr verbreitet.

In den meisten Städten finden sich in abgelegenen Quartieren kleine Butiken, in denen sich Kifraucher versammeln. Die Wirkung dieses Krautes ist entschieden schädlich für das Nervensystem. Ich habe wiederholt Leute im Dienst gehabt, die diesem Laster fröhnten. Anfangs waren es die besten und willigsten Menschen, bis der Zeitpunkt kam, wo sie Kif rauchen mussten. Das ist eben das Schlimme dabei, dass, wenn sich jemand an den Kif gewöhnt hat, er sich denselben nicht abgewöhnen kann und von Zeit zu Zeit seinen Kifrausch haben muss. Bei den meisten äussert sich derselbe anfangs in einer ausgelassenen Fröhlichkeit, in der sie die kindischsten und unsinnigsten Sachen treiben. Auf der Strecke zwischen Tanger und Fäs hatte ich einen Pferdetreiber, der für gewöhnlich ganz brauchbar war, im Kifrausch aber äusserst obstinat sich geberdete. Anfangs kam das blöde Lachen; natürlich erregte das den Spott seiner

Collegen, er wurde gehänselt, worauf er streitsüchtig wurde,
die Arbeit versagte, sich auf die Erde warf, sodass ihn die
Machazini mit Gewalt weiter treiben mussten. Als er sich
überwältigt sah, fing er an zu weinen, jammerte über seine
Verworfenheit und suchte sich, an einem Lagerplatz angekommen, einen stillen Platz, wo er seinen Rausch ausschlief.
Am folgenden Tage war er noch verstört, that aber doch
willig seine Arbeit, bis nach vier oder fünf Tagen sich dieselbe Sache wiederholte. Natürlich übt das auch seine Wirkung auf den Organismus aus, und diese Leute sehen alle
mehr oder weniger heruntergekommen aus. Das Kif hat
entschieden einen aufreizenden Einfluss, und Leute, die
schwere Arbeit verrichten, werden dadurch momentan lebhaft angeregt und gekräftigt, wie bei uns die Branntwein-
trinker: die übeln Folgen stellen sich erst nachher ein.

Ich erinnere mich, wie auf meiner ersten afrikanischen
Reise (im äquatorialen Westafrika) die Neger auch durch
das Hanfrauchen sich zu kräftigen suchten. Das Rudern
der grossen Canoes auf dem stromschnellenreichen Ogowe
war eine sehr harte Arbeit. Meine Leute hielten dann öfters
nur für ein paar Minuten und liessen die Ljambapfeife, wie
man dort den Hanf nennt, im Kreise herumgehen. Gewöhnlich wurde der Hanf noch mit Taback gemischt, jeder
that ein paar Züge aus dem langen Rohr (die ausgehöhlte
Mittelrippe eines grossen Bananenblattes), und auffallend
gestärkt ging es wieder weiter flussaufwärts gegen die heftige Strömung des Flusses. Da diese Leute selten Gewohn-
heitsraucher sind, so habe ich nirgends eine schädliche Wirkung des Hanfes wahrgenommen.

SIEBENTES KAPITEL.

VON RABAT NACH MARRAKESCH.

Am 3. Februar 1880 verliess ich Rabat, um nach der ehemaligen Sultansresidenz, der grössten Stadt Marokkos, Marrakesch, zu ziehen. Wir waren bereits am Abend vorher von Selä übergesiedelt, und ich verbrachte die Nacht im Hause eines Franzosen, den ich von Tanger her kannte und der sich des Viehhandels wegen hier aufhielt. Der Amil von Rabat zeigte sich nicht so entgegenkommend wie derjenige von Selä; er war offenbar durch den beständigen Verkehr mit Europäern gewöhnt, sich zurückhaltender in den an ihn gestellten Anforderungen zu verhalten, und erst nach wiederholtem Drängen schickte er mir einen Machazini, dem später ein zweiter folgte. Auch diese hatten nur die Aufgabe, mich bis zum nächsten Nachtquartier zu begleiten und dann zurückzukehren. Wir passirten

das Südthor der Stadt, überschritten den grossen Soko
(Marktplatz) und hatten bald die beiden grossen Aussenmauern hinter uns, die die Stadt vor einem Angriff von
der Landseite, durch die kriegerischen Scheluh der Mamorawälder, schützen sollen. Dann zogen wir in südlicher Richtung weiter, parallel dem Meeresstrande, auf einem nur
mit Palmittogestrüpp bewachsenen Kalksteinplateau. Eine
Stunde von Rabat ist die Qasbah Tmera, von wo eine
Wasserleitung ausgeht, die Rabat mit Trinkwasser versorgt. Gegen 11 Uhr rasteten wir kurze Zeit und ritten
dann in glühender Hitze weiter über die steilen Kalksteinplatten und dünenartigen Flugsandanhäufungen. Um 1 Uhr
passirten wir den kleinen schmalen und wenig Wasser führenden Wad Ikem, der hier ins Meer geht, und wandten
uns dann östlich, landeinwärts, um bereits nach 2 Uhr in
einem grossen Duar der Kabyle Sebbah, Scheich Hadsch
Abdullah (Diar-er-Rab), die Zelte aufzuschlagen. Die
Leute waren unfreundlich und behaupteten, sehr arm zu
sein; sie schickten widerwillig eine geringe Muna; wir boten
unsere ganze Liebenswürdigkeit auf und suchten durch
Bezahlung des Gelieferten die Dorfbewohner bei guter Laune
zu erhalten. Eine Menge Menschen drängte sich immer in
unsere Zelte, die wir mit Thee tractiren mussten, und als
sie sahen, dass wir nicht auf Erpressungen ausgingen, wurden sie freundlicher. Der Scheich brachte sein kleines
siebenjähriges Töchterchen mit, ein kluges, aber verwöhn-
tes und launisches Kind, Namens Hadscha; in Kleidung
vernachlässigt und schmuzig, war es aber mit einer Masse
von plumpem Silberschmuck, Perlen, Korallen und Kauri-
schnecken überladen. Es war offenbar der Liebling des
Scheichs und infolge dessen des ganzen Duars, der ihr
alle Ungezogenheiten nachsah und äusserst stolz auf die
angebliche Intelligenz des Kindes war. Auch in den Duars
sind die Frauen von jeder Männergesellschaft ausgeschlossen,

wenn auch diese Isolirung hier naturgemäss nicht so strict
durchführbar ist wie in den Häusern der Städte. Wir
sahen die armselig gekleideten Weiber und Mädchen der
Leute oft genug mit unverhüllten Gesichtern; sie haben bei
diesen Ackerbauern und Viehzüchtern schwere Arbeiten zu

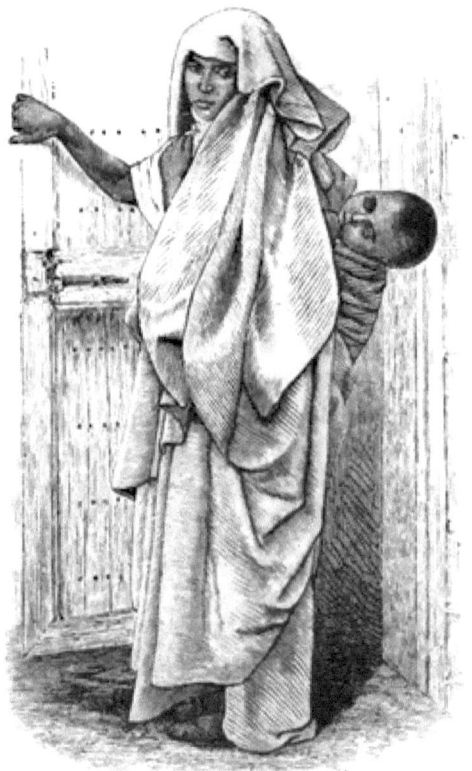

Fig. 19. Marokkanerin mit Kind.

verrichten. können sich also gar nicht so völlig abschliessen
wie die Städtebewohnerinnen. Man findet selten schöne
Erscheinungen; die Frauen des nördlichen cisatlantischen
Marokko gehören überhaupt keiner schönen Rasse an.
Während die Frauen der Städte durch allerhand Toilette

kunststückchen ihre Erscheinung vortheilhafter zu machen
suchen, erhalten die Landbewohnerinnen infolge schwerer
Arbeiten und geringen Comforts bald rohe Züge und altern
sehr früh.

Am folgenden Morgen brachen wir sehr zeitig auf; dem
Dorfscheich hatte ich noch versprechen müssen, ihm von
Marrakesch einen grossen Burnus von blauem Tuch mit-
zubringen und ihm denselben ganz besonders billig zu verkaufen! Wir wandten uns wieder dem Meere zu und erreichten gegen 8 Uhr die Qasbah Sereret-ek-Krofel. Unser
heutiges Reiseziel war die ehemalige Küstenstadt F'dala,
wohin der Weg immer längs des Meeres führte. Eine Anzahl kleiner Flüsse entspringt den landeinwärts liegenden
Höhen und mündet nach kurzem Lauf in den Atlantischen
Ocean. Wir passirten zunächst die Wad Scherat und Wad
Buznik; bei letzterm ist die Qasbah El Hemera, zur Kabyle Sieda gehörig; dann kam der kleine Wad-er-Raba
mit der Qasbah Mensuria, die im Gebiete der sich weit
nach Süden zu erstreckenden Kabyle Zuetsa liegt. Darauf
folgte der ziemlich breite Wad Nfifich (Pfiff), von wo wir
in einer Stunde die gleichfalls zur Kabyle Zuetsa gehörigen
Reste der Stadt F'dala erreichten. Es war die höchste
Zeit, dass wir den Nfifich passirten, denn etwas später tritt
die Flut ein und man muss dann lange warten, bis derselbe passirbar ist, oder man muss einen grossen Umweg
machen. Es ist weniger der Wassermenge wegen gefährlich,
diese Küstenflüsse zu passiren, als des weichen Sandes wegen,
in welchen die Thiere tief einsinken und nicht weiter können.
Die Bewohner fürchten mit Recht das Passiren dieser
Wasserläufe, und man thut gut, einen ortskundigen Führer
mitzunehmen, der einen zur richtigen Zeit über die richtige passirbare Stelle leitet.

Gegenwärtig ist der Ort zu einem blossen Fundaq (ärari-
schem Einkehrhaus) herabgesunken. Durch die noch theil-

weise erhaltenen Mauern gelangt man in einen weiten Raum,
in welchem sich neben jämmerlichen Gebäuden für die durchziehenden Karavanen auch noch eine Anzahl Zelte befinden.
Wir hätten es gern vorgezogen, ausserhalb der Stadt die
Zelte aufzuschlagen, aber der Sicherheit wegen mussten
wir im Innern bleiben. Eine Anzahl Kamele, Pferde und
Maulthiere lagerten bereits hier; wir suchten eine möglichst isolirte Stelle aus, fanden aber den Aufenthalt infolge
des massenhaften Ungeziefers grässlich.

In der zweiten Hälfte des vorigen Jahrhunderts wurde
hier eine Stadt gegründet, die sehr bald einen lebhaften
Aufschwung nahm, da sich hier der geeignetste Platz an
der ganzen atlantischen Küste Marokkos für einen Hafen
findet. Damals war es erlaubt, Getreide zu exportiren aus
dem so fruchtbaren Hinterlande El Gharbia, und besonders
war es eine spanische Handelsgesellschaft, die hier bedeutende Geschäfte unternahm. Diese Gesellschaft, „Loscinco
Gremios Mayores" in Madrid, erhielt die Concession zum
Getreideexport aus den Häfen von Fdala und Dar-el-Beida
(Casablanca), später auch aus Mazagan; sie errichtete in
Fdala ein prachtvolles hohes Gebäude aus Sandsteinqua-
dern, von dem heute noch wenigstens die Aussenmauern
und ein schönes Thor stehen, und es schien, dass hier ein
ganz bedeutendes Handelsemporium entstehen würde. Aber
schon nach kurzer Zeit verfiel das rasch entstandene Fdala,
der Handel zog sich nach Casablanca und Mazagan, und
die schönen Gebäude des Ortes, die Moschee, der Sultans-
palast, die Qasbah des Kaids, die hohen Stadtmauern, geriethen in Verfall, und heute ist Fdala ein jämmerlicher
Ort mit kaum 1000 Bewohnern. Ausserhalb der Stadt,
dicht am Meere, finden sich gleichfalls noch Reste von
Bauwerken, wahrscheinlich von Hafenanlagen und Palästen;
vor einiger Zeit will man hier eine Marmortafel gefunden
haben mit portugiesischer Inschrift; sie soll in Mazagan

sein. Auch der Hafen versandete im Laufe der Zeit, und
nachdem spätere Sultane den Verkehr der Europäer in
Marokko erschwerten, den Export von Getreide verboten,
so sank auch diese Gegend in die frühere Barbarei zurück,
und nur verfallene Gebäude erinnern an die Unfähigkeit
der marokkanischen Bevölkerung, aus ihrem an und für
sich reichen und fruchtbaren Lande etwas zu machen.

Wir verbrachten eine unangenehme Nacht. Es war
schwer, Provisionen zu kaufen, und erst mit vieler Mühe und
nach langem Warten konnte ich Futter für die Pferde und
Maulthiere schaffen. Der Beamte des Sultans war abwesend,
und mit den zurückgebliebenen störrischen und misstrauischen
Dienern war nichts anzufangen. Wir waren froh, als wir
am Morgen des 5. Februar aus diesen dumpfen Räumen
heraus waren und in der frischen Morgenluft unsere Reise
fortsetzen konnten.

Nur eine kurze Strecke hinter dem Ort passirten wir
den Wad-er-Ruman (Fluss des Granatapfels) und zwar auf
einer wohlerhaltenen Brücke, eine seltene Erscheinung in
Marokko. Hier theilen sich die Wege; der eine führt südlich nach Casablanca und weiterhin in die übrigen Küstenstädte des Oceans; wir wandten uns in südöstlicher Richtung in das Innere des Landes. Ein armer Jude, der sich
uns während der letzten Tage angeschlossen und sich durch
eifrige Dienstleistung nützlich gemacht hatte, verliess uns
hier, um allein seinen Weg nach Dar-el-Beida fortzusetzen.

Das Terrain, das wir durchritten, ist ein gegen 40 m
über dem Meer gelegenes Plateau, bestehend aus horizontal
liegenden Kalksteinplatten, die häufig aus der Decke von
Ackerkrume hervorragen; vollständig baum- und strauch-
los, erblickt man nur das büschelförmig angeordnete Palmittogestrüpp und spärliches Gras, sodass dieser Theil des
Gharbia, am Meeresstrande, nicht als besonders fruchtbar
bezeichnet werden kann. Erst weiter landeinwärts änderte

sich das. Wir hielten gegen 11 Uhr in der Nähe einer
Gruppe von Duars der Kabyle Znetsa, die einen lebhaften
Ackerbau betreiben, da wir grosse wohlbebaute Flächen
bemerkten. Gegen 1 Uhr rasteten wir bei einer Quelle mit
gutem frischen Wasser, Ain-el-Tet, und erreichten von hier
aus gegen 3 Uhr einen Complex von Duars der Kabyle
Schauja. In der Nähe befanden sich die Duars der Me-
duna, einer Abtheilung der Schauja, und in einem dieser
Dörfer, wo gerade Wochenmarkt abgehalten wurde, hielten
wir und schlugen unsere Zelte ausserhalb der Qasbah auf.
Der Kaid der Qasbah war krank und liess sich entschuldigen; er schickte seinen Chalif, und wir waren hier sehr
gut aufgehoben. Eine reichliche Muna verdankten wir der
Fürsorge des letztern, und abends kamen zehn Mann als
Wache, da ich nicht innerhalb der Mauern der Citadelle
die Nacht verbringen wollte. Die ganze Niederlassung
machte den Eindruck der Wohlhabenheit, und die Bevölkerung zeigte sich nicht so störrisch und mistranisch wie
anderwärts.

Unterwegs begegneten wir einigen Machazini des Sultans
mit wohlbepackten Pferden. Unter dem Gepäck befanden
sich die Köpfe von fünf hingerichteten Rebellen. Der Sultan
pflegt jährlich einmal nach Marrakesch zu reisen, und als
Anzeichen seines Kommens schickt er immer vorher einige
Köpfe von Aufständischen, um sie auf der Mauer eines
dem Sultan gehörigen Hauses in Marrakesch aufstecken zu
lassen als Warnung für alle Unzufriedenen! Es war dies
also ein Anzeichen, dass der Sultan demnächst seinen Zug
nach der zweiten Hauptstadt anzutreten im Begriff steht,
und die arme Bevölkerung der zu durchziehenden Land-
striche, der das Glück bevorstand, Seine scherifische
Majestät mit dem zahlreichen Gefolge und Tausenden von
Soldaten zu bewirthen, machte sich schon auf die üblichen
Contributionen gefasst. Wie immer sind es auch hier

weniger die Grossen, die das Volk bedrücken, als deren
Anhang und Gefolge, die Machazini und Soldaten, die mit
brutaler Rücksichtslosigkeit sich des Besitzes der wehrlosen
Landbevölkerung bemächtigen, sodass man der Ankunft des
kaiserlichen Zuges immer mit Bangen entgegensieht.

Wir hatten seit dem gestrigen Tage vom Meere Abschied
genommen, um uns erst nach langer, langer Zeit wieder
am Anblick desselben erfreuen zu können. Stand ja doch
mein Plan schon damals vollständig fest, zu versuchen, in
die Sahara zu kommen und dann Timbuktu zu erreichen.
Schien das schon eine fast unlösbare Aufgabe, wer konnte
dann wissen, auf welche Weise wir wieder zum Meere gelangen werden, ob an den Atlantic in den französischen
Colonien Senegambiens, ob, den Niger abwärts fahrend, in
dem Meerbusen von Guinea, oder ob, wieder zurückziehend,
an das Mittelmeer an einem algierischen oder tunesischen
Küstenpunkte? Es machte mir einen tiefen, beklemmenden
Eindruck, als ich, auf der steilen Küstenwand zwischen
F'dala und Casablanca stehend, zum letzten mal die mächtigen
Fluten des Atlantic sich an den quarzitischen Klippen der
marrokanischen Küste brechen sah, und mit einem am
fernen Horizont entschwindenden Schiffe schienen mir auch
die letzten Bande sich zu lösen, die mich an die civili-
sirte Welt fesselten. Doch *nunquam retrorsum*, dachte ich
mir. Vor uns lag das mächtige Atlasgebirge mit seiner
wilden Natur und seinen unbändigen, räuberischen Bewohnern; dann die Wüste mit ihrem Schweigen und ihren
Gefahren, dann aber winkte als Preis das vielumworbene,
vielerstrebte und so selten erreichte Timbuktu! Was aber
hatte ich dort zu erwarten? Caillé war als armer Pilger
gereist, nicht als Ungläubiger erkannt worden und unbehelligt entkommen; Major Laing war erdrosselt worden
und Barth war mehr oder weniger Gefangener und nur infolge
der wirksamen Empfehlungsschreiben des christenfreund-

lichen Sultans von Bornu späterhin entlassen worden. Was
aber hatte ich? Einen Empfehlungsbrief des Sultans von
Marokko, als Begleiter und Dolmetsch einen Mann, der es
versuchte, durch eine entfernte Verwandtschaft mit dem
angesehenen Emir Abd-el-Kader und mit einem etwas selbst-
bewussten Auftreten als Scherif und Mitglied einer grossen
religiösen Sekte den Leuten zu imponiren, und endlich den
festen Willen meinerseits, das erstrebte Ziel zu erreichen.
Würde das wol genügen, musste ich mich an dieser Stelle
fragen, all den Gefahren zu entgehen, an denen die besten
Kräfte anderer gescheitert waren? Quien sabe? sagte
mein zweiter Dolmetsch, und wir zogen weiter.

Am Morgen des 6. Februar wurde es ziemlich spät, ehe
wir aufbrechen konnten. Der liebenswürdige Kaid schickte
erst noch ein sehr splendides Frühstück, auch war die Entfernung bis zur nächsten Qasbah, die als Ruhepunkt ausersehen war, nur eine sehr geringe, sodass wir ruhig bleiben konnten. Nach einem bequemen Ritt durch wohlbebautes und starkbevölkertes Terrain erreichten wir schon
gegen 1 Uhr die grosse Qasbah Reschid, wo wir hielten.
Die Richtung des Weges war eine südöstliche und passirten
wir verschiedene Duars. Die Leute hier gehören zur
grossen Kabyle Schauja, führen aber den besondern Namen
Herriz. Der Kaid gilt als ungemein reich und ist ein
Schwager des Sultans. Dicht bei der Qasbah befindet sich
ein grosses, guterhaltenes Grabmal mit einer grossen
Kuppel, in welchem der Vater des Kaid, der als sehr
frommer Mann grosse Verehrung genoss, begraben liegt.
Auch sollen hier die Familienschätze verborgen sein, und
hofft man, dass der Sultan, der in Geldsachen niemand
schont, sich abhalten lassen werde, die Familie ihres Reichthums zu berauben. Wir wurden sehr gut aufgenommen,
was sich immer zuerst in der gelieferten Muna zeigt und
der Art und Weise, wie diese gebracht wird. Um nur ein-

mal ein Beispiel anzuführen, wie diese Munas beschaffen
sind, mag erwähnt werden, dass wir, kaum angekommen,
reichliches Futter (Stroh und Gerste) für die Pferde geliefert bekamen; dann kamen die persönlichen Geschenke:
vier Hüte Zucker, ein Pfund Thee, vier Pfund Kerzen und
abends ein so reichliches Essen, dass wir einen grossen
Theil verschenken mussten. Dieses Essen bestand zunächst
in dem Hauptgericht, Kuskussu, mit Gemüsen und ge-
bratenem Fleisch; dann gebratenen Hühnern, Hammel-
braten und vielfach auch noch, gewissermassen als „Mehl-
speise", Kuskussu in Milch, oder trockenem Kuskussu mit
Zucker, Zimmt, Rosinen u. s. w. Alles aber in grossen
Quantitäten, von jeder Speise eine oder auch mehrere
Schüssel gehäuft voll; diese Schüsseln werden mit einem
grossen hutartigen Kegel, aus Binsen geflochten und oft
hübsch verziert, zugedeckt und in dieser Weise servirt.
Kuskussu ist das Lieblingsgericht nicht nur aller Marokkaner, sondern auch weiterhin im Süden, in Timbuktu
und im Sudan war diese Speise allgemein verbreitet. Eine
Uebersetzung des Wortes ist kaum möglich. Man kann
Kuskussu aus jeder Sorte Mehl darstellen, aus Weizen,
Gerste, Mais, Korn, im Sudan sogar aus Negerhirse. Dieses
Mehl wird etwas angefeuchtet und dann rollen es die
Frauen durch eine eigenthümliche Bewegung mit der Hand-
fläche und den Fingern in kleine Körner, von der Grösse
eines groben Grieses; in der Regel wird diese Masse dann
noch gesiebt. Dieser rohe Kuskussu wird an der Sonne
getrocknet, damit er sich hält. Um denselben geniessbar
zu machen, wird derselbe nicht gekocht, sondern gedämpft;
man hat dazu besondere eiserne oder irdene Töpfe, die mit
Wasser gefüllt werden, darauf wird ein zweiter kleinerer
Topf gestellt, der durchlöchert ist, dann das Ganze zugedeckt und über das Feuer gestellt. Es dauert ziemlich
lange, ehe der Kuskussu genügend durchgedämpft ist.

Dann wird er in die zum Auftragen bestimmten Schüsseln
gethan, oft noch mit etwas Safransauce übergossen, Fleisch
und Gemüse in zierlicher Weise daraufgelegt, und dann
gegessen, und zwar nur mit den Fingern der rechten Hand.
Die Araber haben eine besondere Geschicklichkeit, die sich
der Fremde nicht so leicht aneignet, diese lockere Masse
in kleine Ballen zusammenzurollen und in den Mund zu
schieben, ohne dass etwas auf die Erde oder die Kleider
fällt. Die Marokkaner verzehren ungeheuere Mengen von
diesem Lieblingsgericht; ich fand, dass es schnell sättigt,
aber nicht nachhaltig ist, sodass ich schon nach kurzer
Zeit wieder das Gefühl der Leere hatte. Zum Braten der
Speisen wird Olivenöl, im südlichen Marokko auch Arganöl
sowie Butter verwendet. Das letztere ist etwas bedenklich,
da man nur geschmolzene Butter nimmt, die monatelang
in Ledersäcken aufbewahrt wird und oft einen stark ranzigen Geschmack annimmt. Das aber zieht der Marokkaner
allem andern vor, und frische Butter verschmäht er; ich
musste mir, wenn ich frische Butter haben wollte, dieselbe
immer erst bestellen. Brot, und zwar recht gutes aus
Weizenmehl, wird allenthalben in Marokko gebacken, in
kleinen flachen Laiben. Hühner sind sehr häufig. Eier
werden selten gegessen, von Fleisch vorherrschend Ziegen
und Hammel, weniger häufig vom Rind. Schwein ist natürlich streng verpönt. Das Hammelfleisch ist ganz vortrefflich
und dem Rindfleisch bei weitem vorzuziehen. Der Marokkaner geniesst nie geistige Getränke, sondern nur Wasser
zum Essen; vor dem Speisen pflegt man Thee zu trinken,
und zwar nur grünen chinesischen Thee, der stark gezuckert
und mit einem minzartigen Kraut versetzt wird. Nach
dem Speisen wäscht sich der Marokkaner die Hand mit
warmem Wasser und Seife, ebenso spült er sich den Mund
aus; ein Handtuch aber kennt er nicht. Als ein Zeichen
von guter Sitte gilt es, wenn der Gast nach dem Essen

seiner Zufriedenheit durch kräftige, aus der Tiefe des
Magens hervorkommende Töne zu erkennen gibt, wofür
wir ein onomatopoetisches Wort haben. Der ganze Vorgang, der bei uns sehr verpönt wird, ist aber in Marokko
allgemein Sitte und haben die Leute eine ausserordentliche
Virtuosität erlangt in der Hervorbringung dieser Naturlaute.
Es vertritt diese Art der Quittung für genossene Gastfreundschaft gewissermassen die bei uns üblichen Verdauungs-
visiten, über die die Marokkaner wahrscheinlich ebenso
lachen wie wir über die dortige Sitte.

Am Morgen des 7. Februar verliessen wir diese Qasbah
und zogen in südöstlicher Richtung weiter in das Innere
des Landes. Es war heiss, wir hatten gegen Mittag 27° C.
im Schatten, und die Gegend war völlig waldlos. Durch
ebenes, theilweise wohlbebautes Terrain, an einigen Duars
und Marabugräbern vorüber erreichten wir gegen 1 Uhr
eine niedrige von Nordost nach Südwest streichende Hügelkette, die aus horizontal liegenden Kalksteinbänken besteht.
Es ist derselbe Kalkstein, über den wir schon wiederholt
geschritten, der aber meistens mit Humus bedeckt war.
Hier trat er in Form von Hügeln aus der Ebene hervor,
sodass es den Anschein hat, die ganze Gegend müsse einst
ein hohes Kalksteinplateau gewesen sein, das im Laufe der
Zeit zerstört und weggeführt wurde und wovon nur noch
einige Reste zurückgeblieben und erhalten sind. Nach
Uebersteigung dieser Kette sahen wir vor uns die Duars
und das Städtchen des Kaid Zettat, noch der Kabyle
Schauja angehörig. Das Ganze machte einen freundlichen
Eindruck; grosse schöne Häuser, hübsche Gärten, ein grosser
freier, mit Mauern umgebener Platz für die Karavanen und
ein liebenswürdiger Kaid, der uns trefflich aufnahm und
versorgte, machte diesen Punkt zu einem angenehmen Nachtquartier. Der Kaid hielt sich lange bei uns auf, war neugierig nach politischen Neuigkeiten aus Europa und sprach

geheimnissvoll von grossen Pulversendungen, die von Marrakesch aus nach Tetuan gehen sollten und hier durchge-
kommen seien. Er vertraute uns ferner, natürlich unter
dem Siegel der tiefsten Verschwiegenheit an, dass der Sultan
den Krieg erklärt habe, nur wisse er nicht, ob an Frankreich oder Spanien! Natürlich war das Ganze unnützes
Gerede, wahrscheinlich hatte einer dieser beiden Staaten
wieder irgendeine Grenzfrage aufgeworfen, wie das oft
geschieht, und der Sultan fühlt sich dann so wenig sicher,
dass er allerhand unnütze Sachen unternimmt. Er gibt in
der Regel klein bei, da er sich wohl bewusst ist, dass er
unterliegen müsse und dass die Selbständigkeit Marokkos
nur von der Eifersucht zwischen England, Spanien und
Frankreich abhängt.

Am folgenden Morgen besuchten wir den prachtvollen
Orangengarten des Kaid. Es war ein herrlicher Anblick.
Tausende von Bäumen zu sehen, aus deren dunkelgrünem
Blätterschmuck die süsse und wohlschmeckende Frucht gol-
den hervorglänzte. Da keine Gelegenheit vorhanden ist,
um die im Ueberfluss wachsenden Orangen zu exportiren,
so muss nothwendigerweise eine Menge zu Grunde gehen;
im Lande selbst sind diese Früchte natürlich sehr billig,
sodass ein so grosser Garten von Orangenbäumen im Grunde
doch sehr wenig einträgt. Es hat mich stets gewundert, warum
man nicht das in den Orangenschalen enthaltene Oel darstellt und verwerthet; davon, dass dasselbe einen gewissen
Werth hat, scheinen die Marokkaner keine Ahnung zu haben.

Wir ritten wieder in südöstlicher Richtung weiter und
erreichten nach anderthalb Stunden die Quelle Buita mit
den Ruinen einer alten Qasbah. Das Wasser der Quelle
wird sehr gerühmt, und wenn der Sultan auf seinem Zuge
nach Marrakesch diesen Ort berührt, lässt er eine grosse
Quantität dieses Wassers in Schläuchen mitnehmen. Gegen
1 Uhr verliessen wir den Hauptweg oder besser die

Hauptrichtung, denn Wege gibt es in Marokko nicht), der
in seiner Fortsetzung zur Qasbah Meskin führt, und wandten
uns mehr östlich zur Qasbah Ulad Sidi ben Tanit, wo wir
gegen 3 Uhr ankamen. Der Kaid war abwesend, oder
wollte sich nicht zeigen, die Bevölkerung sehr ungastlich
und wollte uns anfangs nicht einmal gestatten, die Zelte
aufzuschlagen. Die Qasbah und die ganze Ansiedelung sind
noch völlig neu, die Häuser zum Theil noch nicht einmal
fertig, und wir sahen noch die Arbeiter mit dem Stampfen
der Lehmmauern beschäftigt, wozu sie ein einförmiges Lied
sangen. Wir erfuhren später, dass die Kaidfamilie Schurafa sind, also eingebildeter, mistrauischer und unzugäng-
licher als alle andern Araber; das Verhalten des Kaids
aber trägt sich auch auf seine Unterthanen über, und so
hatten wir einen sehr unangenehmen Aufenthalt. Erst
spät gelang es den Bemühungen Hadsch Ali's sowie der
uns begleitenden Machazini, das Nothwendigste zu erhalten.

Unser nächstes Reiseziel war die Qasbah Meskin (arm),
die wir auch schon bald nach Mittag des nächsten Tages
erreichten. Wir passirten das Grabmal des Marabu Sidi
Seschau; in der Nähe befinden sich die Ruinen einer alten
arabischen Stadt; Mauerreste und behauene Steine finden
sich noch in grosser Menge. Ich konnte leider nichts
Näheres über diese Stadt erfahren; vermuthlich ist sie von
irgendeinem Sultan einmal von Grund aus zerstört worden,
um die rebellischen Bewohner zu strafen.

Unser heutiger Weg führte durch ziemlich compirtes
Terrain und über zahlreiche kleine Hügelrücken, zwischen denen sich saftgrüne Wiesen mit herrlichem Blu-
menschmuck anmuthig ausdehnten. Infolge des Regens von
mehrern Tagen war die Vegetation schnell in die Höhe gegangen. Bereits gestern hatten wir in weiter Ferne die
schneebedeckten Berge des gewaltigen Atlasgebirges erblickt,
und heute kamen wir denselben etwas näher.

Der Kaid der Qasbah Meskin, die eine Zauja ist, heisst Hamid ben Schefi. Schon ehe wir den Platz erreichten, stiessen wir auf zahlreiche Knaben, die uns hölzerne Schreibtafeln entgegenhielten und um Geld bettelten. Es waren die Schüler einer Art Klosterschule, die uns ihre Fortschritte im Schreiben von Quranversen zeigten und mit etwas Flus (marokkanisches gegossenes Kupfergeld) zufrieden waren.

Der Kaid sowol wie sein Chalif litten an Fieber, und ich vertheilte etwas Chinin und Bittersalz. Der Kaid ist ein grosser Raritätensammler; er soll in seinem Wohnhause allerhand merkwürdige Sachen haben, seltsame Uhren, Maschinen u. s. w., ein Sport, den man bei den interesselosen Marokkanern nicht oft findet. Auch liefen in dem Orte mehrere zahme Gazellen frei herum, sowie einige prachtvolle Bergschafe, fast von der Grösse eines Hirsches und von grosser Stärke, Thiere, die ich noch nie gesehen hatte und die im Atlasgebirge wild vorkommen sollen.

Ehe wir am Morgen des 10. Februar weiter zogen, wohnte ich noch einer eigenthümlichen Scene bei, ein interessantes Abenteuer würden es andere nennen. Fast jeder Europäer wird in Marokko als Arzt angesehen und muss sich gefallen lassen, über alle möglichen Krankheiten Auskunft und Hülfe zu geben. Der Kaid, dem ich schon gestern Chinin gegeben hatte, liess mich heute früh ersuchen, noch nicht abzureisen, eine seiner Frauen sei krank und wünsche mich zu consultiren. Wenn man bedenkt, in welcher Abgeschlossenheit in Marokko die Frauen leben, besonders die der bessern Stände, wie sie auf der Strasse nur mit dicht verhängtem Gesicht gehen dürfen, den ganzen Körper in ein grosses, hässliches, betttuchartiges Stück Zeug gehüllt, wie es in den Städten der Europäer vermeiden muss, eine solche Frau anzusehen, und besser thut, das Gesicht abzuwenden oder ihr aus dem Wege zu gehen, so wird

man begreifen, dass ich über diese Aufforderung des Amils
etwas verwundert war. Jedenfalls war es dringend nöthig,
die grösste Ernsthaftigkeit zu heucheln. Die Vorbereitungen
und Vorsichtsmassregeln, die zu dieser Consultation getroffen wurden, waren sehr umfassender Natur und war
das ganze Ceremoniell offenbar am Abend vorher in einem
Familienrath festgestellt worden. Einige Verwandte des
Kaids führten mich und Hadsch Ali, den ich als Dolmetsch
mit mir nehmen musste, zunächst in die Qasbah, wo wir
in einem der Höfe eine Zeit lang warten mussten. Dann
erschien ein alter, etwas verkrüppelter Eunuch, dessen
Augen geblendet worden waren, der Haremswächter, und
führte uns beide durch einige andere Höfe vor ein grosses
Haus, dessen gewaltiges mit Eisen beschlagenes Thor fest
verschlossen war. Nachdem er die verschiedenen Schlösser
geöffnet, liess er uns eintreten und in der Hausflur warten;
eine schwarze Sklavin brachte einen halbzerbrochenen europäischen Rohrstuhl, der nach einem gewiss abenteuerlichen
Leben und nach Erduldung harter Strapazen in diese von
der Welt verlassene Qasbah vom Schicksal verschlagen worden war, und deutete mir an, dass ich dieses Möbel in
einer mir passend erscheinenden Weise verwenden sollte.
Ich konnte übrigens hieraus schon den betrübenden Schluss
ziehen, dass mir der Eintritt in die eigentlichen Wohnräume
doch versagt bleiben werde; und so war es auch. Bald
erschien in Begleitung einer Dienerin eine marokkanische
Dame mittlern Alters, reich gekleidet, das Gesicht nicht
vollständig verhüllt, sondern nur eine schmale weisse Binde
um den Mund gelegt, die sie beim Sprechen ein wenig mit
den reichlich mit Silberringen verzierten Fingern lüftete.
Sie klagte über heftige Schmerzen in der linken Brust.
Das war nun so eine Sache. Eingedenk der dringenden
Warnungen meines Dolmetsch Hadsch Ali, die Empfindsam-
keit der Mohammedaner nicht zu verletzen, rieth ich der

Dame. ohne irgendeine Ocularinspection vorzunehmen. die
schmerzhafte Stelle mit Kampherspiritus zu reiben, ein
Mittel. das ich. wenn ich in Verlegenheit war, gegen jedes
schmerzhafte Leiden verordnete. Damit schien die Frau
aber doch nicht zufrieden, und so leichten Kaufs sollte ich
nicht wegkommen. Es musste doch eine Berührung wenigstens der so heftige Schmerzen verursachenden Stelle vor-

Fig. 11. Costum einer reichen Marokkanerin.

genommen werden. wobei sie selbst meine Hand führte.
Ich nahm meinen ganzen Ernst zusammen. erklärte das
Ganze für äusserst bedenklich. bemerkte aber gleichzeitig.
wie ausserordentlich heilkräftig das von mir angegebene
Mittel sei, und erzählte in lebhaften Worten, wie viele der
schwierigsten Krankheiten ich auf diese Weise geheilt habe.
Leider musste ich das alles durch meinen Dolmetsch sagen

lassen, aber die Frau, die mit der gespanntesten Aufmerksamkeit meine Minen verfolgte und den Sinn der Worte mir
vom Munde ablas und errieth, war endlich doch befriedigt
und versprach, meinen Anordnungen Folge zu leisten. Ich
musste ihr schliesslich noch eine Flasche voll dieses Kampherspiritus schicken, nachdem ich ihr hatte sagen lassen, wie
die Procedur des Einreibens vor sich zu gehen hat; ich war
aber froh, aus dieser etwas heikeligen Situation erlöst zu
sein. Die Frau mit ihrer Dienerin verschwand, der geblen-
dete Eunuch erschien, führte uns aus dem Hause, schloss
das gewaltige Thor zu, andere Männer nahmen uns in Empfang, und so gelangte ich endlich zu meinen Zelten.

Ich liess alles zur Abreise herrichten; der dankbare Kaïd
verabschiedete sich und beauftragte seinen Chalif, dem man
noch die Spuren des Fiebers ansah, uns ein Stück zu begleiten. Ich bereute es aber bald, nicht der Aufforderung
des Kaïd gefolgt zu sein und den Tag bei ihm verbracht
zu haben, denn kaum waren wir unterwegs, als ein Regen
losbrach und stundenlang anhielt. Das Terrain war ziemlich bergig und felsig, erst passirten wir ein kleines aus
horizontal liegenden dicken Bänken von Kalkstein bestehendes Gebirge und stiegen dann in eine schöne fruchtbare
Ebene hinab, das Thal des Wad Umerbia. Die Ueberschreitung dieses Flusses, die kurz unterhalb der Vereinigung desselben mit dem Wad-el-Abid stattfand, ging nicht
ohne Schwierigkeiten von statten. Infolge des Regens war
der Fluss tief, breit und reissend; die Pferde und Maulthiere mussten schwimmen, und wir hockten auf den Thieren,
wobei es unvermeidlich war, dass wir gründlich durchnässt
wurden. Insbesondere das Gepäck verursachte Schwierigkeiten, und wir mussten eine Anzahl Leute aus einem benachbarten Duar requiriren, um uns Hülfe zu leisten. Wir
waren endlich sehr froh, dass wir ohne Unfall und ohne
wesentlichen Verlust den Fluss passirt hatten. Nachdem

wir das sehr sumpfige Inundationsgebiet des Wad Umerbia
durchwatet hatten, stieg das Terrain rasch wieder an, und
wir befanden uns in einem kleinen Gebirgszuge, der aus
einem blauen, dünnen Thonschiefer bestand, dessen Schichten senkrecht stehen, mit mächtigen Einlagerungen von
weissem Quarzit und krystallinischem Kalkstein. Auch Marmor muss hier vorkommen, denn wir fanden zahlreiche
Rollstücke eines schönen weissen Marmors. Das felsige
Terrain bot den ermüdeten Thieren grosse Schwierigkeiten
zum Fortkommen. Endlich nach 4 Uhr gelangten wir,
völlig durchnässt, an das erste Duar der Kabyle Scheragra,
wo wir Unterkunft suchten und die Zelte aufschlugen. Es
war leider nicht das Duar des Kaïd, und die Bevölkerung
sehr unfreundlich und mistrauisch. Erst nachdem die vier
Mann starke Escorte, die uns der Kaïd von Meskin mitgegeben
hatte, den Leuten zugeredet hatte, dass wir nicht gekommen wären, um zu plündern, sondern gern alles bezahlen wollten, fand sich etwas Gerste für die Pferde und
Maulthiere; anfangs hiess es, es sei absolut nichts im Dorfe.
Schliesslich brachten die Leute sogar ein Paar Hühner und
Kuskussu, sodass wir uns ein Abendessen herstellen konnten.
Es war eine armselige Bevölkerung, das sahen wir wol,
und so fanden wir es vollkommen begreiflich, wenn die
Leute, bei den in Marokko herrschenden Gebräuchen, die
heraukommenden Fremden nicht freundlich empfingen.
Uebrigens hatte uns nur das Unwetter in dieses etwas ab-
gelegene Dorf getrieben; wären wir nicht so völlig durchnässt gewesen, hätten wir gewiss einen grössern Ort aufgesucht.

Am Morgen des 11. Februar hatte sich das Wetter ge-
bessert und wir zogen in südwestlicher Richtung weiter.
Unser Ziel war die grosse Qasbah Kelaa, die nur noch
wenige Tagereisen von Marrakesch entfernt ist. Wir stiessen
auf dem ganzen Marsch nicht auf ein einziges Duar, die Ge-

gend schien völlig unbewohnt, nur ein einzelnes Marabugrab
sahen wir. Bei unserer Ankunft in Kelaa wurden wir anfangs etwas misstrauisch angesehen. Es ist ein ziemlich
grosser Ort und die von einer Mauer umgebene Qasbah ist
sehr umfangreich und ausgedehnt. Nachdem wir bei dem
Kaid angemeldet waren, wurde uns bedeutet, in die Qasbah
zu kommen und nicht die Zelte aufzuschlagen, da wir in
einem Hause untergebracht werden sollten. Einige enge
Thore und winkelige Gänge führten in den grossen Hof der
Qasbah, wo uns der Kaid und seine Umgebung sehr cere-
moniös und zurückhaltend empfingen. Es wurde uns ein
einstöckiges Haus angewiesen, und ich war erstaunt über
die ehemalige prächtige Ausschmückung im Innern. Freilich war jetzt alles im Verfall, aber wir sahen noch stellenweise erhalten die prachtvollen hufeisenförmigen, mit Deco-
rationen reich versehenen Thore, die schöne farbenreiche
Stuckarbeit im Innern und die reizende Fliesenbedeckung
der Fussböden und Wände. Das Ganze erinnerte lebhaft
an gewisse Räume der Alhambra, und es muss ein reicher
und kunstsinniger Kaid gewesen sein, der dieses Haus errichtet und bewohnt hat. Der jetzige Kaid kümmert sich
nicht darum, er begnügt sich mit einem einfachen, schmuck-
losen Hause und überlässt den prächtigen Palast dem Verfall. Die Stellung dieser Leute ist eine so unsichere und
von den Launen des Sultans abhängige, dass sie es nicht
der Mühe werth finden, etwas für den äussern Glanz zu
thun, da sie jeden Augenblick abberufen und ihrer Ersparnisse, die allerdings meistens Erpressungen sind, be-
raubt werden können. Trotz des etwas steinigen Bodens
ist doch die weitere Umgebung gut angebaut, und da kein
Fluss in der Nähe ist, so muss der Boden künstlich bewässert werden. Zu dem Zweck hat man ein ausgedehntes
Berieselungssystem eingeführt und dazu einige kleine Zu-
flüsse des Wad Umerbia verwendet. Diese Kanäle bestehen

aus zwanzig bis dreissig Fuss tiefen Löchern, die einige hundert Fuss voneinander in den Boden gegraben werden. Diese Löcher werden durch unterirdische Gänge miteinander verbunden und dann geschlossen; es wird dabei immer an der Stelle, wo das Loch sich befindet, der Erdboden grabartig erhöht, sodass man auf dem Terrain zahllose, scheinbar nicht zusammengehörige Erdhaufen findet, die aber die Richtung der Kanalisation bedeuten. Es ist dabei die Hauptaufgabe, überall das richtige Gefälle herzustellen, um eine beständige Circulation des Wassers hervorzubringen. Es ist eine mühsame und kostspielige Arbeit, die Herstellung und Instandhaltung dieser Kanäle, und doch hängt davon der Ertrag des an und für sich trockenen Bodens ab. Die Benutzung von Sklaven, die absolute Macht des Kaid über seine Unterthanen und das Bewusstsein der letztern, dass diese Arbeit allen zugute kommt, sowie die äusserst geringen Arbeitslöhne erleichtern die Herstellung dieser primitiven und doch schwierigen Bauten.

Wir unternahmen mit dem Kaid einen Rundgang um die Qasbah und besichtigten dabei einige der im Bau begriffenen Kanäle; angebaut wird ausschliesslich Gerste und Weizen.

Das Mistrauen der Leute legte sich allmählich. Am schärfsten beobachtete man hier meinen Dolmetsch Hadsch Ali, dessen Erzählungen von seinem Onkel Abd-el-Kader, von der grossen Sekte Abd-el-Kader-Dschilali in Bagdad und von seinen ausgedehnten Reisen sehr skeptisch aufgenommen wurden. Ja es fand sich sogar ein alter Mann, der Abd-el-Kader in Damascus besucht hatte und der nun eine Art Examen mit meinem Begleiter anstellte über die dortigen Verhältnisse und Personen. Die bedeutende Beredsamkeit Hadsch Ali's und die Sicherheit seines Benehmens halfen ihm übrigens aus der Klemme, und schliesslich war man doch überzeugt, dass er die Wahrheit gesagt habe. Der

Kaid wurde endlich sogar liebenswürdig, wir wurden stets zu seiner Tafel geladen, was ich durchaus nicht als einen Vorzug ansah, und meine Begleitung wurde aufs reichlichste versorgt, sodass alle Welt mit dieser Qasbah sehr zufrieden war. Ja der Kaid redete mir so lebhaft zu, noch einen Tag zu verweilen, dass ich schliesslich auch zusagte und meine Pferde sich ordentlich erholen konnten. Wir bekamen sehr viel Besuche aus der Umgebung, und die Theekanne musste stets in Bereitschaft gehalten werden. Wie üblich, entstanden dann stets religiöse Discussionen zwischen meinem Scherif und den Besuchern; aber auch der Wunsch, Neuigkeiten aus Europa zu erfahren, trieb die Leute dazu an, den Hakim-er-Rumi (den römischen, d. i. fremdländischen Arzt) zu besuchen.

In dieser Qasbah trieben sich einige Mitglieder der Sekte Es-Senusi herum, schmuzige, zerlumpte Gestalten, die des Nachts in der Nähe unsers Hauses unter furchtbarem Geheul ihre Andacht abhielten. Als wir am 13. Februar früh zeitig uns verabschiedeten und schon zu Pferde sassen, kam einer dieser Strolche mit einer grossen Lanze auf mich zugestürzt, fiel dem Pferde in die Zügel und verlangte stürmisch Geld. Er war mit dem Dargereichten nicht zufrieden und wurde im höchsten Grade zudringlich, drang sogar mit der Lanze auf mich ein, sodass er nur mit der grössten Anstrengung und unter Mithülfe des Kaids beruhigt und weggeführt werden konnte; dabei wurde dieser Tagedieb noch sehr schonend und rücksichtsvoll behandelt; er ist eben ein Heiliger.

Unser nächstes Ziel war die grosse Qasbah Temlalat, ein langer Weg und dazu ein sehr heisser Tag. Das Terrain war wieder sehr gebirgig. Wir durchkreuzten zunächst einen langen, von Nordwest nach Südost streichenden Gebirgszug, bestehend aus Quarzit, Thonschiefer und rothem quarzitischen Sandstein; in dem Thonschiefer fand

sich ziemlich viel Kupferkies. Die Schichten fallen steil
nach Nordosten; die höchsten Punkte dieses Gebirges erreichen nicht über 1000 m Seehöhe, bilden aber zackige,
äusserst pittoreske Spitzen. Von hier stiegen wir in eine
grosse, schöne Ebene hinab, aber ohne Leben; kein einziges Duar war zu sehen, nur selten begegneten wir
einem lebenden Wesen. Zur Linken hatten wir die ganze
lange Kette des Atlasgebirges, die höchsten Spitzen mit
riesigen Schneefeldern bedeckt, ein wunderbarer Anblick;
wir aber keuchten, im Anblick dieser Schneemassen, bei
fast 30° C. mühsam weiter in der völlig schattenlosen
Ebene. Es ist im höchsten Grade auffallend, dass am
Fuss eines so gewaltigen Hochgebirges die Ebene so
wasserarm ist. Es hat das seinen Grund darin, dass der
Atlas aus einer Anzahl Parallelketten besteht, dass also
das Wasser vorherrschend in die Längsthäler abfliesst.
In den wenigen Querthälern aber, die nach Norden und
Süden abfliessen, wird das Wasser schon im Quellgebiet
von den Bewohnern abgefangen, in zahllose Kanäle vertheilt und zur Bewässerung der Gerstenfelder benutzt. Auf
diese Weise kommt sehr wenig Wasser herab in die Ebene
von Marrakesch, und die Bevölkerung muss sich auf die
oben geschilderte Weise behelfen, um den Boden ertrag-
fähig zu machen. Auch in der Nähe der Qasbah Temlalat
war der Boden mit kleinen Erdhaufen bedeckt, die von den
Berieselungskanälen herrühren.

Obgleich so nahe bei Marrakesch gelegen, wurden wir
doch in Temlalat nicht besonders freundlich empfangen.
Es war nur ein Unterbeamter anwesend, ein Amin, der
den Brief des Sultans sehr wenig respectirte und behauptete, ein sehr armer Mann zu sein. Erst als er erfuhr,
dass wir durchaus nicht darauf bestünden, eine unentgelt-
liche Muna zu bekommen, sondern nur gesicherte Unterkunft und Lieferung von Provision für Menschen und Thiere

gegen Bezahlung verlangten, wurde er höflicher und sicherte alles zu. Besonders bemerkenswerth sind hier zahlreiche und ausgedehnte Olivengärten, wie wir sie seit langer Zeit nicht gesehen hatten.

Am 14. Februar endlich hatten wir die letzte Strecke zurückzulegen, um das alte berühmte Marrakesch zu erreichen. Es war ein langer Marsch, und erst abends 7 Uhr zogen wir in die zweite Residenz des Landes ein. Im allgemeinen war die Richtung eine südwestliche. Die grosse Ebene wird von einem kleinen, aber sehr interessanten Gebirge unterbrochen. Zunächst erreichten wir eine Anzahl spitzer pittoresker Berge von echt vulkanischem Typus, die aus Basalt bestehen; es war eine ausserordentlich liebliche Landschaft, diese reichlich mit Gras und Blumen bewachsenen Thäler, aus denen die schwarzen Basaltmassen steil emporstiegen. Hierauf folgen flache Hügelrücken, die aus weissem Granit bestehen. Der Feldspat dieses Gesteins ist vielfach verwittert, in Kaolin (Porzellanerde) verwandelt und weggeschwemmt worden; ich fand wenigstens weiterhin derartige kleine Lager dieser weissen Erde. Hierauf folgten noch Schichten eines indifferenten sandigen Schiefers von dunkelrother bis schwarzer Färbung. Dieses ganze kleine Gebirge scheint vollständig unabhängig von dem grossen Atlasgebirge zu sein.

Nach Durchquerung dieses geologisch sehr interessanten Gebirges betraten wir wieder die grosse Hochebene von Marrakesch, die sich nun, anfangs mit viel Schotter bedeckt, ununterbrochen bis an den Fuss des Hohen Atlas ausdehnt. Wir passirten einen kleinen wasserlosen Flussarm und gelangten an eine reizend zwischen zahllosen Dattelpalmen gelegene Zauja mit einem kleinen Dorf. Hier beginnt der kolossale Wald von Dattelpalmen, der sich bis Marrakesch und darüber hinaus erstreckt und Hunderttausende von Bäumen umfasst. Unterwegs schloss sich uns ein Bewohner der Stadt an, der von einer Reise zurückkam; er ritt ein prächtiges Maulthier und führte einige Diener mit sich. Als wir die äussersten Mauern der Stadt erreichten, mussten wir noch stundenlang in den kolossal ausgedehnten Gärten und Palmenwäldern herumreiten, ehe wir an ein Thor kamen; wir waren schon im Begriff, noch einmal die Zelte vor der Stadt aufzuschlagen, da es schon spät war und die ermüdeten Thiere kaum noch weiter konnten. Aber der Maure, der uns als Führer diente, ermunterte uns stets zum Vorwärtsschreiten, und endlich hatten wir bei fast völliger Dunkelheit uns durch die breiten Strassen und öden Plätze durchgearbeitet, um auf den Rath unsers neuen Freundes auf dem freien Raum vor der herrlichen Kutubia-Moschee und neben dem Palast des Onkels Muley Hassan's, der hier den Sultan vertritt, die Zelte aufzuschlagen. Es war zu spät, um uns noch beim Gouverneur zu melden, und trotz der Ermüdung mussten noch einige meiner Diener in die Stadt und Gerste kaufen sowie etwas Provision für uns selbst.

So hätten wir denn wieder einen Theil unsers Vorhabens zurückgelegt. Der Weg von Fäs bis hierher nach Marrakesch hat lange gedauert. Am 17. Januar verliess ich die Residenz, und erst am 14. Februar traf ich hier ein. Der Umstand, dass man über Rabat muss, verlängert den Weg ganz ungemein; wollte man durch das Scheluhgebiet reisen, so könnte man diese Strecke in 10 bis 12 Tagen zurücklegen. Indess brauche ich es nicht zu bereuen, es war eine interessante und lehrreiche Tour durch das cisatlantische Marokko; jetzt soll nun der Atlas und das transatlantische Marokko besucht werden, was jedenfalls ein viel beschwerlicheres und weniger gefahrloses Unternehmen ist.

ACHTES KAPITEL.

MARRAKESCH EL HAMRA.

Ankunft in Marrakesch. — Gouverneur. — Wohnung. — Besucher.
— Juden. — Bedrückungen derselben. — Feier des Geburtstags des
Propheten. — Festlichkeiten. — Parade. — Phantasias. — Umzüge
der Zauja. — Donnerstagsmarkt. — Gaukler. — Vorbereitungen zur
Reise. — Abschied. — Die Stadt Marrakesch. — Gründung. — Mauern
und Thore. — Häuser und Strassen. — Verwaltung. — Gefängnisse.
— Märkte. — Bazare. — Zahl der Bewohner. — Oeffentliche Gebäude.
— Schulen u. s. w. — Aussätzige.

Der Platz, auf welchem wir am Abend unserer Ankunft
in Marrakesch die Zelte errichtet hatten, ist ein Quadrat,
dessen eine Seite die Moschee el Kutubia einnimmt; rechtwinkelig daran stösst der von aussen schmucklose Palast des
Scherif Muley Ali, eines Onkels des jetztregierenden Sultans und Bruders des frühern. Die beiden andern Seiten
werden von Gartenmauern gebildet; an zwei Ecken münden
enge Strassen von den andern Stadttheilen auf diesen Platz,
der im übrigen ziemlich verwahrlost ist und als Ablagerungs-
raum für allerhand Schmuz, Schutt und Unrath dient. Es
scheint eine ruhige, abgelegene Gegend der Stadt zu sein,
und nur wenige Menschen kamen hier vorüber; theilnahmlos,
weder freundlich noch feindlich gingen sie ihren Geschäften
nach, als sie merkten, dass ein Rumi eingetroffen sei.

Obgleich wir spät abends angekommen waren, so blieb
doch unsere Ankunft in Marrakesch nicht lange unbekannt;

unser gestriger Führer, von dem wir später erfuhren, dass
es ein renommirter Gelehrter sei, hatte die grosse Neuigkeit
ausgeplaudert. Der Scherif Muley Ali schickte schon frühzeitig einige Diener mit einem grossen Topf voll frischer
Milch; gleichzeitig liess er sich entschuldigen, dass er uns
nicht schon am Abend mit Nahrung versorgt habe, aber er
hätte erst heute Morgen von unserer Ankunft gehört. Gegen
10 Uhr machten wir dem Gouverneur der Stadt unsere
Aufwartung und ersuchten gleichzeitig um Anweisung eines
Hauses. Es war ein noch junger Mann von kaum 30 Jahren,
der diesen hohen Posten einnahm. Er empfing uns in einem
der Höfe seines Hauses nicht unfreundlich, erkundigte sich
nach dem Zweck meiner Reise und versprach mir allen
Schutz, solange ich in der Stadt verweilen würde. Gleichzeitig gab er Befehl, dass ein Haus für uns eingerichtet
werde, und ernannte einen ältern Machazini zu meinem
beständigen Begleiter. Kaum waren wir zu unsern Zelten
zurückgekehrt, als auch schon eine Anzahl Machazini kamen
und uns aufforderten, ihnen zu folgen. Das Gepäck wurde
schnell auf die Thiere geladen, und wir zogen nun durch
einen grossen Theil der Stadt bis auf einen freien Platz,
genannt Dschema-el-Fna, wo sich das für uns bestimmte
Haus befand. Dieses letztere war ziemlich gross, einstöckig
und ist früher von einigen Engländern bewohnt gewesen,
die als Instructeure für die Truppen engagirt gewesen
waren. Als ich den Namen des Platzes erfuhr, fiel mir ein,
was ein Franzose, Lambert, der lange in Marrakesch gelebt hat, über denselben sagt: „Es gibt in Marokko keine
öffentlichen Promenaden; der einzige Erholungsplatz für
das Volk ist der grosse Platz Dschema-el-Fna, wo nachmittags die Komödianten, Märchenerzähler, Jongleure und
Gaukler aller Art ihre Vorstellungen geben. Im allgemeinen bildet der Platz Dschema-el-Fna das Rendezvous aller
Vagabunden der Stadt, und während der Nacht ist es gefähr-

lich, denselben allein zu passiren. Dort befindet sich auch
die Mauer, auf welcher die Köpfe der getödteten Verbrecher
aufgesteckt werden." Mein Soldat beruhigte mich aber
und versicherte mich, dass ich in dem Hause in vollkommener Sicherheit wäre. Das letztere hatte einen grossen Hof
mit Stallungen für die Pferde und Maulthiere. Im ersten
Stock befanden sich einige hübsche grosse Zimmer, aber
vollkommen leer. Der Fussboden und die Wände waren
mit bunten Fliesen bedeckt in schönen Mustern; die Thüren
führten auf eine Veranda, die nach dem Hofe hinausging;
nur eins der Zimmer hatte eine kleine Fensteröffnung auf
den Platz hinaus. Von der Terrasse des Hauses hatten
wir einen Blick über einen Theil der Stadt und vor allem
nach Süden zu über die herrliche, langgestreckte Kette des
Atlasgebirges, deren Gipfel und Abhänge mit glänzenden
Schneefeldern bedeckt waren. Eins der Zimmer hatte ein
Jude gemiethet gehabt und dasselbe mit Waaren aller Art,
besonders Hennakraut (zum Färben der Fingernägel u. s. w.),
Kif (Hanf zum Rauchen), Datteln u. s. w. angefüllt. Er
wurde genöthigt, dieses Zimmer zu räumen, sodass wir uns
in dem grossen Hause möglichst bequem einrichten konnten.

Kaum waren wir eingezogen, so schickte uns der Pascha
ein reichliches Gastgeschenk, damit wir wenigstens für den
ersten Tag mit Nahrung versorgt seien: 1 Schaf, 6 Hühner,
10 Tauben, 30 Eier, 10 Pfund Zucker, Thee, Kaffee und
Futter für die Pferde! Der Brief des Sultans hatte hier
zweifellos eine grosse Wirkung und wurde gehörig respectirt.

Im Laufe des Tags kamen zahlreiche Besuche, besonders auch wegen meines Begleiters Hadsch Ali, dessen
Eigenschaft als Scherif und Verwandter Abd-el-Kader's bereits genügend bekannt geworden war. Besonders hart-
näckig besuchte uns auch fernerhin ein hiesiger Gelehrter,
der mit Hadsch Ali etwas verwandt ist und der an einer
Moschee die verschiedensten Wissenschaften lehrt: Archi-

tektur, Chemie, oder richtiger Alchemie. Dichtkunst u. s. w.,
auch das Schachspiel war ihm bekannt. Er lebte in ziemlich dürftigen Verhältnissen von einer Pension, die er aus
einer vom Sultan subventionirten Moschee erhielt. Auch
Juden kamen zahlreich zu uns, und einer brachte ein Pack
Briefe, die bei dem deutschen Consul in Mogador gelegen
hatten. Letzterer eröffnete mir gleichzeitig, dass ich bei
ihm Credit hätte für den Fall, dass mir die Mittel zur
Weiterreise nicht genügten. Und das war allerdings der
Fall. Um meine ganze Zeit der Stadt Marrakesch widmen
zu können, schickte ich meinen Begleiter Benitez mit
einer Vollmacht nach Mogador, das Geld für mich zu erheben; derselbe reiste am 18. Februar von zwei Dienern
begleitet ab; die Entfernung beträgt fünf Tagereisen, und
der Weg geht durch Gebiete, die nicht immer ganz sicher
sind.

Die Zahl der Besucher in unserm Hause nahm täglich
zu, und nach dortiger Sitte müssen dieselben mit Thee
bewirthet, oder wenn sie zur Speisestunde erscheinen, zum
Dableiben aufgefordert werden. Obgleich doch alle Welt
wusste, dass ich ein Christ bin, so nahm man doch nicht
den geringsten Anstoss daran, und ich fand nie eine Spur
von einem religiösen Fanatismus. Für die Strasse schaffte
ich mir aber doch maurische Kleidung an, um dem gemeinen Volk nicht zu sehr aufzufallen und unbehindert die
stark besuchten Märkte ansehen zu können. Es treiben sich
allerhand verdächtige Heilige herum, die, um sich einen
Nimbus zu verschaffen, die Masse leicht aufregen können,
sodass es dann selbst den begleitenden Machazini schwer
fällt, genügenden Schutz zu gewähren.

Es hatte sich bald das Gerücht verbreitet, dass ich nach
Timbuktu reisen wolle. Ich hatte erwartet, alle Welt würde
mich von einem solchen Unternehmen abzuhalten suchen,
aber im Gegentheil, wir bekamen Rathschläge, Empfehlungs-

briefe u. s. w. in Hülle und Fülle, nur vor dem Lande des
Sidi Hescham, das aber kaum zu umgehen war, warnte
man uns und meinte, wenn ich dieses Gebiet hinter mir
habe, sei keine Gefahr mehr vorhanden. Einige Juden,
die einen nicht unbedeutenden Handel treiben, wollten
diese Gelegenheit benutzen, um nach Timbuktu zu kommen,
und schlugen mir ein gemeinsames Vorgehen vor. Ich sollte
eine grössere Anzahl Waaren kaufen, ebenso wollten sie
eine entsprechende Menge beistellen, und so sollte es eine
gemeinsame Handelsreise werden, mit Theilung des Gewinns.
Sie verlangten einen förmlichen schriftlichen Contract von
mir ausgestellt und unterschrieben von einem Delegirten
der Alliance israélite, welche Gesellschaft in Marokko
sehr thätig ist. Im Anfang schien mir das Ganze als nicht
unannehmbar. Ich wusste, wie schwer es ist, Timbuktu zu
erreichen, ich wusste, dass einzelne jüdische Familien, wie
z. B. die des Rabbi Mardochai es Serur, im Sudan Handel
treiben, und glaubte so auf leichtere Weise mein Ziel zu
erreichen. Ich hoffte auch, die Juden würden, aus eigenem
Interesse, alles daransetzen, die Waaren nach Timbuktu
zu schaffen, und mich auf diese Weise sicher dahin bringen.
Zum grossen Glück zerschlug sich die Sache. Man verlangte von mir, dass ich eine sehr bedeutende Menge von
Waaren kaufe, deren Preis die mir zur Verfügung gestellten Mittel zu sehr überschritten hätte; mit Recht meinten
die Juden, dass ein so riskantes Unternehmen nur nutz-
bringend sei, wenn man das Geschäft in grösserm Umfange
einleitete. Dazu hatte ich aber, wie gesagt, nicht die Mittel.
Andererseits bekam ich aber auch Winke, dass es für mich
nicht empfehlenswerth sei, mit marokkanischen Juden zu
reisen; ich könnte mit Sicherheit darauf rechnen, ausgeplündert zu werden, und so brach ich die Verhandlungen
mit diesen Leuten ab.

Am 19. Februar besuchte ich den grossen Wochenmarkt,

der ausserhalb der Stadt auf einem grossen freien Platz
abgehalten wird; ich hatte meine zwei Maulthiere zum Verkauf hinausgeschickt, erhielt aber keinen annehmbaren
Preis dafür. Das Leben und Treiben auf diesem grossen
Markt ist ein sehr bewegtes und buntes, da hier schon
viele Berber aus dem Atlasgebirge sowie zahlreiche Neger
angetroffen werden. Die verschiedenen zum Verkauf gebrachten Gegenstände sind nach Gruppen geordnet, sodass
man leicht das Gesuchte findet. Negersklaven und Sklavinnen sind hier nicht selten zu haben.

Bei der Rückkehr fand ich wieder die Juden aus der
Mellah vor; sie erzählten mir viel von den Bedrückungen,
denen sie ausgesetzt sind; unter anderm existirt ein Befehl
des Sultans, dass die Häuser im Judenquartier alle gleich-
hoch gebaut sein müssen: wer also ein Haus hatte, das
über die umgebenden Häuser hervorragte, musste dasselbe
bis auf das festgesetzte Niveau abbrechen. Einen peinlichen
Eindruck machte das Benehmen dieser zum Theil sehr
reichen Juden. Auf der Strasse dürfen sie nur barfuss
gehen und tragen die Pantoffeln unter dem Arme. Sobald
sie mein Haus betraten, zogen sie triumphirend und zum
Aerger der anwesenden Araber die Pantoffeln an, glaubten
sie doch, dass ich ihnen Schutz gewähren könne. Im Zimmer erschienen sie dann wieder barfuss, wie das in
Marokko überall gebräuchlich ist und zum Anstand gehört.
Beim Fortgehen aber zogen sie die Pantoffeln wieder an
bis an das Hausthor, wo dann wieder das Barfussgehen
anfing bis an das Thor der Mellah, des Judenquartiers;
innerhalb des letztern dürfen sie die Füsse bekleiden, aber
ausserhalb desselben setzen sie sich den grössten Insulten
aus. Es gilt dieses Gesetz sowol für Männer wie für Frauen;
daher kommt es, dass die Frauen und Mädchen der reichern
Juden äusserst selten ihr Quartier verlassen und fast ihr
ganzes Leben in den engen Strassen der Mellah verbringen.

Am 23. Februar begannen die grossen Festlichkeiten,
welche jährlich zur Feier des Geburtstags des Propheten
stattfinden. Schon einige Tage vorher kamen einzelne
Scheichs und Kaids aus der Umgebung der Stadt mit statt-
lichem Gefolge an; selbst aus dem Wad Sus und aus den
verschiedenen Thälern des Atlasgebirges waren Gesandtschaften anwesend. Sie sind alle Gäste des Sultans in
diesen Tagen, der hier durch seinen Onkel Muley Ali vertreten ist.

Die Hauptfeierlichkeit bestand in der grossen Parade
und den Phantasieritten, welche am 23. Februar morgens
auf der grossen südlichen Ebene ausserhalb der Stadt statt-
fanden. Es war das gesammte Militär von Marrakesch aus-
gerückt, die rothgekleideten Linientruppen wie auch die
berittenen Machazini; ferner waren fast alle Häuptlinge
der umwohnenden Kabylen, sowie die Gouverneure der
benachbarten Provinzen und Districte mit einem zahlreichen
und stattlichen Gefolge von Machazini erschienen. Eine
überaus zahlreiche Menschenmenge strömte schon zeitig des
Morgens zum Südthore hinaus und lagerte sich in weitem
Bogen um die mehrere tausend Mann umfassende Truppen-
masse, die der Ankunft des Sultan-Stellvertreters harrte.
Unter den Zuschauern waren die Weiber besonders stark
vertreten, die, den Körper vollständig in ein grosses Tuch
gehüllt, das Gesicht fast ganz verdeckt, mit grosser Ausdauer in der glühenden Sonnenhitze hockten, neugierig die
neu Ankommenden beobachteten und mit grosser Zungen-
fertigkeit ihre Bemerkungen über dieselben austauschten.
Die verschiedenen Kabylen hatten sich in besondern Gruppen aufgestellt unter Anführung ihrer Kaids; sie waren alle
beritten, meist mit sehr schönen und prachtvoll aufgeschirr-
ten Pferden; es war überhaupt der grösste Pomp entwickelt,
um dieses Fest, das gleichzeitig eine Art Huldigung für
den Sultan darstellt, zu feiern. Die Ankunft des Sultan-

Stellvertreters wurde durch Kanonenschüsse verkündet; auf
den Stadtmauern hatte sich die Artillerie postirt und liess
von hier aus unter grossem Jubel des niedern Volks die
Geschütze knallen, dass es eine Freude war.

Fig. 12.　Marokkanische Frau im Strassenanzuge.

　　Der Onkel des Sultans erschien endlich mit einem stattlichen und reichgekleideten Gefolge. Ihm voraus wurden
zwei herrliche Berberhengste geführt, er selbst ritt ein
ruhiges, gleichfalls sehr schönes Pferd, das mit grüner Garni-
tur versehen war; grün, weil er einer Scheriffamilie angehört
und weil dies die heilige Farbe des Propheten ist. An der

Seite des Sultan-Stellvertreters gingen Machazini zu Fuss
mit weissen Tüchern, um die Fliegen wegzuscheuchen, und
hinter ihm folgte dann eine glänzende Cavalcade von höhern
Beamten, alle auf prächtigen und reich geschirrten Pferden
und bedeckt von einer grössern Zahl von Machazini. Der
Onkel des Sultans ritt mit seinem Gefolge unter fortwährend Abfeuern der Kanonen in die Nähe der Truppen,
nahm dort Aufstellung, und nun ritt jede einzelne Kabyle
in kurzem Galopp unter Anführung des Kaids oder Scheichs
auf ihn zu und gruppirte sich um ihn. Der Sultan-Stellvertreter richtete an jede einzelne Kabyle eine kurze An-
sprache, verrichtete ein Gebet und entliess dann dieselbe.
So löste ein Stamm den andern ab, um dem Sultan seine
Huldigung darzubringen. Abseits von den übrigen standen
einige Kabylen, die, wie man mir sagte, besonders vornehm
waren, aus denen seinerzeit die ersten wahren Machazini,
Lehnsoldaten, genommen wurden; sie ritten nicht zum
Onkel des Sultans, sondern er ritt zu ihnen, nachdem die
übrigen abgefertigt waren, und nahm dasselbe Ceremoniell
mit ihnen vor. Kanonendonner und das Flintengeknatter
der aufgestellten rothröckigen Askar (Linientruppen) ertönte
während dieser Feierlichkeit ununterbrochen; sobald eine
Kabyle abgefertigt war und sich entfernt hatte, begannen
einzelne ihre tollen Phantasieritte, sodass das Ganze ein
farbenprächtiges, von einer heissen Sonne beleuchtetes Bild
gewährte. Auch eine Truppe algierischer Araber, die aus
ihrem Vaterlande geflüchtet waren und sich hier niedergelassen haben, erschien, um dem Sultan zu huldigen; es
befanden sich darunter ein Sohn und ein Verwandter von
Si Sliman, dem bekannten Scheich, der unter Abd-el-Kader
eine hervorragende Rolle in dem Kriege gegen die Franzosen gespielt hatte und den ich wenige Monate vorher in
Fäs angetroffen hatte. Auch hier begrüssten die Algerianer
meinen Begleiter Hadsch Ali und fragten um Neuigkeiten

aus ihrer Heimat. Sie geben es noch nicht auf, ihr Land
von den ihnen verhassten Franzosen zu befreien, und con-
spiriren von Marokko aus gegen Frankreich, wie immer es
geht. Der Sultan hat der grossen Familie des Si Sliman
in der Nähe von Marrakesch Land angewiesen, und so sind
sie vorläufig vor den Verfolgungen der französischen Behörden gesichert. Si Sliman selbst lebt, wie bereits früher
erwähnt, fast beständig in Fäs in der Nähe des Sultans.

Es wurde Mittag, ehe die ganze Ceremonie vorüber war,
und die Sonne brannte heiss in der fast baumlosen weiten
Ebene. Der Sultan-Stellvertreter ritt zur Stadt zurück und
hinter ihm dann in glänzendem Zuge all die verschiedenen
Kabylen, welche erschienen waren, um aufs neue ihre Unter-
thänigkeit dem Sultan gegenüber zu documentiren. Auch
die Askar marschirten zurück und zuletzt die Masse des
Volks, welche dem Schauspiel als Zuschauer beigewohnt
hatte. Was dieses letztere betrifft, so bestand es allerdings vorherrschend aus den niedern Elementen: Arbeitern,
Negern, Weibern und all dem Anhang, der sich um die
Umgebung des Sultan-Stellvertreters und der andern hohen
Beamten gruppirt und von diesen erhalten und ernährt
wird. Die bessern Elemente, der wohlhabende handeltreibende Mittelstand hielt sich solchen dynastischen Feierlichkeiten fern; er ist gar nicht zufrieden mit der gegenwärtigen Regierung und beklagt sich bitter über den Mangel an
Selbständigkeit des Sultans und über brutale Rücksichtslosigkeit der Beamten und Grossen des Reichs.

Ich liess erst die Hauptmasse des Volks sich verlaufen
und ritt dann mit meiner Begleitung gleichfalls in die Stadt
zurück, ermüdet von dem langen Aufenthalt in der schattenlosen sonnigen Ebene. Während der heissen Mittagszeit
war es in der Stadt ruhig, aber gegen 5 Uhr begannen
auf dem freien Platz vor meinem Hause die reizenden Phantasieritte der verschiedenen Kabylen aus der Umgebung

von Marrakesch, sodass ich von der Terrasse des Hauses aus einen bequemen Anblick derselben genoss. Es stellten sich gewöhnlich 10 bis 20 Reiter einer und derselben Kabyle in eine Reihe und begannen dann das Spiel. Erst wird eine kleine Strecke mit sehr kurz angezogenem Zügel galoppirt, auf ein Zeichen lässt man die Zügel frei und die Pferde laufen dann in vollster Carrière davon. Die Reiter machen allerhand Evolutionen mit ihren langen Steinschlossgewehren; sie stellen sich in die breiten Steigbügel, drehen sich nach rückwärts, steigen mit den Füssen auf das Pferd, werfen die Gewehre in die Höhe und fangen sie geschickt wieder auf und schiessen endlich auf ein Signal gemeinsam die Gewehre ab; dabei ein wildes Geschrei des zuschauenden Publikums, ein lautes Jauchzen der Reiter und das Gewieher der zur äussersten Kraftleistung angespornten Pferde. Sind dann die Gewehre losgeschossen, so kehrt man langsam zurück und macht einer andern Kabyle Platz. Unglücksfälle kommen bei diesen tollen Rennen oft genug vor. Das Ganze ist gewissermassen ein Kriegsspiel; es stellt die Art und Weise des Angriffs dar; bei allen Arabern findet sich dieser Gebrauch, in ungestümer Weise anzugreifen und dann alles zu vernichten; finden sie aber Widerstand, so kehren sie ebenso schnell um, als sie gekommen sind.

Eine solche Phantasia macht durch die Farbenpracht der Kleidung der Reiter sowie der bunten Schabracken der Pferde einen überaus grossartigen Eindruck. An einem so hohen Festtage, wie der Geburtstag des Propheten ist, hatte man die besten Pferde vorgeführt und dieselben schön ausgestattet mit rothledernem Riemzeug, stark versilbertem Zaumzeug und schön ciselirten Steigbügeln; vier, fünf verschiedenfarbige Decken liegen übereinander auf dem Rücken des Pferdes, und hierauf folgt erst der mit rothem Leder überzogene, enge, vorn und hinten mit einer hohen Lehne

versehene Sattel. Die Reiter selbst tragen über dem weiten
weissen Hemd einen Kaftan aus buntem Tuch, darüber wieder einen weissen Burnus, ferner gelblederne Pantoffeln,
oder auch Reitstiefeln aus buntem Leder mit dem daran-
geschnallten sehr grossen spitzen Eisen, das an Stelle der
bei uns gebräuchlichen Sporen verwendet wird. An einer
buntseidenen Schnur hängt der Dolch in einer schön mit
Silber verzierten Scheide und mit der rechten Hand hält
der Reiter die oft sechs Fuss und mehr lange Flinte, deren
Schaft mit Silber und Elfenbeinschnitzereien belegt ist,
während um den Lauf breite Silberstreifen mit eingravirten
Arabesken befestigt sind. Einige Dutzend so ausgestatteter
Reiter in tollem Ritt dahinjagen zu sehen, mit den flattern-
den, in der hellen Sonne weithin leuchtenden Gewändern
ist in der That ein herrlicher Anblick und ich begreife vollkommen die Marokkaner, die sich an diesem Schauspiel
nicht satt sehen können. Es dauerten denn auch die Phantasias auf dem Platze vor meinem Hause bis spät abends
und ein zahlreiches Publikum hatte sich dazu eingefunden;
die ersten Sterne kamen bereits zum Vorschein, als die
letzten Reiter mit den ermüdeten Pferden verschwanden,
um nun die reichlich vom Sultan-Stellvertreter gespendete
Nachtmahlzeit einzunehmen.

Am folgenden Tage, am 24. Februar, dauerten die Festlichkeiten noch an. Zwar hatte sich der Himmel bewölkt,
das Barometer war seit Abend um 5 Millimeter gefallen,
aber es kam nicht zum Niederschlag und die Phantasieritte
vor meinem Hause sowie in einigen Theilen der Stadt
nahmen ihren Fortgang unter ungeschwächter Theilnahme
des Publikums. Nur einige Zeit wurden sie unterbrochen
durch den Umzug der Zauja, eines religiösen Ordens, der
an diesem Festtage seine schauerlichen Orgien feiert. Der
Hauptsitz dieser Genossenschaft befindet sich bekanntlich in
Miknâsa; daselbst hatte vor kurzem die Wahl eines neuen

Chefs stattgefunden, hier in Marrakesch fungirt als Chef
der Sohn des in Miknâsa vor nicht langer Zeit verstorbenen
Vorstandes. Es muss gleich bemerkt werden, dass bei diesen
sinnlosen Aufführungen und Umzügen der Zanja sich fast
ausschliesslich die Hefe des Volks betheiligt; die bessern
Elemente und der Mittelstand halten sich davon fern, sieht
darin, wie jeder vernünftige Mensch, eine Scheusslichkeit,
kann aber nichts dagegen thun und muss der Sache ihren
Lauf lassen. Der Zug der Zanja bewegte sich an diesem
Tage auch über den Platz vor meinem Hause, sodass ich
ihn bequem sehen konnte, ohne selbst zu leicht bemerkt
zu werden. Das Nahen desselben kündigte sich schon von
weitem durch einen dumpfen Lärm, Trommelwirbel und
den grässlichen Klang der langen Trompeten an; bald erschien die Vorhut, eine Gruppe von etwa 50 Weibern, der
ärmsten Klasse angehörig, meist Negerinnen, mit entschleier-
tem Gesicht und dürftiger zerrissener Kleidung, die unter
unsinnigem Geschrei herumtanzten und allerhand Verren-
kungen des Körpers vornahmen. Dann kam ein Haufen
junger Burschen, Strassenbuben der niedrigsten Sorte, die
einige Kälber führten, welche später getödtet und vertheilt
werden. Auch diese Schar suchte sich durch Taumeltänze,
Kopfschütteln, Springen, Brüllen u. s. w. in die richtige
Feststimmung zu bringen. Darauf erschien die Hauptmasse,
voraus ein Mann mit einem grossen Sack, in welchen er
das von allen Seiten gespendete Geld warf. Ihm folgte der
Heilige, der Scherîf, in einen grünen Kaftan gekleidet, mit
grünem Turban, auf einem Schimmel reitend, der von einigen Leuten geführt wurde. Dieser Scherîf war übrigens
auch ein Neger und schaute unbeweglich und stumpfsinnig
in die ihn umtobende Volksmasse. Hinter dem Scherîf
wurden einige Fahnen getragen und dann folgte eine Musik-
bande, die einen Höllenlärm verursachte. Schliesslich kam
eine nach Hunderten zählende Volksmenge, fast ausschliess-

lich der allergemeinsten Plebs angehörig, in Lumpen gekleidet, starrend vor Schmuz und voller Ungeziefer, die
unter wüstem Gebrüll herumtanzten und sprangen, dass
ihnen der Schaum vor dem Munde stand. Eine besondere
Abtheilung bildeten die Selbstverstümmler; sie trugen allerhand alte Mordwaffen, Aexte, Spiesse, Messer, und verwun-
deten sich selbst damit, meist im Gesicht und am Kopf,
sodass sie von Blut überströmt waren, ein in jeder Beziehung greulicher Anblick! Manche liefen auf allen Vieren
und bellten wie Hunde, andere mussten gehalten werden,
sie waren wüthend in ihrem Wahnsinn und hätten leicht
Unheil anrichten können. Einige Hunde, die dieser tollen
Menge in den Weg kamen, waren zerrissen und das Fleisch
roh aufgefressen worden. Dieser Zug bewegt sich im ganzen sehr langsam, oft wird gehalten, um gewisse Tänze aufzuführen, und es dauerte lange, ehe derselbe an meinem
Hause vorbeigekommen war; noch lange aber hörte man
aus den benachbarten Strassen den wüsten Lärm der stumpf-
sinnigen, fanatisirten Menge, die einer gewissenlosen Priester-
kaste als Mittel dient, um den Einfluss fremder Cultur zu
verhindern. Der verständige, meist handeltreibende Maure,
sowie der ruhige arabische Ackerbauer auf dem Lande würden gar nichts dagegen haben, wenn sich ein christlicher
Staat etwas mehr der Verhältnisse in Marokko annähme,
als es bisjetzt möglich ist. Damit wäre freilich sowol der
Nimbus des Sultans, vor allem aber derjenige der Schurafa,
der zahllosen heiligen Bettler, verschwunden.

Obgleich der Umzug der Zauja in Marrakesch doch
schon recht schlimm ist, so soll derselbe in Miknâsa alles
übertreffen an Scheusslichkeit. Wie auch in Marrakesch ist
in Miknâsa die Mellah, das Judenquartier gesperrt, da niemand im Stande ist, die wüthende Menge im Zaume zu
halten; Christen dürften überhaupt um diese Zeit noch nie
in Miknâsa gewesen sein, und sie wären jedenfalls genöthigt,

sich sorgfältig zu verbergen. Es soll dort schon wiederholt
vorgekommen sein, dass ein Negersklave von der verrückten
Volksmasse zerrissen worden ist.

Die Phantasias der Berber dauerten noch mehrere Tage
an. Viele von ihnen waren sehr weit hergekommen und
wollten den Aufenthalt in der grossen Stadt solange wie
möglich ausnutzen, andere, die nicht im besten Verhältniss
zur marokkanischen Regierung standen, suchten so schnell
wie möglich wieder ihre heimatlichen Berge auf und be-
gnügten sich mit den nothwendigsten, nicht zu umgehenden
Höflichkeitsbezeigungen, die sie dem Vertreter des Sultans
darzubringen nicht umhin konnten. Man sah es vielen der
trotzigen berberischen Bergbewohner an, wie ungern sie
dem Sultan huldigen und wie verhasst ihnen die verweich-
lichte Bevölkerung der grossen Städte ist, wo die Hofintri-
guen ausgedacht und ausgeführt werden. Der Berber hat ein
eminentes Freiheitsgefühl und die jahrhundertelange Herrschaft der Araber ist nicht im Stande gewesen, dasselbe zu
unterdrücken.

Das Barometer sank noch immer etwas während der
nächsten Tage, aber es erfolgte kein Regen; das gewaltige Atlasgebirge freilich war in einen dichten Nebel
gehüllt, und während wir unten in Marrakesch uns eines
sehr warmen Wetters erfreuten, mochten oben auf den
Höhen Massen von Schnee fallen und die rauhen Februar-
stürme wüthen. Am 26. Februar fand wieder ein grosser
Donnerstagsmarkt statt, den ich besuchte, um eventuell ein
Paar brauchbare Maulthiere zu kaufen; ich fand aber nur
theuere Waare, unter 40 Duros (à 5 Frs.) war kein Thier
zu erhalten. Kamele waren nur sehr wenig anwesend, sodass ich resultatlos nach der Stadt zurückkehrte. Abends
umzog sich der Himmel sehr stark, heftiger Nordwestwind,
der sich dann nach Norden drehte, brach los und dunkle
Gewitterwolken zogen heran, die sich über den ganzen öst-

lichen und südlichen Horizont ausdehnten. In den den Atlas bedeckenden Wolken bemerkte man zahlreiche Blitze,
aber in der ausgetrockneten Ebene Marokkos kam es trotzdem nicht zum Regen.

Die Phantasieritte des heutigen Tages wurden durch
Vorstellungen unterbrochen, die Sänger, Tänzer, Gaukler
und Schlangenbändiger veranstalteten. Der Platz vor meinem Hause dient ja stets zu solchen Zwecken, und so fand
sich denn auch bald ein zahlreiches und dankbares Publikum ein, welches erstaunt zuschaute, wie ein Neger aus
dem Wad Sus mit einigen grossen Schlangen spielte, denen
die Giftzähne fehlten, oder wie ein anderer Hanf ass und
dann bunte Bänder aus dem Munde zog. Andere wieder
lauschten Märchenerzählern oder schauten den weniger
harmlosen Tänzen junger, hübsch gekleideter Burschen zu,
die sich Liebhabern vermiethen. Wie in den meisten orientalischen Ländern, so ist die Knabenliebe in Marokko allgemein verbreitet; jeder der höhern Beamten hält sich eine
mehr oder weniger grosse Zahl von verschnittenen Neger-
burschen.

Allmählich zogen die verschiedenen Deputationen aus
den benachbarten Provinzen wieder in ihre Heimat ab und
die Festlichkeiten gingen zu Ende. Ich begann nun auch die
Vorbereitungen für meine Tour durch die Wüste zu treffen,
da ich hier gewisse Sachen besser und billiger kaufen kann
als jenseit des Atlas. So erstand ich auf dem Markt ein
Kamel, das aus dem Wad Sus stammt, für 26 Duros und
liess mir der Sicherheit wegen vom Kaid (Richter) einen
Besitzschein ausstellen, und Wasserschläuche aus Schaffellen
bestellte ich, das Stück zu ungefähr 3 Duros. Am 28. Februar traf mein Begleiter Benitez, den ich nach Mogador
geschickt hatte, wieder in Marrakesch ein. Er schildert den
Weg als sehr schlecht und steinig, die ganze Tour überhaupt
als anstrengend; eins der Pferde kam in stark blessirtem

Zustande zurück. Benitez brachte mir eine Kiste mit verschiedenen für die Reise nöthigen Gegenständen sowie
5000 Frs. in spanischen und französischen Silbermünzen;
ich verlor dabei insofern etwas, als man französische Fünf-
francsstücke den spanischen Fünfpesetastücken vorzieht und
zu einem höhern Werth nimmt. Uebrigens war ich froh,

Fig. 13. Marokkanerin im Hauscostum.

dass ich ohne viel Scherereien zu neuen Mitteln gekommen
war, um die Reise so ausführen zu können, wie es mir
vorschwebte. Von dem von Europa mitgenommenen Gelde
waren nur noch einige tausend Francs vorhanden, sodass
ich eigentlich mit einer verschwindend kleinen Summe das
Unternehmen anfing. Meine zwei Begleiter und Interpreten

sowie die Diener sollten freilich erst nach Vollendung der
Expedition bezahlt werden, und so hoffte ich mit den vorhandenen Mitteln genug zu haben, um eine Anzahl Kamele
sowie Waaren für die Timbuktureise zu kaufen. Die Hauptsache war, dass ich ohne ausgeplündert zu werden den
Nordrand der Wüste erreichte.

Am 29. Februar war wieder ein grosser Festtag für die
Mauren und besonders für die Leute aus dem Wad Sus,
von denen es hier in Marokko viele gibt. Dieselben hielten einen Umzug mit einem Ochsen, der später geopfert
und von dessen Fleisch ein grosser Theil unter sie vertheilt wird. Auch eine Zauja-Procession fand wieder statt,
wobei sich besonders einige Susbewohner in Selbstverwun-
dungen mit Messern und Aexten hervorthaten. Heute kam
es auch endlich einmal zu einem Regen; in der weitern
Umgebung der Stadt soll schon seit längerer Zeit in aus-
giebiger Weise Regen gefallen sein.

Einer der Juden, die uns häufig besuchten, reist morgen
nach Mogador. Ich gab demselben, Namens Mimon, Briefe
mit an den deutschen Consul Brauer, bei dem ich auch Be-
stellungen machte: Conserven, Medicamente u. s. w., die
mir nach Tarudant nachgeschickt werden sollen. Von Mogador ist nämlich ein häufigerer und bequemerer Verkehr
nach dem Wad Sus als von Marrakesch aus. Trotzdem ich
später längere Zeit in Tarudant blieb, sind mir die Sachen
doch nicht zugekommen und ich muss annehmen, dass die
Kiste verloren gegangen ist.

Ich musste nun in grösserer Menge Waaren einkaufen
für die projectirte Wüstenreise, Provisionen sowol wie
Gegenstände, die als Geschenke dienten. Ich kaufte mehrere einheimische Steinschlossgewehre für die Diener (ich
selbst hatte von Europa nur einen kleinen Mauserstutzen
sowie einige Revolver mitgenommen), ferner grössere Mengen Reis, Thee, Kaffee, Zucker, Kerzen, Stoffe, einige ara-

bische Gebetbücher, Rosenöl, Räuchersalz u. s. w., sodass
schon beträchtliche Summen verausgabt wurden. Das Wetter ist dauernd trüb und regnerisch, das Barometer steht
beständig tief, durchschnittlich 10 Millimeter tiefer als am
Tage meiner Ankunft in Marrakesch.

Am 2. März kam ein Kurier vom Consul Brauer in Mogador, der mir eine Anzahl Briefe aus Europa brachte, die
mich ausserordentlich erfreuten; es waren die letzten Nachrichten, die ich für längere Zeit erhielt. Zwei meiner bis-
herigen Diener, ein gewisser Achmid und ein Mann aus
dem Wad Sus, der schlechthin Susi genannt wurde, erklärten, nicht mit mir reisen zu können, und sie wurden
verabschiedet.

Unter den Provisionen, die ich mitgenommen habe, befindet sich auch ein grosser Sack voll Hartbrot. In Marroko
wird überall ein sehr gutes Weizenbrot in kleinen flachen
Laiben gebacken; ich liess mehrere hundert Stück herstellen, dieselben in vier Theile zerschneiden und dann
nochmals backen, sodass eine Art Zwieback daraus wurde,
der sich in der trockenen Luft des Südens trefflich hält
und uns ganz wesentliche Dienste gethan hat. Ich kann
dieses einfache, billige und in jeder Beziehung angenehme
Nahrungsmittel jedem empfehlen, der eine ähnliche Tour
vor sich hat wie ich. Das übrige Geld behielt ich in der
Form, wie ich es bekommen habe; silberne Fünffranesstücke
werden überall, selbst in Timbuktu und im Sudan, gern
angenommen.

Am 4. März war wieder Donnerstagsmarkt, auf welchem
ich noch ein zweites sehr starkes Kamel erstand für
32 Duros, das bis 400 Pfund tragen soll, während das
erstere nur mit 3 Centnern belastet werden darf. Das eine
meiner Pferde, welches in Mogador war, hat übrigens eine
so starke Wunde, dass ich fürchten muss, es bleibt unter-

wegs liegen; ich erstand demnach noch einen sehr kräftigen
Esel zu dem freilich hohen Preise von 13 Duros.

Uebrigens will ich gleich hier bemerken, dass der Rath,
den man mir gab, Kamele zu kaufen, ein sehr schlechter
war, die Thiere sind für die Reise über den Atlas un-
brauchbar und ich hatte viel Scherereien mit denselben.
Man soll ausschliesslich Maulthiere und Esel verwenden, wenn
man ins Gebirge reist. Zudem sind die marokkanischen
Kamele für eine Wüstenreise auch nicht tauglich, sodass
ich meine beiden Thiere später mit Verlust wieder um-
tauschen musste.

Die Juden, welche gern mit mir nach Timbuktu wollten,
kamen noch öfters zu mir, aber ich erklärte ihnen endlich
definitiv, dass aus einem gemeinsamen Handelsunternehmen
nichts werden könne; ich gab vor, nicht genügend Geld zu
so etwas zu haben, was ja eigentlich auch vollkommen
richtig war. Am 5. März schrieb ich noch eine Anzahl
Briefe und schickte den Kurier nach Mogador zurück; trotz
der Unsicherheit des Reisens an einigen Stellen Marokkos
gehen doch Briefe ausserordentlich sicher und erreichen
stets ihr Ziel. Das Wetter hatte sich in den letzten Tagen
geklärt und so wurde die Abreise auf den 6. März festgesetzt. Ich machte dem Gouverneur der Stadt einen Ab-
schiedsbesuch, der mir alles Gute für die Reise wünschte
und sich vor allem dankbar dafür erwies, dass ich ihm
keine Scherereien gemacht habe und nie in irgendeinen
Conflict mit den Einwohnern gekommen war. Er bemerkte,
ich habe das gehalten, was ich ihm bei meiner Ankunft
gesagt habe: ich wolle nämlich nur ein Haus zum Wohnen
und einen Machazini zum Schutz. Beides habe er mir
gleich am ersten Tage bewilligt, und sonst habe ich nichts
weiter von ihm verlangt. Das erkannte er dankbar an.
Es ist keine Frage, dass sich viele Fremde in Marokko
unbeliebt bei Behörden sowol wie bei Bewohnern machen

dadurch, dass sie grosse Anforderungen stellen und das, was ihnen aus Gefälligkeit gewährt wird, als einen schuldigen Tribut ihrer Würde als Europäer gegenüber auffassen. Man hat bei den Arabern ein sehr feines Gefühl für Takt und Wohlanständigkeit und erkennt gern an, wenn sich ein Rumi beliebt zu machen versteht. Es ist dies auch gar nicht so schwer, und mancher Reisende würde eine Menge von Schwierigkeiten aus dem Wege räumen oder gar nicht aufkommen lassen, wenn er sich ein wenig in den Gedankenkreis der Einheimischen einleben könnte und den herrschenden Gebräuchen Rechnung tragen wollte.

Wenn ich die Beschreibung lese, die Freiherr von Maltzan von seiner Reise in Marokko, besonders von seinem Aufenthalt in Marrakesch gibt, so ist mir manches unverständlich. Ein Mann, der so gut Arabisch sprach wie dieser Reisende, hätte sicherlich ganz frei in Marrakesch auftreten können und hätte die Vermummung als Jude nicht nöthig gehabt. Oder sollten sich wirklich in den wenigen Jahren, die seit Maltzan's Aufenthalt und dem meinigen verflossen sind, die Verhältnisse geändert haben und die Anschauungen der Mauren über die Fremdlinge andere geworden sein? Das ist kaum anzunehmen. Nach Maltzan ist noch die englische Expedition von Hooker in Marrakesch gewesen, ebenso die von Fritsch-Rein, aber von Unannehmlichkeiten, die diesen Herren in der Stadt zugestossen seien, erwähnen dieselben nichts. Es kommt fast immer auf den Europäer an, wie er sich mit den Eingeborenen zu stellen versteht.

DIE STADT MARRAKESCH EL HAMRA.

Wir besitzen eine Reihe von Schilderungen über diese ehemalige Reichshauptstadt von verschiedenen Reisenden, von denen freilich die meisten auch nur kurze Zeit sich daselbst aufgehalten haben. Hooker und von Fritsch geben werthvolle Mittheilungen. Maltzan schildert seinen kurzen Aufenthalt, und auch in dem Buche von Conring finden sich verschiedene Daten. Am genauesten ist aber bis heute noch die Beschreibung der Stadt von dem Franzosen Paul Lambert, dem wir auch einen Plan von derselben verdanken.

Marrakesch ist eine alte Stadt und soll bereits im 11. Jahrhundert unserer Zeitrechnung gegründet worden sein. Sidi Jusuf ben Taschfin soll sich zuerst dort angesiedelt und die Bewohner des etwas südlichen Ortes Agmat, der römischen Ursprungs gewesen ist, an sich herangezogen haben. Die Stadt muss dann rasch gewachsen sein, denn schon in dem folgenden Jahrhundert wird sie als eine der grössten des Maghreb erwähnt. Der Umfang der Stadt ist heute noch ein sehr bedeutender, und um dieselbe vollständig zu umgehen, wird man nicht viel weniger als zwei Stunden brauchen. Die Stadt ist, wie alle marokkanischen Ortschaften, mit mehr als zwanzig Fuss hohen und sehr dicken Mauern umgeben, in welchen sieben Thore angebracht sind. Diese Mauern, obwol nur aus einem festgestampften Gemenge von Lehm und kleinen Steinen bestehend, dürften für frühere Zeiten genügt haben, um eine Einnahme der Stadt sehr schwierig zu machen; für die moderne Kriegführung sind dieselben natürlich ohne Bedeutung; ausserdem sind dieselben an vielen Stellen zerfallen und man hält eine Reparatur nicht der Mühe werth.

Wie schon erwähnt liegt Marrakesch auf einer gegen 500 m über dem Meere erhabenen Hochebene, am Fuss des Atlasgebirges, welches ausserordentlich nahe erscheint; man hat aber doch zwei kleine Tagereisen, bis man die nördlichen Vorberge erreicht. Die Hochebene ist, besonders in der nördlichen Hälfte, mit zahllosen Dattelpalmen und Olivenbäumen bedeckt, nach Süden und Südwesten ist die Ebene sehr steinig. Der ungeheuere Raum, welchen die

Stadt einnimmt, ist durchaus nicht völlig mit Häusern bedeckt, man findet im Gegentheil zahlreiche grosse freie
Plätze und Gärten, insbesondere ist jenes Quartier, welches
die dem Sultan gehörigen Gebäude und Gärten einschliesst,
ungemein ausgedehnt, sodass sich die eigentliche Stadt nur
auf die Nordhälfte des umschlossenen Raums beschränkt,
der immerhin noch ziemlich gross ist. Die sieben Thore
von Marrakesch sind: 1) Bab-el-Hammam, Thor des Bades,
in der bekannten maurischen Hufeisenform mit Zinnen und
Wartthürmen versehen; 2) Bab-el-Debbagh; 3) Bab-el-
Ailahu; 4) Bab-el-Chmis (Donnerstags-Thor), weil man von hier
zu dem grossen Soko-el-Chmis, Donnerstagsmarkt, gelangt;
5) Bab-er-Rumi, Thor der Fremden, welches die Stadt mit
den Sultansgebäuden verbindet; 6) Bab-el-Tobihl, durch
welches man ins Freie gelangt, und 7) Bab-ed-Dokanah,
durch welches man in eine Vorstadt kommt, die für die
Aussätzigen reservirt ist. An jedem Thore steht eine ganze
Anzahl Machazini als Wache, die jeden Eintretenden controlirt; auch wird hier der Thorzoll für Waaren und
Thiere entrichtet und befinden sich stets einige Zollbeamten
hier postirt. Abends werden die Thore geschlossen; Fremde,
die in Begleitung von Machazini kommen, haben natürlich
auch nach Thorschluss Eintritt; diese Sitte herrscht in ganz
Marokko. Auch die Mellah wird abends abgesperrt.

Die Strassen sind in der Nähe der Thore breit, in der
innern Stadt aber bilden sie ein dichtes Gewirr enger,
schmuziger Gässchen; die Pulverfabrikanten sind gleichzeitig Strassenkehrer und benutzen den ausserhalb der
Stadt geführten Unrath zur Darstellung von Salpeter.

Die Mehrzahl der Häuser hat ein Stockwerk und befinden sich die bessern Wohnräume daselbst; fast jedes
Haus hat einen Brunnen, dessen Wasser zur Reinhaltung
desselben gehört, während das Trinkwasser aus den öffentlichen Cisternen und Brunnen geholt wird. Man baut die

Häuser ausschliesslich aus Ziegeln und Balken. Steine verwendet man nicht. Die schönsten Häuser befinden sich in den Quartieren Zauja-el-Hadhar, Sidi-Abd-el-Asyz, Katben-Ayd und Riadh Zittun. Oeffentliche Spaziergänge gibt es nicht, dagegen befinden sich innerhalb der Mauern zahlreiche und grosse Gärten, auch öffentliche Plätze, sodass eigentlich nur die Hälfte des umschlossenen Terrains mit Häusern bedeckt ist.

Die Stadt wird in folgender Weise administrirt: Ein Kaid, oder Gouverneur, als Vertreter des Sultans; dessen Chalif, ein Polizeichef (Mul-el-dhour), ein Marktdirector (Mohtasseb), zwei Richter (Kadi), ein Verwalter der Moscheen und Stiftungen (Nadher). Jedes Handwerk hat ferner seinen Vorsteher (Amin) und jedes Quartier hat wieder seinen speciellen Chef (Mokkadem und Nadher).

Es gibt drei Gefängnisse, darunter ein jüdisches; eins ist speciell auf der Citadelle für Staatsverbrecher bestimmt. Auf die traurige Beschaffenheit der Gefängnisse ist wiederholt aufmerksam gemacht worden; hier in Marrakesch ist das allgemeine Gefängniss unterirdisch; die Mehrzahl der Gefangenen trägt Ketten, sie dürfen aber mit diesen in den umfangreichen Räumen umhergehen. Nahrung erhalten sie nicht, sondern sind auf die Wohlthätigkeit und den Ertrag leichter Handarbeit angewiesen, oder auf die Unterstützung ihrer Verwandten.

Marrakesch hat zwei grosse Märkte (Soko), einen Donnerstagsmarkt und einen Freitagsmarkt. Ersterer (Soko-el-Chmis) ist der wichtigste. Hier werden besonders auch Pferde, Kamele, Maulthiere, Rinder und Esel verkauft. Beim Kauf eines Thieres wird dasselbe untersucht, dann muss der Käufer dafür garantiren, dass dasselbe nicht gestohlen ist, und schliesslich wird der Kauf vor dem Marktcommissar (Adul) abgeschlossen, wofür eine Kleinigkeit zu zahlen ist.

Der Freitagsmarkt wird auf dem schon öfters erwähnten Platz Dschema-el-Fna abgehalten. Die Stadt besitzt ferner verschiedene Bazare: zwei Kaïsseria, wo fremde Stoffe und Zeuge verkauft werden; den Soko-el-Atarin (Markt der Gewürze), wo Zucker. Gewürze. Droguen u. s. w. feilgehalten werden, und einen Soko Smata für Lederarbeiten. Die übrigen Handwerker sind in gewissen Strassen und Fundaqs vertheilt.

Die Mellah (Judenquartier) ist sehr umfangreich, aber die Juden sind auch hier den ärgsten Chicanen und Demüthigungen ausgesetzt, woran auch der Besuch des bekannten Förderers der Alliance israélite, Sir Moses Montefiore, nichts geändert hat.

Alle Landesproducte sind einer Steuer unterworfen (Enkess) und ist die Einnahme dafür nicht unbedeutend. Der Getreidemarkt, wo auch Salz verkauft wird, befindet sich inmitten der Stadt und heisst Rhaba. Dicht dabei ist der Soko-el-Ghezel, Markt für die Spinnerei und Weberei. wo auch an gewissen Tagen Sklaven verkauft werden.

Lambert berechnete in den sechziger Jahren dieses Jahrhunderts für die Stadt Marrakesch ungefähr 50000 Einwohner und stellte eine Liste dafür auf, die wir hier reproduciren, da sie im grossen und ganzen ein Bild der Bevölkerung einer marokkanischen Stadt überhaupt gibt:

Grosshändler	100
Händler (Gewebe und Gewürze) . .	500
„ (Kleiderstoffe und Teppiche) .	300
Krämer für Oel, Holz, Kohle, Töpferei	100
Fabrikanten von Kleiderstoffen und Teppichen u. s. w.	800
Schmiede. Zimmerleute und Eisenhändler	350
Fabrikanten und Verkäufer von Schnüren u. s. w.	250
Latus	3300

Transport	3300
Gerber, Schuhmacher und Schuhflicker	1500
Gelehrte und Studenten .	800
Geistliche und Notare . . .	150
Landwirthe und Grundbesitzer.	1200
Maurer, Handlanger, Lastträger .	2500
Müller und Fleischer. . . .	600
Bettler und Herumstreicher. .	1500
Beamte der Regierung .	400
Neger der Regierung .	2000
Soldaten	2000
Machazini (Lehnsoldaten)	500

Summa 16450

Rechnet man hierzu eine gleichgrosse Zahl Frauen, eine entsprechende Anzahl Kinder, und gegen 6000 Juden, so bekommt
man beiläufig die Zahl von 50000 Seelen. Viele haben zwar
mehrere Weiber, aber die Mehrzahl muss sich mit einem begnügen, da nur Wohlhabende sich diesen Luxus erlauben können.

Marrakesch ist keine Fabrikstadt wie Fäs, und die Erzeugnisse geniessen nicht eines so guten Rufes wie in andern Städten Rabat, Tetuan).

Man hat in Marrakesch gegen 100 Mühlen, die durch
Pferde getrieben werden, und etwa ein Dutzend Wasser-
mühlen, sowie gegen 80 öffentliche Oefen, in denen Brot
gebacken wird. Es gibt auch eine Anzahl öffentlicher Bäder.

Von öffentlichen Gebänden, die sich durch architektonische Schönheit auszeichnen, ist nur die Kutubia, die
grosse Moschee, erwähnenswerth: die andern Moscheen
stellen nur grosse Räume dar ohne besondern Werth. Man
erzählt, dass eine der Thüren der Moschee el-Muezzim,
sowie auch das Bab(Thor)-el-Chmis aus Spanien stammen und vom Sultan Mansur hergeschafft worden seien;
das Thor, welches zur Qasbah führt, wurde Stück für
Stück von Spanien (man sagt von Algesiras) hergeschleppt.

Wasser gibt es reichlich in Marrakesch und werden die Reservoirs durch Aquäducte aus den umgebenden Bergen gespeist.

Die Paläste des Sultans mit den Gärten nehmen einen ungeheuern Raum ein und bilden ein ganzes Stadtviertel, haben aber nichts von architektonischem Werth.

Schulen gibt es zahlreiche, und die Kinder werden frühzeitig in die Hadar geschickt, wo die Tholba lehren den Quran auswendig lernen und etwas schreiben. Wer sich weiter vervollkommnen will, besucht die Mdersa, wo die alten Bibliotheken durchstudirt werden. Nach mehrjährigem Aufenthalt daselbst wird der Zögling Thaleb und kann dann die verschiedenen Carrièren im öffentlichen Dienst durchmachen.

Ausserhalb der Stadt befindet sich eine Colonie für die Aussätzigen, denen streng verboten ist, die Stadt zu betreten; sie haben eine eigene Moschee, eigenes Gefängniss, überhaupt eine eigene selbständige Verwaltung ihres Gemeindewesens. Es gibt sogar in der el-Hara genannten Colonie eine besondere Abtheilung für die Juden.

Eine grosse Wohlthätigkeitsanstalt ist die Zauja Sidi-bel-Abbes, wo die Armen Almosen und Nachtquartier erhalten; es war dies auch früher ein Zufluchtsort für die von der Regierung Verfolgten.

Marrakesch war jedenfalls eine äusserst reiche, grosse und wohlgeordnete Stadt, die auch dadurch verloren hat, dass der Hof sich jetzt meistens in Fäs aufhält. Aber wie ganz Marokko zeigt auch sie die deutlichsten Spuren des Verfalls; solange aber nicht ganz andere Verhältnisse in den politischen und religiösen Zuständen des Reichs eintreten, werden alle diese ehemals prächtigen Städte sich nicht wieder erheben können; auf mohammedanischen Ruinen kann kein neues Leben erstehen!

NEUNTES KAPITEL.

REISE ÜBER DEN ATLAS.

Am 6. März 1880 konnte ich die ehemals so grossartige
Residenz des marokkanischen Reichs, das gartenreiche
Marrakesch El Hamra, verlassen. Bisher hatte ich Wege
gewählt, die schon wiederholt von Europäern begangen und
beschrieben worden waren, jetzt galt es, durch eine Gegend
zu ziehen, die so ziemlich unbekannt ist, deren Gefährlichkeit aber nur im allgemeinen bekannt war, ohne dass man
sich eine bestimmte Vorstellung von der Gefahr machen
konnte. Wir bildeten eine ganz stattliche Karavane, als
wir am Morgen des genannten Tages, begleitet von einigen
Freunden, durch die stillen Strassen von Marrakesch ritten;
in der Nähe eines Thores hatte sich ein Trupp Weiber und
Kinder aufgestellt, Angehörige und Verwandte der Dienerschaft; sie riefen uns lachend eine glückliche Reise zu.
Am Thore verliess uns der alte Machazini, der während
meines Aufenthalts als Aufseher und Schützer fungirte,
nachdem er eine reichliche Belohnung erhalten hatte, und
erflehte den Segen Allah's für unser Unternehmen.

Meine Begleitung bestand aus folgenden Personen:

Hadsch Ali Butaleb und Cristobal Benitez. meine von Tanger aus engagirten Dolmetscher; letzterm hatte ich vor der Abreise ausdrücklich die Gefährlichkeit und das Risico des Unternehmens dargestellt. ebenso meine feste Absicht. mich durch nichts zu einer Umkehr bewegen zu lassen; ich wollte unter allen Umständen das mir vorgesteckte Ziel. Timbuktu. erreichen, wollte aber nicht, wenn es uns unterwegs einmal schlecht gehen sollte, Vorwürfe anhören. Benitez erklärte. dass er sich vollkommen der Gefahren bewusst sei, dass er aber nicht von mir lassen wolle. Benitez ist schon während unsers Aufenthalts in Marrakesch als Araber aufgetreten unter dem Namen Abdallah; sein Aeusseres ist vollständig entsprechend, und da er das maghrebinische Arabisch fertig spricht, auch mit allen Gebräuchen der Marokkaner wohl vertraut ist, so wurde er allgemein für einen Gläubigen gehalten. Ferner hat sich uns in Marrakesch ein junger Scherif angeschlossen, der mit der Familie des Sultans in Verwandtschaft steht und zu dem Gefolge des Onkels des Sultans, Muley Ali. gehört. Er stammt aus Tafilalet und heisst Muley Achmid; blosse Reiselust veranlasst ihn, ein grosses Stück der Tour mit uns zu machen. Da er sich während unsers Aufenthalts in Marrakesch als ein gutmüthiger und nützlicher Mensch erwiesen hatte, er auch als Scherif, wenn auch noch als junger Mann, mir nützlich sein konnte, so war mir seine Begleitung nur erwünscht. Wir vier Personen bildeten die Herren der Karavane und speisten gemeinsam.

Als Koch fungirt Sidi Muhamed ben Dschilul. der bereits von Fäs aus engagirt war; er zeigte grossen Muth bei Antritt der Reise und versprach überall hinzugehen, wohin ich wolle. Zwei junge Burschen. Muhamed und Amhamid Faraschi. stehen ihm zur Seite und haben den Dienst in den Zelten; für die Pferde und Kamele endlich sorgen Muley Ali. Hadsch Muhamed und Kaddur.

Von allen diesen Personen haben nur die beiden Dolmetscher und Kaddur die ganze Reise mitgemacht. Der
kleine Faraschi ist ein Negerbursche, Castrat, von dreizehn
oder vierzehn Jahren, der sich uns freiwillig als Diener
angeboten hatte. Er gehörte eigentlich zu den Sklaven des
Sultans und musste bei dessen Aufenthalt in Marrakesch
als Zeltjunge fungiren. Der mir zugetheilte Machazini
machte anfangs Einwendungen dagegen, aber endlich liess
er sich durch die Mutter des Burschen, eine arme Frau,
bereden, dass er Faraschi eine Strecke Wegs mitziehen liess.

Das umfangreiche Gepäck ist vertheilt auf zwei Kamele,
zwei Pferde, ein Maulthier und zwei Esel; ich und Hadsch
Ali sind beritten, die übrigen müssen zusehen, wie sich auf
den Tragthieren ein Sitz herrichten lässt. Die Leute sind
alle bewaffnet, freilich nur mit marokkanischen Steinschlossgewehren und einem Säbel; ich hatte von Europa nur ein
Gewehr, einen Mauserstutzen, mitgenommen, den zu tragen
Hadsch Ali sich ausgebeten hatte; ausserdem hatte ich noch
einige Revolver vertheilt.

Die Mitgabe von Machazini seitens der Behörden hört
hier auf; wäre ich darauf bestanden, so hätte man mir
gewiss einen solchen mitgegeben, nur wäre mir derselbe
eher hinderlich gewesen; ich zog es vor, unterwegs von einem
Nachtquartier zum andern Leute als Führer zu engagiren.

Dem Gouverneur von Marrakesch hatte ich am Tage
vorher eine Abschiedsvisite gemacht. Ich konnte ihm von
meinen Reiseplänen nicht viel mittheilen, denn er wäre
dann, nach dem Briefe des Sultans, verpflichtet gewesen,
mich zu unterstützen und eine Art Verantwortung für mich
zu übernehmen; es war ihm aber offenbar unbequem, und
so schieden wir als gute Freunde voneinander, er, befriedigt, dass er mich los war, ich gleichfalls befriedigt, dass
er nicht in amtlichem Uebereifer mir das Weiterkommen
erschweren wollte.

Am ersten Reisetage kamen wir nur bis zu dem ungefähr vier Stunden südwestlich von Marrakesch gelegenen Städtchen Tamesloht, einer Zauja besonders für Frauen, wie wir denn auch, da gerade Festtag war, zahlreichen Gruppen von Weibern und Kindern begegneten, die zu jenem Orte gewallfahrtet waren.

Nachdem wir den Kranz von Palmenwäldern, welcher Marrakesch von allen Seiten umgibt, verlassen hatten, betraten wir die mit Steingeröllen bedeckte offene Hochebene; weiterhin kamen kleine Platten von dem schon oft beobachteten horizontal liegenden und in Schalen abgesonderten Kalkstein, die sich bis zu 10 m Höhe über die umliegende Ebene erheben. Die Geröllstücke bestanden vorherrschend aus Eruptivgesteinen. Wir passirten ein in der Nähe eines Olivenwäldchens gelegenes Wasserreservoir zur Versorgung der Stadt und der Gärten mit Wasser, durchritten dann einige schmale wasserlose Wad, so den Wad Bascha, die dem System des Tensift angehören, und erreichten schon etwas nach 12 Uhr unser heutiges Ziel, das Städtchen Tamesloht. Der Ort ist ganz von Palmen- und Olivengärten eingehüllt, schien wenig bevölkert zu sein und ist, wie erwähnt, Zauja. Der Tag war ziemlich heiss, wir hatten im Schatten bis 28° C., und das ganze durchzogene Gebiet war völlig kahl und schattenlos gewesen. Wir schlugen unsere Zelte auf einer westlich von der Stadt gelegenen Wiese auf; ein Beamter des Sultans existirt hier nicht und die Lieferung der Muna war demnach nicht zu erwarten. Ich liess alles Nöthige einkaufen, sodass wir die sehr zurückhaltende Bevölkerung in keiner Weise in Anspruch nahmen.

Meine Begleitung zeigte hier wiederholt eine gewisse Aengstlichkeit, die mich beunruhigte, und als der Abend herankam, organisirten sie freiwillig einen Sicherheitsdienst für die Nacht. Nur die eine Hälfte durfte schlafen, die andere musste beständig mit geladenem Gewehr den Lagerplatz bewachen. War es nur der Eifer des ersten Reisetags und der Umstand, dass wir ohne Machazini waren, oder gab es wirklich eine ernste Gefahr — jedenfalls habe ich nie wieder nachher eine solche Sorgfalt in den Schutzmassregeln bemerkt. Als gegen Abend einzelne Leute, vielleicht nur aus Neugier, im Lager erschienen, wurden sie abgewiesen und zwar in so energischer Form, dass ich einen Streit fürchtete; der Scherif des Ortes fühlte sich spät abends doch noch bewogen, die anwesenden Fremden nicht völlig zu ignoriren, und schickte ein Nachtmahl. Meine Leute waren aber auch jetzt mistrauisch und verlangten, dass die Ueberbringer von den Speisen mitessen sollten. Sie fürchteten vergiftet zu werden, und soll in der That hier erst vor kurzem ein durchreisender Araber an Gift gestorben sein. Es scheint demnach, dass Tamesloht sich eines sehr schlechten Renommée erfreut; die Bevölkerung einer Zauja ist immer unberechenbar, und so mochten die Bedenken meiner Leute, von denen einige ja genau den Ort und seinen Ruf kannten, wol gerechtfertigt erscheinen.

Die Nacht verbrachte ich fast schlaflos. Einmal liess das beständige gegenseitige Zurufen meiner Wächter mich nicht zur Ruhe kommen, und kaum war ich etwas eingeschlummert, so wurde ich geweckt, da an mir die Reihe zum Wachtdienst sei. So musste ich denn einige Stunden lang mit dem Gewehr in der Hand auf- und abpatrouilliren, bis ich gegen Morgen abgelöst wurde.

Schon während der letzten Tage meines Aufenthalts in Marrakesch hatte ich mich stets der maurischen Kleidung bedient, die ich nun auch fernerhin beständig trug; auch änderte ich meinen Namen und liess mich Hakim Omar ben Ali nennen; Hakim wird im allgemeinen jeder Gelehrte genannt, speciell versteht man darunter einen Arzt. Meine Leute durften mich nur bei diesem Namen nennen, und wir beschlossen, dass ich für einen türkischen Militär-

arzt aus Konstantinopel ausgegeben werde. Man weiss, dass
in der Armee des Sultans der Türkei Leute der verschiedensten Nationen sich befinden, besonders unter den Aerzten,
und so schien uns dies die am meisten annehmbare Form,
womit sich mein sehr wenig orientalisches Aeussere recht-
fertigen liess.

Am nächsten Morgen wurde es fast 8 Uhr, bis alle
Thiere bepackt waren, und die Sonne stand schon hoch,
als wir endlich aufbrachen. Unser Ziel war die Qasbah
des Kaïds der Kabyle Amsmiz, welche direct südlich von
unserm Nachtquartier und schon in den Vorthälern des
Atlas gelegen ist.

Der Weg führte anfangs südwestlich über die steinige
Ebene bis zu dem Wad Nfys, der dem Thale Amsmiz entspringend nach Norden fliesst und sich später mit dem
Wad Tensift vereinigt und dessen bedeutendster Nebenfluss
ist. Das breite Thal des Flusses führte nur einen schmalen
Wasserstreifen; ein einsames Fundaq, ararisches Einkehrhaus, wurde passirt und späterhin ein kleines Dörfchen,
Agadir-ben-Sela mit Namen. Der Fluss durchbricht hier
ein hügeliges, nicht leicht zu passirendes Terrain; anstehend
bemerkte ich bläulichen Thonschiefer fast senkrecht stehend
und parallel der Hauptrichtung des Gebirges streichend.[1]

Nachdem wir, südwärts ziehend, dieses hügelige Terrain
passirt hatten, betraten wir eine ausgedehnte Hochebene,
die sich bis an den Fuss der Atlasberge erstreckt, langsam
nach Süden zu ansteigt und da, wo der Ort Amsmiz liegt,
eine Seehöhe von 1108 m erreicht. Zahlreiche Einrisse und
Schluchten zeigen, dass dieses Plateau bis tief hinab aus
geschichtetem Gebirgsschutt besteht, dessen untere
Lagen zu einem sehr groben Conglomerat verkittet sind.

---

[1] In dieser Gegend wurde wenige Wochen später der österreichische Maler Ladein ermordet.

Wir zogen beständig im Thale des Wad Nfys aufwärts bis in dessen Quellgebiet, wo sich eine Anzahl kleiner Ortschaften befinden, die zu dem Kaid von Amsmiz gehören. Wo sich dem steinigen Boden etwas Ackerterrain abringen lässt, hat die fleissige, aber arme Bevölkerung kleine Gerstenfelder und Olivengärten angelegt; ebenso treiben sie Viehzucht, und Heerden von Schafen und Ziegen sah man vielfach. Die Bewohner sind fast ausschliesslich Scheluh: ihr Benehmen gegen uns war nicht zuvorkommend, aber noch weniger waren sie feindlich gesinnt.

Als wir abends gegen 6 Uhr die Thore der Qasbah überschritten hatten, wies man uns einen freien, von Mauern und Gärten umgebenen Platz an, wo wir unsere Zelte aufschlagen konnten. Der Kaid liess sich erkundigen, was wir hier zu suchen hätten, und als er erfuhr, dass wir nur übernachten und am folgenden Morgen weiter ziehen wollten, war er sehr befriedigt und schickte uns sogar eine Muna. Mehrere Jahre vorher war die englische Expedition unter Hooker hier gewesen und hatte von Amsmiz aus grössere Excursionen in den Atlas unternommen: der Kaid hatte damals unzweifelhafte Beweise seiner Abneigung gegen Christen gegeben und hatte nur infolge der dringenden Empfehlungen der marokkanischen Regierung den Engländern Unterstützung bei ihren Excursionen zugesichert.

All die kleinen Berberortschaften sind mit hohen Lehmmauern umgeben und ebenso bestehen die Häuser aus festgestampftem gelbem Lehm. Im allgemeinen machen die kleinen Qasbahs einen reinlichen netten Eindruck. Die Gegend ist sehr schön und infolge der hohen Lage ausserordentlich gesund; die Bewohner, von etwas verwildertem Aussehen, sind geübte und ausdauernde Bergsteiger, die von Jugend an ein etwas rauhes Leben gewöhnt und abgehärtet sind.

Es führt von Amsmiz auch eine Art Weg und ein Pass

über den Hohen Atlas hinab ins Wad Sus; man sagte mir
aber, dass der Abstieg vom Pass so beschwerlich sei, dass
ich mit beladenen Tragthieren nicht hinabkommen würde,
und rieth mir, den weiter westlich gelegenen Weg, von
Imintjanut aus über den Atlas zu nehmen, um vom Pass
Bibauan aus nach dem Wad Sus zu kommen. Wir haben
demnach eigentlich einen bedeutenden Umweg gemacht, indem wir Amsmiz besucht haben, und müssen jetzt wieder
zurück eine grosse Strecke westlich und nordwestlich ziehen,
um den bequemsten Eingang ins Gebirge zu finden. Wenn
auch ein Zeitverlust von einigen Tagen entsteht, so brauchte
ich es doch nicht zu bereuen, das Thal von Amsmiz besucht zu haben.

Am 8. März, morgens 8 Uhr, brachen wir auf und wandten
uns zunächst westwärts. Das Plateau war hier von zahlreichen Kanälen durchzogen, die zur Bewässerung der
Gerstenfelder dienen und deren Herstellung in dem steinigen Terrain, dessen Oberfläche allerdings mit einer tiefgelben Lehmschicht bedeckt ist, ziemliche Schwierigkeiten
machen muss. Wir liessen einen kleinen Flecken, Soko
Chmis Tiskin, auf dem ein von der umgebenden Bevölkerung
stark besuchter Wochenmarkt abgehalten wird, zur Rechten
liegen, erreichten nach Passirung einiger wasserfreien Wad
den Ort Ait Sali mit einer Quelle; die ganze Ebene nach
Süden zu ist mit Gerstenfeldern und Olivengärten bedeckt
und von einem Netz von Kanälen durchzogen. Dann kamen
wir auf ein sehr steiniges unfruchtbares Plateau, welches
von einem tiefen Wad mit sehr steilen Wänden, dem Wad-
el-Mel (oder W. Asif-el-Mel) durchzogen wird, der sich
später mit dem Tensift vereinigt. Wir zogen eine Strecke
nordwärts parallel dem Wad-el-Mel und hielten gegen
3 Uhr am rechten Ufer des Flusses in einem kleinen Dorfe,
Darakimacht, das von Berbern der Kabyle Amsmiz bewohnt wird. Die infolge des steinigen schlechten Weges

stark ermüdeten Thiere konnten nicht mehr weiter, und wir
mussten in dem kleinen Flecken die Nacht in ziemlich
dürftiger Weise verbringen. Ein alter Marabut nahm
sich unserer etwas an, lieferte uns auch eine kleine Muna,
wofür wir ihn reichlich beschenkten, da wir merkten, dass
er und die Bevölkerung in sehr ärmlichen Verhältnissen
lebten. Unser eigentliches Ziel, die Qasbah des Kaid Mzudi,
konnten wir heute nicht erreichen. Das Plateau hat sich
hier bei Darakimacht schon bedeutend gesenkt und zeigt
nur noch 600 m Seehöhe. Der Anblick der gewaltigen
schneebedeckten Atlaskette von diesem Plateau aus ist ein
grossartiger und es ist jedenfalls ein angenehmes Gefühl,
nach einem ermüdenden Ritt während des Tages in er-
quickender Abendkühle vor dem Zelt zu liegen, im Anblick
einer überaus erhabenen Natur und inmitten einer ganz
fremdartigen Bevölkerung.

Am folgenden Morgen brachen wir zeitiger auf; wir hatten zwar nur einen kurzen Marsch bis zur Qasbah des benachbarten Kaid, die nur wenige Stunden in westsüdwestlicher Richtung von unserm Nachtquartier, aber jenseit
des Flusses liegt. Es war ziemlich schwierig, die schwerbepackten Tragthiere den steilen Abhang hinab und am
jenseitigen Ufer wieder hinaufzubringen, aber es gelang
ohne weitere Unfälle und schon gegen 11 Uhr langten wir
vor der Qasbah des Kaid von Mzudi an. Vor derselben,
die mit einer hohen starken Lehmmauer umgeben war, durch
welche ein schmales Thor führt, befindet sich ein hübscher
freier Platz mit etwas Buschwerk, und wir erhielten die Erlaubniss, hier unsere Zelte aufschlagen zu dürfen. Es ist
bei den Reisen in Marokko immer vorzuziehen, im Zelt zu
schlafen, da die Räume in den Qasbahs meistens voll von
Ungeziefer sind.

Vor den Thoren der Qasbah sassen eine Anzahl Neger-
weiber und boten Gemüse, Früchte u. s. w. zum Verkauf

aus; kleine Züge beladener Esel kamen und gingen. Machazini zeigten sich in ihrem rothen hohen Tarbusch, man sah,
dass hier ein ziemlich lebhafter Verkehr stattfindet. Der
Kaid erkundigte sich, wer wir seien und was wir wollten;
ich schickte den Brief des Sultans und es folgte dem sogar
eine Muna. Die Bevölkerung besteht vorherrschend aus
Berbern, und ich zog es vor, mich möglichst viel im Zelt
aufzuhalten, um den neugierigen Blicken und Fragen der
Leute aus der Qasbah zu entgehen. Meine Dolmetscher erzählten jedem, dass ich ein Hakim Osmani sei, und man
begnügte sich schliesslich mit dieser Auskunft und liess uns
in Ruhe. Gerstenfelder sind auch hier häufig, und die Erdhaufen der unterirdischen Wasserleitungen sieht man nach
allen Seiten hin.

Gestern Abend hatten wir schon etwas Regen gehabt,
und heute zog ein starkes Gewitter auf, ohne sich jedoch
bei uns zu entladen.

Unter den zahlreichen Neugierigen, welche aus der Stadt
kamen, befand sich auch ein armer alter Heiliger, ein frommer Narr, der sich im Selbstpeinigen producirte, um ein
Almosen zu bekommen. Derselbe kam mit entblösstem
Oberkörper und warf sich mehreremal einen grossen Stein,
den er in beiden Händen hielt, mit grosser Heftigkeit auf
den Brustkasten, dass es dröhnte. Er that dies so oft, dass
mir ganz angst wurde und ich ihn dringend ersuchen liess,
aufzuhören und mit seiner empfangenen Gabe zurückzukehren. Er war von dem Almosen aber so befriedigt, dass
er sich den Stein auch noch auf den Schädel und das Gesicht schlug; die umstehenden Bewohner der Qasbah, die
dieses Schauspiel wahrscheinlich sehr oft geniessen, lächel-
ten über den armen Alten und meinten, er sei ein Heiliger,
ihm schade so etwas nicht.

Abends gegen 10 Uhr schickte der Kaid einige Leute,
die die ganze Nacht durch bis früh 5 Uhr ununterbrochen

sangen, sodass ich eine völlig schlaflose Nacht verbrachte.
Vielleicht war es eine Zeltwache, und die Leute verkürzten
sich die Langeweile mit Singen, oder war es eine Aufmerk-
keit des Kaid, wie meine Diener meinten, jedenfalls war ich
in keiner Weise über diese Art von Gesang entzückt.

Am folgenden Tage, den 10. März, zogen wir in einem
schwachen südlichen Bogen nach der westwärts gelegenen
Qasbah Seksaua. Ein junger Berberbursche, der, wie er uns
erzählte, schon wiederholt über den Atlas nach Tarudant
gegangen war, und der sich beschäftigungslos in Mzudi
herumtrieb, bat uns mitziehen zu dürfen; ich nahm ihn an,
und der Bursche zeigte sich sehr anstellig und willig. Er
war sehr froh, mit uns reisen zu können, und gab uns allerhand Kunststücke zum besten, wie sie die Scheluh ausüben:
Werfen und Spielen mit Messern und Gewehren, Balanciren
und Aehnliches.

Der Weg nach der Qasbah Seksaua führte durch eine
unbebaute steinige Ebene immer parallel dem Gebirge.
Wir passirten die Qasbah Duarani und erreichten nach
kurzer Zeit das dicht am Gebirge, im Thale des Wad Afansa,
der sich weiterhin mit dem Wad-el-Mel vereinigt, gelegene
Seksaua.

Wir genossen hier seitens des Kaid, eines jungen, aber
sehr corpulenten Mannes, eine ganz treffliche Aufnahme.
Er war offenbar froh, in seiner abgelegenen Burg einmal
etwas von der Aussenwelt zu hören, bezeichnete mich schon
nach kurzem Aufenthalt bei ihm als Christen, fand aber die
Idee vortrefflich, als türkischer Hakim durch den Atlas
nach Timbuktu ziehen zu wollen. Er war ein jovialer Herr,
und infolge dessen war seine Umgebung auch sehr liebenswürdig. Ich musste mit meinem Dolmetsch bei ihm speisen,
wobei ihn meine Ungeschicklichkeit im Essen der National-
speise, des Kuskussu, höchlichst amusirte und er mir die
Erlaubniss gab, einen Löffel benutzen zu können. Meinen

Leuten gab er ein grosses fettes Schaf und eine Menge
Kuskus, sodass diese von diesem Scheluh-Scheich im höchsten Grade entzückt waren.

Wir speisten in einem Garten, und nach dem Thee wurden Schiessübungen mit meinem Mausergewehr angestellt.
das den Berbern gewaltig imponirte. Bezeichnend ist jedenfalls, dass keiner der Leute irgendein Geschenk verlangte;
es wäre ja ein Leichtes für diesen Scheich gewesen, für
die Erlaubniss, den Atlas zu passiren, das Gewehr als Geschenk zu beanspruchen; aber nicht die mindeste Andeu-
tung erfolgte.

Auch von hier aus führt ein Weg über das Gebirge, aber
der Pass ist für Tragthiere unpassirbar, und der Kaid em-
pfahl uns gleichfalls den Pass von Bibanan, der schon allein
für unser Gepäck und die Thiere Schwierigkeiten genug
bieten würde.

Uebrigens liegen weiter hinein im Gebirge eine ganze
Anzahl Scheluhdörfer; fast alle Thäler sind bis hoch hinauf
bewohnt und soweit es geht bebaut; hier sind die Scheluh
vor dem Saltan und seinen Soldaten so ziemlich sicher.

Am Morgen des 11. März verliessen wir nach einem
herzlichen Abschied das gastliche Haus des Berber-Scheichs
in Seksaua. Wir zogen anfangs etwas südwestlich über
einige kleine Geröllhügel hinweg und wandten uns dann
südlich, direct dem Gebirge zu. Bei dem nur eine starke
Stunde von Seksaua gelegenen Orte Imintjanut betraten
wir das eigentliche Atlasgebirge. Der Ort ist wichtig, da
von hier die meisten Karavanen, die zwischen Marrakesch
und Wad Sus verkehren, den Uebergang über die Berge
bewerkstelligen. Andere ziehen es vor, die Gebirge ganz zu
umgehen, und schlagen den Weg von Mogador nach Tarn-
dant ein, wobei allerdings nur die niedrigsten westlichen
Ausläufer des Atlas zu passiren sind.

Am Austritt des Thals liegt Imintjanut mit seinen gel-

ben Lehmhäusern und in der Nachbarschaft noch einige
andere kleinere Orte; auch ein verlassenes Fundaq findet
sich hier; ein früherer Sultan hat wahrscheinlich hier eine
Grenzwache gehalten, um die stets nach Ueberfallen der
Karavanen lüsternen Scheluh im Zaume zu halten. Zu meiner Zeit war dort alles ruhig; der energische Kaid der
weiter nordwestlich gelegenen Kabyle Mtuga hat für die
Sicherheit des Weges gesorgt.

Wir ritten erst eine Stunde lang in rein südlicher Richtung; zu beiden Seiten hatten wir die steil aufgerichteten
Schichten lichter Kalke und Kalkmergel, die wahrscheinlich
der Kreideformation angehören. Der schmale Weg führte
längs des linken Thalgehänges und bog dann plötzlich unter
rechtem Winkel in ein breites schönes Längsthal ein, dem
wir westwärts mehrere Stunden folgten. Je weiter wir
kamen, um so breiter und schöner wurde das von einem
schmalen Wasserstreifen durchzogene Thal. Wir begegneten
nur äusserst selten einem Menschen, aber das Thal ist gut
bebaut; neben Feldern von Getreide fiel mir hier vor allem
die Pflege der Mandelbäume auf, die, in Blüte stehend, in
grossen Mengen sich finden und treffliche Früchte geben.
Olivenbäume sahen wir auch, aber bei weitem weniger.
Einige einzeln stehende Häuser erblickten wir an der andern Seite des Thals, aber die Bewohner schienen auf den
Feldern beschäftigt, denn niemand war sichtbar.

Gegen 1 Uhr verliessen wir dieses überaus anmuthige
Thal und wandten uns wieder südwärts in die Berge. Es
theilten sich hier die Wege; einer führte in nordwestlicher
Richtung an das Meer nach der Festung Agadir, der andere nach dem Wad Sus. Der Weg wurde jetzt schwieriger,
wir näherten uns der mächtigen Berggruppe des Dschebel
Tissa, die fast ganz aus mächtigen Bänken von intensiv roth
gefärbtem, hartem Quarzsandstein besteht. In der Nähe
einer tiefen Schlucht, die den ermüdeten Thieren das Weiter-

kommen erschwerte, hielten wir. Nicht weit von unserm
Nachtquartier befinden sich eine Anzahl einzeln stehender
Meierhöfe, die ausschliesslich von Scheluh bewohnt werden.

Es war eine wilde Gebirgslandschaft, in der wir die
Zelte aufschlugen, um hier die Nacht zu verbringen; einige
Scheluh kamen heran, um sich über uns und unser Vorhaben zu informiren, liessen uns aber in Ruhe, sie verkauf-
ten sogar etwas Gerste für unsere Thiere. Die Häuser sind
in sehr primitiver Weise aus Lehm errichtet, die Leute,
alle wohlbewaffnet, mit dunkeln Dschellabas und einfachen
kurzen leinenen Beinkleidern bekleidet, sahen ernst und
etwas verwildert aus. Die rauhe, mühsame Lebensweise in
den Bergen, der stete Kampf um ihre Existenz mit den
Arabern aus der Ebene hat sie mistrauisch gemacht und
sie sehen jeden, der mit Empfehlungen des Sultans kommt,
feindselig an. Auf vertrautere Gespräche liessen sie sich
nicht ein, sondern zogen sich, nachdem sie sich von unserer
Harmlosigkeit überzeugt hatten, zurück und verschwanden
in ihren zerstreut liegenden Gehöften. Es sind alles seh-
nige, kräftige Gestalten, wohlvertraut mit den Beschwerden
ihrer gebirgigen Heimat und abgehärtet durch die schwere
Arbeit. Wo sich dem rauhen Gestein etwas lehmiger Boden
abgewinnen lässt, haben sie Gerste angebaut, kaum genügend, um sich und ihre Pferde zu erhalten.

Schon zeitig am folgenden Morgen brachen wir auf, um
möglichst schnell den Atlas mit seinen ungastlichen Bewohnern hinter uns zu haben. Es war ein fürchterlicher Marsch
von früh 7 bis abends 6 Uhr. Die Hauptrichtung war eine
südliche, aber in zahllosen Zickzacklinien. Die Passage des
Dschebel Tissi mit seinen mächtigen steilen Sandsteinfelsen
und tiefen Schluchten schien für meine schwerbepackten
Thiere unmöglich, besonders die Kamele, an Ebenen gewöhnt,
blieben oft liegen und konnten nur mühsam weiter gebracht
werden. Es war ein sehr schlechter Rath und vollständig

auf Unkenntniss des Terrains beruhend. als man mir in
Marrakesch sagte. ich solle Kamele mitnehmen; in diese
wilde Gebirgslandschaft gehören nur Maulthiere.

Wir passirten eine Dar-es-Sultan genannte Ruine eines
alten Castells, welche von einem frühern Sultan errichtet
worden war. um die in der Umgebung wohnenden wilden
Scheluh unter Botmässigkeit zu halten und den Räubereien
derselben möglichst Einhalt zu thun. Die Festung ist an
einer sehr schwer zugänglichen Stelle erbaut und konnte
selbst von einer geringern Besatzung leicht vertheidigt werden. Dann kamen wir an einem isolirten Bergkegel vorüber. auf dessen Spitze noch einige rothe Lehmmauern sichtbar sind. Qasr-er-Rumi nennen es die Eingeborenen,
Römerburg; alles, was aus frühern Zeiten herstammt, wird
den Römern zugeschrieben. Dass die Römer bis tief in den
Atlas hinein gekommen sind. ist ja gewiss. und so wäre es
nicht unwahrscheinlich. dass wir es hier wirklich mit römischen Resten zu thun haben: Portugiesen. die zwar auch
längere Zeit im Innern von Marokko festen Fuss gefasst
hatten, scheinen doch so weit nicht gekommen zu sein. Un-
ermessliche Schätze sollen hier. nach den Angaben der
Scheluh, vergraben liegen. aber niemand scheint den Muth
zu haben. dieselben zu beheben oder wenigstens nach denselben zu suchen.

Gegen Mittag begegneten wir einigen wohlbewaffneten
und berittenen Scheluh. von denen einer ein Scheich war.
Das Gerücht unserer Reise war offenbar schon in die Seiten-
thäler gedrungen. und die Reiter hatten uns aufgesucht. um
sich über uns zu informiren. Wir wurden von ihnen an
eine Argan genannte Stelle geführt. mit einer hübschen
Quelle, deren frisches Wasser zu einem kleinen Teich gesammelt war, und hier rasteten wir. um das Frühstück einzunehmen, woran die Scheluh sich betheiligten. Ich sah
das sehr gern. denn Leute, die mit uns gegessen haben, sind

nicht so zu fürchten wie ganz Fremde. Es war ein überaus
hübscher Punkt inmitten der umgebenden Gebirgslandschaft,
und dient der Platz allgemein als Ruheort für die durchziehenden Karavanen.

Während wir rasteten, holte uns eine andere kleine Karavane ein, die sich uns anschloss, um mit uns das Gebirge
zu durchqueren. Es waren Berber aus der Ebene, die nach
dem Wad Sus wollten, und ordentliche Leute. Mir war
das ausserordentlich willkommen, waren wir doch so um
einige Bewaffnete, die Land und Leute kennen, stärker und
konnten so beruhigter einem etwaigen Angriff entgegensehen.
Und ein solcher hat uns gedroht. Der früher angetroffene
Berberscheich erklärte uns beim Abschied, dass an einer
vor uns liegenden schlimmen und schwer zu passirenden
Stelle einige Scheluh uns erwarteten, um uns auszuplündern.
Er habe sich nun über unser Vorhaben unterrichtet und
werde sorgen, dass uns nichts zustosse. Dankend verabschiedeten wir uns von dem freundlichen Scheluhscheich,
der mit seiner Begleitung in einem Seitenthal verschwand,
während wir, verstärkt durch die neue Karavane, südwärts
weiter zogen.

Abends hielten wir in einem kleinen Scheluhdorf, dessen
Bewohner nicht unfreundlich waren; sie treiben von hier
aus Handel mit Wad Sus, besonders übernehmen sie häufig
den Transport der Waaren. Wir konnten Gerste für die
Thiere kaufen, ebenso Hühner und Schaffleisch für uns und
stellten die Zelte mitten im Ort auf.

Ich hatte gesehen, dass ich mit meinen Kamelen auf
diese Weise nicht weiter kommen konnte, und da wir noch
immer während einiger Tage sehr schlimme Passagen zu
überwinden hatten, so miethete ich hier, freilich gegen gute
Bezahlung, zwei Maulthiere, die mit dem grössten Theil des
Gepäcks der Kamele beladen wurden, sodass die letztern
nur leichte Gegenstände, Matten, Kochgeschirre u. s. w. zu

18*

tragen hatten. Auf diese Weise hatte ich auch den Vortheil, zwei Mann mehr mit mir zu haben, da jedes Thier einen Treiber erfordert; und da die Scheluh selbst für ihr Eigenthum besorgt sind, so konnten wir die weitern Touren mit noch grösserer Beruhigung antreten.

Es ist charakteristisch, dass die Ansiedelungen seltener an den Hauptverkehrslinien sich befinden, sondern vorherrschend abseits in den Seitenthälern, möglichst versteckt, sodass man dieselben selten zu Gesicht bekommt. Hier aber gibt es deren sehr viele, und Erkundigungen ergaben, dass man in jeder Richtung auf solche Meierhöfe stösst. Es dient dies natürlich dazu, den Einfluss der marokkanischen Regierung möglichst zu erschweren, andererseits leidet oder litt die Sicherheit für die Reisenden darunter, die plötzlich an irgendeinem Punkt von einer Bande bewaffneter Wegelagerer angehalten wurden. Zur Zeit, als ich dort reiste, war die Gegend, wie erwähnt, relativ sicher.

Am 13. März hatten wir wieder einen langen und höchst beschwerlichen Marsch durch das Gebirge. Der Weg führte zunächst in südwestlicher Richtung durch ein von zahlreichen Felsen und steilen Hügeln durchsetztes Plateau zur Landschaft Aglau, wo sich die Ruinen mehrerer Ortschaften befinden. Die Bewohner dieser Dörfer sind fast alle getödtet worden auf einer Razzia, die der schon mehrfach erwähnte Kaid von Mtuga vor einigen Jahren unternahm, um dem Räuberunwesen zu steuern. Wir begegneten während des ganzen Tages nicht einem Menschen, sodass die Gegend völlig unbewohnt erschien; in den Seitenschluchten sollen aber eine ganze Anzahl von Gehöften sich befinden.

Die Berge bestehen noch immer aus dem rothen Sandstein, der völlig versteinerungslos zu sein scheint. Das Plateau mit seinen nach allen Richtungen sich erstreckenden Felsenmassen, zwischen denen hindurch man nur mühsam einen Weg für die Thiere finden kann, macht einen sehr merkwürdigen Eindruck: zur Linken erblickt man einzelne dicht mit Schneefeldern bedeckte Gipfel des centralen Atlas.

Wir passirten den District Ait Musa mit einem grossen Freitags-Soko (Wochenmarkt); auch der im Thale fliessende nicht unbedeutende Bach führt diesen Namen.

Wir hielten abends auf der Wasserscheide des Atlasgebirges, etwas über 1200 m hoch, in einer zur Zeit völlig unbewohnten Gegend. Reste der zerstörten Dörfer sah man allenthalben. Die Gegend war wunderschön. Es war ein herrlicher Abend, angenehme Kühle herrschte in dieser Höhe und nach Osten zu zeigten sich die zahlreichen schneebedeckten Gipfel des Glauigebiets, der höchsten Punkte des Atlas, in wunderbarer Klarheit. Das Ganze erinnerte lebhaft an eine Hochlandlandschaft der Schweiz, aber statt der friedlichen Bewohner von schmucken Dörfern und einsamen Sennhütten leben hier in uraltem Trotze gegen das herrschende Arabervolk verwegene, räuberische Scheluh, und selten durchziehen wohlbewaffnete Karavanen die öde Gebirgslandschaft, um, getrieben von einem alle Gefahren verachtenden Handelsgeiste, die Waaren des Nordens in das ehemals blühende Königreich Sus zu bringen.

Der völlige Mangel an Bewohnern war für uns insofern unangenehm, als wir für die abgetriebenen und ermüdeten Thiere keine Gerste kaufen konnten und dieselben sich für diesen Tag mit frischem Gras begnügen mussten. Und doch hatten wir morgen noch einen schweren Marsch, den steilen Abstieg in das Sus, und die Thiere hätten dringend der kräftigsten Nahrung bedurft.

Nur ungern verliess ich am 14. März den herrlichen Punkt, die Wasserscheide des gewaltigen Atlasgebirges. Er führt den Namen Bibauan und liegt nicht in der Mitte der Breite des Gebirges, sondern weiter südlich. Während der Anstieg von Norden her sehr allmählich er-

folgt, fällt der Atlas nach Süden zu sehr steil und in
schroffen Felswänden ab. Der Pass Bibauan ist zwar nicht
von mir zuerst überschritten worden, aber eine genauere
Schilderung davon existirt nicht. Der Däne Höst, der
lange Jahre in Marokko zugebracht und Land und Leute
genauer kennen gelernt hat als irgendjemand vor ihm
oder nach ihm, ist von Agadir aus über die Berge nach
Marrakesch gereist. („Nachrichten von Marokko und Fes“,
Kopenhagen 1781, S. 95.) Ferner reiste der englische
Arzt William Lemprière in der Zeit vom 30. November bis 4. December 1789 von Tarudant aus nach Marokko und überschritt das Gebirge auf einem Pass, den die
Mohren wegen seiner jähen und winkeligen Drehungen Ka-
melnacken nennen. („Reise von Gibraltar nach Marokko“,
Berlin 1798, S. 97.) Es muss bemerkt werden, dass heutzutage die Mauren die isolirt aus der Ebene von Marrakesch hervortretenden Kalksteinhügel ebenfalls Kamel-
rücken nennen. Endlich hat James Grey Jackson während seines sechzehnjährigen Aufenthalts in Marokko auch
einmal eine Armee über diesen Theil des Atlas begleitet. Der
Weg führte über den Pass Bebawan, dessen Gefahren er
in etwas grellen Farben schildert. Der Pfad sei an manchen Stellen nur 15 Zoll breit und führe zwischen fast
senkrechten Bergwänden einerseits und tiefen Abgründen
andererseits, welch letztere an Steilheit Dover Cliff nichts
nachgäben aber zehnmal so tief seien. („Account of Marokko“,
2. Ausg., 1811, S. 11.)

Seit dieser Zeit ist kein Europäer in diese Gegend gekommen, denn Rohlfs überschritt den Atlas weiter östlich
als ich, auf der Karavanenstrasse von Fäs nach Tafilalet.
Hier scheint der Uebergang zu sein, welcher am wenigsten
Terrainschwierigkeiten bietet, wie die Marokkaner schon
lange ausfindig gemacht haben; die Höhe der Berge nimmt
nach Osten zu, vom Glauïgebiet an, allmählich ab.

Während der Pass den Namen Bibauan führt, heissen
die Berggruppen, welche nach Süden abwärts führen, Oenge-
Dschebel.

Von der gegen 4000 Fuss hohen Wasserscheide führt ein
schmaler, ungemein steiler Weg in zahllosen Serpentinen
und Zickzacklinien rasch abwärts. Der Weg ist manchmal
in der That nur ein paar Fuss breit und hat zur einen
Seite einen tiefen Abgrund, zur andern eine steile Felsen-
wand, sodass man die Sicherheit der Maulthiere und Pferde
nur bewundern kann. Meine beiden Kamele blieben unterwegs liegen, und ich musste zwei meiner Leute als Wache
zurücklassen, um sie am andern Tage abzuholen.

Die Scenerie, die sich uns darbot, war sehr schön; vor
uns breitete sich der fruchtbare, von Wäldern und Feldern
bedeckte Wad Sus aus, und im fernen Hintergrunde erhoben
sich die Contouren einer zweiten mächtigen Gebirgskette,
die man nicht unpassend als Antiatlas bezeichnet hat.
Langsam und vorsichtig ging es bergabwärts, meist zu
Fuss, die Thiere mussten stellenweise geführt werden;
oft schien es, als könnten die zu beiden Seiten mit grossen
Ballen beladenen Thiere absolut nicht weiter und müssten
in den Abgrund stürzen, und doch fanden die klugen Thiere
ein Mittel, um durchzukommen. Vorsichtig und jeden
Schritt erprobend schritten sie mit ihrer Last langsam die
engen Pfade hinab; besonders schwierig war das Umbiegen
um steile hervorstehende Felsen, und wir konnten von
grossem Glück sagen, dass wir ohne Verluste unten angekommen sind. Eine ziemlich breite Zone niedriger Berge,
meist Schutthügel, erstreckt sich längs des steilen südlichen
Gebirgsabfalles, die verhältnissmässig leichter zu passiren
waren, und gegen Abend langten wir ungefährdet in der
Stadt Emnislah an, deren Häuser wir schon lange vor uns
gesehen hatten. Ein Blick rückwärts zeigte uns erst, was
für einen schwierigen Weg wir zurückgelegt hatten, ich

aber war einem günstigen Geschick dankbar, welches mir verstattet hatte, ohne ernste Gefahr das so schwer zugängliche Atlasgebirge zu durchqueren.

In einigen Decennien ist man vielleicht so weit, dass Touristen in ähnlicher Weise ihre Excursionen ins Atlasgebirge ausführen, wie es jetzt schon im Himalaja, Kaukasus u. s. w. geschieht, und man wird dann lächeln, dass dieser Uebergang jemals schwierig gefunden worden ist. Heute ist es aber so und wird wol auch noch einige Zeit so bleiben.

Wir waren unterwegs beim Abstieg auf einige Reiter gestossen, die uns anfangs beunruhigten. Es stellte sich heraus, dass sie zum Gefolge des Kaid der Kabyle Schtuga gehörten; derselbe war beim Kaid in Mtuga zum Besuch gewesen. Wir kamen bald mit dem vornehmen Manne selbst zusammen, der ein prächtiges Ross ritt und reich gekleidet war. Er erkundigte sich nach unserm Vorhaben und forderte uns auf, ihn zu besuchen. Seine Qasbah liegt nur etwas abseits von dem Wege, der von Tarudant in Sidi Hescham's Land führt. Wir sicherten ihm das zu und trennten uns in Emnislah, da er noch eine Strecke weiter ritt.

Wir wurden in Emnislah ohne besonderes Mistrauen empfangen und durften die Zelte aufschlagen; auch konnten wir hier für uns und die Thiere genügende Nahrungsmittel kaufen, sodass wir eine angenehme Nacht verbrachten.

Am folgenden Morgen schickte ich zeitig einige Maulthiere weg, um das bei den Kamelen zurückgebliebene Gepäck zu holen. Bald kamen denn auch die Kamele an, die, als sie wieder ebenen Boden unter sich fühlten und Futter bekommen hatten, sich schnell erholten. Ich brach noch denselben Tag von Emnislah auf, um das oft ererstrebte Tarudant heute noch zu erreichen.

Emnislah, ein Doppelstädtchen, da an beiden Seiten

des Thales eine Häuserpartie steht, liegt ebenso am Südabhang des Atlas wie Imintjanut am Nordabhang und hat
dieselbe Bedeutung für Karavanen, welche vom Sus aus
nach Marrakesch mit Benutzung des Bibauan-Passes reisen
wollen.

Die Entfernung von Emnislah nach Tarudant, der alten
Hauptstadt des ehemaligen Staates Wad Sus, ist nur eine
kurze, in fünf Stunden hat man dieselbe zurückgelegt, aber
sie gehört zur Zeit mit zu den gefährlichsten Partien in
Nordafrika. Der Weg führt beständig in der Ebene durch
einen Wald von Arganbäumen, der sich weit das Thal
hinauf erstreckt und viele Quadratmeilen bedeckt. Die
ganze Gegend wird beherrscht von der Araberkabyle Howara, die in riesigen festungsartigen Häusern wohnen und
von da aus beständig Raubzüge auf die nach Tarudant
ziehenden oder von dort kommenden Karavanen ausführen.
Sie leben seit lange mit der Berberbevölkerung von Tarudant
in Fehde, plündern aber bei ihren Raubzügen jeden aus,
sei es Mohammedaner, Jude oder Christ.

Wir waren eine ziemlich starke Karavane geworden, da
sich mehrere Maulthiertreiber, welche Ladung für Tarudant
führten und gewartet hatten, bis sich ein grösserer Trupp
von Menschen vereinigen würde, uns anschlossen, sodass
wir mit grösserer Beruhigung den Wald passiren konnten.
Es ist kein Wald in unserm Sinne, da das Unterholz fehlt
und die Bäume weiter auseinanderstehen, auch sind grössere
mit Gras bewachsene Lichtungen in diesem Terrain.

Es war ein unheimlich ruhiger Zug, den wir bildeten.
Alle waren stark bewaffnet und nach allen Seiten wurde
sorgfältig Umschau gehalten. Wir hatten noch nicht lange
das Städtchen Emnislah verlassen und den Wald betreten,
als ein einzelner Reiter erschien, offenbar ein vornehmer
Mann auf hübschem Pferde und in kleidsamer Tracht. Meine
Begleitung erkannte ihn als den Sohn eines Scheichs der

Howara. Er musterte unsern Zug, sprach mit einigen zuletzt gehenden Dienern und sprengte dann davon. Nach
einer halben Stunde kam er wieder, fing wieder ein Ge-
spräch an und verschwand dann in dem Walde. Wir wussten
nicht recht, was wir davon halten sollten. Offenbar war
man von dem Durchgang der Karavane unterrichtet, und
der junge Scheich war ausgeschickt worden, um sich zu erkundigen. Hatte ihm nun die grosse Zahl der Bewaffneten
imponirt, oder hielt ihn die Gegenwart eines Scherifs ab,
kurz, er kam nicht zurück. Bald aber wurden wir wieder
beunruhigt. Einzelne hohe Häuser der Howara schimmerten
aus dem Walde hervor, und wir glaubten auch Leute zu
sehen. Schweigsam passirten wir die Wohngebäude der
Scheluh, und alle athmeten erleichtert auf, als wir die letzten Mauern hinter uns hatten. Bald wurde der Wald lichter,
wir näherten uns seinem Ende und in weiter Ferne glaubten wir die hohen und festen Mauern von Tarudant zu erkennen, hinter denen wir uns geborgen meinten.

Ungefähr eine Stunde vor der Stadt hört der Wald ganz
auf und wir überschritten eine weite Ebene. Ein kleiner
Fluss, Wad Dschisarin, wurde passirt, der südwestwärts
gehend in den Wad Sus mündet; er führte zur Zeit nur
sehr wenig Wasser. Der Boden bestand aus hartem gelben
Lehm und war weiterhin durch zahlreiche kleine, aber tiefe
Schluchten zerrissen, die wasserlos waren, aber als Neben-
arme des erwähnten Flüsschens zu betrachten sind. Hatten
wir vorher vor den Howara Furcht gehabt, so ist diese
Strecke bis dicht vor die Mauern der Stadt ebenso verrufen; denn hier treibt sich beständig eine Menge räuberischen Gesindels herum, das den verschiedensten Stämmen
angehört und, ohne irgendeinen festen Wohnsitz zu haben,
nur vom Strassenraub lebt. Kleinere Karavanen sind hier
sehr gefährdet. Wir zogen nur sehr langsam weiter, und
zwei der landeskundigen Männer ritten immer wohlbewaff-

net voraus und untersuchten vorher die Schluchten an beiden Seiten des Weges. Erst nachdem sie alles sicher gefunden hatten, gaben sie ein Zeichen, dass wir weiter konnten. Endlich erblickten wir die weit vor der Stadt liegenden Gerstenfelder und glaubten uns gesichert, aber meine ortskundige Begleitung versicherte, dass gerade in der allernächsten Nähe der Stadt die Sicherheit am meisten gefährdet wäre, und so ging es noch immer langsam und unter Beobachtung der erwähnten Vorsichtsmassregeln weiter.

Indess es erfolgte nichts. Dass wir von unserm Verlassen der Stadt Emnislah an beständig beobachtet wurden von unsichtbaren Feinden, war uns vollkommen klar, es scheint aber die Grösse des Zuges und die Annahme, dass wir viele Hinterlader bei uns haben könnten, die Leute von einem Angriff abgehalten zu haben. Es war aber ein im höchsten Grade unheimlicher Marsch. Fünf Stunden lang immer mit dem Revolver in der Hand zu Pferde sitzen, jeden Augenblick gewärtig, mit einer Bande Strassenräuber zusammenzutreffen oder aus dem Hinterhalt einen Schuss zu bekommen, ist im höchsten Grade aufregend, und alle waren herzlich froh, als wir endlich die hohen Mauern Tarudants dicht vor uns sahen. Etwas ausserhalb der Stadt hatten wir die Ruinen der angeblich römischen Stadt Gaba zur Seite liegen lassen.

Es war noch zeitig am Tage, erst gegen 2 Uhr, als ich Tarudant am 15. März 1880 erreichte, und hatte ich damit wieder ein Stück meines Vorhabens, und nicht das geringste, zurückgelegt. Etwas weniger gefährlich mag der Weg von Mogador aus sein, der, anfangs längs des Meeres führend, das Gebirge umgeht und dann in südöstlicher Richtung zum Wad Sus führt. Man kommt dabei durch die Kabyle Ha-Ha, die sich auch nicht des besten Rufs erfreut. Interessanter und an Naturschönheiten reicher ist aber zweifellos der Weg über den Atlas, und es ist traurig.

dass diese schönen Gebiete in den Händen einer barbarischen
Bevölkerung liegen, die, in beständiger Fehde unter sich
und mit der marokkanischen Regierung, sich nie zu dem
alten Wohlstande wieder emporschwingen kann, wie er dereinst im Wad Sus geherrscht hat. Für lange noch wird
diese herrliche Partie der Cultur verschlossen bleiben und
noch lange wird es dauern, bis man hier ruhig und ungestört geographischen und naturwissenschaftlichen For-
schungen sich wird hingeben können. Mein Ritt durch den
Atlas nach Tarudant glich eigentlich einer Flucht; ich
konnte nur äusserst selten ein Instrument benutzen, ein
flüchtiger Blick auf das Aneroïd musste gewöhnlich genügen für wichtige Punkte, wo genauere Messungen nöthig
gewesen wären, und nur in der Nacht, wenn alles schlief,
konnte ich mir die Ereignisse des Tages und die Beobachtungen in die Tagebücher notiren. Mit dem grössten Mistrauen wird jeder angesehen, und das Gerücht, dass ein
Christ unter der Karavane sich befinde, hatte sich doch
verbreitet. In Marrakesch war ich als solcher allgemein
bekannt gewesen, und Leute aus dem Wad Sus finden sich
dort immer in grosser Zahl, durch die dann die Neuigkeiten sich schnell verbreiten.

Die Unsicherheit in diesem schönen Winkel der Erde
ist unerhört. Jeder geht hier bis an die Zähne bewaffnet,
jeder sieht in dem ihm Begegnenden seinen natürlichen
Gegner. Die Howara wohnen nicht in Häusern, es sind
wahre Festungen mit gewaltigen hohen Mauern, hinter
denen sich die zahlreichen Mitglieder einer Familie verbergen. Keinen Schritt kann der Bewohner eines solchen
Hauses thun, ohne bewaffnet zu sein; zu den friedlichen
Beschäftigungen des Bebauens der Felder oder des Hütens
der Heerden müssen bewaffnete Leute genommen werden,
und erst am Tage vor meiner Ankunft in Tarudant hatten
die Howara eine Heerde von 300 Schafen und 50 Rindern

geraubt, die Einwohnern von Tarudant gehörten. Diese
machen es natürlich ebenso, wenn sich Gelegenheit bietet,
und so hören die Fehden und Räubereien, Mord und Todtschlag hier nicht auf. Es herrscht völlige Anarchie, und
weder der Sultan noch irgendein einflussreicher Häuptling
hat genügendes Ansehen, um diesem Zustande ein Ende zu
machen. Der Wad Sus könnte eine der reichsten und
schönsten Provinzen des marokkanischen Reiches sein, wie
es einst, in grauer Vorzeit, ein durch Cultur und hohe
Entwickelung der Industrie berühmtes, wohlhabendes und
dicht bevölkertes Reich war. Die Natur liefert dem Menschen hier alles; herrliches, gesundes Klima, fruchtbaren
Boden und Schätze aller Art aus dem Pflanzen- und Mineral-
reiche. Die Vernachlässigung dieser schönen Provinz seitens
der marokkanischen Regierung ist ein grosser Fehler; Anlage von guten und gesicherten Wegen und Einsetzung
eines gerechten und energischen Gouverneurs mit einer genügenden Truppenmacht könnte aus einem sehr wenig tragenden Landstrich eine ergiebige Einnahmequelle für den
Sultan machen.

Die Südhälfte des durchquerten Atlasgebirges besteht
nicht mehr aus dem so weit verbreiteten und mächtigen
rothen Sandstein, sondern aus Schiefern, besonders Thon-
schiefern und Quarzitschiefern, die gleichfalls steil aufgerichtet sind. Sie enthalten an zahlreichen Orten Erzlagerstätten, besonders Kupferkies und Brauneisenstein.
Ersteres Erz ist schon lange bekannt, und die Bewohner
von Wad Sus wissen Kupfer herzustellen, das sie in geschickter Weise verarbeiten. Mächtige Brauneisensteinmassen
treten etwas nordöstlich von Emmislah zu Tage. Auch sil-
berhaltiger Bleiglanz soll vorkommen. Es ist keine Frage,
dass, wenn einmal die Zeit kommt, um im Atlas genauere
geologische Untersuchungen anstellen zu können, man eine
Menge nutzbarer Erzlagerstätten finden wird. Eruptivge-

steine fanden sich in dem westlichen Flügel des Atlas nicht.
dieselben scheinen erst weiter östlich aufzutreten und sind
in der That auch von andern Reisenden beobachtet worden.
In der Ebene von Marrakesch finden sich Massen von Grün-
steinen und andern Eruptivgesteinen in Geröllen, die von
den Flüssen herausgeschwemmt worden sind. Es ist vielfach die Frage gewesen, ob der Atlas Gletscher gehabt
hat; die Mehrzahl der Beobachter verneint diese Frage.
Bei meiner flüchtigen Durchquerung des Gebirges konnte
ich keine Spuren bemerken, welche darauf hindeuten. Es
sind auf beiden Seiten des Gebirges, im Norden und im
Süden, mächtige Schuttberge, am Nordabhange beobachtete
ich, wie erwähnt, eine sehr deutliche Schichtung dieser
Schuttmassen, aber von eigentlichen Moränen ist mir nichts
aufgefallen. Immerhin wäre die Möglichkeit nicht ausgeschlossen, dass die mehr als 12000 Fuss hohen Berge im
Centralatlas Gletscher gehabt haben könnten; man kennt
zwar als die südlichsten Gletscher diejenigen der Sierra
Nevada in Spanien, aber der Unterschied von fünf Breiten-
graden ist nicht so bedeutend, dass bei einem so hohen
und gewaltigen Gebirge nicht ein derartiges Phänomen hätte
eintreten können. Die Gipfel in der Centralkette sind heute
noch den grössten Theil des Jahres mit Schneefeldern bedeckt, ja man sagte mir, einige Berge hätten beständig
eine weisse Kappe.

Das Atlasgebirge hat in Marokko noch ausgedehnte
Wälder; die Verwüstung derselben ist nicht in der Weise
vor sich gegangen, wie es in Algerien der Fall ist. Cedern
sollen viele vorhanden sein, verschiedene Eichenarten gibt es
in grosser Menge. Eine Benutzung und Verwerthung des
Holzreichthums ist natürlich gegenwärtig, wo es in dem
ebenen nördlichen Theile von Marokko nicht eine einzige
Strasse gibt, unausführbar. Dagegen ist die Gefahr nicht
ausgeschlossen, dass eine stetige, wenn auch bei der riesigen

Ausdehnung des Gebiets langsam vor sich gehende Entwaldung eintritt, die stellenweise schon vorhanden zu sein scheint, wie aus der Unregelmässigkeit der Wassermengen in den Flüssen Nordmarokkos und der Ungleichmässigkeit der Regenfälle hervorgeht, die für diese Agriculturgegenden so verhängnissvoll werden kann. Die den Atlas bewohnenden Berber suchen natürlich immer ein grösseres Stück Feld zu bebauen, wofür ein Stück Wald fallen muss, vor allem aber schadet bekanntlich die Ziege dem Walde ungemein. Diese aber ist das verbreitetste Hausthier im Atlas.

Die Berber selbst brauchen sehr wenig Holz; ihre Häuser errichten sie aus Lehm und Erde, ohne Balken, Schiffahrt kennen sie nicht, und so ist der Bestand an Holz im marokkanischen Atlas noch ein ziemlich guter. So dichte Wälder aber, wie wir sie anderwärts finden, gibt es hier auch nicht; es sind sehr lichte Waldbestände; auch ist der hier so vorherrschende rothe Quarzsandstein kein guter Untergrund für Wald. Nur da, wo er schon stark zersetzt ist und eine lehmige Humusschicht sich über demselben gebildet hat, kann eine Pflanzendecke sich entwickeln; man sieht aber gerade in diesem Sandsteingebiet sehr viel nackte Felsen zu Tage treten.

Dass die Wälder des Atlas je als Bauholz in nicht marokkanischen Ländern zur Verwendung kommen werden, ist wol kaum anzunehmen; wohl aber werden sie benutzt werden, wenn sich eine spätere Regierung in Marokko einmal entschliessen wird, die nutzbaren Mineralien des Gebirges zu verwerthen.

Die Thierwelt in diesem Gebirge kann nicht bedeutend sein. Der berühmte Löwe des Atlas existirt hier nicht. Panther kommen hin und wieder vor. Eine Art Mufflon, wie ich es früher einmal in einer Qasbah in Gefangenschaft gesehen hatte, findet sich in den entlegenern Thälern, wo wahrscheinlich auch noch anderes Waldgethier sich aufhält.

Die Berber sind keine Jäger und begnügen sich damit, ihre
Heerden zu weiden und Gerste zu bauen. Geier und Adler
sahen wir häufig in den Lüften schweben, und oft scheuch-
ten wir die Alpenkrähen aus ihrer trägen Ruhe. Singvögel
sind mir zwar nicht viele aufgefallen, aber es geht ohne
Zweifel während des Winters aus unserer Heimat ein Vögel-
zug über das Atlasgebirge in die Wüste.

Die Insektenfauna ist natürlich auch sehr reich, aber
sehr wenig bekannt. Es ist auch unmöglich für mich gewesen, zu sammeln oder irgendwelche Beobachtungen in
dieser Richtung zu machen; zu so etwas fehlen bei einer
so fluchtartigen Reise, wie die meinige war, alle Vorbedingungen. Es ist keine Frage, dass die beschreibenden
Naturwissenschaften bei einer speciellen Durchforschung
des Atlasgebiets eine enorme Bereicherung erfahren würden.
Es mag nur auf das eine Beispiel hingewiesen werden, die
botanische Reise des Engländers Hooker, welcher nur die
beiden Thäler von Amsmiz und Ait Mesan genauer untersucht hat; in letzterm fand er nicht weniger als 375 Species von Phanerogamen, in ersterm sammelte er nur 223
Species; 146 Species hiervon waren beiden Thälern gemeinsam. Hiervon sind 75 Species endemisch, d. h. sie
kommen ausschliesslich im Atlasgebirge und in den benachbarten Theilen Marrokos vor.

In derselben Weise würde die Zoologie durch zahlreiche
neue Arten bereichert werden, und es ist traurig, dass dieses schöne, so nahe bei Europa gelegene und verhältnissmässig leicht erreichbare Gebirge für alle derartige For-
schungen fast unerreichbar ist und auch wol noch lange bleiben wird. Die geologische Kenntniss des Gebirges beruht
gleichfalls nur auf einer geringen Anzahl mehr oder weniger zuverlässiger Einzelbeobachtungen ohne Zusammenhang.

Beim Atlasgebirge fällt vor allem auf die lange gerade
Gestalt desselben, der eminent hervortretende Charakter

eines Kettengebirges, wie es in Europa keins von dieser
Ausdehnung gibt. Dies gilt übrigens nur von dem marokkanischen Theil dieses Gebirges. Oestlich von dem Gebirgs-
knoten des Dschebel Aiaschin löst sich dasselbe in ein un-
dulirtes Plateau auf, das sich weiterhin wieder zu einer
Reihe weniger hoher Ketten umformt, die in Tunis das
Mittelmeer erreichen. In seiner Erstreckung vom Cap Nun
am Atlantischen Ocean bis Cap Bon am Mittelländischen
Meere besitzt das System eine Länge von 2300 km, von
welchen 1050 Marokko, 950 Algerien und 300 Tunis angehören. (Vgl. Chavanne. „Afrika im Licht unserer Tage".)

Der Name Atlas ist heutzutage nirgends in Afrika in
Gebrauch, die Araber haben nicht einmal einen Namen für
das ganze Gebirge, sondern immer nur für einzelne Theile,
besonders hohe Spitzen, Pässe, Thäler u. s. w.; dagegen
bezeichnen die Schelub das Gebirge mit Idrar-en-dram,
von Adrar (Gebirge). Der marokkanische Theil besteht
aus einer Anzahl ausgedehnter Längsthäler, welche Art von
Thalbildung entschieden vorherrscht gegenüber den Querthälern. Von letztern gibt es wenige, dieselben sind kurz,
schmal und wenig tief eingeschnitten.

In Bezug auf die geologische Zusammensetzung muss
hervorgehoben werden, dass nach Norden zu jüngere Schichten entwickelt sind, während nach Süden hin nur die ältesten Formationen auftreten; es hat der Atlas also nicht
einen symmetrischen Bau, wie etwa die Alpen, wo sich um
einen centralen ältern Kern nach beiden Seiten hin jüngere
Formationen anschliessen. Eine aus rothem Sandstein bestehende Bildung spielt im westlichen Atlas eine sehr bedeutende Rolle; eine genauere Fixirung der Formation ist
bisher nicht möglich gewesen. Im Gegensatz hierzu scheinen in dem Rifgebirge am Nordrande Afrikas ältere Bildungen bis an das Mittelmeer zu reichen, und jüngere Formationen treten nach Süden zu auf.

Zwischen diesen Gebirgszügen breiten sich dann die fruchtbaren Plateaus Algeriens aus, und nur im östlichen Marokko und westlichen Algier verbinden weniger hohe Bergreihen als eine Art Querriegel die beiden grossen Ketten und trennen die Tiefebene des marokkanischen Gharb vom algierischen Tell und den Steppenregionen. Wie schon wiederholt bemerkt wurde, steigt der marokkanische Atlas von Norden aus langsamer an und fällt nach Süden steil ab ins Wad Sus. Nun muss man aber auch die jenseit des Sus auftretenden Höhenzüge mit ins Auge fassen, die man als Antiatlas bezeichnet hat. Hier ist es umgekehrt. Der Nordrand fällt sehr steil ab und besteht aus denselben Gesteinen wie der Südrand des Atlas. Nach Süden zu fällt dagegen der Antiatlas allmählich ab und löst sich in eine Anzahl immer flacher und niedriger werdenden Hügelreihen auf. Aehnlich wie das Thal des Wad Sus bildet das Wad Nun noch einmal einen tiefen, aber weniger breiten Einschnitt in die paläozoischen Schichten des Antiatlas. An diesen schliessen sich dann die flach geneigten Kohlenkalkschichten der nördlichen Sahara, welche bis tief hinabreichen, bis in jene Region, wo Granit und Porphyrdurchbrüche die Grenze von der reinen Sandwüste bezeichnen, in der nirgends ein Gestein zu Tage tritt, bis erst wieder tief im Süden, beim Abstieg ins Thal des Senegal die das Plateau el-Hodh zusammensetzenden Schichten sichtbar werden.

Von neuern geologischen Arbeiten sind nur die Beobachtungen von Ball zu bemerken, der mit der genannten Hooker'schen Expedition reiste, sowie die Untersuchungen von von Fritsch und Rein. Der Natur der Sache nach können es nur Einzelbeobachtungen sein, die aber um so mehr einen grossen Werth haben, als sonst fast gar nichts über den marokkanischen Atlas bekannt ist.

Ein Zusammenhang des aus einer Reihe meist isolirter

Gebirgsmassive und Gebirgsketten bestehenden Rifgebirges,
welches, bei Tetuan beginnend, sich unter verschiedenen
Namen durch das algierische Tell fortsetzt, um am Cap
Sidi-el-Hadsch Mbarek zu endigen, mit dem eigentlichen Atlasgebirge scheint nicht vorhanden zu sein, und
der Name „Kleiner Atlas", den die Franzosen einzelnen
dieser ersterwähnten Gruppen von Bergzügen gegeben, darf
durchaus nicht andeuten, dass wir in dem Rif etwa nur
einen nördlichen, weniger mächtigen Flügel des grossen
Atlasgebirges zu suchen haben.

ZEHNTES KAPITEL.

TARUDANT UND WAD SUS.

Die Freude, die Hauptstadt des Wad Sus erreicht zu haben, sollte bald verbittert werden durch den Empfang, der uns daselbst zutheil ward. Wir passirten das nördliche Thor und zogen, möglichst das Innere der Stadt vermeidend, längs der Stadtmauer der im Nordosten der Stadt gelegenen Qasbah zu, um unter dem Schutze des dort vom Sultan eingesetzten Beamten unsere Zelte aufzurichten oder ein Haus zu beziehen. Hier wurden wir in ziemlich barschem Tone abgewiesen, da man gehört habe, ein Christ befinde sich unter der Karavane! Wir zogen nun wieder in langer Procession ab, was natürlich nicht verfehlte, unter dem Volke Aufsehen zu erregen, und wurden in ein Fundaq geführt, das dicht bei der Mellah, dem Judenquartier, lag; man wollte uns damit beweisen, dass man uns mit den Juden gleichstelle. Es blieb vorläufig nichts übrig, als hier zu bleiben und abzuwarten, ob sich nicht vielleicht später ein besseres Verhältniss mit den Behörden herstellen liesse.

Es war ein ziemlich grosses, stockhohes Haus, in der Mitte befand sich ein grosser quadratischer Hof, in welchen die Gänge und Zimmer, wenn man diese schmalen, niedrigen und finstern Räume so nennen kann, mündeten. Wir richteten uns ein, bezogen die Wohnräume, hatten Gepäck und Thiere bereits untergebracht, als wir vor dem Gebäude plötzlich einen furchtbaren Lärm hörten. Massen von Volk hatten sich vor demselben versammelt, schrien und tobten fürchterlich und bewarfen das verschlossene Thor des Hauses mit Steinen. Einige Bekannte von Emnislah her theilten uns mit, das Volk sei sehr erregt und verlange die Entfernung des Christen aus der Stadt. Wir griffen sämmtlich zu den Waffen, da augenscheinlich die Thür bald eingebrochen werden würde und wir nicht gesonnen waren, uns so ohne weiteres erschlagen oder steinigen zu lassen, schickten aber gleichzeitig zum Chalifen der Stadt sowie zum Scherif, an welchen Hadsch Ali Empfehlungsbriefe hatte. Noch ehe es zum Aeussersten kam, erschienen einige ältere Männer, darunter Chalif und Scherif, und begannen uns nach allen Richtungen auszufragen. Es war anfangs eine erregte Debatte, die Leute erklärten, Christen dürfen nicht in der Stadt sein; wir aber beriefen uns auf den Brief des Sultans, der ausdrücklich alle Vertreter der Regierung anweist, mich zu schützen und auf alle Weise zu unterstützen. Allmählich nahmen die Leute Vernunft an und discutirten den Fall in weniger leidenschaftlicher Weise; besonders war es der Scherif, welcher durch Hadsch Ali bald gewonnen war, der in versöhnendem Sinne gesprochen hatte. Ich erklärte nochmals deutlich meinen Wunsch: ich wolle einige Tage in der Stadt bleiben und dann südwärts ziehen, um eine der nach Timbuktu ziehenden Karavanen zu erreichen; ich verlangte gleichzeitig die Erlaubniss, meine Zelte in der geschlossenen Qasbah aufstellen zu dürfen, um vor den Insulten des Pöbels fernerhin gesichert zu sein, was endlich

auch vom Chalif, der gegenwärtig wegen Mangels eines
eigentlichen Kaids oder Amils den Sultan vertritt, zugestanden wurde.

Wir hatten übrigens unter den Leuten einige Freunde
gefunden, die uns von Marrakesch her kannten und die
sich unserer aufs beste annahmen. Einer derselben ging
so weit, dass er einen der Hauptschreier derartig mit einem
Steine behandelte, dass er blutend zusammenstürzte. Die
tobende Volksmasse bestand nur aus Leuten der niedrigsten
Sorte, vorherrschend Sklaven, halbwüchsige Burschen und
eine Anzahl schwarzer ordinärer Weiber, welche die Neugierde an dem Skandal hergebracht hatte. Bessere Elemente betheiligten sich an diesen Excessen nicht.

Wir mussten also die Thiere so schnell wie möglich
beladen, um die Qasbah aufzusuchen; der Aufseher des
Fundaq war damit nicht zufrieden, da ihm der in Aussicht
stehende Gewinn entging. Unter Begleitung einiger älterer
Männer und des Scherifs zogen wir nun denselben Weg
zurück, den wir schon einmal zurückgelegt hatten, und zogen
endlich durch die mehrfachen Thore der Qasbah ein. Auf
einem grossen freien Platze, innerhalb der umfangreichen
Citadelle, konnten wir nun in aller Beruhigung die Zelte
aufstellen und uns möglichst bequem einrichten. Diese
Citadelle ist ein überaus weitläufiges Bauwerk, von einer
enorm hohen und sehr dicken festen Mauer umgeben, die
für dortige Verhältnisse uneinnehmbar erscheint. In einem
der Höfe standen zwei kleine alte Bronzemörser, die wol
nie hier Verwendung gefunden haben. Es müssen nur sehr
wenige Leute in der Qasbah sein, denn dieselbe war fast
völlig menschenleer. Soldaten des Sultans scheint es nicht
viel zu geben, und nur der Chalif mit einigen Leuten, die
die Stelle der Machazini einnehmen, bewohnt eins der
grossen Häuser.

Uebrigens befindet sich gegenwärtig in ausserordentlicher

Mission ein Abgesandter des Sultans hier, um mit den
Leuten des Wad Sus zu verhandeln und womöglich das
Ansehen des Sultans wiederherzustellen. Es war ein vornehmer gefälliger Mann, der uns schon in Fäs gesehen
hatte und erfreut war, uns hier wieder zu treffen.
Die Leute kamen aber doch am nächsten Tage wieder,
um sich über den Zweck meiner Reise etwas genauer zu
unterrichten, und hierbei stellte sich die Nothwendigkeit
heraus, dass wir einige gestern gemachte falsche Angaben
über meine Person berichtigen mussten. Hadsch Ali fand
es schliesslich für das Beste, die ganze Wahrheit zu sagen,
wer ich sei. Er legte offen dar, was wir wollten und dass
es uns vortheilhafter scheine, mich dem Volk gegenüber
als türkischen Arzt auszugeben. Die Leute nahmen endlich,
besonders auf Zureden des Scherifs, Vernunft an und billig-
ten unter den gegebenen Verhältnissen sogar die Maske;
auch nützte es uns, dass zufällig der Abgesandte des Sultans hier war, der die Richtigkeit des Geleitscheins bestä-
tigen konnte.

Um mir eine Escorte mitzugeben in das südlicher liegende Land des Sidi Hescham, erklärte man mir aber, sei
es nöthig, zum Amil von Mtuga im Norden des Atlas zu
schicken; es scheint, dass es diesem energischen Manne
gelungen ist, sich Ansehen zu verschaffen. Alle schilderten
übrigens den Weg zu Sidi Hescham als überaus gefährlich;
die ganze Strecke sei von Räubern besetzt und erst in den
letzten Tagen sollen einige zwanzig Personen getödtet
worden sein. Das klang nun freilich nicht sehr be-
ruhigend.

Uebrigens muss ich unter allen Umständen hier in Tarudant eine Zeit lang warten. Ich erfuhr, dass demnächst
bei Sidi Hescham ein grosser Jahresmarkt abgehalten werden wird, wozu von allen Seiten die Leute herbeiziehen.
Es wird also auch von Tarudant eine Karavane von Händ-

lern dahin reisen und dieser hoffe ich mich anschliessen
zu können.

Das Wetter ist regnerisch geworden und während der
Nacht haben wir Niederschläge, sodass die Zelte mit Rinnen
zum Ablaufen des Wassers versehen werden müssen. Wir
haben drei grosse Zelte aufgespannt, die beiden schönen
Zelte aus Tanger, von denen eins ich und Benitez benutzte,
während Hadsch Ali und Muley Achmid in dem zweiten
schliefen; ausserdem hatte ich noch ein grosses Zelt aus
grobem braunen Kameltuch angeschafft für die Leute und
als Küche. Täglich früh schickte ich Ibn Dschilul mit
einem Esel in die Stadt, um Nahrungsmittel einzukaufen:
Stroh und Gerste für die Thiere, und Fleisch nebst allerhand Gemüse für uns, sodass sich der Aufenthalt hier ziemlich theuer gestaltete.

Hadsch Ali ist fast den ganzen Tag über mit den Verhandlungen wegen meiner Abreise beschäftigt; der Scherif
und der fremde Secretär des Sultans nehmen daran gewöhnlich theil.

Am 18. März erhielten wir plötzlich den Besuch einiger
alten Scheichs der Howara. Es war ein Ereigniss für Tarudant, dass diese Leute, welche stets in Fehde mit dem Orte
sind, selbst in der Stadt erschienen. Die Howara sind
Araber und hatten gehört, dass man unsere Karavane, unter
der sich ein Scherif und Neffe des berühmten Abd-el-Kader
befand, insultirt und ein Quartier im Judenviertel angewiesen habe. Die Howara thaten sehr freundlich zu uns
und luden uns dringend ein, sie in ihren Häusern zu besuchen. Sie erklärten, dass, wenn man uns gezwungen
hätte, im Fundaq bei der Mellah zu bleiben, sie die Stadt
gestürmt hätten! Sie gaben ihrer Entrüstung über die
Pöbelexcesse kräftigen Ausdruck und baten nochmals dringend um unsern Besuch. Wir lehnten es aber ab; Hadsch
Ali fand es nicht für angezeigt, die sichern Thore der Stadt

nochmals zu verlassen, um die so berüchtigten Howara zu besuchen; vielleicht geschah es wirklich in guter Absicht, dass die Howara uns einluden, vielleicht war es auf eine Plünderung abgesehen, kurz wir blieben wo wir waren und entschuldigten uns damit, dass wir den grossen Jahresmarkt bei Sidi Hescham nicht versäumen dürfen.

Mein Begleiter hat eine neue für ihn interessante Bekanntschaft gemacht, einen hier in der Verbannung lebenden Scheich einer Kabyle bei Miknâsa, natürlich ein Mann, der auch zu den unzufriedenen Elementen in Marokko gehört: die beiden scheinen sich in grossen politischen Combinationen zu ergehen, und Hadsch Ali erklärte einmal ganz ernsthaft, mit 2000 Mann gutbewaffneter algierischer Truppen und einer Million Francs würde er es unternehmen, sich zum Sultan eines grossen Reiches zu machen, das völlig unabhängig vom Sultan von Marokko sei!

Wir haben jetzt einige Tage schlechtes Wetter gehabt, heftige Aequinoctialwinde mit Regen; am 20. März war wieder einmal ein schöner Tag. Unsere Zelte werden von Besuchern nicht leer, und Hadsch Ali ist hier plötzlich eine sehr gesuchte Person geworden; er fühlt sich dadurch ausserordentlich geschmeichelt, und mir kann es nur für mein Fortkommen nützen. Unser Verhältniss zu den bessern Elementen der Stadt ist ein ganz gutes geworden; ich bleibe aber doch besser beständig in der Qasbah, um nicht einen neuen Ausbruch des Fanatismus der untern Volksschichten zu provociren.

Am 21. März schon traf die Antwort des Kaïd von Mtuga betreffs der Escorte zu Sidi Hescham ein; dieselbe war gerichtet an den Kadi (Richter) von Tarudant. Derselbe lud uns in sein in der Stadt gelegenes Haus zu Tisch und theilte uns bei der Gelegenheit das nicht ungünstig lautende Schreiben des Scheich von Mtuga mit.

Meine Anwesenheit im Wad Sus war schnell bekannt ge-

worden, und der mehrfach erwähnte Secretär erhielt häufig
Briefe deswegen. Auf der einen Seite Anerbietungen der
Howara, uns zu escortiren, wenn man in Tarudant uns diesen Schutz verweigern sollte, andererseits aber auch Briefe
der Entrüstung darüber, dass die Behörden von Tarudant
einen Ungläubigen in ihren Mauern duldeten.

Den letztern wurde geantwortet, dass ich im Dienste des
Sultans der Türkei stehe, dass ich ferner vom Sultan von
Marokko völlige Actionsfreiheit erhalten habe und hingehen
könnte wohin ich wolle, und dass ich schliesslich in Gesellschaft eines grossen Scherifs reise, der alle Verantwortung
übernehme.

Der Besuch beim Kadi hatte zur Folge, dass sich derselbe herbeiliess, uns eine kleine Muna als Geschenk zu
machen, bestehend aus zwei Hüten Zucker und etwas Butter.
Es war mir lieb, dass dieser einflussreiche, aber etwas zurückhaltende und finstere Mann für uns gewonnen war; er
konnte es jedenfalls durchsetzen, uns eine Escorte zu verschaffen.

Am folgenden Tage verlangte der Kadi eine Abschrift vom
Geleitsbrief des Sultans; ferner eine schriftliche Bestätigung
von mir, dass er mich mittels Escorte bis zur Grenze des
marokkanischen Reichs befördert habe. Die Abschrift des
Briefes liess ich herstellen, dagegen musste ich die zweite
Forderung ablehnen. Ich erklärte mich bereit, ihm eine
schriftliche Erklärung auszustellen, sobald ich den Wad Raz,
der die Grenze von Marokko gegen das Land des Sidi Hescham bildet, erreicht hätte. Damit war denn auch der
Kadi endlich einverstanden.

Das Eintreffen der Escorte war wiederholt angekündigt
und der Aufbruch festgesetzt worden, aber immer kamen
neue Hindernisse. Am 23. März sollte es fortgehen, aber
die Escorte erschien nicht und man vertröstete uns auf das
Eintreffen der Leute für den Abend. Abends aber kamen

plötzlich all die guten Freunde Hadsch Ali's an und riethen
uns ernstlich, noch nicht zu reisen: die zum grossen Markt
ziehende Karavane sei wegen der Unsicherheit der Strasse
zurückgekehrt und werde erst am 27. März reisen. Hadsch
Ali war der Aufschub offenbar sehr gelegen, da er hier
gute Freunde gefunden hat, mit denen er allerhand Privat-
geschäfte treibt.

Am 24. März machten wir die Bekanntschaft eines Scherifs aus Tafilalet, der im Begriff steht, nach dem Wad Nun
zu reisen. Er muss dabei einen grossen Theil unserer Route
benutzen und erbietet sich, mit uns zu gehen. Es ist mir
das sehr lieb; es ist ein ruhiger, entschlossener Mann, der
uns manche Dienste leisten kann, und wir nahmen sein Anerbieten natürlich sehr gern an. Er hat den Weg von Tafilalet durch die Provinz Wad Draa bis nach Tarudant angeblich in elf Tagen zurückgelegt. Mit ihm hätte ich eine
leichte Gelegenheit, nach Tafilalet zu kommen, was ich auch
zweifellos thun würde, wenn mir die Tour von Sidi Hescham
aus nach Timbuktu nicht möglich sein sollte. Vielleicht
lässt sich der Scherif bewegen, noch ein grösseres Stück mit
mir zu reisen, da er es offenbar nicht sehr eilig hat, nach
Wad Nun zu kommen.

Während ich mit Benitez beim Chalifen der Qasbah
zu Tisch geladen war (Hadsch Ali war wie gewöhnlich in
der Stadt), stahl mir einer meiner Diener, und zwar der
junge Berberbursche, den wir erst in der Qasbah Mzugi
aufgenommen hatten, aus meinem Zelt ein Säckchen mit
Geld, ungefähr 20 Duros enthaltend, sowie einen Revolver.
Es ist dies das erste, und ich muss gleich im voraus bemerken, auch das letzte mal gewesen, dass ich von Mohammedanern direct bestohlen worden bin. Man hat mir Geschenke abgepresst, mich ausgeplündert, aber ein gemeiner
Diebstahl ist mir nie wieder vorgekommen. Der Bursche
hatte Zutritt zum Zelt, und während meiner Abwesenheit

machte er von dieser Erlaubniss Gebrauch und bemächtigte
sich der Gegenstände. Ein wahres Glück, dass er nicht
den Sack mit dem übrigen Gelde gefunden, in welchem sich
3—400 Duros, mein ganzes Vermögen, befanden; ich wäre
dadurch in eine verzweifelte Lage gekommen. Einer der
im Küchenzelt befindlichen Diener machte mich bei meiner
Rückkehr aufmerksam, dass der Bursche etwas lange im
Zelt gewesen sei, und forderte mich auf, nachzusehen, ob
nichts fehle. Es ergab sich auch bald der Abgang der angegebenen Gegenstände.

Meine Leute und besonders Hadsch Ali waren wüthend
über diesen Streich; sie ergriffen die Gewehre, stürmten in
die Stadt und machten dort alles rebellisch, sodass den
ganzen Nachmittag und Abend eine förmliche Jagd auf den
Burschen stattfand; denn auch die tarudanter Bevölkerung,
so unfreundlich sie mich im Anfang aufgenommen hatte,
war über so etwas empört. Diebstahl ist etwas überaus
Schimpfliches in den Augen dieser Leute.

Trotz der eifrigsten und wirklich ernsthaften Suche wurde
der Bursche nicht gefunden; die Stadt konnte er nicht verlassen haben, da er von den Thorwächtern nicht gesehen
worden war; auch würde er das aus Furcht vor Räubern
nicht gewagt haben. Er hatte offenbar jemand in der
Stadt, der ihn gut versteckt hielt, wahrscheinlich ein
Frauenzimmer, das ihn wol zu dem Diebstahl verleitet
haben mag.

Die beiden folgenden Tage, der 25. und 26. März, vergingen mit Vorbereitungen zur Abreise, die definitiv am
27. März vor sich gehen sollte. Ich hatte noch ein Kamel
gemiethet bis zu Sidi Hescham, um meine Thiere nicht zu
überlasten, für 5 Duros, eine ziemlich hohe Summe für den
kurzen Weg. Eine grosse Anzahl Briefe wurde geschrieben,
die ich einem Juden übergab, der im Begriff stand, in den
nächsten Tagen nach Mogador zu reisen. Ich habe vergeb-

lich die Kisten mit Medicamenten und Provisionen erwartet,
die ich von Marrakesch aus in Mogador bestellt hatte; entweder ist die Bestellung nicht ausgeführt oder die Karavane, welche die Sachen direct nach Tarudant schaffen
sollte, ist aufgehoben worden.

So konnte ich denn nach einem nur zwölftägigen Aufenthalte die Stadt verlassen, wo es beim Eintritt in dieselbe den Anschein hatte, als ob meiner Reise hier überhaupt ein Ziel gesetzt werden sollte. Tarudant ist von
wenigen Europäern besucht worden, einzelne sind sogar als
Gefangene dort zurückgehalten worden. Es mögen zwar
jetzt die Verhältnisse etwas günstiger geworden sein, aber
es ist immer noch ein mit vielem Risico verbundenes Unternehmen, den Wad Sus zu besuchen. Ich bin zwar zuletzt
mit den Leuten, die mit uns verkehrten, recht gut ausein-
andergekommen, aber man merkte doch nur zu deutlich,
besonders bei den Beamten, dem Chalif und dem Kaid, wie
unbequem ich ihnen war. Es verursachte ihnen offenbar
Mühe und Kosten, mir ein sicheres Geleit bis zu Sidi Hescham zu verschaffen, andererseits fürchteten sie die Verantwortung für den Fall, dass mir ein Unglück passiren sollte
und sie beschuldigt würden, nicht ihre Pflicht gethan zu
haben, wie es der Brief des Sultans vorschrieb.

Ich war wirklich froh, als wir am 27. März die Stadt
verliessen, denn Tarudant war mehr oder weniger doch ein
Gefängniss für mich gewesen, noch dazu ein sehr theueres,
da die Ernährung einer grossen Zahl von Dienern sowie
einer Menge von Kamelen, Pferden, Maulthieren und Eseln
selbst in den dortigen Gegenden ziemlich hoch zu stehen
kommt.

Die Stadt Tarudant, ungefähr 88 km vom Meere entfernt gelegen, nimmt nach den Berichten von Gatell, der
auch einen Plan der Stadt geliefert hat, gegen 430000 qm
Fläche ein und ist vollständig von einer 6—8 m hohen
festen Mauer umgeben, welche theils aus Stein, theils
aus gestampftem Lehm errichtet ist. In Abständen von
60—100 m sind massive viereckige Thürme, sodass diese
Befestigung für dortige Verhältnisse eine ausserordentlich
starke genannt werden muss; auch sind diese Thürme in
verhältnissmässig noch recht gutem Zustande. Fünf Thore
führen in die innere Stadt: Bab-el-Qasbah, führt zur Citadelle, Bab-el-Schamis führt nördlich nach Marrakesch, Bab
Ulad ben Nuna führt in nordwestlicher Richtung nach Mogador, Bab Targount nach Agadir (Santa-Cruz) und in
den District der Kabyle Schtuga und Bab Ezorgan nach
Süden zu.

Die Qasbah, welche die nordöstliche Ecke der Stadt
einnimmt und ungefähr 50000 qm bedeckt, ist durch
eine besondere Mauer von der eigentlichen Stadt getrennt,
durch welche ein anderes Thor führt. Man findet in den
Höfen im Innern einige uralte Kanonen und Mörser, die
wol nie benutzt worden sind; sie liegen seit langer Zeit
friedlich da.

Kaum die Hälfte der Stadt wird von Häusern bedeckt,
und als ich in Tarudant einzog, hatte ich erst grosse Com-
plexe von Olivengärten zu durchwandern, ehe ich die Qasbah
erreichte. Die Häuser, von denen 1300 in der Stadt sein
sollen, sind fast ausschliesslich aus gestampftem Lehm errichtet und in dem in Marokko allgemein üblichen Stil gebaut, flache Dächer, keine Fenster, die Zimmer haben nur
die Thür, welche in den Hof oder eine Veranda führt.
Eine ganze Anzahl grosser Fundaqs dienen den Karavanen
zur Unterkunft; sie enthalten zahlreiche kleine Räume und
unterscheiden sich die für die Menschen bestimmten wenig

von den Ställen für die Thiere. Manche haben ein Stockwerk, sodass in diesem Falle die Menschen die obern Räume
benutzen, während die untern für Thiere und Gepäck bestimmt sind. Die Fundaqs sind verpachtet und hat der Pächter jährlich eine geringe Summe an das Aerar, d. h. an den
jeweiligen Vertreter des Sultans, zu zahlen. Die Preise für
die Benutzung dieser Fundaqs sind sehr niedrig; Gasthöfe
sind es nicht, da jeder Bewohner die Provision selbst mitbringen und dieselbe auch bereiten muss. Eins derselben,
das Fundaq Essalah, dient als Markt.

Es gibt drei Moscheen in Tarudant, von denen eine auf
der Qasbah sich befindet. Das Wasser wird aus Brunnen
genommen, deren es viele gibt; Mühlen gibt es nicht, da
die Stadt weit vom nächsten Fluss entfernt ist. Eisen- und
Lederarbeiten sind die wichtigsten Industriezweige und
waren besonders früher die Eisenwaaren von Tarudant von
grossem Renommée. In dem südlichen Theile der Stadt gibt
es eine grosse Salpeterfabrik, um Pulver, welches im Wad
Sus in grossen Mengen dargestellt wird, zu erzeugen; der
Schwefel kommt aus Europa und wird von Mogador mit
Lastthieren dahin gebracht. Nicht weit von dieser Fabrik
befindet sich die Mellah, das Judenquartier.

Gatell schätzte seinerzeit die Bewohner auf 8300 Seelen
inclusive der Juden, und mehr sind es seitdem nicht geworden; die Stadt macht einen öden und verlassenen Eindruck,
und die nicht sehr engen Strassen sind leer.

Der Sultan hatte zu meiner Zeit keinen Amil dort, sondern ein Chalif, der in der Qasbah wohnte, vertrat die marokkanische Regierung. Derselbe hatte aber gar keinen
Einfluss in der Stadt, vielmehr war es der früher erwähnte
Kadi (Richter), welcher alles leitete.

Die Bewohner, vorherrschend roh und von abstossendem
Benehmen gegen Fremde, erkennen nur ungern den Sultan
an und revoltiren bei jeder Gelegenheit; es hiess wiederholt

in Marokko, der Sultan wolle mit einem grössern Heere dahin ziehen und Ordnung schaffen. Während meiner Anwesenheit befand sich ein Secretär des Sultans dort, um die Verhältnisse kennen zu lernen. Die Lage von Tarudant ist eine überaus günstige, inmitten einer breiten und langen, äusserst fruchtbaren Ebene, und es ist begreiflich, dass ehemals, als eine geordnete und kräftige Regierung hier bestand und der Wad Sus ein selbständiges Ländchen war, Handel und Verkehr blühten und infolge dessen auch die Wissenschaft gepflegt werden konnte.

Der Wad Sus ist recht gut cultivirt und fast überall mit Wasserkanälen durchzogen; auf diese Weise wird natürlich den Flüssen viel Wasser entnommen und daher die vielen trockenen Wad. Weizen und Gerste werden überall gebaut; die Ernte fällt gewöhnlich in den Monat April; man findet stellenweise grosse Magazine errichtet, die einem Dorfe oder einer Gruppe von Meierhöfen gemeinsam gehören. Ebenso gibt es zahlreiche Heerden von Rindern, Schafen und Ziegen. Wandernde Nomaden und Zeltdörfer findet man hier nicht, alle Bewohner sind sesshaft und errichten sich grosse und feste Häuser. Die Landwirthschaft wird auf die primitivste Weise betrieben, wie es vor Jahrtausenden Sitte war; und auch in der Industrie hat man keinen Fortschritt gemacht, sondern erzeugt noch dieselben Messer, Dolche, Pulverhörner, Gewehre u. s. w. wie ehemals. Die Gewehrschäfte weiss man mit prächtigen Verzierungen von Elfenbein und Silber zu belegen und auch die Läufe werden verziert. Die Gewehre des Ortes Titli gelten für die schönsten. Aehnliche schöne und grosse Gewehre werden sonst nur noch in Tetuan in Marokko fabricirt.

Charakteristisch für die Sus-Industrie sind die kurzen nach auswärts gebogenen Dolche, Gumiah, deren hölzerne Scheiden mit Messing, Zink oder Silber belegt sind, auf wel-

chen zum Theil prächtige Arabesken eingravirt werden.
Die Klingen dazu kommen jetzt schon vielfach aus England
und sind mit einem Fabrikzeichen versehen. Diese Messer
werden massenhaft fabricirt und es gibt niemand, der
nicht eine solche Waffe, die übrigens für den Gebrauch
sehr unzweckmässig ist, an einer seidenen dicken Schnur

Fig. 14. Junger Marokkaner aus Wad Sus.

trüge, der Aermere solche, deren Scheide ganz Messing ist,
die meisten Dolche aber haben eine silberbeschlagene Seite;
seltener sind diejenigen Messer, deren Scheide auf beiden
Seiten mit Silber belegt ist.

Trotz des Reichthums der Abhänge des Atlasgebirges
wird doch ausserordentlich wenig Erz verarbeitet und fast
alles Eisen und Kupfer kommt aus Europa.

Der eigentliche Wad Sus, dessen Grenze nach Süden zu
der Wad Raz bildet, sowol gegen das Land des Sidi Hescham als auch gegen den südwestlicher liegenden Wad Nun,
weist vor allem zwei grosse Kabylen auf, die in zahlreiche
kleinere Familien zerfallen: die Kabyle Schtuga und die
Kabyle Howara. Erstere besteht aus 16 Familien: El Me-
seguina, el Ksima, Wad Amira, Ait Bu Taib, Ait Bonku,
Ait Bu Lesa, Ait Yaza Elgarani, Ida Ulad Buzea, Ait Lugan,
Ait Musa, Ait Amer, Ait Melek, Ait Adrim, Konza, Ida Garan.
Die Howara bestehen aus sieben Familien: Ulad Karrum,
Ulad Taisna, Ulad Said, Ulad Arru, El Kofaifat, Ulad Sche-
luf, Ait Iqaz.

Ein strenger Unterschied zwischen Berbern und Arabern
ist wol heute nicht mehr möglich, da sich die einzelnen
Familien miteinander vermischt haben. Im allgemeinen
kann man sagen, dass die Howara Araber, die Schtuga aber
Scheluh sind, wie schon aus den Namen der angeführten
Familien hervorgeht. (Ulad, Söhne, ist im Berberischen
Ait.)

Das schon früher erwähnte wenig friedliche Zusammen-
leben, die Anarchie, die ewigen Kämpfe der einzelnen Familien untereinander, die meist nur die Folge von Diebstahl und Raub sind, lassen das Land nicht in die Höhe
kommen und jene Stellung einnehmen, die es seiner günstigen Lage nach verdiente.

Der Wad Sus, Wad Nun und die Landschaft des Sidi
Hescham sind auch die Heimat jener zahlreich in Marokko
herumziehenden Gaukler, Schlangenbändiger, Tänzer, Akro-
baten u. s. w., die man fast auf jedem Soko antrifft. Die
Zauberer produciren die auch in Europa üblichen Kunststücke, die auf Fingerfertigkeit und dem Einverständniss
mit einem andern beruhen, und die Jongleure benutzen gewöhnlich die grosse Flinte sowie Messer und Dolche zu
ihren Spielereien. Die Schlangenbändiger, welche wie die

andern immer in Begleitung einiger Trommler oder Musiker
herumziehen, benutzen verschiedene Arten von Schlangen
zu ihren Productionen. Sie zähmen die ungefährlichen *Za-
menis hippocrepis* und richten sie ab, gewissermassen nach
dem Klange eines Instruments zu tanzen, dann aber machen
sie auch dieselben Kunststücke mit den Trugnattern (*Cœlo-
peltis insignitus* Geoffr.) und sogar mit der gefährlichen *Vi-
pera arietans* Merr. Sie reizen vor der Vorstellung diese
Thiere sehr stark und lassen sie dann in ein Stück Wollen-
zeug beissen, sodass das Thier sich des aufgespeicherten
Giftes entledigt. Häufig führen diese Leute auch Skorpione
mit herum, in Hörnern aufbewahrt, schütten letztere aus
und fangen dann mit ausserordentlicher Gewandtheit die
schnell auseinanderlaufenden Thiere mit den Händen wieder auf.

Sehr viele der bei uns in Europa herumziehenden Araber stammen aus diesen Ländern; dieselben haben als
Schutzpatron gewissermassen den grossen Heiligen Sidi Mohammed ben Musa, und bei Ausübung ihrer Productionen
rufen sie nicht selten diesen Namen aus. Das Volk in Marokko sieht immer gern derartige Productionen und belohnt
die Künstler durch Zuwerfen von Kupfermünzen (Flus).

Ich habe wiederholt der Arganwälder erwähnt, die
für die Gegend südlich vom Atlas so ausserordentlich charakteristisch sind. Da sehr wenig über diesen merkwürdigen
Baum in Deutschland bekannt ist, mag hier das Wichtigste
Platz finden, was der berühmte englische Botaniker Hooker
in seinem trefflichen Buch: „Journal of a Tour in Marocco
and the Great Atlas" (wovon keine deutsche Ausgabe existirt) berichtet.

Der Arganbaum (*Argania Sideroxylon, Sideroxylon spi-
nosum, Rhamnus siculus, Rhamnus pentaphyllus, Elaeodro-*

dron Argan) wird mit Recht als das interessanteste Gewächs
Marokkos betrachtet, indem er auf dieses Reich beschränkt
ist, einer ausschliesslich tropischen Pflanzenfamilie angehört,
den Einwohnern ein werthvolles Nahrungsmittel bietet, und
ein Holz liefert, das zu dem festesten und härtesten aller
Hölzer gehört. Die erste Nachricht über diesen Baum verdanken wir dem berühmten Afrikareisenden Leo Africanus,
der im Jahre 1510 Marokko besuchte. Derselbe berichtet,
dass die Einwohner aus den Nüssen Oel pressen, welches
sowol zur Nahrung als auch als Leuchtmaterial dient.

Der Argan wächst gern auf sandigen Hügeln und erreicht
ein hohes Alter; es gibt einzelne Jahrhunderte alte Exemplare,
deren Stamm 26 Fuss Umfang hat. Schon 3 Fuss über
dem Boden beginnt die Astbildung. Sie werden häufig ge-
pflanzt, indem man den Samen in die Erde legt, etwas Dün-
ger dazu gibt und stark bewässert, bis er zu treiben anfängt;
dann bedarf er keiner weitern Pflege. Nach drei bis fünf
Jahren trägt er Früchte, welche zwischen Mai und August,
je nach dem Standort, reifen. Die Wurzeln breiten sich
weit unterirdisch aus und in Zwischenräumen erscheinen
Schösslinge. Wenn die Frucht reift, treibt man die Rinder-,
Schaf- und Ziegenheerden dahin, ein Mann schlägt mit
einem Stock die Früchte herab, die gierig von den Thieren
verzehrt werden. Abends treibt man die Thiere heimwärts
und es beginnt der Process des Wiederkauens, wobei die
Nüsse, ohne den Magen durchpassirt zu haben, ausgeworfen
werden, welche man dann des Morgens aufsammelt. Die
Nüsse werden dann gut getrocknet und die Schale abgenommen; dieselbe wird aufgehoben, um später als Kamel-
futter verwendet zu werden.

Der Process der Oelgewinnung ist sehr einfach. Die
harten Nüsse werden mit Steinen aufgeschlagen; die Kerne
werden in einer irdenen Schüssel geröstet, in Handmühlen
gemahlen und in eine Pfanne gethan. Man sprengt ein

wenig heisses Wasser darüber, dann wird die Masse tüchtig mit der Hand durchmengt, bis das Oel sich trennt, und der Rückstand wird mit der Hand ausgepresst. Man lässt dann das Oel sich setzen. Die Oelkuchen, die noch ziemlich viel Oel enthalten, gibt man den Milchkühen.

Das Hauptaugenmerk muss man bei der Gewinnung des Oels darauf richten, dass die gemahlene Masse gut durchgeknetet wird und dass man die richtige Quantität heisses Wasser zusetzt. Das Oel selbst ist rein, von einer lichtbraunen Farbe und hat einen ranzigen Geschmack und Geruch.

Wenn man das Oel ohne weitere Reinigung zum Kochen benutzt, so hat es einen stechenden Geschmack, den man noch lange am Gaumen fühlt. Der Dampf, welcher aufsteigt, wenn man etwas in diesem Oel brät, greift die Lungen an und reizt zum Husten.

Der erste Botaniker, welcher die Pflanze erwähnt, war Linné, der in seinem „Hortus Cliffortianus" (1737) dieselbe nach getrockneten Exemplaren als Sideroxylon beschreibt.

Der schon oft genannte englische Reisende Jackson, welcher lange in Marokko war, gibt nur folgende kurze Notiz: „Arganöl gibt es reichlich im Sus, wo es zum Backen der Fische sowie zu Beleuchtungszwecken dient. Beim Backen der Fische wird dem Oel eine in Stücke geschnittene Zwiebel zugegeben und dann muss, sobald es siedet, ein Stück Brot beigegeben werden. Dann nimmt man es vom Feuer und wenn es erkaltet ist, muss es durch ein Sieb geseiht werden; ohne diese Vorsichtsmassregel, meint man, befördere dieses Oel den Aussatz."

Die beschränkte Verbreitung des Arganbaums ist eine sehr bemerkenswerthe Erscheinung, denn das Genus ist sehr nahe verwandt dem Sideroxylon (Eisenholz), ein in beiden Hemisphären weitverbreitetes tropisches und subtropisches

Genus, welches in Madeira (ungefähr in derselben Breite wie das Vorkommen des Argan) die Nordgrenze erreicht, wo eine Species, *S. Mermulana Lowe*, auf den Felsen im Innern des Landes gefunden wird. Diese Pflanzenordnung wird auf den Canarischen Inseln nicht gefunden, kommt aber in einer Species von Sapota auf dem Capverden vor.

Es scheint demnach, dass Argania und das Sideroxylon auf Madeira zwei isolirte Vertreter einer tropischen Pflanzenordnung sind; und unter Berücksichtigung ihres Vorkommens nahe beieinander im äussersten Westen der Alten Welt sind sie in pflanzengeographischer Hinsicht von hohem Interesse als Beispiele von Verwandtschaft zwischen den Floren dieser Gegenden.

Das Holz des Baums gleicht, wie erwähnt, dem tropischen Eisenholz und ist sehr hart; aber in der allgemeinen Erscheinung ähnelt die Pflanze doch mehr der Olive als dem Sideroxylon, sodass sie eine locale Vertretung derselben bildet.

Die Verbreitung ist beschränkt auf die Gegend zwischen dem Fluss Tensift und dem Wad Sus, nur einige wenige zerstreute Bäume sollen nördlich vom Tensift gesehen worden sein. Von der atlantischen Küste reicht sein Verbreitungsbezirk kaum 40 Meilen weit in das Land herein und die Ausdehnung in der Richtung von Nord nach Süd beträgt 2—3 Breitengrade. Ausser in diesem kleinen Raume findet sich dieser Arganbaum nirgends in der Welt. Die jüngern Zweige und Schösslinge sind mit Stacheln besetzt und die Blätter gleichen denen des Olivenbaums in Gestalt, haben aber ein volleres Grün, auf der Unterseite etwas blässer. Hohle Stämme sieht man nie, da das Holz zu hart ist, um von Insekten zerstört zu werden.

Man benutzt in Mogador getrocknete Zweige und Blätter ihres intensiven Geruchs wegen, um wollene Stoffe vor Mottenfrass zu schützen.

Wenn ein Export des Oels, das in Europa allenfalls zu Parfumeriezwecken benutzt, aber seines strengen Geschmacks wegen nicht als Speiseöl verwerthet werden kann, stattfindet, so ist derselbe jedenfalls nicht bedeutend.

Neben diesem Arganbaum ist in Marokko auch häufig der Arar, der Sandarakbaum, *Callitris quadrivalvis Vent.*, zu den Nadelhölzern gehörig. Er kommt in den Bergregionen von ganz Nordafrika, besonders aber im Atlasgebirge, häufig vor. Es ist ein hübscher, gegen 6 m Höhe erreichender sehr ästiger Baum und sieht den Lebensbäumen (Thuja) ähnlich. Er liefert ein Harz, das Sandarak, welches zur Darstellung von Weingeistfirnis, ferner zur Bereitung von Pflastern, Salben und Räucherpulvern verwendet wird. Das Holz ist sehr werthvoll wegen der Dauerhaftigkeit und Schönheit und war das alte Cedernholz der Römer. Der Baum war schon bei den alten Griechen bekannt und geschätzt unter dem Namen Thuja; der Θυίον in der Odyssee war vermuthlich der von den Marokkanern Arar, von den Spaniern Alerce genannte Baum. Der untere, umfangreiche Stamm ist besonders werthvoll und wird das Holz heute noch von Algerien in grossen Mengen nach Paris geschafft, wo kleine Möbelstücke daraus verfertigt werden.

Unter dem Namen Citrusholz war es bei den Römern bekannt und hochgeschätzt und bei der Schilderung von luxuriösen Einrichtungen findet sich häufig das Beiwort „citreus". Zu Tempelbauten wurde es mit Vorliebe genommen, ein Gebrauch, den nicht nur Griechen und Römer hatten, sondern auch die spätern Araber; man hat gefunden, dass gewisse Holztheile an der Moschee in Cordova von diesem Baume herrühren. Plinius berichtet bereits ausführlich über diese Pflanze, von der er mittheilt, dass die untersten in der Erde versenkten Theile des Stammes am werthvollsten sind und kostbare Tische daraus gefertigt wurden.

Für diese Tische aus Citrus muss sich eine bedeutende Kunstindustrie in Rom entwickelt haben, denn man hat für die verschiedenen Formen der Tische besondere Namen. Tischplatten aus einem Stück von ungefähr 4 Fuss erreichten enorme Preise.

In Marokko verwendet man gegenwärtig das nützliche und schöne Holz nur zu Bauzwecken und zum Heizen; das Harz, Sandarak, wird von Mogador aus exportirt.

Von andern für Marokko nützlichen Bäumen werden bei Hooker erwähnt der Ammoniakgummi, Arabische Gummi und Euphorbium. Die Pflanze, welche in Marokko das Ammoniakgummi gibt, darf nicht verwechselt werden mit der persischen. Dort ist es eine Umbellifere, Dorema, aus welcher man das gelbliche, stark riechende und widerlich schmeckende Harz herstellt, in Marokko aber ist man über den Baum, welcher das Faschook liefert, nicht ganz im Klaren. Jackson gibt eine Schilderung des Baums, nach welcher neuere Botaniker ein Elaeoselinum erkennen wollen; Hooker selbst hat sich vergeblich nach dem Baum umgesehen. Jackson gibt an, der Baum wachse in den Ebenen der innern Provinzen, besonders im Norden der Stadt Marokko. Wo diese Pflanze wächst, sollen sich keine Thiere aufhalten können, mit Ausnahme eines Geiers. Die Pflanze wird von einem Insekt angegriffen, das nach der Zeichnung bei Jackson einem Bombylius ähnelt, und aus den angenagten Stellen fliesst das Harz. Das Ammiacum war schon den Alten bekannt; es soll in Libyen und in Cyrene vorkommen und im Tempel von Ammon präparirt worden sein.

Das Faschook wird von den Mauren als Depilatorium und bei Hautkrankheiten angewendet; eine kleine Menge wird von Marzagan über Gibraltar und Alexandrien in den Orient exportirt.

Das Arabische Gummi kommt in Marokko von einer

Akazie, die hier die Nordgrenze des Verbreitungsbezirks
des umfangreichen Genus Acacia in Afrika bildet. Es ist
nach Hooker ein dorniger Busch, der im südlichen und
westlichen Marokko häufig ist. Das Gummi wird besonders
in der Gegend von Demnet gesammelt und von da nach
Mogador gebracht. Es scheint übrigens, dass hier verschiedene Bäume und Sträucher Gummi liefern, denn Jackson
bezeichnet einen hohen Baum als die Quelle des Gummi;
ausserdem kommt sehr viel Gummi aus der Wüste bis
nach Marokko zum Verkauf, der von der *Acacia arabica*
stammt, während das Product der *Acacia gummifera* ein
besseres ist.

Das stark giftige Euphorbium ist der eingetrocknete
Milchsaft der im Innern des marokkanischen Reichs vorkom-
menden *Euphorbia resinifera*; dasselbe ist von gelblicher
Farbe, schmeckt heftig brennend, erregt starkes Niesen und
Entzündung und dient als blasenziehendes Mittel.

Jackson gibt bereits eine Abbildung und Beschreibung
der Pflanze, die zahllose Spitzen und Dornen hat, welche
sich an jeden Gegenstand, der die Pflanze berührt, anhängen.
Der Saft fliesst aus Einschnitten, die man mit dem Messer
macht; im September tropft derselbe ab und trocknet. Die
Pflanze soll nur in jedem vierten Jahre reichlich Saft liefern; die Leute, welche denselben sammeln, müssen Mund
und Nase verbinden, um nicht zu einem heftigen Niesen
genöthigt zu werden.

Die Alten kannten schon das Euphorbium als Medicinal-
pflanze und dessen Vorkommen im Atlas. Die Pflanze soll
zu Ehren von Euphorbus, Arzt des gelehrten Königs Juba II.
von Mauritanien, genannt worden sein.

Das Vorkommen tropischer Euphorbiaceen in Marokko
ist eine botanische Merkwürdigkeit, ebenso wie die Verbreitung des Argan. Wie dieser in Madeira seine nächsten

Verwandten hat, so haben die marokkanischen Euphorbiaceen auf den Canarischen Inseln verwandte Formen.

Gegenwärtig hat die Benutzung und der Export von Euphorbium in Marokko fast ganz aufgehört und soll nur noch in der Thierarzneikunde angewendet und bei der Darstellung einer Farbe zur Erhaltung von Schiffsholz benutzt werden.

ELFTES KAPITEL.

REISE IN DAS LAND DES SIDI HESCHAM.

Soko Tleza. — Fluss Sus. — Arganwälder. — Ida Menon. — Schtuga.
— Tarudanter Karavane. — Wad Raz. — Schwierige Passage. —
Römische Brücke. — Land des' Sidi Hescham. — Zauja Sidi Muha-
med ben Musa. — Herb. — Scheich Dachman. — Sidi Hussein. —
Einkauf von Kameelen. — Verhandlungen. — Abgang einiger Diener.
— Rückgabe der Geschenke. — Briefe. — Erlaubniss zur Abreise. —
Kabyle Tazzerult. — Mugar. — Wad Nun. — Ogulmim. — Mackenzie.
— Intriguen des Sultans. — Juden. — Schlechte Küste. — Agadir
(Santa-Cruz. — Santa-Cruz de Marpequeña.

Es wurde gegen 9 Uhr des Morgens, als wir am 27. März
die wenig gastlichen Mauern von Tarudant verliessen, um
weiter südwärts zu ziehen in Länder, die nie oder nur äusserst selten von Europäern besucht worden sind.

Da gerade die allernächste Umgebung von Tarudant am
wenigsten sicher ist, so begleiteten uns mehrere Stunden
weit der Chalif der Citadelle, der Scherif Muley Ali, nebst
einer Escorte von 20 bis an die Zähne bewaffneten Reitern;
es war ein wahrer Kriegszug.

Der Weg führte zwei Stunden lang fast in rein westlicher
Richtung bis zum Soko Tleza (Dienstagsmarkt) bei den
Ulad Sed, einer Familie der Kabyle Howara. Hier verliess
uns die Begleitung aus Tarudant und wir wurden nun einer
kleinern Escorte von Howaras übergeben, die uns durch die
gefährdeten Gegenden zu bringen hatten.

Es war, wie früher erwähnt, ursprünglich beschlossen worden, dass ich mich den tarudanter Kaufleuten und Händlern anschliessen sollte, die auch am 27. März die Stadt verlassen wollten. Es stellte sich aber schliesslich heraus, dass diese sich weigerten, in Begleitung eines Christen zu einem Markt zu reisen, der in einer grossen und weitberühmten Zauja abgehalten wird. Es mussten also die Behörden von Tarudant mit einigen Howarascheichs ein Abkommen treffen, wonach man mich ungefährdet durch ihr Gebiet ziehen lassen sollte. Es wurde dann bestimmt, dass ich nicht die Hauptroute nehmen, sondern mehr auf Seitenwegen die Arganwälder passiren sollte, um so auf das Gebiet der Kabyle Schtuga zu kommen, deren Scheich, Sidi Ibrahim, wir bereits beim Abstieg vom Passe Bibauan nach Emmislah kennen gelernt hatten.

Der Weg, den wir von Tarudant bis nach Soko Tleza zurückgelegt hatten, war übrigens wohlbebaut, die Gerstenfelder und Olivengärten sind durch Hecken eingezäunt und zahlreiche künstliche Kanäle bewässern das Land.

Der Trupp Reiter, dem wir übergeben wurden, bestand selbst aus Strassenräubern, die alle Schlupfwinkel recht gut kannten und zu vermeiden wussten; es waren wilde Burschen, die in ihrem phantastischen Costüm und mit den grossen Gewehren, Säbeln, Dolchen, Pulverhörnern u. s. w. sehr verwegen aussahen.

Der Weg führte etwas südlich, wir überschritten den kleinen Wad Dschitarin kurz oberhalb seiner Vereinigung mit dem Wad Sus und gelangten bald an diesen selbst. Das eigentliche Flussthal ist sehr breit, aber wenig tief, da die Steilränder nur geringe Höhe haben; der grösste Theil des Bettes ist vollständig mit feinem Sande angefüllt und der Fluss selbst bestand zu meiner Zeit aus einer kaum 10—12 Fuss breiten und 1—2 Fuss tiefen Wasserrinne. Ich hatte einen gewaltigen Strom erwartet und fand nur

diesen schmalen Streifen fliessenden Wassers. Uebrigens
hat der Wad Sus, soviel ich hörte, das ganze Jahr hindurch
etwas Wasser; sehr viel kommt nicht in den Unterlauf
herab, da im Oberlauf durch die Culturzwecke zu viel
Wasser absorbirt wird.

Die Ueberschreitung des Flusses machte demnach nicht
die geringste Schwierigkeit, nur wurden wir von einem
plötzlichen Platzregen überrascht und durchnässt; auch
wehte vom Westen her ein heftiger Wind das Thal aufwärts,
der uns Wolken feinen Sandes ins Gesicht trieb und äusserst lästig war.

Am andern Ufer angelangt, ging es erst ein Stück westwärts und wandten wir uns dann nach Süden zu in einen
grossen Wald von Arganbäumen, der gleichfalls höchst gefährlich zu passiren ist. Wir wählten nicht die Hauptroute
durch den Wald, sondern passirten denselben etwas weiter
westlich; meine Escorte sagte mir später, auf dem Hauptweg hätte eine Bande von 100 Briganten auf uns gewartet.
Ob dies wahr gewesen ist, oder ob es auf ein Geschenk abgesehen war, weiss ich nicht; möglich ist es schon und der
Umstand, dass uns auf der gefährlichen Tour gar nichts
zugestossen ist, zeigt nur, dass wir in sehr geschickter Weise
auf Seitenwegen geführt wurden. Es war jedenfalls wieder
ein unheimlicher Marsch, beständig schussbereit sitzen und
zusehen, wie meine Escorte erst alles Buschwerk auf beiden
Seiten des Weges absuchte, ehe wir weiter ziehen konnten.

Vom linken Ufer an gehört das Gebiet der Ulad Hafeia
(auch Howara), die zahlreiche Meierhöfe, kleine Dörfer, selbst
einen grössern Ort, Gerum, besitzen.

Nachdem wir diesen Wald und diesen Tribus hinter uns
hatten, verliess uns auch diese Escorte und zwei Mann vom
Stamm der Ulad Said-er-Rumla, dessen Terrain hier beginnt,
nahmen uns in Empfang. Eine Hauptgefahr war offenbar
wieder überstanden. Die zwei Reiter führten uns in die

Nähe eines Complexes von Meierhöfen und dort wurde uns
ein Haus angewiesen, in welchem wir die Nacht vollkommen
sicher verbringen konnten. Das Haus gehörte einem Verwandten des Chalifen von Tarudant, der, wie es scheint,
das ganze Arrangement des Marsches, welches sehr gut zu-
sammenging, getroffen hat. Schon gegen 5 Uhr erreichten
wir die Nachtquartiere nach einem weniger anstrengenden
als aufregenden Ritt.

Am 28. März hatten wir wieder einen langen Marsch
von früh 7 bis abends 8 Uhr durch äusserst unsicheres Gebiet, bei kaltem regnerischen Wetter; gestern Abend bereits
hatte ich infolge der Erkältung beim Passiren des Wad Sus
mir ein Fieber zugezogen.

Wir ritten erst in westlicher Richtung bis zur Ortschaft
Ida Menou meist durch bebaute und eingezäunte Felder,
auch einzelne Partien von Arganwäldern. Hier verliess uns
die Escorte, denn hier war überhaupt das Gebiet der Howara zu Ende und das Terrain, was sich südlich und westlich anschliesst, gehört bereits zu der mehrfach erwähnten
Kabyle Schtuga. Wir wurden denn auch von einigen Leuten dieses Stammes in Empfang genommen und zunächst
in südwestlicher Richtung durch einen ausgedehnten Wald
von Arganbäumen geführt; wir passirten hierauf eine aus
Kalksteinen bestehende Hügelkette, und kamen dann in ein
überaus liebliches, weites, rings von Bergen eingeschlossenes
Thal mit zahlreichen kleinen Ortschaften und Meierhöfen;
diese Gegend führt den Namen Konga. Darauf ging es,
mehr in westlicher Richtung, wieder über gebirgiges Terrain.
Beim Verlassen desselben und dem Eintritt in die Ebene,
welcher Punkt Jda Augeran heisst, stiessen wir auf die
tarudanter Karavane, die nicht geduldet hatte, dass ich
mit ihnen reiste und die den üblichen Hauptweg gewählt
hatte.

Wir ritten in südlicher Richtung weiter, parallel den

westlichen Abhängen des Gebirges; zur Rechten, in weiter
Ferne, erblickten wir noch einmal die blauen Fluten des
Atlantischen Meeres, das wir auf lange Zeit nicht mehr
sehen sollten. Bei einer Gruppe von Meierhöfen und Ortschaften, die den Namen Ida Bussian führt, hielten wir und
wurden von den dort wohnenden Scheluh der Kabyle Schtuga
freundlich aufgenommen. Wir verbrachten hier die Nacht
in grosser Beruhigung, hatten wir doch einen sehr gefährlichen Theil hinter uns und das Gebiet des Sidi Hescham
war nur noch eine Tagereise entfernt.

Der 29. März bot einen sehr langen und beschwerlichen
Ritt von früh 7 bis abends 8 Uhr, aber wir haben auch
das marokkanische Gebiet definitiv verlassen und befinden
uns bereits innerhalb der Grenzen von Sidi Hescham's Territorium, also auch in relativer Sicherheit, wie ich wenigstens anfangs glaubte.

Die Richtung, die wir einschlugen, war im allgemeinen
eine südwestliche. Wir passirten eine Reihe von gutbevöl-
kerten Gegenden mit zahlreichen Ortschaften, wie Ait Wa-
drim, Ait Midik, mit der Zauja Sidi Said ben Meza, Ait
Lugan mit einem Marktflecken, überschritten hierauf den
Wad Bogara, passirten, in südlicher Richtung weiter ziehend,
einen Arganwald und kamen gegen Abend mit Dunkelwerden
am Wad Raz an, der die nominelle Südgrenze des marokkanischen Reiches bildet.

Im Thale dieses Wad Raz war eine herrliche üppige
Vegetation, wie ich sie nie vorher gesehen hatte und die
an die Ueppigkeit der Tropenwelt erinnerte. Es müssen
hier local besonders günstige Verhältnisse herrschen, welche
diese schöne Pflanzenwelt entstehen lassen; nirgends in Marokko sah ich eine solche Fülle von kräftigem Gras und
Kräutern, farbenreichen Blumen, schlanken Palmen und
allerhand Gesträuchen, wie hier. Es muss diese local so
üppige Entwickelung ihren Grund haben in dem Wasser-

reichthum der Gegend. In dem umgebenden bewaldeten Berglande entspringen eine Menge Quellen, der Regen scheint hier regelmässig und ausgiebig zu fallen und daher denn die kräftige Pflanzenwelt. Die Passage des breiten und sehr tiefen Stromes, dessen Bett infolge der letzten Regengüsse vollständig ausgefüllt war, bot sehr viel Schwierigkeiten. Es war, wie erwähnt, schon dunkel, als wir am rechten Ufer ankamen, und ich hätte vorgezogen, hier die Zelte aufzuschlagen. Aber meine Leute drängten, und wol mit Recht, darauf, sofort überzusetzen, da das Wasser noch im Steigen sei und wir dann eventuell mehrere Tage warten müssten, bis sich das Wasser wieder etwas verlaufen hat.

Es mussten nun die Tragthiere ihres Gepäcks entledigt werden; dieses selbst wurde Stück für Stück von meinen Leuten, die recht gute Schwimmer waren, hinübergeschafft, wobei eine theilweise Durchnässung der Waaren u. s. w. unvermeidlich war, und schliesslich wurden die ledigen Thiere durch das sehr reissende Wasser getrieben. Bei den Pferden, Maulthieren und Eseln ging es, aber die Kamele boten grosse Schwierigkeiten. Aber endlich nach mehrstündiger Arbeit bei verdecktem Himmel und völliger Finsterniss war es gelungen, alles aufs andere Ufer zu schaffen. Hier war der Boden ungünstig zum Campiren, wir mussten die Thiere wieder beladen und zogen noch eine halbe Stunde landeinwärts, bis wir einen hochgelegenen trockenen Punkt fanden, wo sich die Zelte errichten liessen. Es war ziemlich spät, als wir nach diesem ermüdenden Tagesmarsch das einfache, aus Kuskussu bestehende Mahl einnehmen konnten.

Die ganze Gegend ist hier unbewohnt, offenbar der Unsicherheit wegen, da es die Grenze zweier Länder ist, die nicht besonders miteinander harmoniren; aber eine schönere, fruchtbarere Gegend hatte ich bisher nicht gesehen, und ich begreife nicht, warum sich die Scheluh nicht eher hier an-

siedeln, als in ihren steinigen unfruchtbaren Gebirgen, wo
sie mühsam etwas Gerste bauen können.

Der Punkt, wo wir den Wad Raz passirten, liegt schon
ziemlich hoch, über 100 m, sodass das Gefälle bis zur ganz
nahen Mündung ein sehr starkes ist. Ueberhaupt steigt das
Land vom Wad Sus an immer allmählich an; Tarudant hatte
nur gegen 400 m Seehöhe (der Wad Sus selbst nur 50 m),
dann aber erhebt sich das Terrain und hier an der Südgrenze Marokkos ist das Plateau, welches der Fluss durch-
schneidet, bereits mehr als 360 m über dem Meere gelegen.

Es dürfte der Wad Raz von allen südlich des Atlas
fliessenden Gewässern der wasserreichste sein, da alle andern
zwar bedeutend breitere Flussbetten, aber eine unverhält-
nissmässig viel geringere Wassermenge aufweisen.

Am 30. März führte uns wieder ein langer Marsch in
die Residenz des kleinen selbständigen Staates, der auf den
Karten gewöhnlich als das Land des Sidi Hescham bezeichnet wird. Bei strömendem Regen, stark durchnässt und
schon bei völliger Dunkelheit trafen wir in dem Städtchen
Herh ein.

Von unserm Nachtquartier führte der Weg erst ein Stück
flussabwärts bis zu den Resten einer gemauerten Brücke,
die den Römern zugeschrieben wird, wahrscheinlich mit
Recht. Denn die Marokkaner, die in ihrem eigenen Lande
nur einige wenige Brücken haben, werden kaum hier in
dieser entlegenen Gegend etwas Derartiges aufgeführt haben;
ehemalige Herrscher von Sidi Hescham's Reich oder vom
benachbarten Wad Nun haben die Brücke auch nicht errichtet, weil sich dies in der Volkstradition erhalten hätte;
die Leute schreiben aber den Bau den Rumi zu. Es muss
also schon vor sehr langer Zeit dieser Fluss eine grössere
Bedeutung gehabt haben als der Wad Sus und selbst als der
Wad Draa, wenn man es nöthig gefunden hat, eine gemauerte

Brücke zu schlagen. Offenbar führte hier eine verkehrs-
reiche Handelsstrasse nach dem Süden; diese lässt sich ver-
folgen von den ehemaligen römischen Ortschaften im nördlichen Marokko an über das erwähnte Qasr-er-Rumi im Atlas,
die Ruinen der alten römischen Stadt Gada bei Tarudant,
die römische Brücke über den Wad Raz bis zu einigen
Bauresten auf einem Berge bei Tizgi, hart am Nordrande
der Sahara gelegen, auf die wir später wieder kommen und
die auch als römisch bezeichnet werden. Jüngern portugiesischen Ursprungs dürften die sämmtlichen erwähnten Objecte, welche an einer und derselben Handelsroute liegen,
kaum sein.

Ein genaueres Studium der römischen Alterthümer Marokkos würde wahrscheinlich manches Interessante ergeben,
und es ist gewiss zu bedauern, dass ein solches unter den
gegenwärtigen Verhältnissen nicht mit der nöthigen Sicherheit ausgeführt werden kann.

Von der römischen Brücke aus stiegen wir auf eine gutbebaute Hochebene, mit zahlreichen Meierhöfen besetzt, und
gelangten dann abwärts auf eine tiefer gelegene Ebene.
Bald auf-, bald abwärts reitend kamen wir an den Fuss
einer langen Gebirgskette, die wir in Serpentinen übersetzten. Darauf ging es in südwestlicher Richtung weiter durch
wenig bebautes hügeliges Terrain; gegen 4 Uhr verliessen
wir den bisher eingeschlagenen Weg nach Herb, da derselbe
über die grosse Zauja führt und ich mich nicht der Gefahr
aussetzen und das Volk in Aufregung bringen wollte. Auf
Seitenwegen gelangten wir endlich nach dem Städtchen, in
welchem das jetzige Oberhaupt des kleinen Landes, Sidi
Husseïn, wohnt. Der letztere, von unserer Ankunft doch
schon unterrichtet, überliess uns einen Platz vor einer Moschee, wo wir unsere Zelte aufschlagen konnten, und schickte
zugleich Gerste und Stroh für die Thiere, später auch Kuskus für uns, dazu aber ein Gerstenbrot, wie ich es noch

nie so schlecht gesehen hatte; dieses Präparat verdiente schon nicht mehr den Namen Gebäck. Wir waren freudig überrascht, dass wir verhältnissmässig so gut aufgenommen wurden, denn nach allem, was mir unterwegs zu Ohren gekommen war, befanden wir uns hier an einem sehr kritischen Punkt der ganzen Expedition. Mein Dolmetsch Benitez, der die Urtheile der Araber über diese Nachbargebiete Marokkos genau kennt, meinte wiederholt, dass meine Reise hier einen Abschluss finden werde, vielleicht keinen gewaltsamen, aber jedenfalls würde ich zur Umkehr gezwungen werden. Man kennt Beispiele, wo in dem benachbarten Wad Nun Christen jahrelang gefangen gehalten und erst gegen Lösegeld freigegeben wurden; und Sidi Hescham sowie dessen Nachfolger seien noch schlimmer als die Scheichs von Wad Nun. Die Uebersendung einer wenn auch geringen Muna überraschte uns daher freudig, und Benitez hielt dies für ein sehr günstiges Zeichen.

Dicht bei unserm Zelt hatten Araber aus der Wüste ihre Zelte errichtet; es war das erste mal, dass ich diese schönen, schlanken, etwas dunkeln Gestalten erblickte, und fiel mir dabei auf, dass die Frauen das Gesicht völlig unverschleiert haben, während die Männer dasselbe etwas verhüllen.

Die Stadt Ilerh liegt ziemlich hoch, mehr als 400 m über dem Meere, sodass wir vom Wad Raz aus gegen 360 m Steigung hatten. Die Bewohner sind Scheluh, aber man findet hier schon auffallend viel Sudanneger; die im ganzen Sudan herrschende blaue Farbe der Kleidung fängt hier bereits an. Die Stadt dürfte einige hundert Häuser haben.

Gleichzeitig mit uns zog in Ilerh Scheich Dachman aus Ogulmim (Wad Nun) ein mit einem stattlichen wohlbewaffneten Gefolge.

Eine Stunde von der Stadt entfernt wird bei der Zauja Sidi Hamed ben Musa dreimal jährlich ein grosser Markt abgehalten, zu welchem, wie erwähnt, selbst aus weiter

Ferne Händler herbeikommen. Aus Marrakesch sogar kommen die Kaufleute und scheuen den Weg über den Atlas und durch die dann folgenden unsichern Howaragebiete nicht, um hier Geschäfte zu machen. Es wurde mir gesagt, dass Sidi Hescham, der Grossvater des jetzigen Fürsten Sidi Hussein, eine Einrichtung getroffen, die wol geeignet schien, den Besuch des Marktes zu heben; denn einen berühmten Markt in seinem Bezirke oder Lande zu haben ist für den betreffenden Scheich nicht nur ehrenvoll, sondern vor allem gewinnreich. Sidi Hescham habe also allen zu seinem Mugar (berberischer Ausdruck für das arabische Soko) ziehenden Händlern und Kaufleuten vollkommene Sicherheit des Weges garantirt und demjenigen, welcher unterwegs ausgeplündert worden war, den Verlust ersetzt, freilich habe er dann gleich einige hundert Reiter in das Gebiet, in welchem der Raub stattgefunden hat, geschickt, welche die Auslagen mit reichlichen Zinsen wieder einbrachten. Ob es der jetzige Herrscher wirklich noch so macht, weiss ich nicht; das Gerücht hat sich verbreitet, dass er es thue, und thatsächlich scheuen sich Kaufleute aus Marokko und Wad Sus nicht, um die Zeit des Mugar mit vielen und zum Theil werthvollen Waaren unbesorgt die Howaraländer zu durchziehen.

Auf diesem Mugar, den ich übrigens nicht besucht habe, um allen Unannehmlichkeiten zu entgehen, findet man alle die in den Bazaren der Städte ausgebotenen Waaren, vor allem aber ist derselbe wichtig wegen des Kamelmarktes. Hier kommen zu jedem Soko 4—5000 Kamele zum Verkauf und zwar vorherrschend Wüstenkamele; meine Absicht war auch hier, Kamele für die Reise durch die Sahara zu kaufen. Ich bedurfte dazu die Erlaubniss von Sidi Hussein, und Hadsch Ali setzte sich nun mit dem Delegirten desselben in Verbindung und begann die Verhandlungen über Durchzug durch das Land, Escorte, Marktangelegenheiten u. s. w. Dieser Vertreter war der Secretär oder Chalif des

Sohnes von Sidi Hussein, der auch schon ein etwas bejahr-
ter Mann ist und uns im Zelt einen Besuch machte.

Die Bevölkerung trat nicht feindlich auf, nur war sie
zudringlich neugierig, insbesondere die Frauen der Beduinen,
die ohne weiteres in mein Zelt kamen, alles betrachteten
und schliesslich bettelten, besonders um Korallen und Silberschmuck. Ebenso wurde ich hier furchtbar geplagt mit
ärztlichen Consultationen, besonders auch von Frauen.

Sidi Hussein schickte einen Juden aus Wad Nun mit
dem Auftrage, mich auszuforschen und den eigentlichen Zweck
meines Kommens zu erfahren. Der Jude verstand einige
Worte Spanisch und Englisch. Ich blieb dabei, dass ich
Türke aus Stambul sei, betonte auch, dass ich weder Engländer noch Franzose sei, denn vor diesen beiden Nationen
haben die Leute die unbestimmte Angst, als würden sie von
dieser Seite ihre Selbständigkeit verlieren. Der Jude ging
unbefriedigt fort und kam noch mehreremal wieder, erhielt
aber immer nur dieselbe Antwort. Schliesslich gab er seine
Versuche auf.

Dem Sohn des Sidi Hussein, der mich besucht hatte,
machte ich ein Geschenk, bestehend aus einem Revolver,
etwas Rosenöl und Räucherholz.

Ich fühlte mich abends nicht besonders wohl; es hatte
wieder viel geregnet und der Aufenthalt in dem durchnäss-
ten und kalten Zelt hatte mir eine Erkältung mit etwas
Fieber zugezogen.

Am 1. April ging Hadsch Ali auf den Mugar, um Kamele zu kaufen; als er gegen Abend zurückkam, brachte
er sieben Stück mit, lauter gute, kräftige, verschnittene
Thiere, gezüchtet vom Stamme der Tazzerkant und alle
schon die Reise in die Wüste gewohnt. Der Preis betrug
durchschnittlich 35 Duros per Stück, eigentlich nicht theuer,
aber für meine Verhältnisse doch viel: ich hatte gedacht,
mit 20 Duros ein gutes Kamel hier zu bekommen. Ich habe

nun noch drei Stück nöthig, muss aber auch meine mitgeführten Pferde, Maulthiere und Esel zu verkaufen suchen.

Sidi Hussein hat sich bisjetzt nicht feindlich gezeigt, er lässt uns ungestört kaufen. Unter dem Volke auf dem Mugar herrscht freilich die Ansicht, es geschehe dies nur, um mir schliesslich alle Kamele abzunehmen und mir dann den Kopf abzuschneiden! Dieses Gerücht hat aber eine schlimme Wirkung unter meinen Dienern hervorgerufen. Ibn Dschilul aus Fäs, den ich für den besten und treuesten hielt, erklärte plötzlich, er müsse nach Fäs zurück und könne nicht so lange von seinem Geschäft fort; er hatte aber offenbar Furcht. Dann mag ihn zu dem Schritt noch die Ankunft eines Scherifs aus Fäs veranlasst haben, den er nach Hause begleiten will. Der Scherif, wie so viele andere, hat die weite Reise angetreten, um am Grabe des Sidi Hamed ben Musa zu beten; letzterer gilt in weitesten Kreisen als ein grosser Heiliger.

Am folgenden Tage begab sich Hadsch Ali wieder auf den Markt, um für die Reise nöthige Gegenstände zu kaufen und zu versuchen, meine marokkanischen Thiere zu verkaufen. Für das kleinere meiner Kamele aus Marrakesch erhielt ich 18 Duros, für das grosse, welches stark blessirt ist, bot man mir nur 12 Duros, sodass ich dasselbe vorläufig noch zu behalten beschloss. Die beiden stark blessirten Maulthiere fanden keinen Käufer, endlich erbot sich ein Händler, dieselben gegen Waaren einzutauschen. Ich erhielt gegen 70 Paar Lederpantoffeln, meist rothe, für Frauen bestimmte, die ich weiter im Süden zu verwerthen hoffte. Den kleinern der Esel, ein Thier von seltener Ausdauer und Schnelligkeit, nimmt Ibn Dschilul mit bei Auszahlung seines Lohnes und zwar rechnete ich ihm denselben zu 6 Duros an; den grössern Esel erbat sich der Secretär Sidi Hussein's als Geschenk aus für seine Vermittlerdienste.

Natürlich musste ich mir ein Vergnügen daraus machen, ihm denselben zu schenken.

Der Scheich Sidi Hussein hat sich nach langen Verhandlungen bereit erklärt, mir einen Mann als Führer mitzugeben bis zum Orte Temenelt, ungefähr zwei Tagereisen südlich von hier. Es ist dies freilich nicht viel, aber ich muss froh sein, wenn er das nur thut. Je mehr ich von dem Charakter dieses Mannes hier höre, um so unheimlicher kommt es mir vor und ich wäre froh, wenn ich das Gebiet dieses Tyrannen hinter mir hätte.

Der früher erwähnte Scherif aus Tafilalet hat sich bereit erklärt, noch einige Tagereisen südlich mit uns zu ziehen, bis in die Gegend des Ortes Ischt, wo er Bekannte hat. Das ist mir sehr lieb, denn der Mann hat sich als ruhiger, anspruchsloser Begleiter bewährt, und sein Rath wird gewöhnlich befolgt.

Das Ziel meiner Reise ist das noch nie besuchte Tenduf, aber über die Art und Weise, wie wir hinkommen, bin ich mir vorläufig noch nicht recht klar. Hadsch Ali sucht Erkundigungen einzuziehen und Empfehlungsbriefe zu erlangen; so haben wir unter andern solche an den Scheich einer Araberkabyle Maribda, der sehr einflussreich sein und mit Tenduf, selbst mit Timbuktu in Verbindung stehen soll.

Ich liess in Herh für uns alle, mit Ausnahme Hadsch Ali's, Kleider herstellen aus dem hier und weiter südlich überall üblichen blauen Baumwollstoff, der meistens aus England und Belgien kommt. Sehr weite Hemden (Toben), kurze Hosen und ein langes blaues Tuch als Turban, womit Kopf und das Gesicht zum grössten Theil eingehüllt werden. Es dient das auch gleichzeitig dazu, sich etwas unkenntlich zu machen; die Frauen aus dem benachbarten Beduinenzelt wurden mit der Anfertigung betraut und führten dieselbe sehr schnell und billig aus. Hadsch Ali, der auch bis auf weiteres sein Pferd noch behält, behielt die lichte marokkanische Kleidung, da ich ihm erlaubt hatte sich in besonders gefährlichen Gegenden als Chef der Expedition auszugeben.

Ich sah Sidi Husseïn, wie er mit grossem Gefolge zum Grabmal von Muhamed ben Musa ritt, um zu beten. Er ritt nahe an unserm Zelte vorbei und nickte ein wenig, als wir grüssten. Es ist schon ein alter Mann, Neger, der aber hier wie ein ganz selbständiger Fürst herrscht. Er unterhält eine Armee von ungefähr 5000 Sklaven, alle Neger, die allen möglichen Stämmen aus dem Sudan angehören, selbst Ful-be (Fulani) sind darunter. Manche seiner Leute, die in besonderer Gunst standen, trugen dicke silberne Ringe in den Ohren, Geschenke des Scheich, in Fällen, wo er besonders zufrieden mit dem Betreffenden war.

Am 3. April verliess der Scherif von Fäs Herh wieder und mit ihm ging Ibn Dschilul zurück. Es war mir unlieb, diesen Diener zu verlieren, und auch er weinte bitterlich, als er sich verabschiedete. Ich gab ihm meinen Hund mit, den mir der österreichische Maler Ladein in Tanger zum Andenken hinterlassen hatte, da ich fürchten musste, dass das Thier nicht weiter nach Süden zu mitgenommen werden kann, krank wird und erschossen werden muss. Ibn Dschilul versprach mir, das Thier gut zu halten und dasselbe als Wächter in seinem gepachteten Orangengarten zu benutzen.

Der Abgang dieses Mannes, der einen gewissen Einfluss auf die andern Diener gehabt hatte, wirkte auch deprimirend auf diese. Ein anderer Diener, der von Marrakesch mitgenommen war, liess sich einige Duros Vorschuss geben, um angeblich auf dem Mugar etwas zu kaufen; er verschwand auf Nimmerwiedersehen. Auch der kleine Faraschi bekam Angst und bat, ihn zurückkehren zu lassen. Der Bursche hatte sich trefflich als Zeltdiener bewährt, verstand sehr hübsch alles herzurichten und wäre mir sein Abgang

sehr unangenehm gewesen. Auf Hadsch Ali's und Kaddur's
Rath liess er sich bereden, zu bleiben. Durch ihn erfuhren
wir, was die directe Veranlassung zum Fortgehen der andern Diener gewesen war: Ibn Dschilul hatte aus der Form
des Schulterblattes eines Schafes herausgelesen, dass uns
ein Unglück passiren würde! Es wird dieser Knochen von
den abergläubischen Marokkanern gern zum Weissagen
benutzt.

Eins meiner Pferde, und zwar ein sehr starkes — es
hatte aber eine grosse offene Wunde — habe ich noch für
10 Duros verkauft, sodass mir von den von Marokko mit-
gebrachten Thieren nur noch Hadsch Ali's Ross und ein
Kamel übrigbleibt. Diese gedenke ich später zu verkaufen
oder zu vertauschen.

Ich hatte Scheich Sidi Hussein einige Geschenke gemacht
— Säbel, Revolver, Rosenöl, Räucherholz u. s. w., zusammen
etwa in Werth von 100 Frs. — die er anfangs zurückwies
unter dem Vorgeben, wir könnten die Sachen später noch
brauchen; aber schliesslich acceptirte er dieselben doch
und versprach uns, einen Empfehlungsbrief für Temenelt zu
schicken. Er liess sich dann noch einmal den Brief des
Sultans vorlesen, der offenbar eine gewisse Wirkung hatte.
Ueberhaupt hat mir dieses Schreiben viel genützt, und ohne
dasselbe wäre ich nicht von Tarudant fortgekommen, ja
hätte wahrscheinlich diese Stadt gar nie gesehen. Es soll
nun morgen, am 4. April, ernstlich fortgehen, da wir hier
nichts mehr zu suchen haben und der Markt sich auch
seinem Ende nähert.

Es ist keine Frage, dass das Benehmen des Scheichs
Sidi Hussein etwas zweideutig ist; man weiss nicht recht,
soll man ihm trauen oder nicht. Er hätte offenbar gern
etwas gegen mich unternommen, aber der Brief des Sultans,
vor allem die grosse Zahl von Händlern aus Marokko
schreckte ihn ab. Die Gerüchte, welche entstanden waren,

wollten nicht zur Ruhe kommen und selbst meine Dolmetscher
meinten, wir wären erst in Sicherheit, wenn wir weit weg
von dem Territorium Sidi Hussein's wären. Das Davonlaufen der Diener, und gerade der entschlossensten, wirkte auf
alle etwas unangenehm, und wenn es möglich gewesen wäre,
so würden vielleicht noch andere mich auch verlassen haben.
Aber die Aussicht, noch einmal die Gefahren der Arganwälder im Howaragebiet durchzumachen, schien doch noch
weniger verlockend als die Aussicht, in ein paar Tagen
vollkommen aus der Machtsphäre dieses Mannes zu sein.

Als wir am 4. April vollauf beschäftigt waren, die Zelte
abzubrechen und die Thiere zu beladen, kam plötzlich ein
Bote von Sidi Hussein, der mir alle Geschenke, die ich ihm
sowie seinem Sohn geschickt hatte, zurückbrachte. Er war
nicht zufrieden damit und verlangte meinen Hinterlader.
Da ich nur dieses eine brauchbare Gewehr hatte, so musste
ich den Wunsch abschlagen, aber unter meinen Leuten
erregte das Zurückweisen von Geschenken eine grosse und
auch völlig gerechtfertigte Aufregung. Es bedeutet dies
hier in der Regel die grösste Ungnade, ja Feindschaft, und
wir sahen einigermassen besorgt der Entwickelung der Dinge
entgegen.

Hadsch Ali suchte bei dem Secretär, der uns immer
freundlich behandelt hatte, die Angelegenheit zu ordnen
und ihm begreiflich zu machen, dass wir wenigstens ohne eine
gute Waffe eine derartige Reise nicht antreten könnten. Es
schien auch, dass sich Sidi Hussein's Zorn etwas gelegt
hatte, denn er schickte nach langen Warten den Empfehlungsbrief für Temenelt, sowie einen Mann als Führer für einige
Tage. Ausserdem aber verlangte er von mir eine schriftliche Bestätigung darüber, dass ich innerhalb seines Staates
volle Sicherheit genossen hätte, und dass er für alles, was
ausserhalb seiner Machtsphäre vorkomme, nicht verantwortlich gemacht werden solle. Ich stellte ihm ein solches

Schreiben aus; er schickte es zurück und verlangte, dass
es gesiegelt werde. In irgendeinem Winkel eines der Gepäckstücke hatte ich auch etwas Siegellack; wir mussten
also wieder alles öffnen, um zu suchen, und ich fand endlich
auch ein kleines Stück, aber kein Petschaft. Zufällig fand
sich ein grosser Knopf von einem französischen Militär-
mantel oder etwas Aehnlichem, es war ein Adler darauf und
benützte ich diesen Knopf als Siegel. Wir glaubten nun
endlich fortkommen zu können, als er den Brief wieder
zurückschickte und eine andere Art zu siegeln verlangte.
Man benutzt nämlich nicht in Marokko Siegellack, sondern
befeuchtet das Petschaft leicht mit Tinte, und so mussten
wir denn noch ein anderes Siegel machen; zum Glück war
er mit dem Adler zufrieden.

Während dies nun alles sehr langsam vor sich ging,
standen die Kamele bepackt da und eine Menge Menschen
hatten sich versammelt, die sich offenbar über die Seccaturen,
mit denen uns ihr Oberhaupt behandelte, höchlichst amusirten.

Endlich erschien auch der Mann, der uns als Führer
dienen sollte, und so konnten wir gegen Mittag aufbrechen,
nicht ohne Besorgniss für die Zukunft.

Den Brief, welchen er mir abverlangt hatte, wollte offenbar Sidi Hussein benutzen, um gegenüber dem Sultan von
Marokko gerechtfertigt zu sein. Er scheint es doch mit
diesem mächtigen Nachbar nicht verderben zu wollen, und
ausserdem spielten jetzt gerade Verhandlungen wegen gewisser Handelsbeziehungen, auf die später zurückgekommen
werden muss, bei welcher Gelegenheit der Sultan dem Sidi
Hussein werthvolle Geschenke gemacht hatte.

Im übrigen kann ich bei alledem noch von grossem
Glück sagen, dass ich in so wenigen Tagen von Herh fortgekommen bin und nicht länger hingehalten wurde. Es
war bisher noch kein Christ hier gewesen; gewiss haben

wir es auch dem Umstande zu verdanken, dass wir es einrichten konnten, gerade zu einem grossen Jahrmarkt zu
kommen, wo eine Menge Menschen zusammenströmen und
ein etwa mir zugestossenes Unglück sehr schnell nach allen
Richtungen hin bekannt geworden wäre. Ich bin überzeugt,
dass Sidi Hussein mich nicht aus Gutmüthigkeit sein Land
passiren liess, und dass nur ein Zusammentreffen äusserer
Umstände ihn veranlasste, so zu handeln.

Die Bewohner des kleinen Freistaats sind Berber, und
zwar gehören sie zur Kabyle Tazzerult; ein kleiner, nicht
immer Wasser führender Fluss gleichen Namens fliesst etwas
nördlich von dem Sitze des Scheichs, der Stadt Ilerh vorbei,
dem Meere zu. Das Gebiet dieser Kabyle ist nicht gross
und enthält nur einige wenige Ortschaften; aber Sidi Hussein weiss trotzdem sein Ländchen ganz unabhängig von
Marokko zu halten. Ilerh selbst liegt auf einem rings von
Bergen umschlossenen kleinen Plateau und enthält ausser
den zahlreichen Soldatensklaven nur einige tausend Bewohner. Ihre Hauptbeschäftigung ist der Handel, und zwar
bereisen sie vorherrschend die Grenzgebiete zwischen Wüste
und Atlas, also die Länder am Draa, Wad Sus und Wad
Nun; aber auch weiter nach Süden, bis nach Timbuktu
ziehen die Leute der Kabyle Tazzerult, indem sie Kamele
vermiethen zum Transport von Waaren. Die Kamelzucht
wird hier stark betrieben, und Thiere von dieser Kabyle
werden gern genommen.

Die Haupteinnahmequelle aber für Sidi Hussein bleibt
der grosse Markt (Mugar), zu dem jährlich viele hundert
Leute aus der weitern Umgebung zusammenströmen. Das
Ländchen ist das kleinste von den verschiedenen selbständigen Staatswesen in diesen Gegenden, aber Sidi Hussein
ist der angesehenste und einflussreichste der Scheichs; er ist
der Nachkömmling einer alten kaiserlichen Familie, die
einst in Marokko herrschte, und vor allem wird er respectirt

als der Nachkomme Sidi Muhamed ben Musa's, des grossen
Heiligen, zu dessen Grabmal jährlich Tausende wallfahrten,
um dort ihr Gebet zu verrichten.

Das Land ist fruchtbar, und Gerste und Weizen kommen
reichlich fort; die Berge enthalten werthvolle Erze, besonders Kupfer und Silber, und einzelne Gelehrte wissen auch
mit Hülfe primitiver chemischer Kenntnisse diese Metalle
darzustellen; die Ausbeute ist aber eine sehr geringe.

Das etwas südwestlich gelegene Ländchen Wad Nun
steht in engen Beziehungen zu Sidi Hescham, hat aber
eigene Scheichs, und wie erwähnt, zog Scheich Dachman
von Wad Nun gleichzeitig mit mir in Herb ein. Wad Nun
war früher enger mit Marokko verknüpft, und der Sultan
erhielt einen jährlichen Tribut; gegenwärtig ist das Land
aber selbständig.

Der Scheich von Wad Nun hat wiederholt Europäer
jahrelang gefangen gehalten und erst nach einem grossen
Lösegeld freigegeben. Am bekanntesten ist die achtjährige
Gefangenschaft eines Engländers W. Butler, der vom Jahre
1866 bis 1874 sich daselbst aufhalten musste. Marokko und
Spanien vereinten vergeblich jahrelang ihre Bemühungen,
die Freiheit des Mannes zu erlangen, und erst im September 1874 gelang es infolge der geschickten Behandlung
der Angelegenheit durch den spanischen Consul in Mogador,
Dr. José Alvarez Perez, Mr. Butler zu befreien. Der Scheich
von Wad Nun erhielt ein Lösegeld von 27000 Duros von
Spanien. Davon musste Marokko den grössten Theil zurück-
erstatten und ausserdem für den Engländer als Schmerzens-
geld eine grössere Summe erlegen. Der Sultan liess dann
allerdings einige der Vornehmen von Wad Nun einsperren,
erzielte damit aber nur ein fast vollständiges Abbrechen
der Beziehungen zu diesem Küstenstaat, und da er nicht
die Macht besitzt, um grössere Truppenmassen dahin zu
schicken, so beschränkt sich das ganze Ansehen in diesen

Grenzgebieten auf seine Eigenschaft als Scherif. Die Nach-
kommen von Sidi Hescham behaupten sogar, ein grösseres
Recht auf den marokkanischen Thron zu haben als Muley
Hassan.

Der wichtigste Ort in Wad Nun ist die Stadt Ogulmim,
die von dem Franzosen Panet und später von dem Spanier
Gatel besucht und beschrieben worden ist. Sie soll 600
Häuser enthalten mit gegen 3000 Seelen; auch eine Mellah
mit ungefähr 100 Judenfamilien existirt. Man findet in
dieser Stadt vielfach Holzarbeit an den Häusern, was sonst
in jenen Ländern nicht üblich und auch nicht möglich ist.
Es kommt das daher, dass an der nahegelegenen Küste
häufig Schiffbrüche stattfinden. Das Meer ist dort weit
hinaus versandet, und Schiffe wurden früher sehr häufig auf
die Sandbank getrieben, um willkommene Beute der Bewohner von Wad Nun zu werden. Ehemals verkaufte man
sogar die Schiffsmannschaft als Sklaven.

Mit den nahe gelegenen spanischen Canaren hat sich im
Lauf der Zeit ein Verkehr entwickelt, und Fischerboote kommen öfters bis an die Küsten des Wad Nun.

Mehr bekannt ist neuerdings der Versuch eines Engländers, sich im südlichen Theile von Wad Nun, am Cap Dschubi,
festzusetzen, ein Unternehmen, in welchem sowol die Scheichs
von Wad Nun wie auch Sidi Hussein von Herb und der
Sultan von Marokko eine Rolle spielen. Der amerikanische
Generalconsul in Tanger, Mathews, hat diese Angelegenheit
genau verfolgt und dieselbe verlief in folgender Weise:

Bereits im Jahre 1872 hatte der Engländer Mackenzie,
ein Ingenieur, die Küstengebiete südlich des marokkanischen
Reiches besucht und mag damals schon den Plan zu seinem
im Jahre 1878 angefangenen Unternehmen gemacht haben.

Mackenzie wählte einen ganz verlassenen Theil der Küste,
weit weg von jedem bewohnten Punkte, um zu landen. Von
hier aus trat er in Unterhandlungen mit zwei benachbarten

Scheichs, die, obgleich arm, doch einen gewissen Einfluss über die Bevölkerung besassen. Diese besorgten ihm nun Producte, Gummi, Wolle u. s. w., und er kaufte dieselben zu einem verhältnissmässig hohen Preise, um die Araber aufzumuntern, grössere Quantitäten herbeizuschaffen, oder auch vielleicht, weil er die Waaren überschätzte. Die Hauptsache für Mackenzie war, als erster Engländer hier eine Station zu errichten zum Zweck der Einfuhr britischer Manufacturen.

Im Juni 1880 liess er von den Canarischen Inseln ein Schiff kommen, ausgerüstet mit allem, was zur Erbauung einer festen Station nöthig war. In der Zwischenzeit errichtete er sein Lager auf einem Hulk, einem abgetakelten Schiffe, welches in kurzer Distanz vom Ufer entfernt lag. Der Hulk enthielt einige Kanonen und war auch gleichzeitig zum Bewohnen eingerichtet.

Der Sultan von Marokko erfuhr von dem Plan und gab sich Mühe, denselben zu vereiteln; er fürchtete, nicht mit Unrecht, dass ein grosser Theil des Handels, der jetzt nach Marokko geht, sich hierher wenden könnte. Anfang 1880 eröffneten einige englische Kaufleute in Mogador Unterhandlungen mit den Scheichs von Wad Nun, von denen fünf Leute entsendet wurden, um die Angelegenheit zu arrangiren, und dieselbe war in bestem Fortgange, als ein Zwischenfall eintrat.

Eine londoner Firma, die sich mit einigen Häusern in Marseille vereinigt hatte, rüstete den Dampfer „Anjou“ aus, belud ihn mit Thee, Zucker, Baumwollwaaren, Provisionen, Bauholz, Schwefel, Pulver und Waffen, und schickte denselben zunächst nach den Canaren. Hier nahmen sie einige Marokkaner aus Mogador auf, die früher dahin geschickt worden waren, um den Verkehr mit den Einheimischen der gegenüberliegenden Küste zu eröffnen. Zufällig befand sich unter diesen Leuten ein Mann, der auch im

Dienste derjenigen Engländer gewesen war, welche mit den Scheichs vom Wad Nun Verhandlungen angeknüpft hatten. Dieser verrieth nun das ganze Unternehmen seinen frühern Chefs, den englischen Kaufleuten in Mogador, welche eiligst den Sultan hiervon verständigten. Letzterer schickte schleunigst eine Mission mit reichen Geschenken an Sidi Hussein als den mächtigsten der Scheichs in seinen Ländern mit der Aufforderung ab, die Landung des „Anjou" zu verhindern.

Als nun der Dampfer sich der Küste bei Sfuy, einem kleinen Fluss an der Küste bei der Kabyle Ait Ba Auran, näherte, erblickten die Engländer die ganze Küste voll von bewaffneten Menschen, welche zum Herankommen aufforderten. Die vorsichtigen Engländer thaten das aber nicht, sondern schickten einen Mann aus, um sich zu informiren. Dieser brachte die Nachricht zurück, dass einige Scheichs die Engländer eingeladen hätten, mit ihnen in Verhandlungen zu treten und zu dem Zwecke ans Land zu kommen; Sidi Hussein erklärte nun, infolge der Geschenke seitens des Sultans, dass er die Unterstützung eines Unternehmens ablehnen müsse, wodurch sein Verwandter und Souverän benachtheiligt werden könnte. Diese Antwort verursachte unter den anwesenden kleinen Scheichs einen lebhaften Streit, wobei die verschiedenen Parteien schliesslich zu den Waffen griffen. Als man das vom Schiff aus bemerkte, entschloss man sich, das Unternehmen fallen zu lassen und nach Mogador zu segeln, wo ein Theil der Waaren gelandet, während Schwefel, Pulver und Waffen zurück nach Marseille geführt wurden.

Zu gleicher Zeit liess der Sultan das Gerücht aussprengen, dass er den Hafen von Agadir, südlich von Mogador, den europäischen Kaufleuten öffnen werde. Es ist der beste Ankerplatz an der Küste; aber, wie schon öfters, erwies sich das Gerücht als falsch und nur darauf berechnet, die Aufmerksamkeit von etwas anderm abzuziehen.

Seit dieser Zeit suchte der Sultan von Marokko beständig im Wad Nun eine Gärung zu erhalten gegen das Unternehmen von Mackenzie, und veranlasste schliesslich, dass die Holzgebäude, welche am Cap Dschubi errichtet waren, niedergebrannt wurden. Mackenzie kehrte infolge dessen auf einige Zeit nach England zurück, kam aber später wieder, um trotzdem sein Unternehmen hier durchzusetzen. Seine zurückgebliebenen Leute beschäftigten sich mit der Anlage von Hafendämmen, um das Löschen und Laden der Waaren zu erleichtern und die Schiffe gegen die Brecher zu schützen.

Es ist keine Frage, dass eine solche Handelsstation für die Länder südlich des Atlasgebirges von grossem Nutzen sein würde, könnten doch die Bewohner ihre Producte viel schneller und leichter verwerthen, als es durch den langen und schweren Weg nach Marokko geschieht. Ebenso werden die Einwohner dieser Länder es vorziehen, mit den Europäern einen regelrechten Handel zu treiben, als der fanatischen Hartnäckigkeit des Sultans zu Liebe auf diesen Gewinn zu verzichten. Letzerer suchte ihren religiösen Fanatismus zu erregen, während die eigentlichen Motive andere waren: er wollte die Schädigung seines Handels vermeiden; die klugen Berber von Wad Nun und Sidi Hescham werden sich vermuthlich nicht lange in dieser Weise hintergehen lassen, und suchen jetzt schon den Handel und Verkehr im Lande zu heben. So hat Sidi Hussein die unerhörte Neuerung geschaffen, dass jetzt auch Juden zu dem grossen Mugar in der Zauja Sidi Muhamed ben Musa kommen dürfen; es ist zweifellos eine sehr liberale Neuerung, die aber dem Scheich nur zum finanziellen Vortheil gereichen wird.

Jeder der mehrfach erwähnten kleinen Staaten hat eine Anzahl Judenfamilien, die hier erbgesessen sind und ihren Wohnort nicht wechseln. Sie müssen natürlich für die Erlaubniss, zu wohnen und Handel zu treiben, zahlen, geniessen aber sonst Schutz und Freiheit, scheinen auch nicht derart bedrückt zu werden wie in einigen Orten Marokkos.

Die Länder Wad Nun, Sidi Hescham, sowie die Oasengruppe von Tekna werden von einer grossen Zahl von Berberkabylen bewohnt und sind ziemlich gut bevölkert. Handelsstationen an den unabhängigen Küstengebieten südlich von Agadir würden, wie erwähnt, für diese Stämme von grossem Vortheil sein, würden aber gleichzeitig den Handel von Marokko und den vom Senegal schädigen. Zahlreiche Karavanen, die Wolle, Gummi, Straussfedern u. s. w. auf dem weiten Weg nach Saint-Louis oder Mogador führen, würden hier ein bequemes Absatzgebiet haben, und es ist begreiflich, dass sowol der Sultan von Marokko als auch das französische Gouvernement von Senegambien durch das Festsetzen englischer Häuser am Cap Dschubi beunruhigt waren. In der That schickte denn auch im Jahre 1881 der damalige Gouverneur in Saint-Louis ein Schiff in diese Gegend, um sich über die Ausdehnung dieser Station informiren zu lassen.

Ein grosser Uebelstand wird freilich immer bleiben, der nämlich, dass die Küste ausserordentlich schlecht und das Landen erschwert und gefährdet ist; die Versandung hat infolge der durch Winde aus der Wüste hergeführten Sandmassen sowie durch das Mitführen von Sandmassen in den Flüssen bedeutende Dimensionen angenommen und nirgends befindet sich ein nur einigermassen geschützter Hafen. Andererseits ist die Nähe der Canarischen Inseln von grossem Vortheil; hier könnten Entrepots von Waaren errichtet und in kurzer Zeit in kleinern Schiffen an die gegenüberliegende Küste gebracht werden.

Es ist mehrfach der marokkanische Hafenplatz Agadir genannt worden, der ungefähr 140 km südlich von Marokko gelegen ist. Dieser Ort, der zur Zeit des Leo Africanus Guertguessem hiess, bildet den südlichen Küstenpunkt des

marokkanischen Reichs, denn in den Küstenstrecken weiter
abwärts hat der Sultan nur noch geringen Einfluss. Die
Stadt bildet eine natürliche Festung, indem sie auf einem
mehr als 200 m hohen Felsen gelegen und auch noch künstlich durch Mauern und Batterien befestigt ist. Die eine
dieser Batterien befindet sich am Fusse des Berges, dicht
am Meere und war ursprünglich bestimmt, eine Quelle mit
gutem und reichlichem Wasser zu schützen; sie beherrscht
auch den Zugang zu der Festung sowol von Norden wie
von Süden her, wie auch die Bai.

Der Hafen von Agadir ist der beste von allen marokkanischen Meeresplätzen, ist aber gegenwärtig öde und verlassen. Der Ort ist überhaupt jetzt ganz in Verfall gerathen,
zählt nur noch einige hundert Bewohner, ausschliesslich Mauren nebst einigen Judenfamilien.

Der Platz hatte schon vor Jahrhunderten die Aufmerksamkeit der seefahrenden Nationen, besonders der Portugiesen und Spanier erregt; erstere besonders, welche schon
viele Punkte in Marokko besetzt hielten, suchten sich desselben zu bemächtigen, und unter König Emanuel gelang es
denn auch den Portugiesen, die Festung zu erobern (1505).
Der Ort blühte infolge dessen schnell auf, aber schon nach
wenigen Jahrzehnten, als die Macht der Portugiesen, welche
den Platz Santa-Cruz nannten, schwand und dieselben schon
Saffi und Azimur abgetreten hatten, verliessen sie auch
Agadir; es geschah dies, noch ehe der portugiesischen Herrschaft in Marokko durch die Schlacht von Qasr-el-Kebir
(1574) für immer ein Ende gemacht wurde. Am Fusse des
Berges hatten sie das Städtchen Fonki errichtet, und die
Kanonen der Portugiesen liegen jetzt noch dort.

Unter dem bedeutenden Sultan Muley Ismail hatte Agadir den Höhepunkt seiner Entwickelung erreicht und bil-
dete eins der wichtigsten Handelscentren. Man nannte es
Bab-es-Sudân, Pforte zum Sudan, und alle von dort kom-

menden Karavanen zogen hier ein. Der steigende Wohlstand der Bevölkerung und der Einfluss, den dieselbe ge-
wann, erregte aber das Mistrauen und die Eifersucht der
spätern Sultane, und Sultan Muhammed suchte und fand
eine Veranlassung, die Stadt zu züchtigen und zu verderben,
und zwar für immer. Um eine Empörung zu unterdrücken,
rückte er mit einem grossen Heere an, lockte den Gouverneur durch Versprechungen heraus, nahm ihn aber gleich
gefangen und eroberte dann die Stadt. Die dort ansässigen
Kaufleute wurden in das eben erst errichtete Mogador verwiesen, und so war Agadir ruinirt. Mogador aber auf Kosten
dieser alten Handelsstadt in die Höhe gebracht.

Seit dieser Zeit ist der Hafen von Agadir allen fremden
Schiffen verschlossen; wiederholt ist den Sultanen nahege-
legt worden, diesen für Handel und Schiffahrt so wichtigen
Punkt wieder zu öffnen, er würde ohne Zweifel, eben seines guten Hafens wegen, bald wieder aufblühen, aber vergeblich. Das Gerücht ist wiederholt aufgetaucht, aber es
wurde nur absichtlich verbreitet, um dem Drängen der fremden Vertreter etwas nachzugeben, den ernstlichen Willen
hat man nie gehabt.

Neuerdings findet sich häufig die Nachricht, Spanien verlange die endliche Auslieferung eines Hafenplatzes, der ihm
im Jahre 1860 beim Friedensschluss zugesprochen worden ist
und der Santa-Cruz de Marpequeña genannt wird. Es darf
dieser Punkt nicht mit der oben erwähnten Festung Agadir, die noch auf marokkanischem Gebiet liegt, verwechselt werden. Spanien hatte sich 1860 ausdrücklich Santa-
Cruz de Marpequeña ausbedungen, um einen Fischereiplatz
zu haben, der in der Nähe der Canarischen Inseln liegt.
Seit jener Zeit hat sich aber Spanien nicht um die Angelegenheit gekümmert und erst seit einigen Jahren besinnt
man sich, dass man in Marokko einen Küstenpunkt sammt
umliegendem Terrain zu bekommen habe. Spanien hat vor

fast vier Jahrhunderten an dieser Küste zahlreiche Besitzungen gehabt, die aber bald wieder verloren gingen. In Erinnerung daran beansprucht man nun einen dieser ehemals besessenen Küstenplätze. Der Sultan forderte Spanien auf, sich in den Besitz von Santa-Cruz de Marpequeña zu setzen, als aber ein spanisches Kriegsschiff kam, nahm die Bevölkerung eine so drohende Haltung an, dass man wieder umkehrte. Seitdem sind wiederholt Versuche beim Sultan gemacht, seinen Einfluss geltend zu machen, aber der Sultan hat eben hier keinen Einfluss. Das Merkwürdigste aber ist, dass man gar nicht wusste, wo dieses Santa-Cruz de Marpequeña liegt oder gelegen ist. Man schickte 1878 ein Schiff aus, „Blasco de Garay", mit einer gelehrten Commission an Bord, die eine sehr genaue Küstenaufnahme der Strecke zwischen dem 28. und 29. Breitengrad gemacht hat, ungefähr die Gegend zwischen Wad Nun (welcher Fluss übrigens bei den Einheimischen Asaka heisst) und der Mündung des Wad Draa. Es scheint, dass keine Einigkeit der Ansichten über die Lage von Santa-Cruz de Marpequeña herrschte; viele sehen darin die Gegend an der Mündung des Wad Schibaka, 28° 28′ nördl. Br., also eine Stelle, die sehr nahe den Canarischen Inseln liegt.

Es ist aber unter den gegenwärtigen Umständen unmöglich, dass der Sultan den Platz übergeben kann, da er nicht darüber disponirt, und die Spanier müssen einfach mehrere Kriegsschiffe dahin entsenden und versuchen, dort eine Station mit Militärbedeckung zu errichten. Die Bewohner werden sicher im Anfang sehr feindlich auftreten, da es nur an die absoluteste Freiheit gewohnte Araber- und Berberkabylen sind, und es ist sehr die Frage, ob die Opfer entsprechend sind dem Gewinn und Vortheil, welchen Spanien aus einer solchen ganz entlegenen Station haben kann. Wenn es sich um das grosse Agadir (auch Agadir Iguir genannt) handelte, so wäre dieser Ort wol eines Opfers werth.

ZWÖLFTES KAPITEL.

MAROKKO ALS STAAT.

Die mohammedanischen Staaten Nordafrikas. — Das Land Marokko. — Lage. — Klima. — Nördliches und südliches Marokko. — Flüsse. — Küste. — El-Gharb. — Bevölkerung. — Zahl derselben. — Islam. — Sprache. — Berber. — Araber. — Mauren. — Hispanische Juden. — Negersklaven. — Christen. — Staatswesen. — Dynastie. — Geschäftsführung. — Sidi Musa. — Staatsgrundgesetz. — Gerichtsbarkeit. — Kadi. — Adel. — Gefängnisse. — Verwaltung des Landes. — Amelät. — Amil. — Amin.

Die Nordküste des afrikanischen Continents gehört in jeder Beziehung zu den gesegnetsten Theilen der Erde, und es ist kein Wunder, dass hier schon vor Jahrtausenden sich ein reiches Culturleben entwickelte. Freilich, zu jener Zeit, als die Südküste der Mittelländischen See bis zum äussersten Westen hin mit zahllosen blühenden Colonien weit ins Land hinein bedeckt war, reichte der heisse, alles tödtende Wüstengürtel noch nicht so weit nach Norden; und da, wo jetzt gelber Wüstensand ausgedehnte Flächen bedeckt, oder von Wind zu mächtigen Dünenreihen aufgewehte Sandmassen das Fortkommen erschweren, standen einst grosse Waldungen und üppige Getreidefelder. Die jetzt ausgetrockneten Flussbetten führten einst grosse Wassermengen dem Mittelländischen Meere zu. Flusspferde und Krokodile belebten die Flüsse, und der afrikanische Elefant, von den klugen Karthagern abgerichtet und zu Kriegszwecken benutzt, fand damals in Ländern seine Existenzbedingungen, wo heute nur etwas trockenes Halfagras sein genügsames Dasein fristet.

Das milde Klima, die Fruchtbarkeit des Bodens, der Reichthum der Bevölkerung lockte alle grössern unternehmungslustigen Völker in jene Länder. Heute sind es noch die Araber, welche numerisch die hervorragendste Rolle spielen, aber ein selbständiges und herrschendes Volk sind dieselben nicht überall. Der europäische Einfluss ist in beständigem Wachsen begriffen. Frankreich hat sich seit einem halben Jahrhundert in Algerien festgesetzt und hat neuerdings mit Tunis ein Abkommen getroffen, sodass dieses Land nicht mehr ein Vasallenstaat der Osmanen, sondern der französischen Republik ist. Tripolitanien steht zur Zeit noch in einem Abhängigkeitsverhältniss zur Pforte, aber Italien, bitter gekränkt durch die Occupation von Tunis, rechnet darauf, hier einmal eine Rolle zu spielen; Aegypten wird von England reformirt; bleibt nur das im äussersten Westen, am Atlantischen Ocean gelegene Marokko, welches noch einen eigenen, selbständigen Herrscher hat.

Es ist bekannt, dass die viele Jahrhunderte andauernde Herrschaft des Islam in Nordafrika nicht im Stande gewesen ist, jene Länder auch nur in einen annähernd so blühenden Zustand zu bringen, als ihn dieselben dereinst besessen hatten. Es muss die Aufgabe der jetzigen abendländischen Culturstaaten, besonders der südeuropäischen, romanischen, sein, hier thatkräftig einzugreifen und die Errungenschaften der modernen Civilisation einzuführen; was der Islam nicht einmal zu erhalten, viel weniger zu heben und in Aufschwung zu bringen im Stande war, muss das Christenthum thun.

Auch Marokko wird sich auf die Dauer nicht halten können, und vorläufig beruht die Selbständigkeit des Landes auf der Eifersucht zwischen England, Frankreich und Spanien. Viele Einzelheiten sind schon über die dort herr-

schende Miswirthschaft veröffentlicht worden. im Nachfolgenden mag eine Schilderung der Organisation und der Hülfsquellen eines Landes Platz finden. das in nicht zu langer
Zeit mehr in den Vordergrund treten wird als bisher.
Eine Menge Daten, von denen viele nicht bekannt sein
dürften. erhielt ich von befreundeten Landsleuten. die sich
seit längerer Zeit in Marokko aufhalten und denen hier
nochmals dafür Dank gesagt sei.

DAS LAND.

Das Land. welches die Europäer nach einer der Hauptstädte und Residenzen seiner Souveräne Marokko nennen.
die Araber aber als Maghreb - el - aksa (das entfernte
Abendland. the far west) bezeichnen. gehört durch seine
Lage sowol als durch seinen Bodenreichthum zu den be-
vorzugtern der Erde.

Unmittelbar an den Pforten der civilisirten Welt lebend.
kann der Bewohner von Marokko in wenigen Tagen Frankreich, England. Italien und selbst Deutschland erreichen.
während die marokkanischen Hafenplätze auch für den
Verkehr mit Amerika ungemein günstig gelegen sind. Es
ist daher nur seiner systematischen. schon Jahrhunderte
während Absonderung von Europa und der commerziellen
und geistigen Bewegung der civilisirten Welt zuzuschreiben.
dass sich in Marokko noch Zustände und Verhältnisse vor-
finden. welche hinter das Mittelalter zurückgehen. und dass
dieses Land den gebildeten Nationen weniger bekannt ist
als die entlegensten Theile der Neuen Welt. In Bezug auf
derartige Abschliessung gegen alles Fremde findet. oder
richtiger fand sich ein Analogon nur noch in China und
Korea. wo gegenwärtig aber schon ein grosser Schritt zum
Bessern gemacht ist.

Marokko ist bedeutend grösser als das Deutsche Reich.
und wird sein Flächeninhalt auf mehr als 800000 qkm an-

gegeben. Zwischen dem 27. und 36. Breitengrade liegend,
erfreut es sich, wenigstens in seinem nördlichen Theile,
eines gemässigten, im allgemeinen aber eines sehr gesunden
Klimas, dessen Temperatur noch durch die Winde vom
Atlantischen Meer her gekühlt wird. Die mittlere Temperatur ist in Marokko bei weitem niedriger als in andern
Ländern unter gleicher Breite. Die ausserordentlich lange
Küstenentwickelung an zwei Meeren sowie die Existenz
grosser und hoher Gebirge ist in klimatischer Beziehung
jedenfalls sehr günstig für das Land. Ausführliche und
genaue Beobachtungsreihen von Temperaturen gibt es aus
Marokko nur von sehr wenigen Punkten; am bekanntesten
sind die Temperaturmessungen des frühern französischen
Consuls Beaumier in Mogador (Suera). Es ergibt sich
für diesen Platz eine ausserordentliche Gleichmässigkeit
der Temperatur im Laufe eines Jahres und ist man deshalb versucht gewesen, diese Stadt als einen Curort für
Lungenkranke zu empfehlen. Es ist allerdings richtig,
dass hier die Variationen des Thermometers viel geringer
sind als auf Madeira, den Canaren, Algier oder Kairo; es
ist fast das ganze Jahr eine gleichmässige Wärme und man
rechnet durchschnittlich nur 45 Regentage im Jahre (im
Februar und März); andererseits hat man auch berechnet,
dass an 271 Tagen im Jahre ein kühlender Nord- und
Nordostwind weht. Da nun die ganze Umgebung der Stadt,
die auf einem ins Meer hinausgeschobenen Felsen errichtet
ist, völlig kahl ist und nur Sanddünen sich auf weite Flächen hinziehen, so ist mir unverständlich, wie bei den so
häufigen Winden, wodurch dicke Sand- und Staubwolken
aufgewirbelt werden, hals- und lungenkranke Europäer
sich erholen sollen; abgesehen davon, dass für derartige
Kranke auch nicht der mindeste Comfort existirt. Unter
den gegenwärtigen Verhältnissen würde wol jeder schwer

enttäuscht werden, der nach Mogador kommt, um seine Gesundheit herzustellen.

Das Atlasgebirge, welches beim Cap Ghir am Atlantischen Ocean seinen Anfang nimmt und dann in nordöstlicher Richtung bis an die algerische Grenze und von da weiter bis Tunis streicht, scheidet das Land in nahezu zwei gleichgrosse Theile, die nach Klima, Production und Bevölkerung sich wesentlich voneinander unterscheiden.

Obgleich die gegenwärtig herrschende Dynastie der Filali aus dem in der südwestlichen Hälfte des Landes gelegenen, früher selbständigen Königreich Tafilalet herstammt, und von da aus seinerzeit durch Eroberung den jetzt bestehenden Staat gründete, so bildet doch, gegenwärtig wenigstens, den eigentlichen Kern der Macht und des Wohlstandes das nördlich vom Atlas gelegene Gebiet, d. h. Fäs und Marrakesch; ebenso sehr seiner Fruchtbarkeit und dichtern Bevölkerung wegen, als weil der Landesherr seine Residenz im Norden, in den Städten Fäs oder Marrakesch, zuweilen in Miknäsa (spanisch Mequinez) niemals aber im Süden aufschlägt. Die Macht des Sultans jenseit des Atlas ist auch meistens nur eine nominelle, man erkennt ihn als Chalif, als Stellvertreter des Propheten an, aber im übrigen lebt man dort so ziemlich unabhängig.

Das nordwestliche Marokko verdankt seine grössere Fruchtbarkeit, seine üppigere Vegetation und seine Wälder vor allem dem Atlas und dem Meere.

Das Hochgebirge des Atlas, von den Eingeborenen Idraren-Drann genannt, das sich südlich von Marrakesch aufthürmt, und im Miltzin als seiner höchsten Spitze gipfelt, schützt das Land vor der versengenden Wirkung der Wüstenwinde, unter welcher der Südwesten leidet. Es bildet das Quellgebiet einer Anzahl nicht unbedeutender Flüsse, welche theils in das Atlantische, theils in das Mittelländische Meer fliessen. Zu den erstern gehören als die

bedeutendern: der Tensift, Umm-er-Rebia, Aburegreg und
der Sebu; ins Mittelmeer ergiesst sich nur ein grösserer
Fluss, die Muluyah, welche nahe der Grenze von Algerien
mündet.

Mehrere dieser Flüsse, insbesondere der Sebu, dürften
beträchtliche Strecken aufwärts schiffbar sein. Die Marokkaner sind aber, seit sie dem Seeraub haben entsagen
müssen, so wenig Schiffer, dass kaum die nöthigen Fähren
vorhanden sind, um Reisende und Karawanen über die
gegen den Ausfluss hin breiten Ströme überzusetzen.

Der Sebu, an dessen etwas versandeter Mündung nicht
einmal ein Dorf, geschweige eine Stadt liegt, würde eine
bequeme und wichtige Fahrstrasse nach Fäs abgeben. Er
geht zwar nicht bis zur Stadt selbst, sondern fliesst etwas
nördlich von ihr vorbei, aber nur in einer kurzen Distanz.
Es müssten natürlich erst einmal Messungen der Tiefe vorgenommen werden, aber ich bin überzeugt, dass kleine
Dampfer mit flachen Schleppschiffen die zahlreichen Waaren,
die jetzt in vielen Tagemärschen auf Kamelen von
Tanger aus nach Fäs geschafft werden, schneller und billiger bis in die Nähe der Residenz schaffen würden. Die
Marokkaner selbst sind zu einem solchen Unternehmen,
besonders der nöthigen Vorarbeiten und Erhebungen wegen
viel zu indolent; Europäer aber werden unter den jetzigen
Verhältnissen nicht Kapitalien in Versuchsarbeiten stecken,
die selbst, wenn sie günstige Resultate ergeben, doch nicht
die Sicherheit gewähren, dass ein nützliches und gewinn-
bringendes Unternehmen in Kraft tritt.

An der Mündung ist der Sebu ziemlich breit, aber eine
Sandbarre erschwert den Eintritt der Schiffe von der See-
seite; ein schmaler Kanal liesse sich wol offen halten und
es könnten möglicherweise kleine Küstendampfer von Tanger
oder Mogador aus ein tüchtiges Stück landeinwärts fahren.
Es würde dies wesentlich zur Hebung des jetzt so schwer-

fälligen Handelsverkehrs beitragen, und ich zweifle auch
nicht, dass, wenn einmal eine der drei europäischen Grossmächte, welche Marokko umwerben, ihr Ziel erreicht hat,
man auch auf die Schiffbarkeit des Sebu sein Augenmerk
richten wird.

In der südwestlich vom Atlas liegenden Hälfte, welche
aus den ehemaligen Königreichen Sus, Tafilalet und dem
Lande von Tuat besteht, ist die Temperatur viel höher als
im Norden; die Winde von der Sahara her trocknen die
Luft und den Boden aus. Die Abhänge des Atlasgebirges
sind hier von Wäldern entblösst und in den Thälern herrschen die Palmen vor. Während die Hautfarbe der Mauren
im Norden sehr hell ist, sind die Einwohner des Südens
schon braun, zum Theil fast so schwarz wie die dort in
grosser Zahl lebenden Neger.

Von den an dem südwestlichen Abhange des Atlas entspringenden Flüssen erreichen nur der Wad Sus, Wad Nun
und Wad Draa im Winter das Meer; die östlich liegenden,
wie Wad Gir und Figig, Wad Ziz und Wad Malah verlieren sich im Sande der Wüste. Aber auch die drei erst-
genannten grossen und breiten Flüsse führen nur selten,
durchaus nicht jeden Winter, in ihrem Mittel- und Unterlauf Wasser. Bei meiner Reise durch jene Gebiete im März
1880 führte nur der Wad Sus einen $1\frac{1}{2}$ Fuss tiefen und
ungefähr 12 Fuss breiten Streifen Wassers, und zwar in
der Nähe von Tarudant; da von hier die Entfernung zum
Meere nicht sehr bedeutend ist, so hat der Fluss um diese
Zeit wirklich den Atlantischen Ocean erreicht. Die beiden
andern grossen Flussthäler aber waren da, wo ich dieselben
passirte, um jene Zeit völlig wasserlos; im breiten Wad
Draa wurde Gerste gebaut und man holte das Wasser aus
vereinzelten natürlichen Wasseransammlungen innerhalb des
Flussbettes, die theils isolirte Tümpel bilden, theils unter
sich unterirdisch in Verbindung stehen. Es ist jedenfalls

eine auffallende Thatsache, dass die Ebenen am Fusse eines Hochgebirges, wie der Atlas, dessen höchste Punkte einen grossen Theil des Jahres mit Schneefeldern bedeckt sind, relativ so wasserarm sind. Es gilt dies nicht blos von der Südhälfte des Landes, auch die grosse Ebene von Marrakesch am Nordgehänge des Atlas ist verhältnissmässig nicht reich an Wasser. Zunächst liegt das an der ausgesprochenen Längsrichtung des ganzen Atlasgebirges, in welchem die Längsthäler bedeutend vorherrschen, während Querdurchbrüche verhältnissmässig selten sind. Es gibt wenige Gebirge, welche wie der Atlas aus einer Reihe ausserordentlich langer Parallelzüge bestehen: die ganze Breite des Gebirges ist zu der enormen Länge eine relativ sehr geringe.

Ein anderer Grund, warum ein Theil der im Atlas entspringenden Flüsse nicht das Meer erreicht, liegt darin, dass im Oberlauf das Wasser zu Culturzwecken benutzt wird und nur sehr wenig davon in den Mittel- und Unterlauf herabkommt. Die Thäler des Atlas sind bis hoch hinauf von Berberkabylen bewohnt, die hier, so ziemlich unabhängig und unbelästigt vom Sultan, in hartem Kampf mit dem steinigen Boden ihren Bedarf an Gerste bauen und das Wasser der Quellen in kunstvolle Kanäle sammeln, um dem Boden genügende Feuchtigkeit zu geben. Am Südabhang des Atlas, wo auch die höchsten Thäler bewohnt sind, wo aber die Sonne eine stärkere Glut sendet, benutzt man jedes Stückchen Land mit etwas Ackerkrume zu Dattelpflanzungen und sammelt das Wasser in zahllosen Rinnen zu Bewässerungszwecken. Es ist keine Frage, dass auf diese Weise den Flüssen das Wasser entzogen wird und dass deren Bett im Laufe der Zeit immer mehr versanden muss.

Es existirt in der Region der höchsten Gipfel des Atlasgebirges eine Wasserscheide der Längsthäler, indem Wad Sus, Wad Nun, Wad Draa u. s. w. westlich dem

Meere zuströmen, während Wad Gir, Wad Figuig und Wad
Ziz sich südöstlich wenden, die grossen Oasengruppen Figig,
Tuat und Tafilalet bewässern und sich später im Sande
der Wüste verlieren.

Trotzdem die Küstenentwickelung von Marokko eine sehr
lange ist, besitzt das Land doch ausserordentlich wenig
brauchbare Häfen. Die meist ganz offenen Rheden am Atlantischen Ocean bieten den ankernden Schiffen keinen
Schutz, und nur die Bai von Tanger und der Hafen von
Mogador, letzterer durch eine vorliegende Felseninsel einigermassen gedeckt, dürfen als bessere Ankerplätze bezeichnet
werden. Der kleine Hafen von Agadir, welcher allerdings
brauchbar und vielleicht der beste Ankerplatz ganz Marokkos ist, ist bisher der Handelsschiffahrt nicht geöffnet worden und daher den Europäern wenig bekannt. Am Mittelmeer aber besitzt Marokko, wenn man Tanger nicht hierher
rechnen will, weder einen Hafen noch eine Rhede; der wilde
und unzugängliche Gebirgszug Er-rif reicht hier bis dicht
ans Meer heran. Die sehr wichtige Handelsstadt Tetuan
liegt zwar nur wenige Stunden vom Meere entfernt an einem
ins Mittelmeer mündenden Flüsschen, aber dessen Mündung
ist zu versandet, als dass Schiffe hier verkehren könnten.

Im allgemeinen sind die Küsten Marokkos gefährlich und
dem Handelsverkehr ungünstig. Orte wie Rabat-Sela, Dar-
el-beita, Saffi u. s. w., wo ein ziemlich reger Handelsverkehr
bereits existirt, würden viel gewinnen, wenn sie einen Hafen
hätten. Jetzt ist aber die offene Rhede so schlecht, dass es
gar nicht so selten vorkommt, dass die Dampfer nicht herankommen können, um Passagiere und Ladung abzusetzen
oder aufzunehmen, und unverrichteter Dinge weiter fahren
müssen. Durch kostspielige und kunstvolle Bauten liesse
sich vielleicht stellenweise ein Hafen herstellen; Mogador
liesse sich in einen ziemlich sichern Ankerplatz umwandeln,
vor allem aber könnte aus der schönen, weiten und tiefen

Bucht von Tanger etwas gemacht werden, wenn dieser Ort
in den Händen einer andern Macht wäre. Die Rhede von
Gibraltar ist bekanntlich für Schiffe durchaus nicht günstig,
und die Spanier haben in ihrem gegenüberliegenden Algesiras einen ungleich günstigern Ankerplatz als die Engländer. Aehnlich wie die Bucht von Algesiras ist die Bucht
von Tanger: es ist nicht zu zweifeln, dass den seefahrenden
Nationen schon längst dieser günstig gelegene Punkt an der
Grenze zweier Meere und zweier Continente aufgefallen ist.
Tanger hat zweifellos eine grosse Zukunft, wenn es einmal
einer der rivalisirenden Nationen gelungen sein wird, sich
hier festzusetzen.

Derjenige Theil Marokkos, welcher als der wichtigste,
reichste und am meisten bevölkerte bezeichnet werden muss,
ist die Westhälfte des nördlich vom Atlas gelegenen Landes,
das schon im grauen Alterthum als Kornkammer berühmte
El-Gharb. Eine ausgedehnte, nur wenig über dem Meere erhabene Tiefebene mit fruchtbarem Humus, mit ziemlich guter
Bewässerung, wird hier schon seit uralten Zeiten ein lebhafter Weizenbau getrieben: aber auch Viehzucht, besonders
Pferdezucht wird cultivirt, und von den zahlreichen hier
wohnenden Araberkabylen bezieht der Sultan den grössten
Theil seiner Einkünfte. Wo Ebene ist, haben die Araber
die Berber verdrängt, und letztere findet man fast nur in den
gebirgigen Theilen des Landes.

Der östliche nach Algerien zu gelegene Theil Marokkos
ist sehr gebirgig, wie auch die Nordküste, und vorherrschend
von Berbern bewohnt; es sind dies für Europäer sehr schwer
zugängliche Gebiete und daher fast völlig unbekannt. Trotzdem, dass diese Theile von Marokko in wenigen Stunden von
den Stätten europäischer Cultur zu erreichen sind, wissen
wir von den entlegensten Gegenden Centralafrikas mehr
als von diesen östlichen und nördlichen Grenzgebirgen des
marokkanischen Reiches.

BEVÖLKERUNG.

Es ist immer im höchsten Grade riskant und mislich, die Zahl der Bewohner eines mohammedanischen Landes, besonders eines so wenig durchforschten Reiches, wie Marokko ist, anzugeben. Es ist daher begreiflich, dass wir über die Bevölkerung dieses Landes die widersprechendsten Angaben finden, und dass die nur auf Schätzung beruhenden Zahlen ausserordentlich differiren. Gegenwärtig herrscht unter den Geographen die Ansicht vor, dass alle mohammedanischen Länder Nordafrikas bei weitem überschätzt seien, ich glaube aber, man geht hierin ebenso zu weit, wie man früher allzu freigebig mit hohen Bevölkerungszahlen gewesen ist.

Nach der Ansicht des frühern französischen Gesandten in Tanger, Tissot, der sich seit mehrern Jahren eifrig mit der Topographie und den Alterthümern Marokkos beschäftigt, dürfe die Bevölkerung von Marokko nicht unter 12 Millionen geschätzt werden. Eine so hohe Ziffer hatte noch kein Reisender vorher angegeben, und man muss die Motivirung dafür anhören. Tissot gründet seine Rechnung auf die Resultate der Volkszählung und sonstiger statistischer Arbeiten, welche die französische Regierung in dem mit Marokko benachbarten und so vielfach verwandten Algerien hat vornehmen lassen.

Nach den neuesten Zählungen und Schätzungen hat Algerien nicht ganz 3 Mill. Einwohner (Tissot schätzt die Bevölkerung auf 4 Mill.). Nun hat Algerien seit seiner Eroberung vor 50 Jahren durch den Krieg selbst, dann durch fast ununterbrochene Aufstände, Seuchen u. dgl. unter Menschen und Thieren schwere Verluste an Wohlstand und Menschenleben zu ertragen gehabt, während Marokko, mit Ausnahme des kurzen Kampfes gegen Spanien vor Tetuan 1859—60, keinen auswärtigen Krieg zu führen hatte und im allgemeinen, eine Choleraepidemie in einzelnen Theilen ab-

gerechnet, von Seuchen verschont blieb. Andererseits ist
Marokko im Innern nie ruhig und der Sultan muss fast
jedes Jahr Kriegszüge gegen aufständische Berberstämme
unternehmen, die, wenn auch nicht viel, doch immerhin
Menschenleben kosten.

Marokko ist ungefähr noch einmal so gross als Algerien,
wenn man das Gebiet der französischen Colonie zu 430000
qkm (388400.45 Territoire militaire und 41599.55 Territoire
civile nach Behm und Wagner's „Bevölkerung der Erde", VII,
annimmt.

Marokko ist aber fruchtbarer als Algerien, d. h. es besitzt bedeutend mehr bebaubares Terrain, vor allem das
grosse El-Gharb. Ferner sind in Marokko das Hügelland
und die Abhänge der Gebirge bis hoch hinauf mit Dörfern
besetzt. Wer nur die gewöhnliche Route von Tanger nach
Fäs und von da über Miknása nach Marrakesch unternimmt,
bekommt keinen richtigen Begriff von der Dichtigkeit der
Bevölkerung. Das ganze Rifgebirge ist stark bevölkert,
ebenso wie die Thäler des Atlas sowol auf der Nordseite
wie auf der Südseite eine viel dichtere Bevölkerung aufweisen, als man gewöhnlich meint. Um nur ein Beispiel anzuführen. Ich unternahm von Tetuan aus eine Tour in den
District Andschira, mitten im Gebirge gelegen. Auf allen
Karten findet man nur einen Ort angegeben, die Qasbah
Andschira, wo der Gouverneur (Kaïd) residirt. Diesen letztern fragte ich nach den Ortschaften in seinem verhältnissmässig sehr kleinen District, und derselbe schrieb mir die
Namen von nicht weniger als 74 kleinen Ortschaften auf,
über welche er die Verwaltung führt. Sind es auch nur
meistens kleine Gemeindewesen, so zeigt es doch andererseits, dass, wenn man einmal etwas ins Detail geht, sich
ganz andere Verhältnisse ergeben als die, welche man beim
flüchtigen Durchreisen auf vorgeschriebenen Wegen zu beobachten glaubt. Die Gebirgslandschaften sind aber überall

so dicht bevölkert, da die einheimische berberische Bevölkerung, an Zahl wahrscheinlich grösser als Araber und Mauren, sich hierher zurückgezogen hat. Man kann annehmen, dass die den europäischen Reisenden im allgemeinen nicht zugänglichen Gebirgsgegenden Marokkos bevölkerter sind als die Ebenen.

Auch das Verbot der Ausfuhr von Getreide und Lebensmitteln, an welchem die marokkanische Regierung noch bis in die neueste Zeit als an einem unantastbaren Grundsatze festhält, dürfte nicht geeignet erscheinen, eine Abnahme der Bevölkerung, wie sie neuerdings vielfach behauptet wird, zu befördern. Allerdings darf andererseits nicht unerwähnt bleiben, dass von Zeit zu Zeit auftretende Hungersnoth viele Opfer fordert.

Wenn ich nun auch den Schluss des genannten Tissot nicht acceptiren kann, dass Marokko 12 Mill. Einwohner besitze, so scheint mir doch auch die Angabe von Rohlfs im VI. Heft 1883 von „Petermann's Mittheilungen" nicht ganz den Verhältnissen zu entsprechen. Rohlfs gab Anfang der siebziger Jahre die Bevölkerung Marokkos zu 6,5 Mill. an und neigt sich neuerdings der Ansicht zu, dass auch diese Ziffer viel zu hoch sei, und dass Klöden möglicherweise eher der Wahrheit näher komme, welcher diesem Lande nur 2,700000 Einwohner zuerkennen will.

Vollkommen richtig ist, wenn Rohlfs sagt: „Die Marokkaner werden zu Grunde gerichtet durch ihre despotische Regierung und durch die drückenden Lasten der Religion, oder man könnte richtiger sagen, alle Marokkaner leiden an religiösem Wahnsinn, dem alle erblich verfallen sind." Wohl ist die Folge hiervon eine entsetzliche Verarmung der Bevölkerung, aber dass dadurch auch eine so riesige Abnahme der Bevölkerung eintreten sollte, kann ich nicht wohl annehmen. Rohlfs meint ferner, „die Syphilis richte die entsetzlichsten Verheerungen im Lande an". Dass diese

Krankheit herrscht, ist ja keine Frage; aber bei dem voll-
ständigen Mangel an Spitälern in Marokko laufen diese Unglücklichen öffentlich herum; der Durchreisende sieht in
jedem Ort einen oder einige dieser Art von Kranken, aber
daraus kann man doch nicht schliessen, dass das ganze
Land unter dieser Plage leide. In den europäischen Staaten sieht man solche Kranke selten, weil sie sich soviel wie
möglich der Oeffentlichkeit entziehen, in Marokko ist das
nicht möglich, sie treiben sich als Bettler auf den Strassen
und Plätzen herum und fallen so leichter in die Augen.

Uebrigens fand ich, dass die Syphilis vorherrschend in
den von den Handelskaravanen berührten Orten vorkommt,
meist unter Leuten niedrigsten Ranges, die sich überall
herumtreiben; bei der Bergbevölkerung kommt diese Krankheit viel seltener vor.

Ich muss für das gesammte Marokko, also inclusive des
Tuat, Tafilalets u. s. w. der schon von Trent Care ausgesprochenen Ansicht beipflichten, dass 8 Mill. Einwohner nicht
zu hoch gegriffen sind, wobei ich aber nochmals auf
die zahlreiche Berberbevölkerung in den Gebirgen
hinweisen muss. Es gibt ja endlich auch eine ganze
Anzahl Städte mit ganz stattlicher Einwohnerzahl (Fäs,
Marrakesch, Miknâsa, Mogador, Qasr-el-Kebir, Wasan, Ujda,
Thesa, ferner all die Küstenstädte am Atlantischen Ocean,
und das alles nur in dem nördlich vom Atlas gelegenen
Theile des Sultanats. Die am häufigsten von Touristen
zurückgelegte Strecke Tanger-Fäs ist allerdings verhältnissmässig schwach bevölkert, wenn man aber z. B. von Rabat
nach Marrakesch reist, so folgt eine grosse Qasbah nach
der andern und das ganze El-Gharb ist mit zahlreichen Duars
bedeckt. Der Kinderreichthum der Familien ist nicht gering,
und wenn auch die marokkanischen Frauen infolge einer
zu frühen Verheirathung im allgemeinen nicht viel Kinder
haben, so ist doch durch die allgemein herrschende Sitte

der Mehrweiberei und durch den Umstand, dass auch häufig
Negerinnen geheirathet und deren Kinder anerkannt werden,
für Nachwuchs reichlich gesorgt.

Obgleich die gegenwärtige Bevölkerung des Landes sich
aus Bruchtheilen aller derjenigen Völkerschaften gebildet
hat, welche im Laufe von Jahrtausenden in demselben lebten oder darüber hinweggegangen sind, vorzüglich Mauritanier, Römer, Westgothen, Vandalen, Byzantiner und Araber, so bildet sie doch gegenwärtig einen so einheitlichen
Stamm, wie ihn wenige moderne Staaten besitzen. Die
lange Absonderung des Landes vom Verkehr mit der übrigen Welt, vor allem aber die Einheit der Religion hat das
bewirkt, was die Staatskunst in manchen civilisirten Ländern
vergebens anstrebt.

Man darf sagen, dass der Islam die einzige Religion des
Landes ist; die besonders in den Hauptstädten und Hafenplätzen lebenden, relativ zahlreichen Juden können nicht in
Betracht kommen, da sie nach dem Gesetze des Quran keine
bürgerlichen Rechte haben und nur als Schutzgenossen geduldet werden.

Der Sultan von Marokko besitzt nicht einen einzigen
christlichen Unterthan. Sämmtliche im Lande lebenden
Christen gehören fremden Staaten an, oder gelten, wenn
sie einer Nationalität ermangeln, als Schützlinge der in
Marokko vertretenen christlichen Mächte. Dem Anschein
nach wünscht die Landesregierung auch keine Christen als
Staatsbürger. Doch ist diese Thatsache wol weniger dem
Ausfluss eines politischen Grundsatzes oder der Erkenntniss
der Gefahr zuzuschreiben, welche bei dem heutigen Ueber-
gewicht der christlichen über die islamitischen Staaten die
christlichen Elemente in einem mohammedanischen Staatswesen dem Gedeihen, resp. der Existenz desselben bereiten
könnten, sondern vielmehr einer unmittelbaren, aber tief
eingewurzelten Abneigung der Regierung ebenso sehr als

des Volkes gegen die Christen. Für den Marokkaner ist
„Christ" oder „Europäer" gleichbedeutend, beide nennt er,
wie in den ältesten Zeiten des Verkehrs der Mauritanier
mit Europa, „Römer" (Rumi). An erster Stelle aber ist für
ihn der „Christ" der Spanier, mit dem er am meisten in
Berührung kommt, und den er seit Jahrhunderten als seinen
Erbfeind glühend hasst und, nicht immer ohne Grund, verachtet, weil die in Marokko lebenden Spanier meist flüch-
tige Verbrecher, Deserteure oder verkommene Personen sind,
die im Vaterlande ihr Fortkommen nicht mehr finden und
auf Abenteuer ausgehen.

Wenn man die Verlegenheiten und Gefahren in Betracht
zieht, welche das Vorhandensein zahlreicher christlicher Ge-
meinden und Völkerschaften in andern mohammedanischen
Staaten hervorruft, so darf man meines Erachtens in dem
Umstande, dass keine christlichen Staatsangehörigen im
Lande vorhanden sind, und dass die Regierung auch keine
Neigung zeigt, Einwanderer christlicher Religion aufzunehmen, eine Garantie des Fortbestandes des marokkanischen
Staatswesens erblicken. Gerade der Mangel des christlichen
Elements dürfte, wenn die Regierung einmal den Entschluss
fasst, sich die Fortschritte der europäischen Cultur anzu-
eignen, die Civilisirung des Landes erleichtern und es vor
denjenigen Gefahren bewahren, welche einerseits das Be-
streben der nicht mohammedanischen Bevölkerungen nach
Gleichstellung erzeugt, und andererseits der Umstand bietet,
dass der Quran, als das Grundgesetz jedes islamitischen
Staates, diese Gleichstellung unmöglich macht, solange die
Landesregierung dem Islam treu bleibt.

Aber auf die Dauer wird sich doch Marokko dem christlichen Einfluss nicht entziehen können und die bisherige
Abgeschlossenheit hat ein Ende. Schon ist auf der Conferenz in Madrid principiell zugestanden worden, dass Christen,
und überhaupt Nichtmohammedaner, im Innern des Landes

wohnen und Grundbesitz erwerben dürfen, eine Concession, die vorläufig bei der Unsicherheit auf dem platten Lande und bei dem Mangel an Regierungsansehen in gewissen Gegenden nur einen akademischen Werth hat. Vom marokkanischen Standpunkt aus war das Abschliessungssystem begreiflich und nützlich, denn man hat all die Verlegenheiten vermieden, welche christliche Bewohner in andern mohammedanischen Staaten der Landesregierung gemacht haben und die nicht immer blos auf diplomatischem Wege erledigt wurden. Wenn doch innerhalb des marokkanischen Reiches einem Christen irgendein Unrecht zustösst und der betreffende Staat durch seinen Consul reclamiren lässt, so ist man am Hofe von Fäs stets bereit, die Angelegenheit durch Zahlung einer Summe Geldes zu erledigen. Man findet dies um so mehr für die bequemste Methode, als das Geld doch von der Provinz, in der der Fall vorgekommen ist, eingetrieben wird. Oft genug ist von christlicher Seite Misbrauch hierin getrieben worden, aber Marokko hat stets gezahlt, um nur allen Verwickelungen zu entgehen.

Wenn auch der Dialekt des Arabischen, welchen man den maghrebinischen (abendländischen) nennt, als Landessprache bezeichnet werden muss, so sprechen doch die von den Europäern Berber, hier im Lande Scheluh genannten Ureinwohner, die alten Mauritanier, neben dem Arabischen noch ihre eigene Sprache. Die Scheluh theilen sich wieder ein in zwei wenig voneinander verschiedene Stämme: die Amazirg und die eigentlichen Scheluh, von denen jene die höhern Theile der Gebirge bewohnen, vom Rif ab bis tief in den Süden hinein, und sich mehr mit Vieh- und Bienenzucht beschäftigen, während diese im Hügellande neben der Viehzucht auch etwas Ackerbau treiben. Ihre Idiome sind nur dialektisch verschieden und dürfen sehr wohl als Eine Sprache angesehen werden. Die ehemals sehr industriellen

Länder südlich vom Atlas, Sus und Tafilelt, sind fast ausschliesslich von Scheluh bewohnt.

Diese Berber, um mich der in Europa gebräuchlichen
Bezeichnung zu bedienen, sind es, die seit den ältesten Zeiten den aufeinanderfolgenden Regierungen in ihren schwer zugänglichen Gebirgen, meist mit Erfolg, Widerstand geleistet
haben. Auch jetzt sind namentlich die Amazirg fast unabhängig und zahlen nur dann in Form von Geschenken
Steuern an den Sultan, wenn er oder seine Generale mit
überlegener Heeresmacht in ihr Gebiet eindringen. Gefährlich würden sie nur dann dem bestehenden Staatswesen
werden, wenn sie sich untereinander verbänden, um gemeinsam der Regierung die Spitze zu bieten. So weit gehen sie
aber nicht. Ihr Zweck ist nur, möglichst wenig Abgaben
an den Sultan zu leisten, dem sie als dem Stellvertreter des
Propheten (Chalif) übrigens zugethan sind.

Was die äussere Erscheinung und den Charakter der
Berber betrifft, so sind sowol der Amazirg als der Scheleh
(Singular von Scheluh) gross, kräftig, kriegerisch und frei-
heitliebend, aber auch wild und grausam. Man findet gar
nicht so selten blonde und blau- oder grauäugige Berber,
während der echte Berber, als der hamitischen Rasse angehörig, einen ausgeprägt orientalischen Typus hat. Besonders unter den Ruwafah, den Bewohnern des Rifgebirges,
finden sich breite blonde Gesichter, und man hat wol nicht
mit Unrecht angenommen, dass hier germanisches Blut seinen Einfluss geltend mache. Man weiss, dass die aus Spanien gekommenen Vandalen zum grössten Theil in Marokko
geblieben und in der einheimischen maurischen Bevölkerung
aufgegangen sind.

Die Berber sind natürlich Mohammedaner, aber ich habe
gefunden, dass sie nicht gar so streng und fanatisch ihren
Religionsübungen nachhängen wie die Araber. Schon das
härtere, weniger regelmässige Leben der Berber in den Ge-

birgen muss dazu beitragen, dass die vorgeschriebenen Religionsübungen nicht so streng durchgeführt werden können als bei den verweichlichten Städtebewohnern. Wenn sie ihre Berge den christlichen Reisenden verschlossen halten, so geschieht dies weniger aus religiösem Fanatismus als aus Furcht, der Fremdling sei vom Sultan geschickt worden, um das Land auszukundschaften.

Die Berber bilden den Hauptbtstandtheil der Bevölkerung Marokkos. Der nördliche Zweig derselben reicht weit nach Osten durch Algerien bis Tunis, und das, was die Franzosen Kabylen nennen, sind Berber. Nicht mit Unrecht ist von neuern französischen Reisenden darauf aufmerksam gemacht worden, dass man diese Leute mehr an sich heranziehen und dieselben gegen die so oft revoltirenden Araber benutzen solle.

Als zweites Element unter der Bevölkerung Marokkos sind hervorzuheben die Nachkommen derjenigen Araber, welche sich seit ihrer Einwanderung aus dem Orient unvermischt erhalten haben und meistens als Ackerbauer und Nomaden auf dem Lande leben. Von dunklerer Farbe als der Berber, weniger kräftig gebaut als dieser, aber intelligenter und schlauer, wohnen diese Araber noch heute wie vor Jahrhunderten in ihren Zeltdörfern in den ebenen Theilen des Landes sowie auch jenseit des Atlasgebirges in den breiten Flussthälern am Nordrande der Wüste. Viehzucht ist ihre Hauptbeschäftigung, daneben etwas Getreidebau, so viel als eben nöthig ist. Unter ihnen findet man alte, echt patriarchalische Gestalten, wie sie uns seit frühester Kindheit aus der Bibel bekannt sind, die mit ihrer zahlreichen Familie und den Sklaven ihre Heerden von Ort zu Ort treiben, je nachdem das Futter reichlich vorhanden ist. Eine gewisse Roheit haben sie gegenüber dem feinen Städtebewohner, dafür findet man bei ihnen auch noch Gastfreundschaft und ehrlichen Schutz.

Aus der Vermischung dieser beiden Hauptelemente der marokkanischen Bevölkerung sind als dritter Bestandtheil die von den Europäern Mauren genannten Städtebewohner entstanden. Eine besonders hervorragende Rolle unter diesen bilden die Nachkommen der aus Spanien vertriebenen Mohammedaner. Diese letztern, die sich oft noch der Ver-

Fig. 15. Hauscostüm einer maurischen Frau.

wandtschaft und Namensvetterschaft mit vornehmen christlichen Familien in Spanien rühmen können, liessen sich seinerzeit vorzugsweise an der Küste, in Tetuan, Sela, Rabat u. s. w. nieder und führten von diesen Orten aus, in der Form von Seeräuberei, den Kampf gegen die Christen fort, von denen sie aus Spanien vertrieben worden waren.

Der Maure, vorherrschend Städtebewohner, hat vom Ber-

ber die weisse Hautfarbe und vom Araber die höhere Intelligenz, die er jedoch als Kaufmann, Handwerker oder
Beamter oft zum Nachtheil seines Nächsten verwendet.
Der städtebewohnende Maure mit seinem feinen, verweichlichten Wesen, der zierlichen Kleidung und dem ganzen glatten Benehmen des Orientalen wird von dem auf
sein altes Gewand und seine rauhen Hände stolzen nomadisirenden Araber verächtlich angesehen. Die Mauren haben
fast alle jenen Grad von Halbcultur, der charakteristisch
ist für alle Bekenner des Islam in Nordafrika: er kann
lesen und schreiben, weiss eine Anzahl Quransprüche auswendig, glaubt an die Alchymie und Astrologie seiner Gelehrten, verehrt einen Scherif (Abkömmling des Propheten)
und sucht sich auf jede Weise Vermögen zu schaffen, sei
es auf dem mehr reellen Wege des Handels oder sei es als
Beamter des Sultans. Eine strenge Scheide zwischen den
drei Gruppen, den Berbern, Arabern und Mauren, lässt sich
übrigens schwer ziehen, da doch schon seit längerer Zeit
Vermischungen zwischen denselben stattgefunden haben.

Mauren und Araber zusammengenommen dürften ebenso
viel Bewohner geben als die Berber. Es kommen nun aber
noch unter der marokkanischen Bevölkerung einige Elemente vor, die zwar der Zahl nach gering sind, aber trotzdem einen grossen Einfluss besitzen: es sind dies einmal
die hispanischen Juden, dann die Negersklaven, und schlies-
lich muss man auch die freilich geringe christliche Bevölkerung erwähnen.

Die hispanischen Juden sind in Marokko allenthalben
seit sehr langer Zeit verbreitet. Besonders häufig natürlich in den grossen Städten des Innern, wo sie eigene Quartiere bewohnen, und in den Küstenstädten, wo sie infolge
der Anwesenheit von Consuln grössere Freiheiten geniessen,
findet man aber auch in jeder Qasbah eine oder mehrere
Judenfamilien, die gewissermassen das ausschliessliche Pri-

vilegium haben, dort zu wohnen und Handel zu treiben.
Sobald der Gouverneur Geld braucht, beauftragt er „seine
Juden" mit der Herbeischaffung desselben.

Es ist natürlich ebenso schwer, die Zahl der Juden in
Marokko zu bestimmen wie die der Araber oder Berber,
obgleich dieselben im Verhältniss zur ganzen Bevölkerung
doch nur einen sehr geringen Bruchtheil ausmachen. Auch
hierüber herrschen sehr verschiedene Ansichten. Bisher
nahm man allgemein für Marokko 200000 Juden an. Rohlfs
sucht nun in dem erwähnten Aufsatz: „Anzahl der Juden in
Afrika", nachzuweisen, dass auch diese Zahl viel zu hoch
sei. Und in diesem Falle möchte ich mich den Anschauungen
von Rohlfs anschliessen. Er gibt folgende Liste der Juden
in Marokko:

Arcila	100	Darbeida	100	Agadir	150
El-Araisch	1200	Azamur	500	Tarudant	4000
Fäs	10000	Marrakesch	6000	Udschda	1000
Miknäsa	5000	Saffi	300	Tetuan	4200
Tesa	800	El-Ksor	3000	Tanger	2500.
Rabat	5000	Mogador	1300		

Hierzu kommen nun aber die Juden im Atlasgebirge,
im Wad Nun, Wad Draa, Tafilalet, sowie auf dem platten
Lande im nördlichen Marokko. „Sehr hoch angenommen,
schätze ich die jüdische Bevölkerung im Gebirge auf 2000.
Ebenfalls sehr hoch gegriffen die in Wad Nun ansässigen
Juden auf 5000. Eine gleiche Zahl möchte ich für Wad
Draa in Anspruch nehmen. Im eigentlichen Tafilalet gibt
es fünf von Israeliten bewohnte Ksors, nämlich Guirlan, Ta-
bubekirt, Assergin, Ksor Dschedid, Rissuna und Dar-el-beida.
Für Rissani notirte ich: 200 jüdische Häuser; bei Dar-el-
beida: bedeutendes Judenquartier. Wir glauben daher, auf
Tafilalet 6000 Juden rechnen zu dürfen, wozu im Norden
von Ertib noch eine Mellah mit 1000 Seelen zu zählen ist."
Rohlfs glaubt, dass die nach seiner Berechnung resultirende

Zahl 62800 noch immer viel zu hoch ist und dass wahrscheinlich die wirkliche Zahl höchstens 45800 betragen

Fig. 16.   Marokkanische Jüdin im Prachtgewande.

dürfte. In der obigen Liste ist z. B. Tarudant viel zu hoch
geschätzt, diese Stadt dürfte nicht viel über 1000 Juden
haben; dagegen scheinen mir die andern Orte nicht sehr

überschätzt zu sein. Nur müssen noch die Juden auf dem
platten Lande in den zahlreichen einzelnen Qasbahs mit berücksichtigt werden, sodass mir die Zahl 60000 für alle
innerhalb des marokkanischen Reiches lebenden Juden nicht
zu hoch gegriffen erscheint. Es darf auch nicht ausser Acht
gelassen werden, dass sich die hispanischen Juden trotz
ihrer gedrückten Lage doch, entsprechend den Worten der
Bibel, wie der Sand am Meere vermehren; der Kinderreichthum einer marokkanischen Mellah muss jedem auffallen.

Während die Juden in den andern Theilen Nordafrikas
fast ausschliesslich Handel treiben und nur in Aegypten
von den Levantinern, Armeniern und Griechen überboten
werden, sind sie in Marokko zum grossen Theil Handwerker,
und zwar recht geschickte und natürlich sehr emsige und
genügsame Arbeiter.

Trotz der relativ geringen Zahl der Juden ist ihr Einfluss auf den gesammten Handel, auf Industrie u. s. w.
von grosser Bedeutung. Die Rücksichtslosigkeit bei ihren ge-
winnbringenden Handels- und Wuchergeschäften hat sie
freilich sehr verhasst gemacht, aber ihr festes Zusammen-
halten untereinander und die moralische Unterstützung, die
sie seitens der Alliance israélite geniessen, lässt sie trotz
aller Bedrückungen immer wieder in die Höhe kommen,
und sie führen, in ihre engen, schmuzigen Quartiere eingepfercht, anscheinend ein glücklicheres Familienleben als die
reichen und vornehmen Araber in ihren Palästen mit ihren
Harems, Sklaven, Eunuchen u. s. w.

Auch die Zahl der Negersklaven nur annähernd zu
schätzen ist schwer; ihre Zahl ist aber nicht ganz unbedeutend und dürfte die der Juden übertreffen. Die Skla-
verei, übrigens nur ein Dienstverhältniss, ist natürlich allgemein in Marokko gebräuchlich, und jährlich kommen
Karavanen aus den Bambaraländern im Sudan nach Marokko. Es sind meist Araber und Mauren aus der Gegend

von Marrakesch, die jahrelange Reisen nach Süden unternehmen, um Sklaven einzutauschen gegen Waaren und Salz.
Man findet auf den grossen Wochenmärkten im Innern Marokkos, auch noch hin und wieder in den Küstenstädten.

Fig. 17. Negersklavin aus Marokko.

Sklaven, Männer, Weiber und Kinder, zum Verkauf ausgeboten; von einer schlechten Behandlung hört und sieht man
nie etwas, und der Verkauf ist ein einfaches Lösen des bis-
herigen Dienstverhältnisses, ein Uebertreten zu einem andern
Dienstherrn.

Schlimmer ist die Unsitte der Grossen des Reiches, sich verschnittene Negerbuben zu halten, wozu gewöhnlich die Kinder ihrer Sklaven genommen werden. Es ist diese Neigung so allgemein verbreitet, dass sich niemand darüber aufhält und dass der Europäer nur erstaunen muss über die Offenheit, mit der über diese Angelegenheit gesprochen und verhandelt wird.

Die Negersklaven haben natürlich alle den Islam angenommen und sind demnach als Unterthanen des Sultans zu betrachten, was Christen und Juden nicht sind. Bei den öffentlichen religiösen Umzügen in Marokko, die sich durch ihre entsetzenerregende Roheit und Wildheit auszeichnen, spielen Neger und Negerinnen eine Hauptrolle; die bessern Elemente unter den so feinen und eleganten Mauren geben sich dazu nicht her.

Die christliche Bevölkerung endlich, deren Zahl sehr gering ist und nur einige Tausende betragen dürfte, ist jetzt fast ausschliesslich auf die Küstenstädte angewiesen. Vorherrschend sind Spanier, besonders zahlreich in Tanger und Tetuan, dann Portugiesen; diese beiden haben meist den Kleinhandel in ihrer Hand, besonders Gastwirthschaften. Engländer, Franzosen, Deutsche u. s. w. sind nur als Kaufleute in den Küstenstädten wohnhaft; einige Renegaten finden sich immer in der marokkanischen Armee. Bemerkenswerth ist noch, dass ein grosser Theil der in Tetuan lebenden Spanier sich mit Korkschneiderei befasst und das Fabrikat über die Grenze schmuggeln muss; denn der Export ist auch hierfür verboten.

Im Innern des Landes leben für gewöhnlich keine Europäer, sondern sie besuchen nur des Handels wegen die grössern Städte, selbst das Consularcorps lebt bekanntlich in Tanger, weit weg von der Residenz des Sultans, und ein specieller marokkanischer Minister vermittelt den Verkehr.

Aus diesen sechs Elementen — Berber, Araber, Mauren,

Negersklaven, Juden und Christen — setzt sich die heutige
Bevölkerung Marokkos zusammen; wie bemerkt, liegen absolut keine Daten für eine Bestimmung der Zahl der Einwohner vor, alles beruht auf Schätzungen der Reisenden:
mir haben meine Touren durch Marokko den Eindruck gemacht, als wäre die Zahl von 8 Millionen für dieses sehr
ausgedehnte Reich nicht zu hoch gegriffen.

STAATSWESEN VON MAROKKO.

Dynastie. — An der Spitze des Staates steht, als Stellvertreter (Chalif) des Propheten, mit absoluter Machtvollkommenheit, die nur in geringem Grade durch die Schera',
das im Quran gegebene Gesetz, gemildert wird, der Sultan
aus dem Hause der Scherife (Schurafa) von Tafilalet. Die
Dynastie wird daher auch, wie schon erwähnt, „Filali",
oder auch „Hassani" genannt, weil sie angeblich von
Hassan, dem Sohn Ali's, des Neffen und Schwiegersohnes
des Propheten, abstammt.

Der Gründer dieser Dynastie war Muley (Maula) Ali,
gewöhnlich schlechthin Muley Scherif genannt, der um das
Jahr 1620 mit maghrebinischen Pilgern aus Jambo im
Hedschaz nach Tafilalet kam und dort von den Einwohnern
ohne Kampf als Fürst des Landes anerkannt wurde.

Sein Sohn Muley Reschid, ein Mulatte, eroberte nach
vielen Abenteuern und Kämpfen Marokko im Jahre 1668.
Ihm folgte sein Bruder, Muley Ismaïl, berüchtigt durch
seine Grausamkeit, und gab dem Lande seine heutigen
Grenzen und eine Macht, wie sie nach der Vertreibung der
Araber aus Spanien die Nachfolger der Chalifen von Cordova nicht besessen hatten.

Seitdem ist das Reich, dessen Beherrschern zur Zeit
ihrer Macht die europäischen Souveräne in den Verträgen
den Titel eines Kaisers von Fäs und Marokko u. s. w. gaben,
durch Thronstreitigkeiten, Bürgerkriege und geflissentliche

Absonderung von dem Weltverkehr auf eine Stufe der
Barbarei und Ohnmacht herabgesunken, welche mit seinen
natürlichen Hülfsquellen und seiner Lage in Widerspruch
steht. Das Land ist keineswegs arm oder erschöpft, sondern besitzt im Gegentheil die Vorbedingungen eines blühenden Staatswesens; es ist reich an Menschen, Thieren und
Bodenerzeugnissen über und unter der Erde; Reste einer
einst bedeutenden Industrie und vom Bergbau sind noch
vorhanden; es erfreut sich nach wie vor desselben glücklichen Klimas und ist seit der Erfindung der Dampfschiff-
fahrt, bei seiner ohnehin für den Verkehr mit den civili-
sirtesten Ländern der Erde günstigen Lage, denselben nur
noch näher gerückt. Aber alle diese Vortheile sind unbe-
nutzt geblieben, weil die Beherrscher von Marokko seit
länger als einem Jahrhundert ihr Volk von dem Verkehr
mit der Aussenwelt abgeschlossen haben und selbst von den
Fortschritten der neuern Zeit unberührt blieben.

Die Regierung ist im vollen Sinne des Wortes patriarcha-
lisch. Der Sultan, als Chalif, ist gleichzeitig Haupt der
religiösen wie der staatlichen Gemeinde. Sein Wille allein
gilt, neben dem Gesetz des Quran, der wol in keinem
islamitischen Staatswesen in so vollem Masse Staatsgrundgesetz geblieben ist wie in diesem Lande. Die Chalifate
von Damascus, Bagdad, Kairo und Cordova trieben jedoch
trotz der beengenden Schranken des Qurans die schönsten
Blüten des Geistes in Kunst, Wissenschaft und Literatur,
und waren wohlgeordnete Staaten, in jeder Beziehung die
ersten und mächtigsten ihres Zeitalters, während gegenwärtig in Marokko mit dem in Formenwesen und Aber-
glauben versunkenen Islam auch der Staat in Unbeweglich-
keit und Ohnmacht erstarrt ist.

Der jetzt regierende Sultan Muley Hassan bestieg infolge
einer letztwilligen Bestimmung seines Vaters und Vorgän-
gers den Thron, obgleich dieser, nach dem Erbfolgerecht

des Quran, seinem Oheim, Muley el-Abbas, als dem ältesten Gliede der Familie zustand. Muley Abbas resignirte jedoch freiwillig und steht auch jetzt noch seinem Neffen mit Rath und That bei. Sultan Hassan ist gegenwärtig einige vierzig Jahre alt, körperlich wohlgebildet, wenn auch infolge des Negerbluts, welches seine Vorfahren in die Familie gebracht haben, von dunkler Hautfarbe. Er hat nur diejenige, vorzugsweise theologische Bildung genossen, welche den Söhnen der Scherife in diesem Lande gegeben zu werden pflegt. Europäische Wissenschaft und Kunst sind ihm ebenso fremd geblieben wie die Kenntniss europäischer Verhältnisse überhaupt. Nichtsdestoweniger soll er geneigt sein, die Verwaltung seines Landes nach europäischem Muster zu verbessern und in nähern Verkehr mit Europa zu treten. Für diese Absicht spricht auch, dass Sultan Hassan junge Leute vorbereiten lässt, um sie später in Europa für den marokkanischen Staatsdienst ausbilden zu lassen. Es mag sein, dass der Sultan manchmal den Wunsch gehabt haben mag, sein Land etwas zu heben und die Verhältnisse der Bevölkerung durch Einführung abendländischer Institutionen zu verbessern, aber vom Wunsch bis zur Ausführung ist ein grosser Schritt. Die reactionäre fanatische Partei ist im Lande und am Hofe viel zu mächtig und würde, wenn auch nur durch passiven Widerstand, allen derartigen revolutionären Unternehmungen von vornherein die Spitze abbrechen. Wenn auch der Sultan ein vollständiger Autokrat ist, so ist er doch nicht im Stande, etwas gegen den Willen der Geistlichkeit und seiner Beamten zu thun, selbst wenn er energischer und selbständiger wäre, als es der gegenwärtige Herrscher ist. Ein mit den europäischen Verhältnissen vertrauter, streng und rücksichtslos auftretender Sultan könnte sich grosse Verdienste um das Land erwerben, aber er würde kaum lange am Leben bleiben.

Muley Hassan soll nur eine legitime Gattin haben, die
Tochter seines schon erwähnten Oheims Muley el-Abbas,
des Bruders seines verstorbenen Vaters, Sultan Muhamed.

Für Europäer ist der Sultan schwer sichtbar, und nur
die fast jedes Jahr Marokko überflutenden Gesandtschaftsreisen haben das Glück, den Herrscher für ein paar Minuten zu Pferde sitzend zu sehen, deshalb sind auch die
Schilderungen von dessen Person und Charakter sehr wider-
sprechend.

Edmondo de Amicis, welcher die italienische Gesandtschaftsreise begleitete, hat von der Tour durch Marokko in
sehr ansprechender Form eine Schilderung des Landes und
Volkes gegeben. Von dem Sultan sagt er anlässlich der
öffentlichen feierlichen Audienz des italienischen Ministers:
„Während der Sultan stillhält, ruft der Ceremonienmei-
ster: «Der Gesandte von Italien», und der Aufgerufene
nähert sich mit seinem Dolmetsch bis dicht an die linke
Seite der Majestät. Diese macht nichts weniger als den
Eindruck von einem Wilden, einem blutdürstigen Tyrannen.
Von zarter Gestalt, feinen Gesichtszügen, mit grossen freundlichen Augen und feingeschnittener Nase, einen dünnen
Bart als Umrahmung des leichtgebräunten Gesichts, gleicht
der Sultan einem hübschen, sympathischen Jüngling, wie
sich ihn die Phantasie einer Odaliske nicht günstiger aus-
malen könnte."

Der Chronist der deutschen Gesandtschaft in Marokko
dagegen schreibt: „Das gelbbraune, von kurzem schwarzem
Bart und sogar von einigen verschont gebliebenen krausen
Haaren an den Schläfen eingefasste Gesicht des Sultans
entbehrt nicht der Formenschönheit und Grösse. Aber ein
tiefschmerzlicher, leidender Ausdruck weicht keinen Moment von der Stirn, den leise an der Nasenwurzel hinauf-
gezogenen Brauen, den tiefeingesunkenen grossen dunkeln
Augen, deren glänzendes Weiss etwas von dem gelblichen

24*

Anhauch zeigt, der auf beginnende Leberkrankheit deutet.“ Gerüchte von einem schweren Leiden des Sultans hörte ich allerdings auch, und es wurden die abenteuerlichsten Sachen erzählt. Indess darf man das alles nur mit der äussersten Vorsicht aufnehmen; solche Gerüchte sind vermuthlich absichtlich zu einem bestimmten Zwecke ausgestreut, den der Europäer nicht erkennt; die Intriguen an einem mohammedanischen Hofe spielen ja bekanntlich eine grosse Rolle, und das Gewirr der Fäden, welche daselbst zusammenlaufen, ist für die Hand eines Profanen unentwirrbar.

Geschäftsführung. — Minister im eigentlichen Sinne des Wortes oder gar ein Ministerium hat der Sultan von Marokko nicht.

Die Geschäfte, welche in civilisirten Staaten von höhern Beamten, welche das Vertrauen ihres Souveräns geniessen, selbständig und unter eigener Verantwortung besorgt werden, führt in Marokko der Sultan, wenigstens scheinbar, selbst aus und wird daher für jeden Act seiner Regierung für verantwortlich gehalten. Thatsächlich bedient er sich jedoch bei der Erledigung seiner amtlichen Obliegenheiten eines oder mehrerer der Würdenträger seines Reiches. Unter diesen letztern hat der erst am 6. Januar 1879 verstorbene „Premierminister“ Sidi Musa ben-Achmed viele Decennien hindurch eine ausserordentlich wichtige Rolle gespielt. Schon unter den Regierungen des Grossvaters und Vaters des jetzigen Sultans war dieser Mann die Seele der Verwaltung, der einzige Leiter der innern und äussern Politik. Er war ein Neger, und ohne dass er selbst weder lesen noch schreiben konnte (wie alle höhern Beamten in Marokko), war er doch derart über alles informirt, dass ohne sein Wissen und seinen Willen nichts in dem ganzen weiten Reiche geschehen konnte. In jeder Stadt, in jeder Qasbah hatte er seine Vertrauten, die ihm alle Vorgänge berichteten, alle Anstellungen gingen von ihm aus und der etwas gleichgültige und wenig energische Sultan Muley Hassan war vollständig in seinen Händen. Er war während seiner langen Regierungsdauer das Haupt und die Seele aller reactionären, d. h. fremdenfeindlichen Bestrebungen in Marokko; er war natürlich zu schlau, um seinen Hass und seinen Widerwillen gegen alles Abendländische offen merken zu lassen, aber sein ganzes Bestreben ging doch dahin, die Abgeschlossenheit Marokkos möglichst aufrecht zu halten.

Sidi Musa führte den Titel Hadschib el-Mazâm, Wächter des Erhabensten. Ihm war das Siegel des Sultans anvertraut und alle eingehenden und ausgehenden Briefe gingen durch seine Hände. Er liess die eingegangenen Schriftstücke öffnen, um sie dem Sultan vorzulegen, und unter seiner Leitung erledigten nur vier Secretäre die ausgehenden Sachen. Zu seinen Obliegenheiten gehörte auch die Vorstellung aller Fremden, und bei den Audienzen war er stets gegenwärtig.

In Nachahmung türkischer Verhältnisse und Formen wurde Sidi Musa ben-Achmed von vielen in Anrede und Schrift „Vezier" genannt; jedoch mit Unrecht, da der Sultan weder ihm noch andern seiner Beamten die türkischen Titel „Vezier" und „Pascha" verliehen hat, ebenso wenig, als sie jemals von seinen Vorfahren verliehen worden sind.

Der Tod dieses einflussreichen Mannes kann im Interesse Marokkos wol kaum beklagt werden. Die Marokkaner verloren in ihm einen herrschsüchtigen, vor keinem Mittel zurückschreckenden Despoten, der das Land, freilich für den Sultan, nach allen Richtungen hin aussaugte; die Gouverneure und Verwaltungsbeamten einen mistrauischen und intriganten Chef, von dem sie jederzeit auf die unbedeutendste Aussage eines seiner Spione hin ihrer Stellung entsetzt, eingekerkert oder selbst getödtet werden konnten;

die Vertreter europäischer Mächte verloren in ihm einen
ebenso schlauen und gewandten wie perfiden Gegner, dessen
diplomatische Ränke und Kunstgriffe manchem unter ihnen
schwere Stunden bereitet haben. So einflussreich Musa's
Stellung auch für Marokko Decennien hindurch gewesen
ist, so wenig hat sie dem Lande zum Vortheil gereicht.
Sultan Hassan ernannte nach Musa's Tode den schon mehrfach erwähnten Bruder des verstorbenen Sultans, Muley el-
Abbas, zu seinem ersten Rathgeber.

Die Manifeste, Befehle, Briefe und Erlasse jeder Art
der Landesregierung zu Fäs sind stets im Namen des Sultans abgefasst und erscheinen in der Form, dass das mit
seinem Namen versehene Staatssiegel dem Schriftstücke an
der Stelle vorgedruckt wird, wo sich bei den türkischen
Fermanen und Hats der Namenszug des regierenden Padi-
schah (die Tora) befindet.

Der Souverän unterzeichnet niemals ein amtliches Schrift-
stück, welcher Natur es auch sei, während übrigens, im
amtlichen wie im Privatverkehr, im Gegensatz zu der im
Orient herrschenden Gewohnheit, wo man nur siegelt, die
Unterschrift des Briefstellers, resp. des Beamten gegeben
und anerkannt wird. So führen z. B. die Kadi (Richter)
kein Amtssiegel, sondern beglaubigen durch ihre Unterschrift.

Staatsgrundgesetz. — Das Grundgesetz des marokkanischen Staats ist der Quran. Wo die in demselben enthaltene Gesetzgebung (die Schera') nicht ausreicht, gilt der
Wille des Sultans als Gesetz. Die Regenten von Marokko
haben sich oft über den Quran hinweggesetzt und Entscheidungen gegeben, die dem Rechte des Quran geradezu wider-
sprechen; aber ein bürgerliches, nicht islamitisches
Recht, wie der in der Türkei neben der Schera' bestehende
und ihm oft widersprechende Kanún, ist selbst in den ersten
Anfängen in diesem Lande nicht vorhanden.

Beispielsweise sind Zinsen vom Kapital in Marokko noch immer, ganz dem Quran entsprechend, ungesetzlich und werden vom Kadi dem Gläubiger nie zugesprochen; und ebenso hat, dem Zeugnisse eines Mohammedaners gegenüber, das der Christen und Juden keine Gültigkeit, soviel ihrer auch Zeugniss ablegen mögen.

Die strenge Einhaltung dieses Regierungssystems ängstlich bewacht zu haben war Sidi Musa's Verdienst; ein Land aber, welches, angewiesen durch seine natürliche Lage auf den Verkehr mit den Europäern, in dieser Weise regiert und verwaltet wird, muss natürlich in jeder Beziehung zurückgehen.

Gerichtsbarkeit. — Die Gerichtsbarkeit wird in Marokko in Uebereinstimmung mit dem Quran von dem Kadi der Städte und Districte (Amaläh) ausgeübt. Da jedoch, wie schon gesagt, die quranitische Gesetzgebung dem Handel und Verkehr nachtheilig ist, und insbesondere die Tribunale der Kadi die nichtmohammedanische Partei der mohammedanischen nicht gleichstellen können, so haben die christlichen Regierungen sich genöthigt gesehen, in ihren Verträgen mit Marokko ihren Consuln die Befugniss zu sichern, nicht allein dann, wenn beide Parteien Fremde sind, sondern auch in dem Falle, dass der Kläger gegen ihren Nationalen ein Maure ist, rechtsgültig entscheiden zu dürfen; im letztgenannten Falle ist daher der Maure der europäischen Gerichtsbarkeit und fremden ihm völlig unbekannten Gesetzen unterworfen. Der Fremde als Kläger dagegen hat zwar sein Recht vor dem Kadi zu suchen, aber die Verträge sichern ihm den Vortheil, von seiner Entscheidung an den Sultan selbst, resp. an dessen Stellvertreter, also an nichtrichterliche, sondern lediglich an administrative Behörden, die an die Bestimmungen des Quran nicht gebunden sind, appelliren zu dürfen.

Thatsächlich kommt diese Stipulation in den Verträgen

darauf hinaus, dass gewissenlose Consuln solcher Nationen, deren Gesetzgebung die consularische Gerichtsbarkeit noch nicht geordnet hat, dem Eingeborenen zu Gunsten ihres Schutzgenossen Unrecht thun, und andererseits, dass der Sultan, im Falle eine Rechtssache vor ihn gebracht wird, ohne Untersuchung und ohne ein förmliches Erkenntniss in seiner autokratischen Machtvollkommenheit durch einen Amr-el-Scherif (Cabinetsordre) diejenige Entscheidung trifft, welche er für gerecht hält, oder die er, dem Drängen des betreffenden Gesandten nachgebend, anzunehmen sich veranlasst sieht.

Dass bei zunehmendem Verkehr mit dem Auslande eine Rechtspflege dieser Art ungenügend ist und in der Praxis zu grossen Uebelständen führt, lehren die Erfahrungen, welche in andern Ländern gemacht worden sind.

In neuester Zeit scheint jedoch wenigstens theilweise an die Stelle der Gerichtsbarkeit der Consuln einer- und der Kadi andererseits — man muss sagen zum Vortheil der Parteien, welcher Nationalität sie immer sein mögen — die Entscheidung durch von den Parteien, resp. von den fremden Vertretern und den Landesbehörden erwählte Schiedsrichter, insbesondere in den Streitigkeiten über Handelssachen, treten zu wollen: obgleich in den internationalen Verträgen das Schiedsgericht bisher keine Stelle gefunden hat.

Der Kadi übt demnach die ihm nach dem Quran zustehende Gerichtsbarkeit nur dann noch unbeschränkt aus, wenn beide Parteien Landesangehörige sind, leider aber in diesem Lande mit denselben ungünstigen Resultaten wie in den übrigen bekannten mohammedanischen Staaten. Vornehmlich sind es zwei Umstände, welche die mohammedanische Rechtspflege corrumpirt haben, erstens, dass der Kadi keinen Gehalt und keine Gebühren empfängt und daher auf die Geschenke der Parteien angewiesen ist, und nächstdem, dass nach dem Quran eine Thatsache nur dann als erwiesen erachtet werden darf, wenn sie von zwei Zeugen bestätigt ist. Bestechlichkeit der Richter und erkauftes falsches Zeugniss sind die beiden Wunden, an denen die Rechtspflege in den dem Islam unterworfenen Ländern unheilbar krankt. Hier wie anderwärts machen Personen ein förmliches Gewerbe daraus, falsches Zeugniss vor dem Kadi abzulegen.

Es ist daher nicht zu verwundern, dass niemand sich seines Habes und Gutes recht sicher fühlt und dass auch die Landeseingeborenen, wenn es ihnen irgend möglich ist, den Schutz der europäischen Consuln zu erwerben suchen, was auch wieder zu Unzukömmlichkeiten führt, da diese nur ausnahmsweise von ihren Regierungen besoldet werden.

Der oberste Richter im Lande ist der Kadi von Fâs (Kadi el-Dschemmah). Vor einigen Jahren wurde diese Würde von einem Verwandten Sr. Scherifischen Majestät, dem Scherif Mohammed el-Filali, bekleidet.

Der Kadi el-Dschemmah wird vom Sultan ernannt und bestellt selbständig für die zur Zeit 44 Bezirke (Amalât) des Landes je einen Kadi el-Amalâh, der seinerseits das Recht hat, ebenfalls ohne Intervention seines Vorgesetzten und der Verwaltungsbehörden die Richter der verschiedenen oft zahlreichen Stämme (Kabilât), welche innerhalb des Bezirkes leben, mit Kadi (Kadi el-Kabilâh) zu versehen.

Die Appellation von der Entscheidung des Districtsrichters an den Oberrichter in Fâs ist nicht allein zulässig, sondern häufig übergehen die Parteien sogar die erste Instanz und bringen ihre Klagen direct vor den Richterstuhl des Kadi el-Dschemmah.

In Criminalsachen darf der Kadi zwar auf Todesstrafe erkennen, doch ist die Bestätigung des Urtheils und der Befehl der Ausführung dem Oberhaupte des Staates vor-

behalten. Im allgemeinen wird selten ein Todesurtheil ge-
fällt. weil der Quran für Mord oder Todtschlag Sühnen in
Geld und Geldeswerth feststellt. Die Kadi erkennen dem-
gemäss meistens auf Blutgeld und nächstdem, bei geringern
Vergehen, auf Bastonnade, wenn nur vermieden wird, dass
letztere tödliche Folgen nach sich zieht.

Dagegen verhängt der Souverän häufig und, wenigstens
in frühern Zeiten, die grausamsten Todesstrafen ohne jedes
richterliche Verfahren. Seit der Regierung des Grossvaters
des jetzigen Sultans geschieht dies seltener; doch sind
noch immer die Züge des Landesherrn durch sein Reich
von Executionen solcher Häuptlinge begleitet, die sich nicht
gutwillig unterwerfen und die Zahlung der oft seit Jahren
rückständigen Steuern verweigern.

Unter diesen Umständen haben die Kadi besonders
Streitigkeiten über Grundeigenthum und Ehesachen zu entscheiden, worüber die Gesetzgebung des Quran am aus-
führlichsten handelt. Mit Handelssachen werden sie weniger behelligt, da die Mauren sich mehr und mehr daran
gewöhnen, ihre Differenzen dieser Art unter sich. gleich
denjenigen mit den fremden Kaufleuten. durch freiwilliges
Schiedsgericht zum Austrage bringen zu lassen.

Die freiwillige Gerichtsbarkeit wird zum grössten Theil
von den Adul (Notaren) ausgeübt, obgleich auch der Kadi
zur Aufnahme notarieller Acte befugt ist. Diese Institution
der Adule ist, soviel mir bekannt, in den übrigen mohammedanischen Staaten nicht vorhanden oder ausser Gebrauch
gekommen. Die von ihnen aufgenommenen Acte werden
zuweilen dem Kadi zur Legalisation vorgelegt. Da nämlich
die Adule keine Register führen, die Unterschrift zweier
derselben einem Acte gesetzliche Gültigkeit verleiht und die
Parteien nicht mit unterzeichnen, so kommen unter Mitwirkung von Adulen viele Fälschungen vor, denen die Par-

teien durch die Legalisation ihrer Contracte und Obligationen seitens des Kadi vorzubeugen suchen.

Man wird bei dieser kurzen Darlegung der Principien des marokkanischen Rechtsverfahrens begreifen, dass der Willkür der Obern und der Bestechlichkeit der Untern Thür und Thor geöffnet ist. In der That beklagt sich das Volk bitter über die Rechtszustände, insbesondere auch über den Misbrauch, den hispanische Juden, welche sich unter die Protection irgendeines Staates stellen lassen, treiben. Ein grosser Theil der Bevölkerung ist diesen verschuldet und es kommt häufig zu den aufregendsten Scenen. Die Juden verlieren häufig die den höhern Beamten vorgestreckten Summen und suchen sich schadlos zu halten, indem sie den armen Landmann oder Handwerker unter Zuhülfenahme eines bestechlichen Richters unbarmherzig durch unerhörte Wucherzinsen zu Grunde richten.

Einer der dunkelsten Punkte aber in der marokkanischen Justiz ist das Gefängnisswesen. Im allgemeinen kümmert sich der Staat um den eingesperrten Verbrecher gar nicht; er glaubt genug gethan zu haben, wenn er den Thäter vom Verkehr mit der Aussenwelt abschliesst; wie derselbe im Gefängniss sein Leben fristet, dafür hat er selbst zu sorgen. Die Gefangenen werden überall in Marokko in wahrhaft abscheuliche Löcher gesteckt, die nie gereinigt werden und in denen die Leute auf die elendeste Weise zu Grunde gehen müssen. Fast allein auf Almosen und den kärglichen Verdienst durch Korbflechten angewiesen, müssen dieselben froh sein, wenn sie täglich ein Stück Brot sich erwerben können. Es ist daher eine in Marokko sehr verbreitete Sitte, wenn man sich bewogen fühlt, Almosen zu geben, für die Gefangenen Brot zu kaufen. Fromme Gläubige erlegen jeden Freitag eine kleine Summe für die Gefangenen, und selbst hierbei mag

es oft genug vorkommen, dass habgierige Kerkermeister die
Aermsten um ihre kärgliche Nahrung noch betrügen.
Männer und Weiber sind in den Gefängnissen getrennt;
die Lage dieser letztern ist das Traurigste, was man sich
denken kann, und eine lange Gefängnisshaft ertragen die
wenigsten. Krankheiten, durch schlechte Nahrung, schlechte
Luft, Schmuz und Unreinlichkeit aller Art und Ungeziefer erzeugt, raffen die Gefangenen hinweg. In dieser Brutalität
gegen die Gefangenen, von denen nicht immer alle gemeine
Verbrecher sind, zeigt sich der barbarische Standpunkt.
auf welchem Marokko noch steht. am schärfsten. So
grausame Strafen, wie sie früher sehr häufig waren, wie
Abschlagen der Hände, Blenden und andere Verstümmelungen, sind zwar jetzt selten, aber das Einsperren von
Verurtheilten in Löchern, wo sie einem langsamen, qual-
vollen Tode entgegengehen. ist endlich auch nicht viel
besser.

Die Prügelstrafe spielt in Marokko eine grosse Rolle
und sind derselben alle unterworfen, vom höchsten Beamten bis zum niedrigsten Bettler. während die Todesstrafe
gewöhnlich nur bei politischen Verbrechern vollzogen
wird.

Verwaltung des Landes. — Zum Zweck der Verwaltung ist das Land Marokko in Amalät (Bezirke) von
sehr verschiedener Grösse eingetheilt; auch ihre Zahl wech-
selt je nach dem Bedürfniss der Verwaltung und den Ver-
fügungen des Sultans.

Gegenwärtig sind 44 Amalät vorhanden, von denen 35
auf Fäs und Marokko im Nordwesten des Atlas, und 9 auf
Wad Sus, Wad Draa und Tafilalet im Südosten kommen.
Die letztern sind sehr gross. weil im südlichen Theile des
Landes die Regierung schwächer ist als im Norden. Inner-
halb der Amaläh, wenn dieselbe nicht etwa nur aus Einer
Stadt oder einem sehr kleinen Gebiete besteht, befindet

sich in der Regel eine Anzahl mehr oder weniger unab-
hängiger Stämme (Kabilät), theils arabischer, theils berberischer Abstammung vor. Die arabischen Tribus leben
meist unter Zelten, in Duars (Zeltdörfern), die Berbern
häufiger in Hütten, die sie aus Lehm erbauen und mit
Stroh bedachen. Die Hütten der Berber begründen aber
keineswegs einen festen Wohnsitz; auch sie wechseln den
Ort, indem sie ihre Lehmhütten verlassen und auf einem
andern Platz wieder neue aufrichten, wo sie reichlichere
Weide für ihre Heerden finden. Denn Viehzüchter sind sie
ebensowol wie die arabischen Beduinen, wenn sie auch hier
und da etwas Getreide für ihren eigenen Bedarf säen und
Gemüse anbauen.

An der Spitze der Amaläh steht der vom Sultan ernannte Amil oder Kaïd, der gewöhnlich in einem von
Stein erbauten Hause wohnt, selbst wenn alle seine Administrirten nomadisiren. Herrscht in der Amaläh ein
Stamm in dem Grade vor, dass ein fremder, von der Regierung bestellter Kaïd sich nicht würde halten können,
so ernennt der Sultan wol den Scheich des Stammes zu
seinem Amil, um wenigstens äusserlich den Schein seiner
Autorität zu retten. Oft ist eine Kabiläh auch so stark,
dass die Regierung es vortheilhaft findet, ihr Gebiet zu
theilen. So sind in der Kabiläh der Schauwyah, einer
Tribus arabischer Abstammung, welche den fruchtbaren
Landstrich zwischen den Flüssen Umm-er-Rebiäh und
Aburegreg innehat, zwar unter Zelten wohnt, aber doch
auch Ackerbau treibt und 1500 Bewaffnete, meistens zu
Pferde, stellen kann, allein 12 Amalät vorhanden, an deren
Spitze als Amile die Scheichs der betreffenden Unterabthei-
lungen des Stammes stehen. Die sehr grosse Kabiläh der
Beni Hessem, die nördlich von den grossen Korkeichen-
wäldern der Mamorahügel wohnen, hatten früher nur Einen
Amil. Häufige Aufstände gegen die Autorität des Sultans,

Räubereien gegen Reisende und Karavanen, ja selbst eine zeitweilige Verbindung dieser Araber-Kabiläh mit den südlicher wohnenden Scheluh'-Kabylât zum gemeinsamen Vorgehen gegen die Truppen des Sultans veranlassten diesen, den ganzen Stamm in 16 Amalât zu theilen und ihnen ebenso viele Kaïds zu geben. Auf diese Weise kann natürlich die Regierung die widerspenstigen Elemente leichter zähmen und die Tribus durch eine intensivere Steuerbelastung und Aussaugung seitens der zahlreichen Kaïds in Unterwürfigkeit erhalten.

Der Amil ist das Organ des Sultans in dem Amalât; er verwaltet die Polizei, besorgt, mitunter in Gemeinschaft mit Beamten einer andern Kategorie, von denen sogleich die Rede sein soll, die finanziellen Angelegenheiten, commandirt im Frieden die bewaffnete Macht des Bezirks (die Machazniyah) und ruft im Falle des Krieges die gesammte waffenfähige Mannschaft zusammen, um sie dem Sultan zuzuführen. In seinen amtlichen Functionen wird er von einem Stellvertreter (Chalifa) unterstützt, der in den grössern und wichtigern Bezirken vom Sultan, gewöhnlich jedoch von dem Amil selbst ernannt wird.

Neben den Amilen oder Kaïds finden sich in allen denjenigen Bezirken, in welchen der Sultan Privateigenthum besitzt, besondere von letzterm bestellte Aufseher (Umana, im Singular Amin).

Dieses Privateigenthum des Sultans besteht entweder in Heerden von Pferden, Kamelen, Rindern, Schafen und Ziegen, oder in Grundbesitz, auf welchem für Rechnung des Sultans der Boden bestellt wird, oder endlich in Mühlen und in Häusern und Magazinen in den Städten.

Da bis vor kurzem von seiten der Regierung streng an dem Princip festgehalten wurde, die Fremden keinen Grundbesitz erwerben zu lassen, so gehören die von den europäischen Consuln und Kaufleuten in den Hafenstädten benutzten Wohnungen und Magazine meistens dem Sultan.

Wenn ein fremder Kaufmann sich niederlassen will, so stellt das betreffende Consulat bei der Regierung den Antrag, für ihn Haus und Magazine bauen zu lassen. Die Umana führen dann den Bau unter Mitaufsicht des Consuls oder Kaufmanns aus; letzterer zahlt als Miethe 6 Procent der Baukosten und hat das Recht, die ihm überwiesenen Baulichkeiten, ohne Erhöhung der Miethe, so lange zu benutzen, als ihm beliebt. Der Preis ist im Vergleich zu den Miethpreisen der Häuser, welche der Europäer etwa vom Eingeborenen miethen könnte, niedrig und wird in bestimmten Raten an den Amin abgeführt.

Der Amin hat die Domänen des Sultans zu verwalten, die Erträge einzunehmen, die nöthigen Ausgaben zu leisten und den Ueberschuss der Einnahmen dem Amil des Bezirks zur Abführung an den Sultan zu übergeben.

In den Hafenstädten verwalten die Chefs der Zollämter, welche ebenfalls Umana genannt werden, zugleich auch das Privateigenthum des Sultans. Die Erträge der Douanen fliessen, beiläufig gesagt, gegenwärtig weder in eine Staatskasse, noch in die Privatkasse des Sultans, sondern dienen zum grossen Theile zur Tilgung der Kriegsschuld an Spanien.

Die Umana nehmen ausserdem theil an der Verwaltung der Kasse der Amaläh, welche mit zwei Schlössern versehen ist, zu deren einem der Amil und zum andern der Amin des Bezirks den Schlüssel führt.

Wenn daher einerseits die Umana den Vorstehern der Bezirke, den Amilen oder Kaïds, untergeordnet zu sein scheinen, insofern, als sie die Erträge der Douanen des Sultans an sie abführen, so stehen sie ihnen andererseits gleichberechtigt zur Seite, da der Amil ohne Zustimmung und Mitwirkung des Amin kein Geld aus der Kasse nehmen kann.

Im Innern des Landes, in denjenigen Bezirken, in welchen der Sultan kein Privateigenthum besitzt, ist der Amil der Controle des Amin enthoben und verwaltet die ihm anvertraute Kasse selbständig.

Weder der Amil noch sein Chalifa sind besoldet. Wenigstens sind die Entschädigungen, welche einige von ihnen, z. B. zur Unterhaltung ihrer Pferde u. dgl. erhalten, so gering, dass sie als Gehalt nicht bezeichnet werden können. Die höchste Remuneration, welche sie erhalten, beläuft sich nur auf 40 spanische Duros = 200 Francs monatlich; die grosse Mehrzahl empfängt keine Art von Remuneration, sodass, wenn diese Beamten nicht vermögend sind, sie nicht umhin können, sich die zu ihrer Existenz erforderlichen Mittel auf unrechtmässige Weise zu beschaffen. Es ist daher auch kein Geheimniss, dass die amtliche Einwirkung der Amile und ihrer Chalifa stets durch Geschenke erkauft werden muss, und dass derjenige, der am meisten gibt, in der Regel vor dem Amil recht behält oder energischer unterstützt wird. Ausserdem entschädigen sie sich dadurch, dass sie bei der Vertheilung gewisser Abgaben auf ihre Administrirten eine höhere Summe repartiren und erheben, als sie an die Centralkasse in Fäs abzuführen haben. Sie motiviren dann diesen Misbrauch damit, dass sie angeben, sie müssten mit den mehr erhobenen Beträgen die etwaigen Ausfälle bei der Erhebung decken.

Die Umana sind in Beziehung auf Besoldung besser daran. Bei den Zollämtern in den Hafenstädten sind stets zwei Umana angestellt, von denen der eine von Fäs kommt, während der andere aus den Notabeln des Ortes gewählt wird. Der erstere erhält 3 Duros, der letztere 2 Duros (à 5 Francs) Diäten. Der von Fäs geschickte Amin ist derjenige, von dem oben bemerkt wurde, dass er den zweiten Schlüssel zur Kasse des Amil des

Bezirks führe; jedoch nimmt auch der zweite Amin an
der Revision der Rechnungen und der Controle über die
Kasse des Amil Antheil.

Den Umana im Innern des Landes, welche die land-
wirthschaftlichen Unternehmungen des Sultans zu beauf-
sichtigen haben und nur dann an der Verwaltung der
Kasse des Amil theilnehmen, wenn sie zufällig an demselben Orte wie dieser leben, ist es gestattet, nach Bedürfniss Lebensmittel aus der Wirthschaft zu nehmen, der
sie vorstehen. Sie erhalten ausserdem nur ein Gehalt von
höchstens 10 Duros monatlich; dieser Misstand wird aber
dadurch ausgeglichen, dass der Sultan die Gewohnheit hat,
ausserordentliche Geschenke zu geben, wenn er mit ihnen
zufrieden ist.

Man sieht, dass principiell die Verwaltung des marokkanischen Reiches eine recht gute und den Verhältnissen
entsprechende ist. In der Praxis ist es leider ganz anders.
Vor allem der Umstand, dass die Amile fast nie einen
Gehalt bekommen, im Gegentheil dem Sultan bei Ueber-
nahme ihrer Stellung oft sehr bedeutende Summen schenken müssen, führt selbstredend zu allerhand Ungerechtig-
keiten und Unregelmässigkeiten bei Eintreibung der Steuern,
und die Landbevölkerung seufzt schwer unter dieser Miswirthschaft.

DREIZEHNTES KAPITEL.

MAROKKO ALS STAAT.
(SCHLUSS.)

Finanzwesen. Einnahmen und Ausgaben. — Die Finanzen des Reiches wurden bis zum Regierungsantritt des jungen Souveräns von einem Oberaufseher, der den Titel Amin-el-Umana führte und in Fäs wohnte, verwaltet. Dieser Posten wurde jedoch aufgehoben und mit dem des Hadschib-es-Sultan, des seither verstorbenen Musa ben-Achmed vereinigt.

Unter ihm führte die Kasse ein Zahlmeister, Hadsch Abd-el-Kerim Berischa, der aber mit dem Sultan in keinem directen Verkehr stand. Musa ben-Achmed, sowie gegenwärtig dessen Nachfolger, legte alle finanziellen Fragen dem Sultan vor und liess die Entscheidungen desselben von seinen vier Secretären ausarbeiten.

Der Zahlmeister hat nur die Anweisungen einzulösen, die der Sultan auf ihn ausstellt. In diese Generalkasse fliessen die von den Amilen eingezahlten Summen ebenso-

wol als die sonstigen Einnahmen, mögen dieselben aus den
Domänen des Sultans oder aus eigentlichen Staatsrevenuen
herstammen. Hier hört die Trennung zwischen dem Eigenthum des Staatsoberhauptes und demjenigen des Staates
auf, welche bei der Erhebung insofern stattfindet, als den
Amilen die Disposition über die an sie eingezahlten Erträge
der Domänen nicht freisteht.

Die hauptsächlichsten Einkünfte bestehen in folgenden Artikeln:

1) Den schon erwähnten Erträgen aus dem Privateigenthum des Sultans.

2) Den Geschenken (Hadiyah), welche ihm mit den
Glückwünschen der Einwohner zu den grossen mohammedanischen Festen Rhamadan, am Schlusse des Fastenmonats,
zum Aid-el-Kebir (dem Kurban Beiram der Türken) und
am Geburtsfest des Propheten (Aid-el-Maulad) aus allen
Städten und Amalät des Reiches dargebracht werden.

Die Geschenke sind sehr ansehnlich, wiederholen sich
dreimal im Jahre und bestehen für die Städte aus Waaren,
wie Tuch, Seidenstoffen, feinen Musselinen, aus gold- und
silbergestickten Gewändern und aus baarem Gelde. Die
Amalät ohne Handel und Industrie schicken nur baares Geld.
Tanger sendet ausser den angeführten Stoffen jedesmal vier
Kisten Geld.

Die Städte sind in Haumät (Quartiere) eingetheilt, deren
Tanger vier hat. An der Spitze jeder Haumah steht ein
Vorsteher (Mukaddim). Die Städte als solche haben kein
anderes Oberhaupt als den Amil der Amaläh; die Einrichtung der Bürgermeister kennt man nicht und die Mukaddim
sind einfach Beamte des Bezirksvorstehers (Amil). Wenn
die Zeit der Absendung der Geschenke an den Sultan heran-
naht, fordert der Amil die Mukaddim und diese die Einwohner zu Beiträgen auf, die mehr oder weniger freiwillig
sind, und fügt selbst seine Hadiyah hinzu, die oft in sehr

bedeutenden Summen besteht, namentlich, wenn er sich auf
seinem Posten nicht sicher fühlt.

Aus den Bezirken in der Nähe der Residenz überbringen
die Amile die Geschenke in Person; die ferner gelegenen
ordnen dagegen zu diesem Ende Deputationen von drei oder
vier Notabeln ab.

Die Abgesandten aller Amalát begeben sich an dem Festtage, unter Vortritt der sie begleitenden Soldaten des Bezirks, der Machazini, welche die Gabe auf dem Kopfe zur
Schau tragen, in Procession nach dem Palais des Sultans,
um die Geschenke zu überreichen und ihre Glückwünsche
darzubringen.

Der Sultan empfängt die Ayadah (Glückwünschenden)
in Person und gibt ihnen seinerseits Ehrenkleider und kleinere Geschenke.

Diese alte patriarchalische, echt orientalische Sitte bringt,
wie erwähnt dem Sultan, bei dreimaliger Wiederholung jährlich, bedeutende Summen; die „Geschenke" sind angeblich
freiwillig, aber kein Besitzender darf sich diesem Tribut
entziehen, und die Amile sehen genau zu, dass jeder in richtigem Verhältniss zu seinem Vermögen gibt, von dessen
Grösse er stets durch seine untergeordneten Organe unterrichtet ist.

3) Die Sekah-Wal-Uschr, d. i. die Abgabe von Heerden und der Zehnte des Bodenertrags. Beide Abgaben,
welche zusammen erhoben werden, sind in baarem Gelde
festgestellt. Der Betrag derselben wird durch den Amil auf
die einzelnen Ortschaften und Stämme ohne Mitwirkung der
zu Besteuernden vertheilt, wobei, wie schon angedeutet
wurde, von den Amilen viel Misbrauch getrieben wird.

Der Zehnte (Uschr) wird nach der Zahl der Paare Ochsen
repartirt, mit denen der Ackerbauer den Boden bestellt.

Sekah-Wal-Uschr sind zwar sichere Revenuen, aber für
die Staatskasse nicht so einträglich, wie sie sein könnten,

weil die betreffenden Quoten der einzelnen Bezirke vor langer Zeit, als die Erträge der Viehzucht und des Ackerbaues in Marokko noch sehr geringe waren, festgestellt wurden. Ein Finanzminister der Zukunft hat also hier ein dankbares Feld der Thätigkeit und kann die Einkünfte des Landes erheblich steigern, soweit dies eben nicht schon durch die Amile auf eigene Faust, aber auch nur zu eigenem Vortheil geschehen ist.

4) Die Geldstrafen (Daʿairât), welche theils vom Sultan selbst, theils von den Amilen in ihren Bezirken auferlegt und erhoben werden; sie bilden eine der reichern Einnahmequellen. Die durchweg mit Feuerwaffen versehene Bevölkerung ist stets geneigt, die Entrichtung der dem Sultan zustehenden Abgaben hinauszuschieben oder sie gar zu verweigern, wenn man die Regierung zu schwach glaubt, um Gewalt anwenden zu können.

Infolge dessen sind immer Abgabenrückstände vorhanden, welche zu bewaffneten Zügen des Sultans oder seiner Beauftragten führen. Bleibt der Sultan dann Sieger im Kampfe oder unterwerfen sich die unbotmässigen Stämme, weil sie die Folgen eines ungleichen Kampfes fürchten, so werden ihnen, abgesehen von den rückständigen Steuern und davon, dass sie die sich oft auf 15—20000 Mann belaufenden Truppen des Sultans zu unterhalten haben, schwere Strafen an Geld, Pferden und Rekruten auferlegt.

Die Erträge dieser Einnahmequelle sind schwer zu veranschlagen, weil die gewaltsamen Steuereintreibungen nicht in regelmässigen Zwischenräumen wiederkehren. Es mag nur erwähnt werden, dass der Betrag der Strafgelder dieser Art, welche Sultan Hassan auf einem solchen vor einigen Jahren ausgeführten Zuge eingenommen hat, ohne die Pferde und anderes Kriegsmaterial (abgenommene Waffen u. s. w.) in Anschlag zu bringen, von unterrichteten Personen auf ungefähr 300000 Duros berechnet worden ist.

Das „Aufessen eines Bezirks" (Amalât), wie man diese
Kriegszüge bezeichnet, erfolgt fast jedes Jahr. Irgendwo in
dem weiten Reiche ist immer eine Gärung gegen die herrschende Miswirthschaft, und der Sultan ist daher auch fast
jedes Jahr genöthigt, einen kleinen Krieg zu führen, der
immer zum Schaden der Revoltirenden enden muss, dem
Sultan aber stets neue Einnahmen verschafft. Es ist diese
Art der Steuererhebung einer der wundesten Punkte des
marokkanischen Reiches; die Bevölkerung muss immer mehr
verarmen, und wenn nicht noch die gemeinsame Religion,
der Islam, die Leute an den Sultan fesselte, würde man
längst einer europäischen Macht die Wege geebnet haben
zu einem Eingreifen in Marokko. Das weiss man am Hofe
recht wohl, und daher sucht man durch Scherife die Bevölkerung in ihrer Antipathie gegen Andersgläubige zu erhalten und zu verstärken. Werden die Marokkaner erst in
der Religion lau, dann kann sich ein Regierungssystem, wie
es seit Jahrhunderten geübt wurde und noch heute existirt,
nicht mehr lange halten.

5) Die Ein- und Ausfuhrzölle, deren erstere in den
Handelsverträgen auf 10 Proc. vom Werthe der Waaren festgestellt sind, während der Ausfuhrzoll auf Getreide, insoweit
dieses überhaupt ausgeführt werden darf, sowie auf alle Artikel, welche zur Nahrung dienen, 10 Proc. übersteigen dürfte.
Die eingeführten Waaren werden im Zollhause von den marokkanischen und spanischen Zollbeamten abgeschätzt, ohne
auf die Facturen Rücksicht zu nehmen; die Abschätzung
soll übrigens in sehr liberaler Weise vor sich gehen. Sollte
aber die Abschätzung nach Ansicht des Importeurs zu hoch
ausfallen, so ist derselbe berechtigt, die betreffende Waare
der Douane zu dem angegebenen Preise zu überlassen.

6) Die Thorzölle (Niks). Frei von dieser Steuer, die erst
seit dem letzten Kriege mit Spanien zum Zwecke der Tilgung
der Kriegsschuld erhoben wird, ist nur die Stadt Tanger.

Obgleich diese Abgabe direct von den die Waaren trans-
portirenden Maulthiertreibern an den Thoren der Städte
und zuweilen auch unterwegs in nicht geschlossenen Ortschaften erhoben wird, trifft sie thatsächlich doch den
Eigenthümer der Waare. Sie hat daher vielfach zu Beschwerden des europäischen Handelsstandes den Anlass gegeben, dem zugesichert war, dass die zur Ein- und Ausfuhr
bestimmten Waaren und Producte keiner andern Auflage
unterworfen werden sollten als den in den Verträgen fest-
gesetzten Zöllen am Hafenplatz. Dass in der That der
Kaufmann die Abgabe trägt, ergibt sich schon daraus, dass,
je nachdem das Lastthier mit kostbaren oder wohlfeilen
Waaren beladen ist, ein verschiedener Tarifsatz zur Anwendung kommt. Es hat sich auch bei dem Verdingen der
Fracht die Praxis gebildet, dass die Thor- und Wegzölle
dem Absender abgesondert in Rechnung gestellt werden.

7) Die Monopole, welche sämmtlich verpachtet werden.
Sie bestehen erstens in dem ausschliesslichen Rechte, in den
Städten Taback und Kif verkaufen zu dürfen. Kif nennt
man die gedörrten Blüten derselben Art Hanf, aus deren
feinsten, um die Knospen stehenden Blättchen in Aegypten
und in der Türkei der berauschende Haschisch bereitet wird.
Der Kif, der rein oder mit Taback gemischt aus kleinen
Thonpfeifen geraucht wird, scheint nicht so zerstörend auf
die Gesundheit der Raucher zu wirken wie der Haschisch.
Eine ungünstige Wirkung ist aber doch zu bemerken. Es
sind fast ausschliesslich Leute niedersten Ranges, welche
dem Hanfrauchen ergeben sind, der feine und elegante
Städter sowie der derb-natürliche Landbewohner ver-
schmähen diesen Genuss. Man findet in den Städten in
abgelegenen engen Strassen kleine Butiken, in denen die
Leute zusammenkommen, um zu rauchen; auch die Mehrzahl der Kamel- und Eseltreiber raucht Haschisch, und bei
den meisten derselben ist es bereits zum Bedürfniss gewor-

den, alle fünf oder sechs Tage einmal einen ordentlichen Kifrausch zu haben. Wie bemerkt, verschmäht der feine, streng gläubige Mohammedaner den Kif ebenso wie den Taback und wie jedes geistige Getränk. Es ist dies eine der besten Eigenschaften der Araber und Mauren; es sind ausschliesslich Leute aus den Küstenplätzen Algeriens, welche die Gewohnheit des Weintrinkens und Tabackrauchens angenommen haben; der Marokkaner schnupft zwar Taback, aber raucht nicht, ganz im Gegensatz zu den Mohammedanern des Orients, wo der Tabackcultus seine höchste Blüte erreicht hat.

Monopol der Regierung ist ferner das Wägen, resp. Messen des Getreides und aller zum Lebensunterhalt dienenden Producte, ausser frischen Gemüsen und Früchten, welche zu Markte kommen. Endlich werden die Rinderhäute, unmittelbar nachdem die Thiere geschlachtet sind, mit dem Stempel des Sultans versehen und unterliegen einer Steuer, die ebenfalls verpachtet ist.

8) Der Ueberschuss der Einkünfte der Moscheen und sonstigen geistlichen Stiftungen. Der Sultan lässt durch von ihm ernannte Aufseher (Nazir) das Vermögen aller geistlichen Anstalten verwalten. Aus den Einkünften werden die Nazire besoldet, sie führen die Rechnungen und sind gehalten, nachdem die Ausgaben für die Moscheen und die damit in Verbindung stehenden Schulen und sonstigen Anstalten bestritten sind, den Ueberschuss an die Centralkasse des Sultans abzuführen.

9) Die Judensteuer (Dscheziah), welche von den jüdischen Gemeindevorstehern auf die Familien vertheilt und durch Vermittelung der Amile nach Fäs befördert wird.

10) Der Gewinn aus der Münze. Gold wird gegenwärtig gar nicht ausgeprägt. Silber nur in der Münze des Sultans zu Fäs und Kupfer auch in Marrakesch und Moga-

dor. Der Gewinn hierbei ist gering, da die Silbermünzen von feinem Gehalt sind.

Die marokkanischen Goldmünzen waren von so reinem Golde gefertigt, dass sie auf dem Wege des Handels ausgeführt wurden und aus dem Verkehr verschwunden sind. Das in grossen Massen vorhandene Kupfergeld entwerthet sich mehr und mehr und dient im Innern des Landes als einziges Tauschmittel. Im Handelsverkehr mit dem Auslande circulirt im Norden und Westen des Landes spanisches, im Osten und Süden französisches Gold- und Silbergeld.

11) Verschiedene kleinere Einnahmen, wie z. B. von den dem Sultan gehörigen Leichterfahrzeugen in den Häfen und auf den Rheden, welche den Vorzug vor denen der Privatleute haben, an Schiffsabgaben u. s. w.

Die Einnahmen erscheinen in den Rechnungen geringer, als sie in der Wirklichkeit sind; einerseits weil bei dem Mangel an Controle viel Unterschleif von den unbezahlten Beamten getrieben wird, andererseits, weil die legitimen Remunerationen vorweggenommen werden und daher nicht in den nach Fäs abgeführten Summen einbegriffen sind.

Der deutsche Ministerresident Th. Weber in Tanger hat durch Erkundigungen Kenntniss zu erlangen versucht, wie hoch sich ungefähr die jährlichen Einnahmen des Sultans belaufen, die an die Centralkasse in Fäs gelangen; er kommt dabei zu folgenden für Marokko sehr respectabeln Summen:

1) Privatdomänen des Sultans, incl. Heerden u. s. w. . .	15000 Duros (à 5 Frs.)	
2) Geschenke (Hadiyah) . .	8000	
3) Abgaben auf Heerden und Zehnten (Sekah-Wal-Uschr)	620000	..
4) Geldstrafen (Da'airât) . .	200000	..
	Latus 915000 Duros.	

                    Transport 915000 Duros.
    5) Ein- u. Ausfuhrzölle in Fäs
        und Udschda 1.385000
    6) Thorzoll auf Lastthiere (Niks)   40000
    7) Monopole und verpachtete
        Steuern 125000   „
    8) Ueberschüsse aus den Ein-
        nahmen der geistlichen Stif-
        tungen 12000   „
    9) Judensteuer (Dscheziah)   5200
    10) Gewinn von der Münze .   50000   „
                                ─────────
                    Summa   2.532200 Duros.

Ausgaben. — Wenn die Einnahmen des Staatsschatzes,
resp. des Sultans, nur aus diesen wenigen Posten bestehen,
so ist dasselbe bei den Ausgaben der Fall. Sie beschränken
sich auf die Unterhaltung des Hofes, Harems, der Paläste,
Gärten und Marställe des Sultans, auf die Gehälter, einiger
weniger Amile, des Vertreters bei dem diplomatischen Corps
in Tanger und weniger Wakile (Consuln) im Auslande, der
regulären Truppen (Askar) und der Festungen.

Ausserdem verursacht, da keine Posten im Lande bestehen, das Botenwesen des Staates, vergleichsweise mit
andern Ausgaben, nicht unbedeutende Kosten. Endlich empfangen einige Moscheen und Heiligthümer im Lande
und die heiligen Stätten in Mekka und Medina sowie die
Scheriffamilien der regierenden Dynastie in Tafilalet regelmässige Geschenke, beziehungsweise Pensionen von seiten
des Sultans.

Was diese Ausgaben anbelangt, so ist es schwer, wol
unmöglich, die einzelnen Posten auch nur mit einiger Sicherheit in Erfahrung zu bringen, da alles durch Vermittelung
der Centralkasse in Fäs geht. Den höchsten Posten der
Ausgaben bilden die regulären Truppen, und dann folgt

der Hof. Ministerresident Weber nimmt als jährliche Ausgaben an:

Askar etwa . . . . 600000 Duros
Hofhaltung . . . . 175000 „
Die übrigen Ausgaben etwa 225000 „
——————————
1,000000 Duros.

Wenn die Angabe, dass täglich die Centralkasse in Fâs etwa 3000 Duros auszahlt, richtig ist, so beläuft sich die Gesammtausgabe aus derselben im mohammedanischen Jahr von 354 Tagen in der That auf 1,062000 Duros, was der obigen Summe nahezu gleichkommt. Hiernach erspart der Sultan jährlich etwa anderthalb Millionen spanische Thaler.

Es ist auffallend, dass diese Berechnung, so unvollkommen sie ist, dennoch ziemlich genau mit den Resultaten einer Arbeit über die marokkanischen Finanzen übereinstimmt, welche vor mehr als 60 Jahren von einem gelehrten Bewohner von Tanger verfasst wurde.

Graeberg von Hemsoe, Generalconsul von Schweden und Consul eines der kleinen italienischen Staaten, benutzte im Jahre 1818 die Gelegenheit der Anwesenheit des damaligen Sultans Sidi Soliman in Tanger, um von unterrichteten Personen seines Gefolges zuverlässige Angaben über die finanziellen Verhältnisse des Landes zu sammeln. Die Resultate seiner Erkundigungen veröffentlichte er 1821.

Die von ihm aufgestellte Berechnung der jährlichen Einnahmen und Ausgaben von Marokko ist bisjetzt von allen Schriftstellern, die über die marokkanischen Finanzen geschrieben haben, als die richtigste bezeichnet und benutzt worden.

Nach Graeberg von Hemsoe betrugen

die Einnahmen jährlich 2,600000 Duros
die Ausgaben   „   990000   „
——————————
Rest 1,610000 Duros.

Dass der Sultan von Marokko bei für die Ausdehnung
seines Reiches so geringen Einnahmen noch heute wie vor
60 Jahren etwa $1\frac{1}{2}$ Mill. Duros erspart und in seinen
Schatz legen kann, erklärt sich daraus, dass wichtige Zweige
der Verwaltung, welche in civilisirten Staaten grosse Summen verschlingen, hier gar keine Kosten verursachen, und
dass auch ein grosser Theil der bewaffneten Macht erhalten
wird, ohne dass der Staat baares Geld herzugeben genöthigt
wäre. Für Industrie, Ackerbau, Handel und Schiffahrt werden ebenso wenig Staatsmittel verwendet als für Strassen,
Brücken und überhaupt öffentliche Arbeiten. Es existirt
nicht eine einzige mit Wagen fahrbare Strasse, geschweige
denn Eisenbahnen und Telegraphen in Marokko. Die Festungen verfallen, und die Geschütze auf den Wällen derselben
sind meist ohne Laffetten. Unter diesen Umständen ist es nicht zu verwundern,
dass die geringen Einnahmen die noch geringern Ausgaben
übersteigen und dass ein Schatz an baarem Gelde und
Kostbarkeiten aufgesammelt worden ist, dessen Höhe freilich
nicht genau angegeben werden kann. Dieser Schatz wurde
bis zum Regierungsantritt des regierenden Sultans in Miknâsa, der damaligen Residenz seines Vaters, aufbewahrt.
Muley Hassan liess ihn jedoch gleich nach Fâs bringen, wo
er sich auch jetzt noch befinden soll.

In Miknâsa existirt ein besonderes Schatzhaus, über
welches ebenso wie über die Quantität des aufgespeicherten
Geldes fabelhafte Nachrichten verbreitet worden sind. In
der That, wenn seit den 60 Jahren, welche verflossen sind,
seit Graeberg von Hemsoe seine Nachrichten einzog, jährlich $1\frac{1}{2}$ Millionen zurückgelegt und nicht von Zeit zu Zeit,
z. B. während des Krieges mit Spanien, grosse, ausserordentliche Ausgaben gemacht worden wären, so müssten sich jetzt
im Schatze allein an baarem Gelde gegen 90 Millionen an-
gesammelt haben, abgesehen von den Summen, welche 1818

schon vorhanden waren. Es ist nun aber wol mit ziemlicher Sicherheit anzunehmen, dass sich derartige Summen nicht im Schatze des Sultans aufbewahrt finden; die Ausgaben werden doch wol bedeutender sein als die oben angeführten Ziffern, und der jährliche Ueberschuss um vieles geringer. Eine von Zeit zu Zeit eintretende Hungersnoth und andere unvorhergesehene Ereignisse absorbiren gewiss viel von dem zurückgelegten Gelde.

Das Schatzhaus, Beit-el-mal, zu Miknása ist von einer dreifachen Mauer umgeben; es ist ein Gebäude von behauenen Quadern, in dessen Mitte, nachdem man drei eiserne Thore passirt hat, sich die Oeffnung zu einem Gewölbe befindet, durch welche die eingegangenen Schätze mit Schaufeln hinabgeworfen worden sein sollen! Eine Schar von 300 lebenslänglich angestellten Negern, welche das Gebäude nur todt verliessen, bewachte den Schatz. Viermal jährlich wurden die eingegangenen Schätze in Gegenwart des Sultans oder dreier von ihm abgeordneten Vertrauten in das Gewölbe hinabgeworfen und dort in Nischen aufbewahrt!

Jetzt steht das Gebäude leer, und da man nichts von besondern Vorsichtsmassregeln hört, die ergriffen wären, um die Schätze des Sultans in Fäs sicherzustellen, so ist wol nicht anzunehmen, dass sie aus 500 Mill. Duros bestehen, wie neuere Schriftsteller vermutheten. Es ist mir übrigens nicht unwahrscheinlich, dass der Sultan einen grossen Theil der immerhin vermuthlich beträchtlichen Ersparnisse von Fäs aus, das einer Ueberrumpelung durch eine europäische Macht leicht ausgesetzt ist, nach dem entlegenern und ungleich sicherern Tafilalet hat bringen lassen, wo sie unter dem Schutze seiner Verwandtschaft, der Scherife von Tafilalet, jedenfalls besser geborgen sind als irgendwo in Marokko.

Staatsschulden. — Marokko hat keine andere Schuld als den Rest der Kriegsentschädigungen an Spanien von etwa 2 Mill. Duros. Die Hälfte der in den hauptsächlichsten Seehäfen eingehenden Zölle wird vertragsmässig verwendet, um diese Schuld zu tilgen, die in 15 Jahren von 20 Mill. Duros vor einigen Jahren bereits auf 2 Millionen herabgemindert war. Diese Hälfte der Zolleinnahme beträgt jährlich etwa $^2/_3$ Mill. Duros, welche in vierteljährlichen Raten durch express abgesendete spanische Kriegsschiffe abgeholt werden.

Um die Einnahmen controliren zu können, hat sich Spanien das Recht vorbehalten, bei den betreffenden Zollämtern Aufseher anzustellen.

Ein drittes Viertel der eingegangenen Summen dient zur Amortisirung der Schuld einer Gesellschaft englischer Kapitalisten, welche der marokkanischen Regierung kurz nach dem Friedenschlusse die nöthigen Summen vorstreckte, um die Räumung von Tetuan zu erlangen, wo Spanien nach dem Vertrage von Wadras bis zur Tilgung der Kriegsschuld das Besatzungsrecht zustand. Auch diese Schuld ist beinahe abgetragen und würde wahrscheinlich schon vollständig bezahlt worden sein, wenn nicht die fürchterliche Hungersnoth im Winter 1878 auf 1879 eingetreten wäre. Jedenfalls aber wird, wenn kein Krieg in nächster Zeit ausbricht, Marokko in wenigen Jahren schuldenfrei sein. Zinsen werden, dem islamitischen Gesetze entsprechend, nicht berechnet.

Bezeichnend für die marokkanische Zollverwaltung ist es, dass der Sultan, obgleich er jetzt nur die Hälfte der Zolleinkünfte bezieht, doch mehr erhält, als früher die ganze Einnahme der Douanen eintrug. Dasselbe Resultat weisen die Finanzen von Tunis auf, seitdem sie von einer europäischen Commission verwaltet werden.

Bei dieser im allgemeinen günstigen Finanzlage konnte schon Sultan Muhamed wenige Jahre nach dem Kriege mit Spanien eine alte, sehr einträgliche Abgabe, die Naibah, aufheben. Als Grund wurde angegeben, dass diese Steuer

nicht auf dem Quran begründet und also ungesetzlich sei.
In der That bedeutet das arabische Wort Naibah Unter-
werfung oder Zwang. Nichtsdestoweniger erhob die Regierung diese Naibah seit unvordenklichen Zeiten von allen
denjenigen Stämmen, welche dem Sultan keine Heeresfolge
leisteten. Man unterscheidet daher zwischen Machazniyah,
denjenigen, die dem Sultan angehörten und mit ihm in den
Krieg zogen, und den Naibah, welche ihm fern blieben und
infolge dessen von der Regierung und ihren Organen unter-
drückt und mit der denselben Namen führenden illegalen
Abgabe belegt wurden.

Graeberg beziffert die Naibah mit jährlich 280000 Duros,
während die einzige neue Auflage, die Abgabe für die Lastthiere (Niks), auf 40000 Duros veranschlagt wird. Letztere
wurde etwa vier Jahre früher eingeführt, als erstere aufgehoben wurde.

Die Militärverhältnisse des marokkanischen
Staates. — Wir schliessen hieran eine kurze Besprechung
der Militärverhältnisse Marokkos, die im allgemeinen wenig
bekannt sein dürften.

Die Militärmacht Marokkos besteht aus folgenden Elementen: el-Bochári, el-Machazniyah, el-Askar, el-Tobdschiyah, el-Bahariyah, el-Harkah. Betrachten wir kurz die
einzelnen Glieder dieser Truppenmacht.

1) El-Bochári. Muley Ismaïl, der bedeutendste Regent
aus der Dynastie der Filali, errichtete wenige Jahre nach
seinem Regierungsantritt im Jahre 1679 ein reguläres Reiter-
corps, welches man einerseits „die schwarze Garde" nannte,
weil es nur aus Negern besteht, und andererseits „Bochári",
weil der Sultan es seinerzeit dem in Marokko hochverehrten
gelehrten Theologen und Schriftsteller Sidi Bochári geweiht
hatte.

Dieses Corps, welches zu verschiedenen Zeiten eine verschiedene Stärke hatte, sodass es bis auf 50000 Mann ge-

stiegen war und dieselbe Rolle zu spielen begann wie die
Prätorianer in Rom und die Janitscharen in Konstantinopel,
ist gegenwärtig kaum 5000 Pferde stark. Unter dem Grossvater des Sultans Hassan zählte es noch 16000 Mann. Muley
Ismaïl versammelte seinerzeit alle geeigneten Neger, die
sich in seinem Lande vorfanden, theilte sie in Regimenter
ein und liess sie sorgfältig drillen. Seine Bochári zeich-
neten sich ebenso sehr durch Grausamkeit als durch wilde
Tapferkeit aus; mit ihnen eroberte er das heutige Reich
von Fâs und Marokko und dehnte seine Herrschaft sogar
bis nach Timbuktu aus. Zum Unterhalte wies er ihnen
Ländereien an, vorzüglich in der Nähe seiner Residenz
Miknása, welches daher von manchen Schriftstellern als
Hauptquartier der „schwarzen Garde" angegeben wird.

Wie damals, begleiten noch jetzt die Bochári den Sultan auf allen seinen Zügen, im Frieden wie im Kriege. Ist
er in Fâs, so ist doch stets ein Commando der Bochári bei
ihm; die übrigen kehren nach der Gegend zurück, wo sie
belehnt sind, und cultiviren den Boden, bis sie wieder auf-
geboten werden oder etwa auf einige Zeit nach Fâs rücken,
um ihre dort zurückgebliebenen Kameraden in ihrem Dienste
als Leibwache abzulösen.

Sold erhalten sie im Frieden, wie alle Reiter, nur 1 1/2 Duro
monatlich, wenn sie im Dienste, am Hofe des Sultans sind;
auf dem Marsche und im Kriege Verpflegung für sich und
ihre Pferde.

Im wesentlichen sind gegenwärtig die Bochári von der
nachfolgenden Kategorie, den Machazniyah, wenig verschieden. Nach Landessitte tragen sie den weissen Burnus (hier
Dschelab genannt) und sind mit langen Flinten, nahezu geraden Säbeln und Yatagans, selten mit Pistolen bewaffnet.
Lanzen führen sie nicht. Sie greifen in gestreckter Carrière an, schiessen ihre Flinten ab und kehren langsam um,
um wieder zu laden. Nur wenn der Feind weicht oder in

Unordnung geräth, dringen sie weiter vor und kämpfen mit
Säbel und Yatagan.

2) Die Dscheisch oder Machazniyah. Ich habe ihrer
bereits Erwähnung gethan, als ich von der Verwaltung

Fig. 18. Machazini aus Marokko.

sprach. Jeder Amil hat, je nach der Grösse seines Bezirkes, 50—100 Machazniyah zu seiner Verfügung, um Ruhe
und Ordnung aufrecht zu erhalten und ihm als Boten zu
dienen; sie sind ebenfalls Reiter und seit alten Zeiten mit

Ländereien belehnt, von deren Ertrage sie leben und ihre
Pferde unterhalten.

Die Dscheisch haben keinen Anspruch auf Sold. Nur
diejenigen, welche bei den Amilen Dienst thun, empfangen
8 Reales vellon (²⁄₃ Duro) monatlich, und so oft sie zur
Abgabenerhebung oder sonstigen Executionen im Bezirk verwendet werden, eine unbestimmte Entschädigung von dem
Betheiligten (Suchrah). Dieser Gebrauch führt selbstredend
zu grossen Uebelständen. Die Eigenschaft als Dscheich
oder Machazniyah ist erblich, ebenso wie das Grundstück,
mit dem er belehnt ist, in der Familie bleibt, solange
als männliche Nachkommen vorhanden sind. Neue Belehn-
ungen finden nicht statt. Hat ein Dscheich mehrere Söhne,
so können sie alle Heeresfolge leisten; wenn sie keine Pferde
besitzen, zu Fuss. Sie werden dann Tsirás genannt und erhalten, wenn sie von dem Amil des Bezirkes verwendet werden, geringern Sold als die berittenen Dscheich.

Die Dscheich sind eine uralte Institution, sie bilden nebst
den Bochári die Cavalerie der marokkanischen Armee. Ein-
schliesslich der Bochári befinden sich durchschnittlich stets
10—12000 Mann von ihnen beim Sultan; sie gehören den
Stämmen Schiragah, Aulad Dschemaah, Schirardah, el-Hu-
davah und den Ruwafah (Kabilá des Kif) an; im Kriege
stellen diese Kabilá 30000 Reiter, in deren Zahl diejenigen,
welche im Dienste der Amile verbleiben, nicht mitgezählt
sind.

3) El-Askar. Mit dem türkischen Worte askiar (Soldat) bezeichnen die Mauren eine Infanterie, welche Maula
Abderrhamán infolge des Krieges mit Frankreich nach dem
Muster der französischen Zuaven oder der Turcos errichtete.
Sie besteht nur aus 4000 Mann, welche stets den Sultan
begleiten. Man nennt sie jetzt die „alten Askar", da der
regierende Sultan neue Bataillone derselben Art gegründet
hat. Er hob zu diesem Ende, meistens unter Anwendung

von Gewalt, Rekruten aus und zwar von den Städten Marrakesch, Fäs, Rabat, Selâ, el-Araisch (Larache) und Ksâr, Miknâs, Tandschah (Tanger) und Tetuan und von den Kabilât Rhamnah, Seraghnah, Hahah (im Lande Sus), Schiadmah und Insuga (im Sus), im ganzen 6300 Mann. Die Städte konnten dem Verlangen des Sultans keinen Widerstand leisten, und den Stämmen wurde die Gestellung einer bestimmten Anzahl von Rekruten als Strafe auferlegt, nachdem sie von den Truppen der Regierung besiegt waren oder sich ohne Kampf unterworfen hatten. Der Sultan hat die Stammesgenossen beieinander gelassen und aus jedem Contingent einen mehr oder weniger grossen taktischen Körper gebildet. Das grösste hat Marrakesch (Marroco) mit 1000 Mann gestellt, die kleinsten lieferten Tanger und Tetuan mit je 200 Mann.

Sie sind nach Art der Zuaven mit europäischen Gewehren bewaffnet und mit einem Bajonnet, welches in der Scheide getragen wird. Ihre Uniform ist brennend roth, mit grünen schmalen Aufschlägen. Die Instructeure der Askar waren anfänglich ägyptische und französich-algerische Offiziere und Unteroffiziere aus den arabischen Corps. Die Ausbildung der Truppe ist jedoch noch sehr mangelhaft, ebenso die Bewaffnung, da die Gewehre von sehr mannichfaltiger Construction und verschiedenem Kaliber sind. Der Dienst ist lebenslänglich, jedoch werden unheilbar Kranke und Alte nach ihrer Heimat entlassen. Die Askar beider Kategorien erhalten jährlich eine vollständige Uniform am Rhamadan und beziehen zu ihrem Lebensunterhalt die sogenannten Askar-el-Kadim; die ältere, von Sultan Abderrahmân errichtete Truppe, täglich $1\frac{1}{4}$ von. = Rm. 0.25, nebst einem monatlichen Solde von 24 von., während die jüngere 2 von. täglich und 36 von. an Sold empfängt.

4) El-Tobdschiyah, die Artilleristen. Seit alter Zeit existiren in den festen Städten der Küste, nach Art der

Janitscharen-Tobdschi in der Türkei, von denen ebensowol
die Einrichtung als der Name genommen zu sein scheint,
sesshafte nichtuniformirte Artilleristen, deren ganzer Dienst
gegenwärtig darin besteht, mit den wenigen noch mit Laffetten versehenen kleinern Geschützen gelegentlich die fremden Kriegsschiffe zu salutiren und an den mohammedanischen Festen sowie im Fastenmonat zu den Gebetzeiten
und wenn ein Schreiben des Sultans öffentlich verlesen
wird, die übliche Anzahl von Kanonenschüssen zu lösen.
Sie sind grösstentheils Handwerker und gehen ausser Dienst
ihrem Gewerbe nach.

Solcher Tobdschiyah befinden sich in Tanger, Tetuan,
el-Araisch, Rabat, Selâ, Dar-el-Baida, Mazagan, Asfi und
Mogador, im ganzen 840 Mann. Ihr Dienst ist erblich, sie
sind abgabenfrei, jedoch nicht mit Land belehnt wie die
Machazniyah, und erhalten einen monatlichen Sold von
36 von. = 1½ Duros.

Ausser ihnen verfügt Marokko nur noch über ein in
neuerer Zeit aus der regulären Infanterie (Askar) entnom-
menes Detachement von 350 Mann, welche dieselbe Uniform
tragen und gleichen Sold empfangen wie jene. Sie bedienen die wenigen Feldgeschütze, welche der Sultan auf seinen Zügen mit sich führt.

In diesen Corps dienen in der Regel auch die jetzt wenig
zahlreichen Renegaten. Es sind zumeist spanische Deserteure; jedoch finden sich unter ihnen auch andere Nationalitäten vertreten.

5) Bahariyah, Seeleute, 900 Mann, sind die Ueberreste
der Bemannung der marokkanischen Flotte. Sie werden im
Frieden, wie ich schon erwähnte, als Matrosen auf den dem
Sultan gehörigen Leichterfahrzeugen verwendet und erhalten
statt des Soldes zwei Drittel der Summen, welche sie beim
Laden und Löschen der Handelsschiffe erwerben, während
ein Drittel dem Sultan zufällt. Ihr Stand erbt vom Vater

auf den Sohn; sie sind abgabenfrei wie die Tobdschiyah
und Machazniyah und in denselben Hafenstädten stationirt
wie jene.

Im Kriege sind die Bahariyah verpflichtet, auch als Land-
soldaten zu dienen, und empfangen dann Verpflegung und
denselben Sold wie die Askar.

6) El-Harkah, wörtlich die „Bewegung“, der Landsturm.

Die Harkah besteht aus allen waffenfähigen Männern des
Landes.

Der Sultan bietet sie auf, so oft er ihrer bedarf, in
ihrer Gesammtheit oder bezirksweise, sei es zum Zwecke
der Dämpfung von Aufständen im Lande, sei es für den
Kampf gegen äussere Feinde.

Sie kämpfen zu Fuss oder zu Pferde, je nach ihren Mitteln, sind aber in beiden Fällen mit den landesüblichen
langen Flinten und dem Yatagan bewaffnet, manche Reiter
unter ihnen führen kurze Wurfspiesse. Die lange Lanze,
die Hauptwaffe der Beduinen des Orients, scheint in Marokko unbekannt zu sein.

Im Kriege wird dieser Landsturm mit Lebensmitteln versehen; Sold empfängt er nicht.

Die Harkah wird im Falle des Bedürfnisses von dem Amil
des Bezirks zusammenberufen und im Kriege von ihm dem
Sultan zugeführt. Kommt sie im Bezirke selbst zur Verwendung, so befehligt sie der Amil. Gegenwärtig führt der
Sultan auf seinem Zuge, im nordöstlichen Theile des Reichs,
etwa 30000 Mann mit sich, welche aus etwa 12000 Reitern,
Bochari und Dscheisch (Machazniyah), 4000 Mann Askar
und 14000 Harkah, aus verschiedenen Theilen des Landes,
bestehen.

Da die Gestellung der Harkah fast freiwillig ist, so lässt
sich ihre Stärke schwer angeben. In Kriegen für die na-
tionale Unabhängigkeit, eventuell für den Islam, dürfte ihre

Zahl sehr gross sein. Wenn man in Betracht zieht, dass jeder Bewaffnete vom Knaben- bis zum Greisenalter zur Harkah gehört und dass jedermann bewaffnet ist, so muss man zugeben, dass die Schätzung einiger Schriftsteller, welche sie auf 300—500000 Mann angeben, nicht übertrieben ist. In der That behaupteten wohlunterrichtete Personen auch, dass gegen Ende des letzten Krieges mit Spanien etwa 300000 Marokkaner, meistens Harkah, bei Tetuan unter Waffen standen.

Der Sultan verfügt demnach, im Falle eines Krieges, über folgende Streitkräfte:

1) Schwarze Garde (Bochári) .	5000 Reiter	
2) Dscheisch oder Machazniyah . .	25000	
3) Askar (incl. 350 Mann, die zur Bedienung der Feldgeschütze verwandt werden)	6300 Mann Infanterie	
4) Tobdschiyah (Artilleristen in den Küstenstädten) . .	840	
5) Bahariyah	900	
6) El-Harkah (Aufgebot aller waffenfähigen Mannschaft, theils Reiter, theils Fussgänger) . .	300000 Mann	

Summa 338040 Mann.

Das wichtigste Glied einer Armee bleibt immer die Infanterie, und trotz der europäischen Instructionsoffiziere, die neuerdings nach Marokko berufen sind, fehlt doch den regulären Truppen alles, was nach unsern Begriffen dazu gehört. Schon der Unterschied des Alters unter den Soldaten ist im höchsten Grade der guten Ausbildung hinderlich; man sieht eine Menge ganz junger, noch nicht ausgewachsener Burschen, die kaum das Gewehr tragen können, und ebenso zahlreiche graubärtige alte Männer; Disciplin und Respect vor den Offizieren ist natürlich auch mangelhaft.

und die Uebungen auf den Exercirplätzen wirken durchaus
komisch auf den Europäer.

So unzuverlässig diese Truppen aber auch sein mögen,
wenn sie der Sultan bei Aufständen im Innern seines Landes verwenden will, so dürften sie doch in einem Kriege
mit einem christlichen Staat, besonders wenn man ihnen
einredet, der Islam sei in Gefahr, eine nicht zu unter-
schätzende Macht bilden. Freilich werden sie nirgends in
offener Feldschlacht gegenüber einer wohlausgerüsteten
Truppe Erfolge erringen können, aber ihre Vertrautheit mit
dem Lande, ihr wilder und leicht erregbarer Fanatismus
lassen sie doch als einen Gegner erscheinen, der einen bedeutenden Aufwand an Truppen zu ihrer Niederwerfung erfordern würde. Die marokkanische Regierung hat sicherlich
im Laufe der letzten Decennien seit dem spanischen Kriege
auch gelernt, und so leicht wie damals dürfte es heute den
Spaniern, deren Schmerzenskind Marokko schon lange ist,
nicht gelingen, die Truppen Muley Hassan's zu besiegen.

Ackerbau und Viehzucht. — Formation und Beschaffenheit des Bodens von Marokko ist dem Ackerbau
ebenso günstig als das Klima. Das Hochgebirge des Atlas
nimmt verhältnissmässig keinen bedeutenden Theil der
Oberfläche ein; Hügelland, weite fruchtbare Thäler und
ausgedehnte Tiefebenen herrschen vor. Wasser ist im nördlichen Theile des Landes meistens genügend vorhanden, und
es gedeihen hier üppig alle Culturpflanzen des mittlern
und südlichen Europa, auch Zuckerrohr und Maulbeerbäume
sind mit Erfolg angepflanzt worden.

Diejenigen Cerealien, deren Ausfuhr gestattet ist, als
Mais, Bohnen, Linsen, Erbsen, werden in zunehmender
Ausdehnung cultivirt. Im allgemeinen ist jedoch die Unsicherheit des Besitzes und die Indolenz der Landbewohner
zu gross, als dass ein bedeutender Fortschritt constatirt
werden könnte. Eine freisinnigere Handelsgesetzgebung

würde jedoch allem Vermuthen nach die Production schnell vermehren und die Bevölkerung zu besserm Anbau des fruchtbaren Bodens anspornen. Es muss in der That jedem, der durch Marokko reist, auffallen, wie viel Land unbebaut brach liegt. Marokko könnte das Zehnfache von dem liefern, was wirklich geerntet wird, aber die schlechten Rechtszustände schrecken jeden ab, mehr zu bauen, als er eben nöthig hat. Die wichtigsten Getreidearten sind Weizen und Gerste, letztere gleichzeitig auch, neben frischem Gras, das Futter für Pferde, Maulthiere und Kamele; da aber diese Körnerfrüchte nicht exportirt werden dürfen, da ferner gewöhnlich die Amile ihren Unterthanen den Ueberschuss an der Ernte unter irgendeinem Vorwand wegnehmen und ihnen nur so viel lassen, als sie für sich und ihren Hausstand benöthigen, so fehlt eben jede Lust und Anregung zu einem erweiterten Anbau des fruchtbaren Bodens. Während der Sultan in den grossen im Lande vertheilten Magazinen ungeheure Massen von Getreide aufspeichert, von denen häufig genug ein grosser Theil verdirbt, haben die eigentlichen Erzeuger gewöhnlich nur das Allernothwendigste zum Leben, aber in echt islamitisch-fatalistischer Weise ertragen die Bewohner ihr Schicksal mit Ruhe; sie beklagen sich wol über diese Uebelstände, sind aber auch selbst zu wenig geneigt, etwas zur Verbesserung ihrer Lage zu unternehmen.

Das letztere zeigt sich auch in Bezug auf die Art und Weise, wie in Marokko der Boden bebaut wird. Die Ackerwerkzeuge sind von der allerprimitivsten Form. Eine einzige, mit einem krummen, zugespitzten Baumstamm gemachte Furche dient zur Unterbringung des Samens. Eggen und andere Werkzeuge sind unbekannt. In derselben einfachen Weise wird die Ernte bewirkt, indem man das Getreide entweder mit der Hand ausrauft oder nur die Aehren abschneidet; Sensen und Sicheln kennt der Marok-

kaner nicht. Nur ein starkes, gekrümmtes Messer an einem
langen Stil, das zunächst zum Abhauen von Aesten und kleinern Bäumen dient, wird hier und da auch als Sichel verwendet. Das abgeerntete Getreide wird von Thieren ausgetre-
ten oder von den Landleuten mit grossen Stöcken ausgeschla-
gen, bis die Körner von dem Stroh durch Sieben gesondert
werden können. Das Düngen der Felder ist unbekannt, wohl
aber wird, besonders auf den weiten Ebenen am Nordgehänge
des Atlas, eine kunstvolle Bewässerung der Felder vorgenommen. Man findet dort das Wasser der Flüsse in
zahllosen Kanälen über das bebaute Land zerstreut; die
Kanäle sind freilich auch primitiv hergestellt, indem man
immer je zwei, mehrere Meter tiefe und ungefähr 20—30 m
voneinander entfernte Gruben unterirdisch durch einen
Gang verbindet und dann die Oeffnungen an der Boden-
fläche wieder schliesst; aufgeworfene Erde gibt die Richtung dieser Kanäle an, bei denen es merkwürdig ist, dass
man ohne genauere Messungen das richtige Gefälle herzustellen versteht.

In der Gartencultur sind die Mauren weiter und man
findet vielfach in der Umgebung der grössern Städte hübsch
angelegte und wohlbewässerte Gärten; diese rühren freilich meistens von frühern Generationen her, die jetzige
Bevölkerung hält dieselben nur nothdürftig in Ordnung.

Marokko ist noch immer ziemlich reich an Wäldern,
obgleich Menschen und Thiere daran arbeiten, sie zu
zerstören.

Die Abhänge des Atlas bis tief in die Thäler hinein
sind mit Wäldern bedeckt, welche zum Theil werthvolle
Bauhölzer enthalten. In dem El-Mamora genannten Gebiet
bei Rabat sind ausgedehnte Korkeichenwälder, welche den
Reichthum des Landes vermehren würden, wenn man sie
ausbeutete; dieser nützliche Baum wächst auch häufig auf
den Bergen in der Umgebung von Tetuan und Ceuta. Trotz-

dem wird fast alles Bauholz aus Schweden und Amerika
eingeführt, da die Gebirgswälder aus Mangel an Wegen
und Transportmitteln unzugänglich sind. Nur das Rifgebirge liefert roh aus dem vollen Holze gehauene, kurze
Bohlen, welche geschätzt werden, weil sie besser den Wür-
mern widerstehen als die fremden Hölzer. Sägen kennt
man im Innern des Landes nicht.

Abgesehen davon, dass die zahlreichen Heerden von
Schafen und Ziegen die Wälder zerstören, stecken, wie in
Algerien, die Hirten die Wälder in Brand, um die Weiden
zu verbessern.

Die Viehzucht überhaupt ist in Marokko von grosser
Bedeutung und gibt auch im grossen und ganzen gute Resultate. Es gibt eine ganze Anzahl Araberkabylen, im Atlas
auch einzelne Berberstämme, welche den Boden gar nicht
bebauen und es vorziehen, mit ihren Heerden von einem
Weideplatz zum andern zu ziehen. Da die Ausfuhr von
Schafen verboten und die von Rindern nur in Tanger in
beschränktem Masse gestattet ist, so werden nur die Wolle
und die Häute, und zwar in ziemlich ansehnlichen Quantitäten exportirt.

Man schätzt den Reichthum des Landes an Hausthieren
auf 40 Millionen Schafe, 10—12 Millionen Ziegen, 5—6
Millionen Rinder, je eine halbe Million Kamele und Pferde
und 4 Millionen Maulthiere und Esel.

Die marokkanische Wolle wird geschätzt. Das Schaf
ist meistens weiss und von derselben Art wie das spanische;
für Verbesserung der Rasse geschieht aber ebenso wenig
etwas als für den Schutz der Thiere gegen Kälte und Regen im Winter und gegen Hunger im Sommer, wenn die
Weiden knapp werden. Infolge dessen brechen häufig an-
steckende Krankheiten in den Heerden aus, welche den
Wohlstand des Landes beeinträchtigen.

Das Berberpferd ist als ausdauernd und schnell bekannt; die edlere Rasse ist jedoch sichtlich entartet. Immerhin bietet es aber ein gutes Material für Reiterei und ist jedenfalls besser als der ähnliche Schlag von Pferden in Algerien und Tunis. Berberpferde reiner Rasse gibt es nur noch in den Züchtereien des Sultans, besonders bei Miknäsa, und vereinzelt findet man ein schönes Pferd bei manchen Scheichs der Berberkabylen in den Thälern des Atlas. Was der Reisende für gewöhnlich in den Städten zu sehen und zu miethen oder zu kaufen bekommt, sind entartete, völlig vernachlässigte und in keiner Weise gepflegte Pferde. Die Ausfuhr der Pferde ist streng verboten und nur diejenigen dürfen das Land verlassen, welche als Geschenke des Sultans an europäische Souveräne oder an deren Gesandte bestimmt sind. Das sind dann meistens gute Pferde aus den Gestüten des Sultans.

Im übrigen wird die Viehzucht in derselben einfachen Weise getrieben wie vor Jahrtausenden; von einer Verbesserung und Verwerthung ist wenig zu sehen. Milch wird von den Frauen und Kindern benutzt. Butter wird zwar erzeugt, aber es wird, oder wurde wenigstens früher viel Butter importirt; Käse wird fast nirgends in Marokko hergestellt.

Bezüglich des Vorkommens von nutzbaren Mineralien ist Marokko eins der am wenigsten bekannten Länder der Erde. Von Goldvorkommen ist mir nichts bekannt, Silbererze müssen existiren, besonders im Atlas; sehr häufig sind Eisenerze, besonders auch im südlichen Atlas, ferner Kupfer- und Bleierz, im Atlas sowol wie im Rifgebirge, ebenso sollen Antimonerze vorkommen. Steinsalz kommt reichlich vor, besonders in den Gebirgen zwischen Wadras und Fäs; auch eine Walkerde, die in den Städten als eine Art Seifenstein verkauft und zum Reinigen der wollenen Kleider benutzt wird, muss sehr häufig sein; der Fundort soll im Atlasgebirge sein auf dem Wege von Fäs nach Tafilalet; sie wird sogar über Casablanca nach Europa exportirt; im übrigen ist auch die Ausfuhr von Erzen verboten. Kohlen sollen gleichfalls im südlichen Atlas vorkommen; das Auftreten der carbonischen Formation am Nordrand der Wüste spricht nicht dagegen, dass auch die productive Kohlenformation hier entwickelt ist. Spuren von Kohlen habe ich ferner bei Tetuan gesehen und an der betreffenden Stelle das Vorkommen geschildert. Selbst das Auftreten grösserer Kohlen- und Erzlager im Innern des Landes würde heutzutage keinen grossen Werth für Marokko haben, da der absolute Mangel an Verkehrsmitteln eine Ausbeutung nicht gestatten würde. Die marokkanische Regierung hat für Bergbau keinen Sinn und Verständniss; einzelne unternehmende Araber haben bei Tetuan Erzgruben bebaut und Blei und Silber gewonnen: die Regierung hat ihnen die Erlaubniss gegen Entschädigung wieder entzogen, ohne aber selbst den Betrieb fortzusetzen. Man hat eine Art heiliger Scheu vor allen unterirdischen Bergbauarbeiten. Nur im Wad Sus wird seit alter Zeit eine Kupfermine ausgebeutet und auch das Kupfer gewonnen, woraus ein Theil der in Marokko üblichen Kupfergeschirre sowie Flûs (Kupfergeld) hergestellt wird.

Die marokkanische Industrie ist infolge der systematischen Absonderung des Landes von dem Verkehr mit den civilisirten Nationen mehr erhalten worden als in den andern mohammedanischen Ländern. Aus demselben Grunde ist sie in ihrem Verfahren stationär geblieben; der Arbeiter bedient sich heute noch derselben Instrumente, welche man vor einem Jahrtausend anwendete, und arbeitet nach derselben Methode, ohne jede Aenderung und Verbesserung, wie seine Vorfahren im Alterthum. Wunderbar ist es, dass er dabei so viel leistet. Sein Geschmack ist unnachahmbar und durch alle Jahrhunderte derselbe geblieben.

Die Gewebe, Stickereien, Leder- und Töpferwaaren von

Marokko sind berühmt. Man verwendet zum Weben fei-
nenes Garn, Baumwolle und Wolle, und fertigt auch ge-
mischte Stoffe an, zu denen die Seide aus dem Orient gekauft wird, obwol sie im Inlande erzeugt werden könnte.
Die weissen marokkanischen Haïks, deren Kette Seide ist
und der Einschlag feine Wolle, sind weltberühmt; ebenso
die Leder von Marokko und Saffi (Maroquin und Saffian)
und die daraus hergestellten Waaren.

Die langen Flinten, mit denen alle Männer bewaffnet
sind, werden ausschliesslich im Inlande: in Tetuan, Fäs,
Tarudant (Wad Sus) und andern Orten geschäftet und verziert. Im Südosten des Atlas, auf der alten Handelsstrasse
nach Timbuktu und dem Sudan, welche über Sus, Tafilalet
und Tuat führte, finden sich noch interessante Spuren alter
Metallindustrie. Im Wad Sus werden auch jetzt noch neben
einer ausgedehnten Falschmünzerei marokkanischen Kupfer-
geldes Flintenläufe von inländischem Eisen angefertigt: im
nördlichen Marokko freilich beginnt man diese Waare aus
Europa zu beziehen, wo sie mit Maschinenarbeit wohlfeiler
hergestellt wird. Sehr interessant sind noch immer die
Metallarbeiten des Wad Sus: die hübschen krummen
Dolche, deren Scheide mit einem reizende Arabesken auf-
weisenden Silberbeschlag versehen ist; die reichverzierten
Flintenschäfte, sonderbar geformte Pulverhörner u. s. w.

Ueberhaupt sind die Erzeugnisse des maurischen Ge-
werbfleisses durch den Einfuhrzoll von 10 Proc. nicht
ausreichend gegen die europäische Concurrenz geschützt.
Es ist sehr wahrscheinlich, dass Marokko demselben Schicksal verfallen wird wie andere aussereuropäische Staaten,
deren Industrie vordem hoch entwickelt war, jetzt aber in
demselben Masse verschwindet, als der Verkehr mit Europa
zunimmt und moderne Verkehrsmittel das Innere jener
Länder zugänglich machen. Schon jetzt werden in Paris
und anderwärts Massen von Producten des maurischen

Kunstgewerbes fabrizirt und in Marokko, besonders in Tanger als echte Waare verkauft. Die Industrieartikel werden ausschliesslich in den grössern Städten erzeugt, deren fast jede eine besondere Specialität vertritt. So sind in Rabat vorherrschend Webereien von Teppichen und, besonders auch früher, Färbereien; die marokkanischen, resp. rabater Teppiche zeichnen sich durch eine sehr reiche, glühende Farbenzusammenstellung aus; die Unsymmetrie in der Anordnung der Figuren und Zeichnungen ist etwas recht Charakteristisches für diese Artikel. Die Preise für die in grossen Mengen erzeugten Teppiche sind relativ sehr billig. Tetuan erzeugt besonders Gewehre, allerhand buntphantastisch aufgeputzte Lederwaaren und schöne Seidenstickereien; man findet in den dortigen Bazaren öfters alte Seidenstoffe, die mit einer wunderbaren Arbeit von Gold- und Silberstickerei bedeckt sind; die Preise dafür sind natürlich entsprechend theuer. Fâs hat neben der Lederarbeit einen besondern Ruf wegen der Töpferei: es herrschen bei den marokkanischen Steinzeuggefässen blaue Farben vor; rohgebrannte Wasserkrüge haben eine ungemein elegante und zierliche Form. Ausserdem werden hier die grossen runden Messingscheiben hergestellt, mit eingravirten Arabesken, Sprüchen u. s. w., die als Theebreter dienen. Die rothen Kappen der Mohammedaner, die Tarbusch, bei uns gewöhnlich Fês genannt, kommen aus Tunis; die grösste Mehrzahl aber wird, wie in der Türkei und Kleinasien, von den Fabriken in Oesterreich geliefert. Marrakesch producirt viel Lederarbeiten und Waffen, besonders Messer und Dolche.

Die Baukunst hat in Marokko einen hohen Grad der Vollkommenheit erreicht, und werden heute noch stellenweise die Gebäude in der prächtigen Weise ausgeführt, wie wir sie an den alten maurischen Bauwerken Spaniens bewundern. Die allgemeine Verarmung bringt es mit sich, dass nur in vereinzelten Fällen grosse Summen auf die innere Ausschmückung verwendet werden können, aber die Technik ist nicht verloren gegangen. Wie überall im Orient wird auf das äussere Ansehen des Hauses wenig Gewicht gelegt, dafür werden die innern Gemächer mit grosser Liebe behandelt und geschmückt. Unangenehm breit machen sich in den weiten hohen Zimmern mit ihren Fliesenbedeckungen, mit den sammtenen, mit Goldstickerei versehenen Wandstreifen und den schönen Teppichen einige europäische Artikel, besonders grosse eiserne Bettstellen und Pendeluhren in langen, hässlichen Kästen von Holz. Fast in allen Städten sind Wasserleitungen, welche in jedes Haus geführt werden, sodass dasselbe im Innern sehr rein gehalten wird. Dagegen werden die Strassen in den Städten vernachlässigt und der Mangel einer Strassenpolizei ist sehr fühlbar. Da bei den Häusern fast nur Ziegel und Steine, aber sehr wenig Holz benutzt wird, so sind Feuersbrünste in marokkanischen Städten eine ganz ausserordentliche Seltenheit; man weiss überhaupt gar nicht was eine Feuerwehr ist.

Im allgemeinen aber leben doch die Marokkaner von der Vergangenheit; Neubauten in den Städten sind etwas Selteneres, und die im Ueberfluss vorhandenen Häuser genügen der jetzigen Bevölkerung. Auch öffentliche Gebäude, Moscheen, werden jetzt nicht mehr errichtet, und die vorhandenen sind bereits Jahrhunderte alt und stammen aus einer Periode, wo das Volk noch reich und mächtig war. Die Moscheen in Marokko haben bekanntlich nicht die schlanken, runden Minarets wie im Orient, sondern viereckige, aus mehrern Etagen bestehende Thürme, deren Aussenseite mit bunten Ziegeln bedeckt ist und die auf der Spitze mehrere vergoldete Kugeln tragen.

Die Handelsverhältnisse sind infolge der verkehrten Politik des Sultans und seiner Rathgeber nicht so günstig.

als sie für ein Land, wie es Marokko ist, sein könnten. Der Import ist trotzdem recht bedeutend und die europäischen Kaufleute in Tanger, el-Araisch, Rabat, Casablanca, Mogador und andern Küstenplätzen versorgen die Marokkaner mit allen nöthigen Bedürfnissen, die sich dieselben im eigenen Lande entweder gar nicht oder nur viel theuerer und von weniger vollkommener Qualität erzeugen können. Tuche, besonders blaue und rothe, allerhand Baumwollstoffe, dann alle möglichen Kurzwaaren, ferner chinesischer Thee, Kaffee, Kerzen, Zucker u. s. w. werden in ganz bedeutenden Mengen importirt und gehen von den Küstenplätzen aus ins Innere zu den jüdischen und maurischen Kaufleuten. Der Mangel an Strassen, Eisenbahnen oder Flussschiffahrt vertheuert den Transport der Waaren natürlich bedeutend; alles muss auf Kamelen, Maulthieren und Eseln transportirt werden, und diese schwerfälligen Karavanen bewegen sich ausserordentlich langsam vorwärts. Uebrigens kann der Gewinn der kleinern Kaufleute im Innern nur ein sehr geringer sein, denn die europäischen Artikel werden zum Theil unter Berücksichtigung der Transportkosten zu auffallend billigen Preisen verkauft. Der Import nimmt übrigens mit jedem Jahre zu, und schon gibt es Mauren, welche direct mit den Fabriken in England und Frankreich verkehren und auch diese Länder bereist haben; im allgemeinen aber sind es doch mehr die hispanischen Juden, welche den Engroshandel in ihren Händen haben. Die europäischen Fabrikanten und Grosshändler können mit Marokko mit grösserer Sicherheit und Beruhigung Geschäfte eingehen als mit den Bewohnern des eigentlichen Orients, da es hier in Maghreb nicht jene Levantiner, Malteser, Griechen und Armenier gibt, die in der Türkei, Kleinasien und Aegypten den Handel in ihren Händen haben und von denen bekanntlich viele sich keines besondern Rufes erfreuen.

Der Export ist in Marokko im Verhältniss zu der

Menge der Producte, welche hier vorkommen, sehr unbedeutend zu nennen, da die Regierung die wichtigsten und werthvollsten Artikel mit dem Ausfuhrverbot belegt hat. Getreide, vor allem Weizen, der in grossen Quantitäten angebaut wird und in noch grösserer Menge erzeugt werden könnte, darf nicht ausserhalb des Landes geführt werden. Was für Motive dafür in den Regierungskreisen massgebend sind, ist schwer zu erkennen; wenn man meint, damit etwaigem Mangel an dieser wichtigsten aller Körnerfrüchte entgegentreten zu können, so zeigt die Wirklichkeit, dass nach jedem etwas trockenen Jahre irgendwo im Lande eine Hungersnoth ausbricht. Dieser sucht man dann, meistens freilich zu spät, in echt patriarchalischer Weise damit entgegenzutreten, dass der Sultan seine Getreidespeicher öffnen und die Vorräthe gegen mässige Preise, eventuell auch umsonst vertheilen lässt. Man übersieht vollständig, dass, wenn Weizen ausgeführt werden würde, nicht nur eine Menge Geld unter die Landbevölkerung käme, sondern diese auch angespornt würde, grössere Flächen zu bebauen, wobei man sehr bald das Bedürfniss nach einer rationellern Ackerwirthschaft und nach Einführung besserer Hülfsmittel zur Feldarbeit an Stelle der jetzt üblichen primitiven Methode haben würde. Eine Hebung des Wohlstandes der Landbevölkerung käme aber auch der Regierung direct zum Nutzen durch eine Erhöhung der Steuerkraft, aber man hält in unbegreiflicher Verblendung fest an den uralten Satzungen und dem Princip des möglichst geringen Verkehrs mit der Aussenwelt. Es mögen vor Jahrhunderten einmal diese Ausfuhrverbote für Getreide u. s. w. eine gewisse Berechtigung gehabt haben, heute haben sie dieselbe gewiss nicht mehr, sind im Gegentheil eins der stärksten Hindernisse für die Entwickelung des Landes.

Von Ackerbau- und Gartenproducten dürfen nur Hülsen-

früchte, Erbsen und Bohnen sowie Orangen und Gemüse
das Land verlassen.

Pferde, Maulthiere, Esel, Schafe und Ziegen auszuführen ist gleichfalls verboten, für Rinder haben die Vertreter
der europäischen Staaten seit einigen Jahren die Erlaubniss zur Ausfuhr erwirkt, aber unter gewissen Beschränkungen. Es erhält nämlich nie der europäische oder eingeborene Händler die Erlaubniss, sondern nur der Consul
eines Staates. Dieser, der sich, wenn er Berufsconsul ist,
nicht selbst mit Handel beschäftigen darf, überträgt nun
diese Erlaubniss auf diejenigen seiner Landsleute, welche
sich darum bewerben; dass hierbei Misbräuche mancher Art
entstehen können, ist einleuchtend. Die Erlaubniss zum
Export wird gewöhnlich nur auf einige Jahre gegeben und
ist auch insofern beschränkt, als eine bestimmte Zahl, etwa
6000 Thiere per Jahr, nicht überschritten werden darf.

Die Garnisonverwaltung in Gibraltar hat übrigens mit
der marokkanischen Regierung einen Vertrag abgeschlossen,
wonach täglich eine bestimmte Anzahl in Tanger geschlachteter Ochsen von da aus nach Gibraltar zur Verproviantirung der Festung transportirt werden; diese letztere ist
übrigens vollständig auf Zufuhr von aussen angewiesen.
Auch frische Gemüse, Eier, Butter, Hühner u. s. w. werden täglich von Tanger nach Gibraltar geführt.

Häute und Felle. Hörner und Knochen dürfen exportirt
werden; bei letztern war bis vor kurzem, und ist vielleicht
noch, die Beschränkung, dass diese Erlaubniss einem oder
einigen Kaufleuten nur auf eine kurze Zeit, etwa ein oder
zwei Jahre, gegeben wird.

Das Verbot der Ausfuhr von Pferden hat vermuthlich
einen militärischen Grund; man fürchtet, und vielleicht
nicht mit Unrecht, bald einen Mangel an diesen Thieren
hervorzurufen, dagegen sollte man Schafe und Ziegen doch
unbedenklich freigeben.

Die Wolle der Schafe darf das Land verlassen, und bildet dieselbe einen der wichtigsten Exportartikel.

Die Ausbeutung der im Lande stellenweise noch sehr häufigen Korkeichenwälder ist verboten, und dadurch entgeht dem Volke gleichfalls eine bedeutende Einnahmequelle. Eine plötzliche Freigebung würde allerdings den Uebelstand haben, dass man einen argen Raubbau einführen und die Wälder bald vernichten würde. Es müsste dieser Industriezweig organisirt und derart controlirt werden, dass nur Bäume von gewissem Alter und in gewissen Zeitintervallen abgeschält werden dürfen. Zu alledem ist aber die Regierung zu bequem und indifferent.

Warum man nicht erlaubt, dass das auf den unbebauten Strecken im Innern des Landes wachsende Palmitogras ausgeführt werde, durch dessen Einsammlung der ärmern und schwächern Bevölkerung des Landes ein leichter Verdienst zufliessen würde, ist vollkommen unverständlich; in Spanien und wo immer diese Faserpflanze vorkommt, wird sie zu Industriezwecken verwendet.

Eine gute Einnahmequelle für das Land würde es werden, wenn man die Erdnuss (Arachis) hier anbauen würde. Die grossen Ebenen des Innern eignen sich vortrefflich dazu, und ihre Cultur ist eine sehr einfache und leichte. In Spanien wird diese überaus nützliche Oelfrucht auch angebaut, meistens aber, ihres mandelähnlichen Geschmackes wegen, zu Confituren verwendet. Ferner empfiehlt sich zum Anbau in Marokko der Weinstock. Wo Feigen gut fortkommen, ist auch ein guter Boden für Wein, und Algerien liefert bekanntlich schon lange grössere Quantitäten von gutem Wein; auch hieraus könnte eine reiche Einnahmequelle für Marokko werden, schon durch den blossen Verkauf der Trauben. Ebenso wie in Algerien würde Tabackbau in Marokko rentiren, und so gäbe es noch eine Menge Producte, die Marokko erzeugen könnte, wodurch der verarm-

ten Bevölkerung bessere Existenzbedingungen geschaffen
würden.

Die marokkanische Schiffahrt ist gänzlich zu Grunde
gegangen. Eine marokkanische Handelsmarine existirt nicht,
während die Ueberreste des letzten Kriegsschiffes bei Larache
(el-Araïsch) vermodern. Selbst die Rifpiraten scheinen seit
dem Kriege mit Spanien 1859—60 ihr Gewerbe des See-
raubes im kleinen aufgegeben zu haben. Sie beschränken
sich jetzt darauf, mit ihren kleinen, flachen Fahrzeugen das
Bauholz ihrer Wälder längs der Küste nach Tanger und
einigen Häfen am Atlantischen Ocean zu bringen. Ihre
offenen Boote können die hohe See nicht halten, abgesehen
davon, dass ihnen alle nautischen Kenntnisse fehlen. Wenn
ja ein Schiff unter marokkanischer Flagge fährt, so ist es
in der Regel von europäischen Kaufleuten ausgerüstet und
mit europäischen Matrosen bemannt. Der Sultan besitzt, wie
schon erwähnt, jetzt nur noch Leichterfahrzeuge in einigen
Hafenplätzen, welche für seine Rechnung arbeiten.

Zur Zeit seiner Blüte gehörte Marokko bekanntlich mit
zu den Piratenstaaten, die das Mittelmeer beherrschten und
durch die Kühnheit ihrer Raubzüge und die Grausamkeit,
mit der sie die gefangenen Sklaven behandelten, überall
Furcht und Schrecken verbreiteten. Damals konnte man
von einer marokkanischen Flotte sprechen, und die europäischen Staaten bis nach Skandinavien hinauf mussten sich
bequemen, dem Sultan einen jährlichen Tribut zu entrich-
ten, damit ihre Schiffe ungefährdet das Mittelmeer befahren
durften. Diesen Tribut haben einzelne europäische Staaten
in Form von Geschenken noch bis tief in unser Jahrhundert hinein dem Sultan gezahlt. Diese Zeiten sind für immer vorbei. Das einzige Fahrzeug mit grellrother marokkanischer Flagge, welches sich jetzt noch zeigt, ist das
Sanitätsboot im Hafen von Tanger.

Der Verkehr der einzelnen Küstenplätze in Marokko

untereinander sowie mit dem benachbarten Algerien und
den nahe gelegenen Ländern Spanien und England wird ausschliesslich durch europäische Dampfschiffahrtsgesellschaften
vermittelt, von denen jetzt bereits eine grosse Anzahl Marokko berühren.

Marokko besitzt zwar eigenes Geld, aber die grösste
Verbreitung haben die spanischen Münzen. Der spanische
Duro und die Peseta, auch in 2- und $2\frac{1}{2}$-Pesetastücken,
werden überall angenommen und haben eine grosse Verbreitung. Daneben gelten die französischen 5-Francsstücke
gleichfalls. Der Unterschied zwischen einem spanischen
Duro und einem „Napoléon" beträgt 1 Real vellon. Französische 20-Francsstücke circuliren gleichfalls. Der Maria-
Theresienthaler ist in Marokko und auch weiterhin in der
westlichen Sahara nicht verbreitet, während spanisches
Silbergeld bis Timbuktu geht.

Einheimische Silbermünzen existiren, wenn sie auch nicht
sehr im Verkehr verbreitet sind. Sie haben eine rechteckige
Form und repräsentiren ungefähr den Werth eines 10-Sous-
stückes.

Im Kleinverkehr spielt nun marokkanisches Kupfergeld
— Flûs — eine grosse Rolle und ist in ungeheuern Massen
verbreitet. Es sind gegossene Kupfermünzen von schlechter
Arbeit, auf der einen Seite haben sie den Ort der Prägung
und die Jahreszahl, auf der andern befindet sich ein Mono-
gramm, das sogenannte „Siegel Salomonis", welches häufig
als Verzierung dient (das Chalsem Sidna Sliman). Die
Marokkaner benutzen bekanntlich die bei uns üblichen
Ziffern, die sie von den Portugiesen übernommen haben;
wir nennen diese Ziffern „arabische", die Araber im Orient
aber kennen diese gewöhnlich gar nicht und bedienen sich
anderer, welche sie indische nennen.

Das marokkanische „Flûs" kommt in Stücken von 1, 2,
und 4 „Fils" vor; die letztern sind die häufigsten. Man

kann dieses Flûs etwa in folgender Weise mit europäischem
Gelde vergleichen: 6 Flûs = 1 Blanquillo; 4 Blanquillos =
1 Onza; 11 Onzas sind gleich einem spanischen Real vellon,
und 44 Onzas entsprechen einer spanischen Peseta, also
ungefähr einem Franc. Ein spanischer Duro hat demnach
220 Onzas oder 5280 Flûs. Vor langer Zeit hat Marokko auch Goldmünzen geprägt,
dazu aber so feines Gold genommen, dass dieselben im
Laufe der Zeit aufgekauft und ausser Landes gebracht worden sind, sodass man im öffentlichen Verkehr dieselben
heute nicht mehr kennt und nur einzelne Stücke als Curio-
sität bei Juden hin und wieder findet. Papiergeld ist in
Marokko völlig unbekannt.

Es ist keine Frage, dass sich die Handelsbeschränkungen
in Marokko auf die Dauer nicht werden halten können, und
Marokko wird immer mehr und mehr in die internationale
Handelsbewegung hineingezogen werden, wie es bei andern
mohammedanischen Staaten schon der Fall ist. Der Umstand, dass für den Import europäischer Waaren, besonders
aber für den Export von Naturproducten, Marokko noch
ein grosses Feld bietet und eine gewinnbringende Ausbeute
verspricht, wird die Aufmerksamkeit der Handelskreise bald
auf dieses letzte Bollwerk der culturfeindlichen Abgeschlossenheit mehr lenken müssen, als es bisjetzt geschieht, und
Vertreter fast aller europäischen Nationen werden sich hier
zusammenfinden. Dann wird aber auch die Frage näher
herantreten, welches Land den prävalirenden Einfluss hier
haben soll. Zur Zeit hat England, dank einer sehr geschickten Vertretung, den meisten Erfolg am Hofe des Sultans,
und man sagt, dass es nichts gäbe, was der englische
Ministerresident in Tanger nicht durchsetzen könne. England hat Marokko zur Dankbarkeit verpflichtet, als es ihm
gleich nach dem spanischen Kriege eine grosse Summe vor-
schoss, um die Räumung des von den Spaniern besetzten

Tetuan, einer der industriereichsten Städte des Reiches, bewerkstelligen zu können, und die englische Politik soll deshalb in Fäs besonders beliebt sein, weil sie die Marokkaner
in ihrem hartnäckigen Verharren an dem alten Absperrungssystem ermuntert. Die leitenden Motive der englischen Politik müssen vor allem darauf zurückgeführt werden, dass es
diesem Lande nicht gleichgültig sein kann, den wichtigen
Hafenplatz Tanger in den Händen einer europäischen Macht
zu wissen.

Frankreich hat ein scharfes Auge auf Marokko, welches
als nächster Nachbar zu Algier natürlich von grosser Bedeutung ist. Frankreich sucht sich ein grosses Colonialreich
in Afrika zu schaffen: Tunis und Algerien, im Süden Senegambien, wo man sich immer mehr ausbreitet, es bleibt nur noch
das dadurch eingeschlossene Marokko, um einen imposanten
Colonialbesitz zu erlangen. Die Aussichten Frankreichs
scheinen mir aber in dieser Beziehung nicht besonders
günstige zu sein. Um dort einen dominirenden Einfluss zu
erhalten, müsste ein Krieg geführt werden, der enorme Opfer
an Geld und Menschen kosten würde; der Ausgang könnte
natürlich, wenn Marokko keine Hülfe bekommt, nicht zwei-
felhaft sein, aber Frankreich würde sich für Decennien einen
neuen Herd beständiger Unruhen schaffen. Ausserdem ist es
fraglich, ob andere Länder, wie England und Spanien, ruhig
zusehen würden, wenn die Franzosen in Fäs einziehen.

Was nun Spanien betrifft, so glaubt dieses Land am
meisten Anspruch auf Marokko zu haben. Die grösste Nähe
des mohammedanischen Reichs (Tanger und Tarifa sind
nur einige wenige Meilen voneinander entfernt), der Umstand, dass Spanier schon längere Zeit sich dort festgesetzt
hatten, dass unter den in Marokko lebenden Europäern
Spanier am zahlreichsten vertreten sind, dass spanisches Geld
im ganzen Lande circulirt und die spanische Sprache in
allen Küstenplätzen ebenso häufig gesprochen wird wie

Arabisch, dass ferner spanische Missionare die einzigen christlichen Priester im ganzen Reiche sind, und dass Spanien
schon seit langem zwei katholische Kirchen unterhält (in
Tetuan und Tanger) — das alles sind für Spanien Gründe,
um den Besitz des marokkanischen Reichs beanspruchen
zu können.

Den drei genannten Staaten verdankt Marokko bis heute
seine Unabhängigkeit, und da keiner derselben vermuthlich
freiwillig auf sein angebliches Recht verzichten wird, so
wird wol Marokko noch einige Zeit seine Sultane und seine
schlechte Verwaltung behalten.

Der Werth auswärtiger Colonien für eine Grossmacht
wird in der allerneuesten Zeit mehr als je hervorgehoben
und alle Seemächte beeilen sich, noch möglichst schnell
soviel als möglich zu annectiren, ehe es zu spät wird.
Speciell die Theilung Afrikas geht sehr schnell vor sich,
und noch ehe weite Ländermassen auch nur annähernd
etwas durchforscht sind, wird schon über dieselben disponirt.

Deutschland und Oesterreich spielen bei diesem Thei-
lungsprocess der Erde eine passive Rolle; letzteres ist überhaupt auf die näher liegenden Gebiete Südosteuropas angewiesen, um dort seinen Einfluss geltend zu machen, und
Deutschland hat es bisher verschmäht, in überseeische Sachen sich zu mischen.

Die stark an Ueberproduction leidende Industrie braucht
aber neue Absatzgebiete und ebenso ist für Deutschland
die Nothwendigkeit einer jährlichen Auswanderung eines
Theiles der Bevölkerung nachgewiesen. In neuerer Zeit
werden nun in Deutschland die Rufe nach Colonialbesitz
immer lauter, und im Eifer für die Sache kommen da
wol manchmal merkwürdige Wünsche zu Tage. Man ist
sich nicht immer klar, will man Handelscolonien oder
will man Gegenden der Erde, in welche der Auswande-
rungsstrom zu lenken ist.

Auch auf Marokko ist von verschiedenen Seiten hingewiesen worden. Man hat behauptet, dass, wenn Deutschland im Mittelmeer einen grossen Einfluss haben wolle, müsse es zunächst Kohlenstationen errichten, und dazu eigne sich Marokko trefflich. Ich glaube nicht, dass eine vorsichtige Regierung sich der Gefahr aussetzen wird, auf diese Weise den Widerstand und die Eifersucht Englands und der Mittelmeermächte zu provociren. Man wird wol die am Mittelmeer gelegenen Länder Afrikas auch den Mittelmeerstaaten Europas überlassen müssen, wie es in der Natur der Sache liegt, und diesen wird die Aufgabe zufallen, abendländische Cultur zu verbreiten.

Marokko aber als ein Land für deutsche Einwanderer, also vorherrschend Ackerbauer, zu betrachten, geht doch wol nicht an. Wol liegen dort grosse Strecken Landes brach, aber die Bevölkerung ist zahlreich genug, um dieselben zu bebauen, sobald eine gerechte und vernünftige Regierung existirt, unter welcher der Privatbesitz garantirt ist und der fleissige Arbeiter auch nicht Gefahr läuft, dass ihm sein Verdienst weggenommen wird. Wenn das Verbot des Exports der verschiedenen Bodenproducte aufgehoben sein wird, wird sich auch ein regeres Leben unter der Bevölkerung entwickeln, denn es ist dann Aussicht, die gewonnene Ernte gut zu verwerthen.

Deutsche Ackerbauer dort in grösserer Menge einzuführen, wäre ein unseliges Unternehmen, das für beide Theile, Marokkaner wie Deutsche, von bösen Folgen sein würde. Zudem sind die klimatischen Verhältnisse doch derart, dass deutsche Landleute kaum dort arbeiten könnten; ein Ausbleiben des Regens in einem Winter macht eine Ernte im Sommer unmöglich, und die entsetzlichste Noth würde auch unter den Eingewanderten einreissen, wie wir es öfters bei den Marokkanern selbst gesehen haben.

Also die Colonialbestrebungen der Deutschen müssen sich

wol, was wenigstens Ackerbau betrifft, wo anders hinwenden als nach Marokko. Handel kann aber jeder Deutsche in Marokko treiben, ohne dass dieses Land von Deutschland abhängig zu sein braucht.

Im Handel aber herrscht das Princip, dass derjenige am meisten gewinnt, wer die besten Waaren zu billigsten Preisen in reeller Weise liefert; wenn es der deutschen Industrie gelingt, diese Bedingungen zu erfüllen, so wird sie in Marokko ein gutes Absatzgebiet haben, mag das Land nun selbständig oder von einer der europäischen Grossmächte in Besitz genommen worden sein. —

Was die allgemeine Volksbildung betrifft, so existiren in den Städten zahlreiche Schulen und die maurische Bevölkerung ist zum grössten Theile des Lesens und Schreibens kundig. Die Masse des Volkes auf dem Lande aber, also die nomadisirenden Araber sowie die Berber, entbehrt jeden Unterrichtes.

Ausser den theologischen Schulen in Tetuan, Marrakesch und namentlich in Fäs, welche den Moscheen attachirt sind und aus Stiftungen erhalten werden, gibt es im Lande keine höhern Schulen. In den Städten unterhalten die Quartiere, haumât, zuweilen Elementarschulen, in denen jedoch nur Lesen und Schreiben gelehrt und der Quran auswendig gelernt wird.

Die hispanischen Juden haben insofern einen etwas höhern Bildungsgrad, als sie zahlreiche Schulen haben, und fast jeder kann lesen und schreiben. Die reichern Gemeinden z. B. in Tetuan und Tanger haben sogar auf europäischen Gymnasien und Universitäten gebildete Lehrer, die gewöhnlich durch Vermittelung der Alliance israélite nach Marokko gelangen. Diese Vereinigung hat überhaupt viel für die hispanischen Juden in Marokko gethan und wesentlich zur Verbesserung ihrer Lage beigetragen. Wenn dieselbe auch nicht vermocht hat, den Juden all die kleinen

Demüthigungen zu ersparen, denen sie beständig ausgesetzt sind (wie das Barfussgehen ausserhalb der Mellah, das Wohnen in einem abgeschlossenen Quartier überhaupt u. s. w.), so hat die Alliance israélite doch gesorgt, dass die Juden jetzt ihres Lebens und ihres erworbenen Eigenthums etwas sicherer sind als früher. Die Sicherheit ihres Lebens ist überhaupt eine vollständige, und die Vermögensconfiscirungen seitens eines Gouverneurs oder seitens des Sultans kommen doch seltener vor. In den Küstenstädten sowie in Qasr-el-Kebir sind sogar schon die Mellahs gefallen und Juden und Mohammedaner wohnen dort durcheinander.

Die Wissenschaften und gewisse Künste werden zwar an den grossen theologischen Schulen in Fäs und Marrakesch gepflegt, aber in durchaus einseitiger Weise und alles immer mit Berücksichtigung des Quran. Medicin, Chemie, Astronomie und Mathematik stehen noch auf demselben Standpunkte, welche diese Wissenschaften innehatten, als die Araber in Spanien herrschten und sie die Träger der damaligen Cultur waren. Die medicinischen Lehren beschränken sich auf die Kenntniss einiger Arzneien aus der Pflanzenwelt, auf Schröpfen, Heilung von Knochenbrüchen, Zahnausreissen und andere äusserliche Operationen, wozu man die rohesten und primitivsten Instrumente benutzt. Anatomie wird und kann unter den gegebenen Verhältnissen nicht gelehrt werden und die physiologischen Vorgänge im menschlichen Körper sind den Marokkanern unbekannt. Der Aberglaube ist weit verbreitet und die Mehrzahl begnügt sich bei Krankheiten noch immer mit Amuletten, Quransprüchen und andern Sympathiemitteln. Im allgemeinen herrschen ja in Marokko wenige Krankheiten, und die vom Abendlande eingeführten ansteckenden Seuchen, Syphilis, Pocken u. s. w., sind dann allerdings meist unheilbar.

Eine grosse Rolle bei den Mohammedanern spielen die Geheimmittel zur Erhöhung, Erhaltung oder Wiedergewin-

nung der Manneskraft. Bei meiner Reise durch diese Länder wurde ich vielfach consultirt und sollte überall helfen;
besonders häufig wurde ich aber in dieser Richtung befragt
und verlor offenbar meine ärztliche Kenntniss viel an Nimbus, wenn ich erklärte, gegen das Alter und seine Folgen
nichts zu haben.

In medicinischer Richtung steht es übrigens bei den
hispanischen Juden ebenso schlimm und der Aberglaube
grassirt dort genau so wie bei den Arabern; nur in einigen
Küstenstädten, wo Europäer sich aufhalten, ist es hierin
etwas besser.

Die Lehren der Hygieine werden in Marokko in der
ärgsten Weise vernachlässigt. Für die Reinigung der Städte
wird in keiner Weise gesorgt, und wenn man die Städte des
Innern betritt, so wird man oft genug auf den freien Plätzen
verwesende Cadaver von Thieren finden. Es ist eigentlich ein
Widerspruch, dass der Maure, der einen so feinen Sinn für
die Ausschmückung seiner Wohnräume, für die Eleganz der
Kleidung und überhaupt für ein ruhiges, vornehmes und
würdevolles Benehmen hat, nicht schon aus rein ästhe-
tischen Gründen für eine Reinhaltung der Städte sorgt.

Die Wasserleitungen, welche in den meisten Städten vorhanden sind, dienen auch nicht zur Reinhaltung, ihre Anlage
und Benutzung ist im Gegentheil der Art, dass sie nur das
Trinkwasser verschlechtern und ungesund machen. Oeffentliche Bäder gibt es meines Wissens nur in Fäs und in
Marrakesch.

Bei Marrakesch befindet sich ausserhalb der Stadt ein
kleines Quartier, wohin die Aussätzigen geschickt werden;
dass diese Plage besonders häufig in Marokko wäre, ist mir
nicht aufgefallen. Gegen Augenkrankheiten, die nicht so
selten sind, hat man keine Mittel, und diese verschlimmern
sich infolge dessen derart, dass häufig eine Erblindung
eintritt.

Fälle von Wahnsinn kommen vor. Ist es ein harmloser stiller Wahnsinn, so lässt man die davon Befallenen frei herumlaufen; Tobsüchtige werden wie die Gefangenen ins Gefängniss gegeben, auch wol angekettet und gehen infolge dessen bald zu Grunde.

Im ganzen Reiche gibt es nicht ein vom Staat oder einer Stadt unterhaltenes öffentliches Hospital; nur in Tanger erhält die europäische Colonie ein solches; dasselbe ist mit der spanischen Missionskirche verbunden und dient natürlich nur für die dort erkrankenden Europäer.

Die Chemie, welche an den höhern Schulen in Marokko gelehrt wird, ist nichts als eine wüste Alchemie, wie sie bei uns im Mittelalter florirte, und Hauptzweck derselben ist noch immer, Gold darzustellen oder andere Metalle in Gold zu verwandeln. Schlangen, Skorpione und anderes Gewürm spielen dabei noch eine Rolle.

Die Astronomie steht gleichfalls noch auf dem Standpunkte des Mittelalters und beschränkt sich auf die Kenntniss der Gestirne, während die Mathematik nur lehrt, geometrische Figuren zu messen und Sonnenhöhen zu bestimmen und auszurechnen.

Architektonik wird auch gelehrt und haben darin bekanntlich die Araber Grosses geleistet. Sie bauen heute noch nach denselben Regeln und in demselben Stil wie vor Jahrhunderten.

Die Philosophie und Dichtkunst hängt innig mit der Religion zusammen und basirt auf dem Quran. Wortspiele, schön gemalt, allerhand Figuren aus Schriftzeichen zusammengestellt, die, wenn man den Inhalt herausgefunden hat, einen Quranvers oder eine mystische Sentenz geben, bilden die Hauptthemata der Dichter. Epische oder lyrische Dichtungen ebenso wie Dramen verfassen die heutigen Gelehrten und Dichter Marokkos nicht; Theater gibt es überhaupt nicht und das Volk amusirt sich an den Erzäh-

lungen herumwandernder Gaukler, die ihren Stoff, soviel
ich erfuhr, aus dem Morgenlande, aus Tausendundeine
Nacht u. s. w. nehmen.

Jurisprudenz wird gelehrt und beruht das marokkanische
Recht einzig und allein auf den dem Quran beigefügten
Gesetzen. Geschichtschreiber hat das moderne Marokko
nicht und die beschreibenden Naturwissenschaften sind unbekannt oder beschränken sich auf die Kenntniss einiger
medicinischer Pflanzen.

Musik und Gesang wird zwar viel getrieben und immer
gern gehört, aber Noten kennt man nicht. Malerei und
Bildhauerkunst sind völlig unbekannt, die Darstellung
menschlicher Gestalten überhaupt ist im Quran verboten und
die Malerkunst beschränkt sich auf eine vielfach verzierte,
verschlungene und mit bunten Farben versehene Wieder-
gabe von Schriftzeichen.

Die Bewohner Marokkos befinden sich demnach in einem
Zustande von Halbcultur, der ungefähr dem entspricht, welchen unser Mittelalter aufzuweisen hatte. Aber damals
wurden an den Höfen der Chalifen die Wissenschaften und
Künste gepflegt, es gab Geschichtschreiber und Geographen,
Dichter und Philosophen, die Werke hinterliessen, welche
damals die allgemeine Bewunderung erregen mussten. Von
den Resten dieser Cultur zehren noch die heutigen Mauren.
Sie haben diesen Culturstand nicht zu erhalten gewusst,
viel weniger Fortschritte in demselben gemacht, und so
müssen sie mit ihren despotischen Staatseinrichtungen und
ihrem religiösen, alles Fremde abwehrenden Fanatismus
als Barbaren bezeichnet werden. Wie heute die Verhältnisse liegen, ist Islam identisch mit Stillstand und Barbarei,
während die christlichen Mächte Cultur und Fortschritt
repräsentiren.

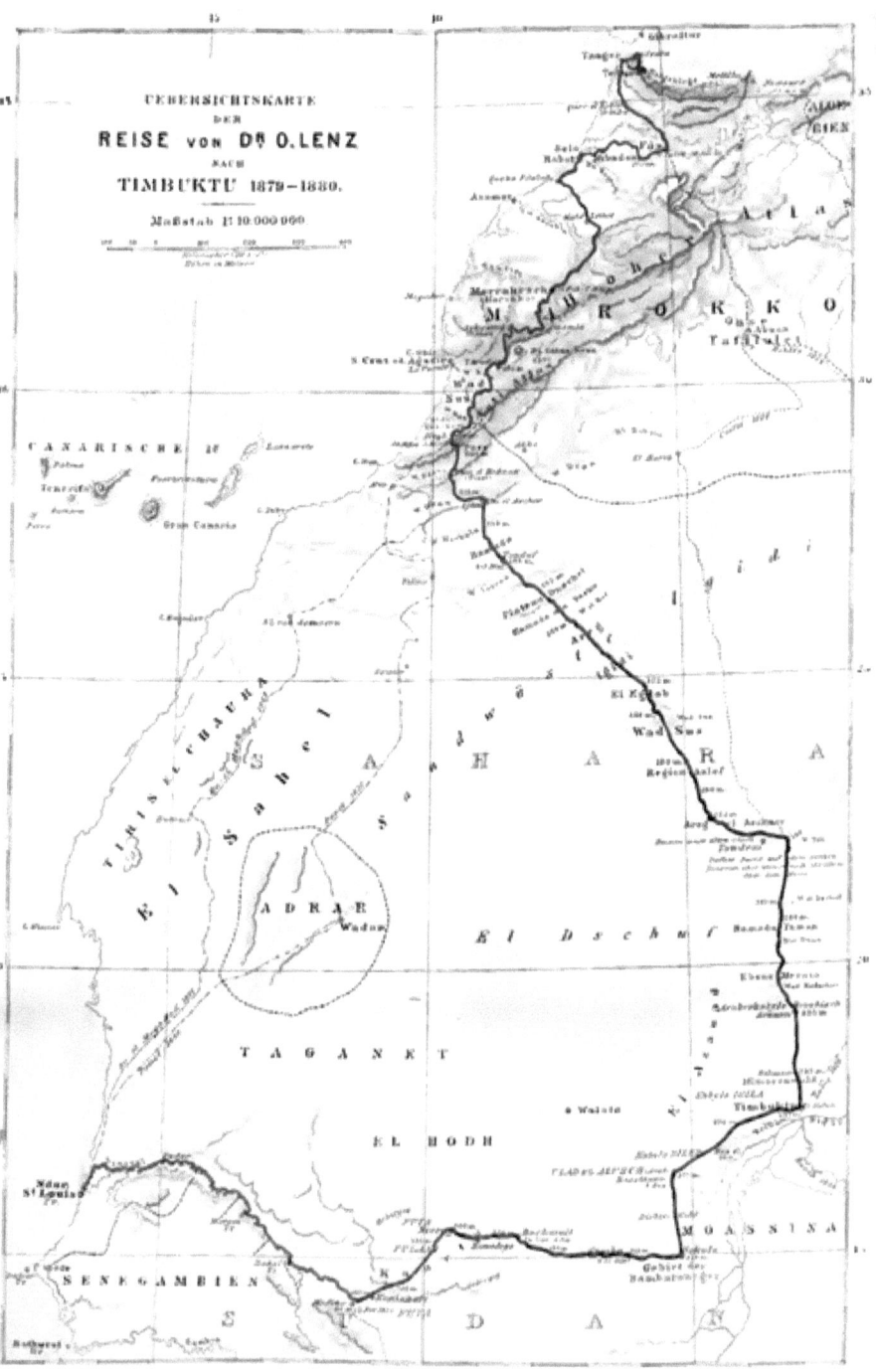

UEBERSICHTSKARTE
DER
REISE VON DR. O. LENZ
NACH
TIMBUKTU 1879–1880.

Maßstab 1:10.000.000